An Expanding World
Volume 23: Part II

# Local Government in European Overseas Empires, 1450–1800

## AN EXPANDING WORLD

### The European Impact on World History, 1450–1800

*General Editor: A.J.R. Russell-Wood*

EXPANSION, INTERACTION, ENCOUNTERS
1 **The Global Opportunity** *Felipe Fernández-Armesto*
2 **The European Opportunity** *Felipe Fernández-Armesto*
3 **The Globe Encircled and the World Revealed** *Ursula Lamb*
4 **Historiography of Europeans in Africa and Asia** *Anthony Disney*
5 **Establishing Exceptionalism** *Amy Turner Bushnell*

TECHNOLOGY AND SCIENCE
6 **Scientific Aspects of European Expansion** *William Storey*
7 **Technology and European Overseas Enterprise** *Michael Adas*

TRADE AND COMMODITIES
8 **Merchant Networks in the Early Modern World** *Sanjay Subrahmanyam*
9 **The Atlantic Staple Trade** (Parts I & II) *Susan Socolow*
10 **European Commercial Expansion in Early Modern Asia** *Om Prakash*
11 **Spices in the Indian Ocean World** *M.N. Pearson*
12 **Textiles: Production, Trade and Demand** *Maureen Fennell Mazzaoui*
13 **Interoceanic Trade in European Expansion** *Pieter Emmer and Femme Gaastra*
14 **Metals and Monies in a Global Economy** *Dennis O. Flynn and Arturo Giráldez*
15 **Slave Trades** *Patrick Manning*

EXPLOITATION
16 **The Worlds of Unfree Labour** *Colin Palmer*
17 **Agriculture, Resource Exploitation, and Environmental Change** *Helen Wheatley*
18 **Plantation Societies in the Era of European Expansion** *Judy Bieber*
19 **Mines of Silver and Gold in the Americas** *Peter Bakewell*

GOVERNMENT AND EMPIRE
20 **Theories of Empire, 1450–1800** *David Armitage*
21 **Government and Governance of Empires, 1450–1800** (Parts I & II) *A.J.R. Russell-Wood*
22 **Administrators of Empire** *Mark Burkholder*
23 **Local Government in European Overseas Empires, 1450–1800** (Parts I & II) *A.J.R. Russell-Wood*
24 **Warfare and Empires** *Douglas M. Peers*

SOCIETY AND CULTURE
25 **Settlement Patterns in Early Modern Colonization, 16th–18th centuries** *Joyce Lorimer*
26 **Biological Consequences of the European Expansion** *Kenneth F. Kiple and Stephen V. Beck*
27 **European and Non-European Societies** (Parts I & II) *Robert Forster*
28 **Christianity and Missions** *J.S. Cummins*
29 **Families and the Expansion of Europe** *Maria Beatriz Nizza da Silva*
30 **European Intruders** *Murdo MacLeod and Evelyn Rawski*

THE WORLD AND EUROPE
31 **Facing Each Other** (Parts I & II) *Anthony Pagden*

*Please note titles may change prior to publication*

An Expanding World
The European Impact on World History 1450–1800

Volume 23: Part II

# Local Government in European Overseas Empires, 1450–1800

edited by
A.J.R. Russell-Wood

Routledge
Taylor & Francis Group
LONDON AND NEW YORK

First published 1999 in the Variorum Expanding World Series by Ashgate Publishing

Reissued 2018 by Routledge
2 Park Square, Milton Park, Abingdon, Oxon, OX14 4RN
52 Vanderbilt Avenue, New York, NY 10017

*Routledge is an imprint of the Taylor & Francis Group, an informa business*



A Library of Congress record exists under LC control number:

ISBN 13: 978-1-138-36117-1 (hbk)
ISBN 13: 978-1-138-36124-9 (pbk)
ISBN 13: 978-0-429-43278-1 (ebk)

AN EXPANDING WORLD 23

# Contents

## Part II

LOCAL GOVERNMENT: THE SOCIAL DIMENSION

*Customary Rule and European Governance*



*Elite Formation and Creolization*



*Representation and Oligarchy*



*Royal Government and Local Government*

# 14
# De la Police
## *Moreau de Saint-Méry*

### *DE LA POLICE DU CAP*

Puisque j'ai proféré ce mot, je vais parler de la police du Cap. Les plus anciennes loix coloniales et principalement le réglement du roi du 4 Novembre 1671, a donné l'exécution de la police aux juges inférieurs. La vérité est néanmoins que dans le premier âge de la Colonie, les États-majors l'exerçaient presque exclusivement, à moins qu'il ne fût nécessaire de prononcer quelques amendes, pour lesquelles ils renvoyaient aux juges. MM. de Larnage et Maillart convaincus que cette forme était vicieuse, créèrent, le 13 Août 1739, un inspecteur de police du Cap qui fut chargé de la police sous le procureur du roi et auquel ils donnèrent un brigadier et quatre archers tirés de la maréchaussée. Ils nommèrent M. Ferrary et l'assujettirent à prendre les ordres de l'État-major et du Conseil supérieur, et à remettre au ministère public, les procès-verbaux des contraventions. La part laissée à l'État-major fut un nouveau titre d'usurpation et la police lui fut presque totalement dévolue jusqu'en 1762, que les plaintes des colons déterminèrent MM. de Bory et Clugny à prendre de nouvelles mesures. Elles furent réunies dans leur ordonnance du 14 Juillet qui établit deux inspecteurs et dix sergens de police, un voyer et un étalonneur-jaugeur, et qui leur distribue des fonctions, en les plaçant sous les ordres du sénéchal et du procureur du roi.

La police a divers objets que je vais parcourir rapidement. D'abord la propreté de la ville. Il serait difficile de trouver sur aucun sujet autant de réglemens des Administrateurs, du Conseil du Juge de police, qu'il y en a depuis le 9 Mars 1710, pour que la ville du Cap soit propre. [*L'ordonnance de 1710 exige que les immondices soient jetées sous le vent de la ville et que l'on fasse des latrines publiques. En 1722 on a voulu que ces immondices fussent portées sur la jetée sans doute dans le dessein d'augmenter le remblai, sans considérer que c'était placer un foyer d'infection au devant de la ville et donner une voirie pour espace aux mouvements du commerce.*

*Le 7 décembre 1735, le Conseil du Cap ordonna que le nettoiement de la ville serait affermé par les officiers de la sénéchaussée et que l'adjudicataire en ferait servir toutes les immondices à combler le marais qui forme aujourd'hui la place de Clugny et toute cette partie sud de la ville. A la création de l'Inspecteur de police en 1739 on contraignit les propriétaires à paver les ruisseaux au devant de leurs maisons à trois pieds de large de chaque côté et les égouts des maisons de deux pieds ; les eaux qui stagnaient partout commencèrent à avoir un cours réglé vers la mer. A la fin de 1750, on donna des noms aux rues qui n'en avaient point et des écriteaux mis sur des plaques indiquèrent ces noms.*

*Au mois de mars 1764, M. de Clugny, pour concourir à l'avantage de la maison de Providence, la chargea de fournir deux des quatre tombereaux de police qui, chaque jour, prenaient les ordures de la ville et les portaient sous le vent, c'est à dire vers la Fossette.*] Le nettoyement des rues n'a pas cessé d'être affermé, à partir de l'époque de 1735, et le dernier procès verbal d'adjudication, fait le 9 Septembre 1785 [*pour 5 ans,*] le fixe à 49,000 livres par an. [*Depuis longtemps, le nombre des tombereaux est porté à dix, chacun est attelé d'un mulet et garni d'un panier, d'une pelle de fer et d'un balai et conduit par deux nègres.*]

La police a ordonné de balayer le devant des maisons et les ruisseaux des rues, tous les jours avant sept heures du matin, et dans beaucoup d'endroits on ne le fait presque jamais. Elle a prescrit de jetter de l'eau deux fois par jour au-devant des maisons, afin de rafraîchir l'air et de renouveller l'eau des ruisseaux, et ce n'est qu'un simple usage que quelques personnes employent dans les grandes chaleurs et seulement quand il leur plaît. On ne doit pas mettre d'immondices dans les rues, quand les tombereaux ont passé, ni les placer ailleurs qu'au coin et le long des maisons, et il n'est pas d'instant du jour qu'on n'en voye au bord des ruisseaux et surtout dans les carrefours ; dans les rues peu fréquentées, il y a des amas d'ordures. Si l'on bâtit, l'on gêne les rues, et la nuit rien n'indique le danger aux passans ; en un mot, nulle part la police n'est plus mal faite à cet égard ; les rues, les calles, les quais sont sales et infects ; quelquefois des cloaques répandent une odeur insupportable : on trouve par-tout des voitures et des chevaux dételés, qui gênent et salissent les rues.

La police doit empêcher le bruit, et chacun fait celui qu'il veut. Elle doit empêcher les jeux défendus, et nulle part on ne joue avec plus d'audace ; les esclaves eux-mêmes y font publiquement des parties très-chères, et dont la perte ou le gain est nécessairement un vol fait à un maître. La police doit veiller à la distribution de la viande, et cependant on excède à la boucherie le prix du tarif, ou bien l'on ne veut donner de la viande qu'aux domestiques des gens en place ; il est même reçu qu'on va prier quelqu'un de ces élus, de recommander son nègre à l'inspecteur de police qui est à la boucherie. On tolérait autrefois que des archers de police prissent de la viande à la boucherie exclusive, et la revendissent à un taux double, et même plus fort.

La police doit veiller à ce que les boulangers ne vendent pas à faux poids, et par une singularité remarquable, il est des boulangers qui échappent constamment à la surveillance, quoique ce ne soit pas ceux dont le public se plaigne le moins.

Depuis le 2 Août 1780, une ordonnance des Administrateurs a réglé qu'il n'y aurait que trente cabarets au Cap, que quatre seulement pourraient vendre du tafia, mais pas en moindre quantité que de dix bouteilles, et néanmoins tout le monde voit, excepté la police, qu'il y a plus de trente cabarets, et que le tafia se vend à la plus petite mesure, pour sept sous et demi [*que les nègres viennent boire dans le cabaret.*]

Les cabarets doivent être fermés à des heures marquées, et cependant j'ai eu le voisinage d'un cabaret où les nègres m'empêchaient de dormir long-tems après et même lorsqu'un beau clair de lune ne permettait pas, à tout autre qu'à la police, de ne les pas voir.

C'est la même bienveillance pour les billards, qui étaient, en 1786, aussi nombreux que les cabarets, et pour les cafés : et il a fallu que des officiers de l'état-major et même M. de Bellecombe, gouverneur-général, allassent, avec un détachement de troupes, pour y faire cesser un jeu désastreux.

On serait tenté de croire qu'il n'y a au Cap ni gens sans aveu, ni vagabonds, parce que la police [*qui ne les recherche pas*] n'en trouve point. Le métier d'aubergiste et de logeur, est celui de quiconque veut le prendre, et les règles ne sont pas mieux suivies sur ce point que sur les autres.

Quant aux esclaves, il semble que la police n'ait aucune fonction qui les regarde. Les nègres vont armés de gros bâtons ; ils tiennent des chambres à loyer, ils jouent, ils forment des assemblées, ils violent enfin tous les réglemens, et les hommes de police sont spectateurs tranquilles de leurs contraventions. Ils arrêtent cependant le dimanche quelques nègres de la plaine, qu'ils accusent d'être sans billets ; parfois même ils conduisent à la geole des nègres de la ville, qu'ils ont arrêtés dans quelques patrouilles de nuit, mais ce sont des nègres qui n'ont pas le droit d'impunité, par le crédit de leurs maîtres ; car il y a tel esclave qui obtient les égards de la police, et souvent tel archer de police a, parmi les esclaves du sexe, une protectrice, qui a aussi ses créatures.

Quelles sont donc les causes de tant de désordres ? La principale est le trop petit nombre d'hommes formant la troupe de police ; la seconde, la médiocrité de leur traitement ; la troisième, le peu d'énergie et de surveillance de la part des officiers de police, je veux dire des officiers de la Sénéchaussée. Il n'y a, à présent que le Cap est doublé comparativement à 1764, que le même nombre d'agens de police ; deux inspecteurs, deux sergens et huit archers, au lieu de dix sergens. Parmi ces dix derniers, il y en a toujours un qui est toute la journée chez le sénéchal et l'autre chez le procureur du roi, pour exécuter leurs ordres en fait de police. Les inspecteurs, obligés de rendre des comptes journaliers au commandant, à l'ordonnateur, au sénéchal au procureur du roi, perdent une grande partie de leur tems dans ces courses auxquelles ils ajoutent des visites au président et au procureur-général du Conseil. Comment huit hommes qui restent, accompliraient-ils tous les devoirs qu'on leur impose ? comment feraient-ils des patrouilles de nuit, dans une ville qui a près d'une lieue d'enceinte dans sa forme irrégulière ? n'est-on pas certain, au moment où cette patrouille vient de passer, qu'on ne sera plus inquiété par elle ?

Le traitement est, depuis 1762, fixé à 2,400 livres pour les inspecteurs et à 900 livres pour chacun des autres ; ce qui fait en tout 13,800 livres par an, qui sont payées par la caisse des droits municipaux, c'est-à-dire, des droits suppliciés et de maréchaussée ; on leur fournit, en outre, un fusil, une bayonnette, un fourniment et une épée. Les inspecteurs sont obligés d'avoir un uniforme composé d'un habit, veste et culotte bleus, boutons d'argent, une aiguillette d'argent sur l'épaule, et de porter un bâton d'ébène garni d'ivoire en haut et en bas. La troupe est aussi en bleu avec les boutons blancs et on lui fournit une bandoulière bleue avec un bordé blanc, aux armes de France et le mot *Police*. Enfin ce n'est que depuis le mois de Novembre 1785, que le Conseil du Cap a loué une maison rue Espagnole pour y loger la troupe de police ; chaque archer était tenu de se loger, à ses frais, auparavant.

Est-il un individu, connaissant Saint-Domingue, qui croye possible qu'un archer de police y subsiste et s'habille, etc., avec 900 livres ; un inspecteur avec 2,400 ? Je sais qu'ils ont des profits de capture et de confiscation, mais lorsqu'ils sont aussi près du besoin, il est plus sûr encore pour eux de vendre leur indulgence que d'attendre des profits incertains. Aussi les exemples de prévarication sont-ils journaliers. D'ailleurs quand il y a un si petit nombre de complaisans à acheter, les sacrifices sont moins grands. Il faut donc augmenter la troupe, qu'on a encore obligé à mener les criminels aux exécutions qui ne sont pas suivies de mort ; il faut la payer de manière à engager des hommes qui s'estiment à remplir ces fonctions. Mais tout cela ne suffira pas si les officiers de la Sénéchaussée ne mettent pas un zèle sévère dans la manutention de la police, s'ils ne plient pas à la loi tous ceux qui se font un jeu de l'insulter par leur désobéissance.

Le voyer, qui a 3,000 d'appointemens depuis 1781, et les revenans bons de sa place, n'y met pas non plus une grande exactitude. Il est guidé dans sa principale fonction, qui est l'alignement des rues, par le plan-directeur qui est dressé, changé et corrigé par l'ingénieur en chef, d'après les ordres des Administrateurs, parce que les villes des Colonies sont considérées comme des places de guerre. Une copie de ce plan est déposée au greffe de la Sénéchaussée. La voirie, proprement dite, ne le regarde pas mais l'entrepreneur du nettoyement de la ville. Il inspecte les pavés, règle l'écoulement des ruisseaux, empêche les usurpations sur le local des rues, etc.

Il faut savoir qu'il existe un étalonneur-jaugeur juré, pour s'en douter. En nul lieu du monde, peut-être, on ne vend plus à faux poids et à fausse mesure qu'au Cap. Indolence de celui qui a cet emploi, défaut de protection dans ceux qui devraient assurer ses opérations, voilà les causes de ce nouveau vice de police.

Je dois pourtant convenir qu'il serait très-difficile que les officiers de la Sénéchaussée pussent remplir leurs obligations en fait de police avec l'exactitude, la juste sévérité, et la célérité qu'elles exigent. Le tribunal consomme tout leur tems pour les affaires civiles et criminelles ; d'ailleurs la police a encore d'autres parties pour eux. C'est, outre deux audiences de police le mardi et le vendredi de chaque semaine, l'après-midi, cette multitude de plaintes, de débats, de colloques, qu'il faut écouter, de la part d'esclaves qui se plaignent de libres, de libres qui se plaignent d'esclaves, de blancs qui imputent des faits à des affranchis ou qui sont l'objet des reproches de ces derniers. Il faut mander les uns et les autres, tenir en quelque sorte un tribunal domestique, accommoder, blâmer, menacer, punir et garder dans tous ces cas une mesure qui tienne tout à la fois de l'équité naturelle et de la justice légale ; employer l'autorité à maintenir la paix publique, sans en abuser, et ne pas la soumettre au crédit, à la faveur, à la crainte, peut-être. Tant de soins dans une ville coloniale, où les individus sont placés les uns à l'égard des autres dans des rapports politiques, exigent bien des qualités, et causent une grande perte de tems. Or le sénéchal, son lieutenant et le procureur du roi en ont à peine assez pour accomplir toutes leurs fonctions de judicature, et pour prononcer vingt mille jugemens, au moins, par année. La police est donc le patrimoine des inspecteurs, et ils disposent, lorsqu'eux-mêmes auraient besoin d'être constamment surveillés.

Dès 1748, on a parlé de l'établissement d'un lieutenant de police au Cap, où le besoin qu'on en avait a prodigieusement augmenté. Il suffirait de connaître toutes les ordonnances et les réglemens de police, pour être convaincu qu'elle est très-impuissante, et qu'elle manque de moyens répressifs. Que faire du vagabond qui, arrêté et mis en prison, finit par en sortir pour reprendre sa vie errante et continuer à menacer la société des mêmes fléaux ? Il faut une personne qui ait le soin unique de la police de cette grande ville, et que le gouvernement manifeste d'une manière éclatante le dessein de la soutenir contre tous les abus d'autorité, et contre la ligue des hommes qui croyent que leur dignité s'augmente, par l'impunité qu'ils accordent à leurs domestiques, à leurs esclaves. Il faut qu'avec tous les moyens d'assurer l'ordre, le chef de la police soit responsable du trouble qu'on y apportera. Alors, mais alors seulement, on remédiera aux divers monopóles qu'on croit nuls, parce qu'on ne les éprouve pas personnellement, et l'on ne craindra plus, comme à présent, de faire le bien, parce qu'il faudrait braver une rumeur insensée, qui réclame aveuglément en faveur d'anciens abus.

C'est encore le sénéchal qui censure les pièces de théâtre et qui donne des permissions aux baladins, à ceux qui montrent des optiques, des marionnettes, aux faiseurs de tours, à ceux qui font des courses à cheval, etc. Sans doute qu'on croit que cette permission est tacitement accordée, pour exposer et vendre des livres et des estampes obscènes ; car il n'est pas de jour de marché des Blancs où les yeux ne soient blessés par ces dernières, et où la jeunesse ne puisse trouver aussi à échanger sa précieuse innocence, contre la morale ordurière de livres dangereux où des dégoutans tableaux souillent encore la vue. [*Je ne puis terminer sur la police sans lui reprocher encore son peu de vigilance sur la trop grande multiplication des chiens. Ils troublent continuellement le sommeil dans la ville et y font courir, sans utilité, les dangers de la rage dont les exemples très manifestés, depuis 1762, ne sont malheureusement pas rares.*]

Pour mieux faire juger de la nécessité d'une bonne police au Cap, il suffit d'en connaître l'importance et la population.

## *DE LA POLICE DE PORT-AU-PRINCE*

Elle est comme au Cap, entre les mains des officiers de la Sénéchaussée. Elle a pour agens immédiats la maréchaussée, et la troupe de police.

La maréchaussée qui a un prévôt-général pour les Parties de l'Ouest et du Sud, consiste particulièrement dans la ville du Port-au-Prince, en un prévôt, un exempt, deux brigadiers et huit cavaliers, à qui l'on a donné un logement particulier en vertu d'un arrêt du conseil du Port-au-Prince du 27 Octobre 1785. L'uniforme de la maréchaussée des Parties de l'Ouest et du Sud ne differe de celui du Cap que par la veste et la culotte qui sont blanches et non chamois. La bandoulière est bleue, bordée de chaque côté d'un galon de fil blanc d'un pouce de largeur. Les brigadiers ont de plus un bordé de six lignes entre les deux autres. Sur le devant de la bandoulière est une simple fleur de lis sans couronne en galon d'argent, placée sur un fond écarlate qui lui sert de liséré. La maréchaussée est passée en revue par l'État-major de la place et cette revue est visée par le procureur du roi et le sénéchal qui y marquent les reproches, s'ils en ont à faire à la maréchaussée. L'ordonnance du conseiller, commissaire de la caisse municipale, au bas de l'état sert à recevoir les appointemens que compte le receveur de cette caisse. Dans les simples paroisses c'est le commandant pour le roi ou celui de cette paroisse qui fait la revue des détachemens et le substitut à résidence du procureur du roi qui les vise.

La troupe de police du Port-au-Prince, est celle qu'avait établi à Léogane l'ordonnance des Administrateurs du 10 Mars 1750, et qui a suivi la Sénéchaussée de Léogane au Port-au-Prince. Elle fut composée alors d'un inspecteur, pourvu d'une commission des Administrateurs, reçu et assermenté à la Sénéchaussée, avec 1,000 livres d'appointemens,; un exempt et quatre sergens commissionnés par le procureur du roi et ayant, le premier 36 liv. et les autres 24 liv. par mois.

Le 12 Mai 1758, le conseil du Port-au-Prince augmenta cette troupe de deux brigadiers et de deux sergens, et porta les appointemens de l'exempt à 900 livres par an. Puis, le 21 Novembre 1763, il y ajouta encore 4 archers.

Enfin, depuis l'ordonnance des Administrateurs du 8 Février 1775, la troupe de police est composée d'un inspecteur, de deux exempts, cinq brigadiers, dont trois sont blancs, vingt archers et quelques nègres surnuméraires. L'inspecteur et les exempts ont habit et culottes bleus, veste blanche, boutons, épaulettes et éguilettes d'argent ; les brigadiers et les archers portent un habit bleu, collet et paremens rouges, et lorsqu'ils sont de service, une bandoulière rouge, bordée de chaque côté, d'un galon de fil aurore large d'un pouce. Les brigadiers ont un galon de 6 lignes entre les deux autres. Sur le devant de la bandoulière est un médaillon aux armes de France, fond bleu, couronné de fleurs de lis jaunes. Les fonctions de la troupe de police ne peuvent que s'étendre au delà de la banlieue de la ville, tandis que celles de la maréchaussée ont toute la paroisse.

La revue de la troupe de police est passée, tous les trois mois, successivement par le procureur du roi, le sénéchal et le procureur-général, qui visent l'état dressé par l'inspecteur et que l'on paye après l'ordonnance du conseiller-commissaire, comme pour la maréchaussée. Les brigadiers et les archers sont reçus seulement à la Sénéchaussée, sur la présentation de l'inspecteur et ils y prêtent serment.

La police a un corps-de-garde à chaque extrémité de la ville. Depuis l'ordonnance du 23 Mai 1772, elle ne met plus d'archers chez les Administrateurs, ni ailleurs, mais seulement au conseil supérieur pendant qu'il est en séance. L'inspecteur et l'exempt ne doivent des comptes qu'au commandant militaire de la place, au commissaire des classes, au procureur-général, au sénéchal et au substitut.

Les places et les rues sont le premier objet dont le soin est confié à la police, soit pour la sureté, soit pour la propreté.

L'ordonnance des Administrateurs du 10 Mars 1750, pour la police de la ville de Léogane, est devenue la première de ce genre pour le Port-au-Prince. Elle veut que les rues soient libres, nettes, applanies et disposées de manière à accélérer l'égout des eaux. Celles du 29 Novembre et du 28 Décembre 1757, que j'ai déjà citées, l'ont répétée à cet égard et ont voulu de plus un rang d'arbres. Par celle du 23 Mai 1772, il est dit que les maisons seront alignées ; elle permet les galeries, pourvu qu'elles soient rapportées aux maisons, alignées entr'elles, de 10 pieds de large et non closes, et elle enjoint d'avoir dans les emplacemens des latrines de six pieds de profondeur, au moins, afin que les manières stercorales ne soient pas jettées dans les rues. Une ordonnance du 25 Novembre 1773, a voulu que les propriétaires des emplacemens fissent dans le milieu de la rue un encaissement de tuf, de cailloux et de sable, et trois pieds de pavé de l'un et de l'autre côté, avec des fossés pavés pour égouter les eaux. Mais afin de rendre l'air plus salubre et les rues plus propres, elle a ordonné de couper les arbres des rues, excepté ceux des places publiques, ceux plantés depuis le magasin du roi jusqu'à la rue Sainte-Clair, de ces magasins au gouvernement et du gouvernement à l'intendance. Une autre ordonnance du 2 Avril 1774, a répété les dispositions de la précédente, attendu que toutes les maisons détruites par le tremblement de terre de 1770, étaient reconstruites, et a ordonné d'enclorre les emplacemens vides ; et le 20 Décembre 1775, l'exécution de celle de 1774 a été recommandée. Enfin, les Administrateurs ont fait insérer dans la gazette du 2 Septembre 1789, une invitation de faire arroser le devant des maisons deux fois par jour, quant la brise d'Est soufle avec force, parce qu'elle produit une sécheresse très-préjudiciable à la santé.

Encore à l'époque du tremblement de terre de 1770, la ville du Port-au-Prince n'était qu'un vrai cloaque. Le premier qui donna l'apparence de rues aux grands chemins qui sont entre les maisons, fut M. le Grand de Campeaux, garde-magasin du roi, qui ayant plusieurs cabrouets, imagina de faire combler le terrain qui était au devant de son logement. Puis, arriva M. de Vallière, qui a tant désiré que le Port-au-Prince devint une ville.

Les galeries n'ont pas la largeur exigée, indépendamment de leur manque de nivellement. On y met des barriques, des planches, même des voitures ; il y a des emplacemens mal ou point entourés, d'autres où sont des choses combustibles, presque livrées à l'audace des malfaiteurs. On trouve vers la place Vallière et la rue Traversière des monceaux de paille qu'y laissent les cabrouets venus de la plaine avec des barriques de sucre, sous lesquelles on met des couches de paille.

Quant à la propreté des rues, comme il n'y a point de tombereaux publics pour enlever les immondices, elle ne peut être poussée loin. D'ailleurs, leur forme bombée au milieu, avec des fossés sur les côtés où l'on entend croasser les crapauds, n'est pas favorable. Les eaux pluviales qui courent de l'Est à l'Ouest avec un volume et une vitesse très-considérable, ne trouvant pour issue dans les rues du Nord au Sud que de petits fossés, couverts d'un madrier en façon de pont, sont arrêtées, refoulent et gâtent encore les rues. Celle d'Aunis est sujette à devenir un torrent dans les grandes pluies. Il faudrait au contraire un fossé au milieu avec une pente des deux côtés, prise sur une largeur de 15 ou 18 pieds. Les Administrateurs avaient convoqué les habitans à l'hôtel de la marine, le 4 Avril 1787, pour concourir à la dépense d'un fossé de couronnement au haut de la ville, pour la préserver de l'effet des pluies abondantes, suivant le plan de M. de la Fitte, ingénieur en chef ; on leur demandait les 21,500 liv. exigées pour la fouille, et l'administration publique se chargeait de l'indemnité due aux propriétaires des terrains où passerait ce fossé, des frais des acqueducs à faire pour les canaux qui transporteraient l'eau des fontaines et de l'entretien du tout ; mais il n'y eut que 19 délibérans et 10 refusèrent toute contribution.

On voyait des animaux dans les rues, mais l'ordonnance des Administrateurs du 16 Novembre 1788, veut qu'on les arrête tous, même ceux de la maréchaussée qui, comme ceux des courriers des postes, ne pouvaient pas être pris auparavant.

La police doit veiller aussi aux marchés, aux cabarets, à ce que les nègres esclaves ne troublent pas l'ordre public, à ce qu'ils ne soient pas armés ni errans dans les rues et à ce qu'on ne les y trouve pas sans permission par écrit de leur maître, lorsque le sacristain, à qui le conseil supérieur fait compter 200 livres sur la caisse municipale pour ce soin, les avertit de rentrer, par une cloche de la paroisse qui sonne pendant un quart d'heure, a commencer de neuf heures et demie ; les cabarets, dont le nombre est illimité, sont très-nombreux ainsi que les billards et les cafés, et rien n'est plus commun que les nègres qui se louent eux-mêmes et qui vivent d'une manière indépendante.

La police doit empêcher qu'on ne joue aux jeux défendus ; et elle est mal faite à cet égard ; à ce qu'on ne vende point de comestibles corrompus, à ce qu'on ne vende pas à faux poids et à fausses mesures, ce qui arrive cependant ; enfin, elle doit surveiller les auberges, les boulangeries et les boucheries.

Depuis l'ordonnance du mois d'Août 1787, qui a supprimé l'horrible ferme des boucheries, il y a 8 bouchers de bœuf à Port-au-Prince, dont 4 sont des gens de couleur. Un archer de police va s'assurer que les animaux qu'on veut tuer ne sont point malades. Les tueries sont vers le fort Saint-Joseph, à l'extrémité Nord de la rade Marchande. Elles exhalent une forte odeur, que les vents ordinaires ne portent heureusement pas sur la ville. Les ordonnances de police défendent d'avoir des parcs à bêtes dans la ville et d'y faire sécher des peaux.

La viande est moins bonne durant les mois de Mars, Avril, Mai et Juin, parce que c'est la saison des pluies. D'un autre côté, les bœufs tirés de la Partie Espagnole, étant pris plus loin du Port-au-Prince que du Cap, ils pâtissent davantage et il faut qu'ils soient débités presqu'en arrivant.

Il y a aussi un archer placé à chaque lavoir public, d'après l'ordonnance du 13 Février 1788, pour empêcher que les blanchisseuses n'y entrent avant le point du jour et pour les en faire sortir au coucher du soleil. Ils empêchent de s'y baigner, d'y abreuver des animaux ; ils en interdisent l'accès aux matelots et font retirer les nègres mâles, dès qu'ils y ont déposé les paquets de linge.

On ne peut pas dire que la police soit bien faite au Port-au-Prince, quoique la troupe de police soit plus nombreuse qu'au Cap ; mais il faut confesser qu'elle est plus difficile dans cette dernière ville.

D'abord, le Port-au-Prince est plus étendu ; il a beaucoup d'espaces vides ; chaque maison a un tour d'équerre ménagé pour les incendies, mais où l'on peut fuir et se cacher ; la population étant moins rassemblée, il n'y a pas cette espèce de surveillance, presque involontaire, que les individus exercent les uns à l'égard des autres ; enfin, le nombre considérable de petites chambres louées, jusqu'à une seule gourde par mois, dans de grandes cours, communes à beaucoup de locataires, empêchent que ces cours ne soient fermées la nuit et ceux que la police poursuit y trouvent un asile.

Cependant nul lieu de la Colonie n'a plus besoin d'une police active que la ville du Port-au-Prince, par la nature de ses bâtimens et par sa vaste enceinte, qui l'exposent continuellement aux dangers des incendies.

Dans la crainte que l'impression de l'effroyable tremblement de terre de 1770, ne s'effaçât comme celle du tremblement de terre de 1751, après lequel on avait bâti plus de la moitié de la ville en maçonnerie, les Administrateurs défendirent, le 8 Août, de reconstruire autrement qu'en bois, soit poteaux en terre, soit poteaux sur solage de bois, avec des planches clouées sur les poteaux, sans maçonnerie, clissage, ni bousillage, excepté en dehors, lorsqu'il y aurait des planches en dedans. Nul solage de maçonnerie ne peut être de plus de deux pieds hors de terre. Les clôtures d'emplacemens doivent être de haies vives, ou de pieux ou à claire-voies supportées par des murs qui ne peuvent excéder trois pieds ; à moins qu'ils ne soient assez isolés, pour que dans leur chûte, ils ne puissent atteindre aucun bâtiment.

Quoique la même ordonnance ait engagé à se procurer des pompes et qu'elle ait recommandé plusieurs autres précautions contre le feu, il est difficile qu'une ville toute construite en bois n'y soit pas sujette.

Les Administrateurs qui en étaient convaincus, rendirent, le 5 Mai 1787, une ordonnance qui enjoint à chacun de se porter où est le feu dès qu'on entend la générale et le tocsin, et d'obéir aux ordres du Sénéchal et du procureur du roi ; aux gardes-magasins du roi de délivrer sur l'ordre du commandant de la place les trois pompes qui y sont, les seaux, les échelles, les haches, etc. ; aux particuliers qui ont des pompes, de les faire conduire au feu ; aux ouvriers, de s'y rendre avec les outils propres à arrêter l'incendie ; à la maréchaussée et à la troupe de police, de se réunir en armes, à cheval ou à pied, et de faire par escouade des patrouilles, sur tout à l'entrée des chemins qui conduisent à la campagne, pour arrêter quiconque voudrait y transporter des effets ; aux piqueurs des nègres de l'atelier du roi, d'y conduire ces nègres avec des haches, des échelles etc., et d'obéir aux officiers du génie ; enfin à chaque propriétaire d'avoir deux seaux de cuir marqués du numéro de la maison, où ils seront laissés.

Le lendemain, 6 Mai, M. de la Luzerne fit imprimer une consigne pour le régiment du Port-au-Prince. A la générale, les grenadiers, les chasseurs et les 140 hommes prennent les armes ; 70 hommes vont sur la place de l'intendance, et 70 sur celle du gouvernement ; 30 de ces derniers marchent aux prisons, d'où les prisonniers sont conduits aux cazernes, si le feu gagne les prisons. Le surplus des piquets fait des patrouilles dans les rues. Le reste du régiment, sans armes, excepté les bas officiers qui ont leurs sabres, forment autant de détachemens qu'il y a d'officiers. Quelques-uns de ces détachemens traînent les pompes des cazernes au lieu de l'incendie on y portent les seaux, et les autres, précédés des grenadiers et des chasseurs, vont travailler à éteindre le feu, dont les grenadiers et les chasseurs ceignent le tour par un cordon qui empêche les inutiles d'y entrer et les hommes utiles d'en sortir. On forme des dépôts d'effets dans les places ou carrefours voisins, et l'on oblige à tout déposer pour n'être rendu qu'après le feu, sur l'ordre du commandant de la place et du juge de police.

La consigne de l'artillerie du même jour veut que trois hommes et un caporal se rendent au fort Saint-Joseph pour faire des signaux, qu'un caporal et quatre hommes restent à garder les cazernes d'artillerie, et que le reste, pourvu de haches et de crocs, aille au feu.

D'après la consigne de la rade et du port, de la même date, le fort Saint-Joseph tire deux coups de canon de gros calibre, coup sur coup et arbore un pavillon rouge, et si c'est la nuit, on met deux feux au bâton du pavillon. Alors les vaisseaux du roi envoyent en hommes et en pompes, les secours dont ils peuvent disposer, et les marins qui sont à terre se rendent aux calles pour se réunir à eux ; tous obéissent au commandant de la place. Les navires marchands doivent mouiller avec du cable à filer et des croupières assez au large pour s'y tirer au moins d'une encablure, afin d'éviter la communication du feu entre la ville et eux. Le commandant de la rade fait aller trois ou quatre canots de ronde pour entretenir l'ordre et empêcher qu'on ne transporte des marchandises de terre en rade. Le capitaine de port prend au corps-de-garde voisin huit hommes et un caporal, et va faire éloigner tout ce qui est près des quais, même en coupant les amarres. Ce corps-de-garde a en dépôt deux corps-morts de 1,200 livres pesant chaque, avec des chaînes de 30 pieds de long, deux grapins avec des chaînes de 70 à 80 pieds de long, deux masses, six mains de fer, 25 livres de clous et six haches, et une embarcation) est toujours prête pour aller avec ces moyens, saisir et éloigner des autres, le bâtiment qui prend en feu dans la rade.

On eut dès la fin du mois de Juin, à se féliciter de ces mesures sages, car dans les trois nuits du 25, du 26 et du 27, on essaya de mettre le feu à la ville du Port-au-Prince, notamment en plaçant un panier où était un morceau d'allumette enveloppé d'un linge huilé et soufré sur le toit de l'une des maisons de la place de l'intendance. On y avait ajouté une pierre, sans doute afin que le vent ne renversât pas le panier. Les Administrateurs durent regretter alors de n'avoir pas pris pour la ville quatre superbes pompes provenues de la succession d'un fondeur nommé Héban, homme d'un talent réel qui était venu de Paris s'établir au Cap. Elles furent achetées au Port-au-Prince, où je les ai vu essayer au gouvernement, par quatre propriétaires du Cul-de-Sac pour leurs habitations.

Le 2 Juillet, les Administrateurs promirent 3,000 livres à tout libre, et la liberté et 1,000 liv. à tout esclave, fut-il même complice, qui ferait connaître les auteurs de ces entreprises.

Le 10 Août, une barrique de tafia fit brûler une maison. Le 15, le feu prit encore, mais le zèle de tous les individus, les secours très-prompts de M. Meunier, à la tête de ses nègres et ceux de la pompe à feu de M. Marchand qui était dans le voisinage, arrêtèrent l'incendie. Le 28 Août, le feu prit ; et dans la nuit du 30 au 31 Août, pour la septième fois de l'année, mais sans suites funestes, et ce dernier essai fit même condamner au gibet une jeune négresse le 24 Septembre.

Le 8 Décembre 1788, le feu se manifesta encore dans une cuisine située dans le quartier le plus peuplé de la ville, près d'une grande quantité de planches, de merrains, etc. ; mais des soins empressés et la pompe à feu de M. Cottineau, arrivée sur le champ, maîtrisèrent ses progrès.

Tout autorise à croire que si la surveillance ne se ralentit point, des accidens du feu seront désormais encore moins redoutables pour la ville du Port-au-Prince, graces aux Administrateurs, qui lui ont donné une immense quantité d'eau, dont la jouissance est assez précieuse pour que je trace ici les détails qui la concernent.

# 15

# The Militia of Colonial Massachusetts

*Jack S. Radabaugh*

THE Godly, grave men of Massachusetts took pains, even while still thousands of miles from the American shore, to provide in principle for the contingencies which might arise to challenge their existence in the New World. When considering the problem of defense, the founding fathers, in the Charter of 1628, took note of chief commanders, captains, and governors, and their power to rule and punish.[1] After the Puritans had arrived in New England the General Court of Massachusetts was even more specific when it said, "as piety cannot be maintained without church ordinances and officers, nor justice without laws and magistracy, no more can our safety and peace be preserved without military orders and officers."[2]

The flowering of the militia was not all just a matter of thought.[3] Immediate and practical requirements for public safety in 1631 moved the General Court temporarily to forbid unarmed persons to travel between Plymouth and Massachusetts.[4] Guns were a requirement for all travelers except those in and around Boston,[5] and colonial law called for arms in every home.[6] Indeed, the colony's legislative body observed that, "the well ordering of the militia is a matter of great concernment to the safety and welfare of this commonwealth. . . ."[7]

The Indians living in and adjacent to Massachusetts very frequently played havoc with the white man's peace, though in the revolt against Edmund Andros, the enemy of the militia was the governor himself. The Pequot Nation in eastern Connecticut was the first tribe to feel the ire of the citizen-soldiers, and after its destruction, it was replaced by the Narragansetts, the allies of King Philip and his Wampanoags, as the ranking antagonists. However, the Rhode Island tribes were never to match the fury of the Abenakis and the Penobscots to the north. These Canadian tribes, the allies of the French, at the conclusion of King Philips War, became the principal enemies of the Massachusetts militia.

The shifting string of frontier villages served as the battle front for these Indian wars.[8] All along the frontier the rocky and heavily forested terrain weighed in favor of the tribesmen. Nor did the dense swamps of Connecticut make easier the task of the soldier. The bitterness of winter cold increased the militiaman's suffering in the field, but since it was Indian custom to cease hostilities during cold weather and go into winter

---

[1]Nathaniel B. Shurtleff (ed.), *Records of the Governor and Company of the Massachusetts Bay in New England*, I, 17. Hereafter cited as *Mass. Colony Records*.

[2]*Ibid*.

[3]The pedigree of the militia in America is contained in the history of the English militia from the time of the Anglo-Saxon fyrd through the Norman Conquest up to the Interregnum. *Encyclopedia Britannica*, "County," VI, 597; "Lieutanant," XIV, 42; "Militia," XV, 483-487. J. W. Fortescue, *A History of the British Army*, I, 12, 123, 194; II. 39, 294-295, 305, 307, 530; IV, 639-641, 888; V, 201, 229, 230, 239; VI, 38, 40, 180-183; VII, 34-35, 422-423. Of these references the article in the *Encyclopedia Britannica* on the "Militia" presents the most concise picture of pre-colonial militia history.

[4]*Mass. Colony Records* I, 85.

[5]*Mass. Colony Record*, I, 85.

[6]*Ibid*., II, 119.

[7]*The Charters and General Laws of the Colony and Province of Massachusetts Bay*, p. 157. Hereafter cited as *Colony Records of Mass*. This collection is a codification of the *Mass. Colony Records*.

[8]Albert B. Hart (ed.), *Commonwealth History of*

quarters, the long marches through the snow provided the militia with some of its most spectacular victories.

Cultural differences lay between the two peoples. The Calvinistic convictions of the settlers caused them to view the Indians as heathens, even demons, if some of the Puritan divines were to be believed. The principles of common law so prized by the English mind made little impression on the tribes, and were regarded with bitter hostility when translated into hangings for murder. The Puritan attempts to enforce Indian allegiance to the English sovereign also met with scant enthusiasm. The unmilitary manner of the colonials caused the Indian, raised according to a warrior code, to regard the white people with little respect. And the ever expanding line of villages built by the new people menaced the Indian's land.

In view of their differences with the natives, the planters adopted the mode of military organization most proximate to their experience and resources. This was the company or trained band centered in the town. The company, usually bearing the town's name, was commanded by a captain who was assisted by a lieutenant, an ensign, three sergeants and three corporals. At first a company at full strength had sixty-four men,[9] but later the figure was raised.[10] The privates in a company were divided into two groups in which two-thirds bore muskets, and the rest carried pikes.[11]

It was of importance to these privates that their company be maintained at full strength. Only when he company was fully manned could the soldiers choose their commissioned officers. Otherwise the sergeant-major, the commander of the regiment, supervised the company, and company personnel could choose only their sergeants and corporals.[12]

For the older settlements at least, the matter of holding lists at full strength was no problem, since as early as 1635 the division of a company was felt to be necessary at Watertown and Charlestown.[13] Later the General Court decreed that the company should be divided every time there were enough men to form a group of one hundred.[14]

Naturally this division of units raised disputes as to priority when several companies met at a regimental drill. In Boston the General Court appointed senior officers,[15] but later it resorted to the unsatisfactory expedient of allowing priority in command to rotate.[16] A more satisfactory solution to the problem was found in determining precedence according to priority of the commandant's commission.[17]

But fast blossoming trained bands were only one side of the coin. In the newly established villages on the frontier the opposite was true. It was necessary to combine the company at Rowley Village with Rowley, and Piscataqua with Kittery, in order to attain sufficient unit strength.[18]

Like any military institution the company needed money to operate. The common way to finance military needs at the town level was by fines. The coin collected by the company clerk went for a variety of items which included anything from wood for the guard to powder for the poor.[19] In addition, rum

*Massachusetts Colony, Province and State*, I, 533; II, 74-75. Hereafter cited as A. B. Hart, *Commonwealth History*. Hart gives an excellent sketch of frontier conditions, and the type of people defending the more advanced regions. See also *Mass Colony Records*, III, 310; V, 48, 51, 79.

9 *Mass. Colony Records*, III, 267; *Colony Records of Mass.*, p. 158; Great Britain, Public Record Office, *Calendar State Papers, Colonial Series, America anl the West Indies*, 1677-1680, 138. Hereafter cited as *Cal. State Papers*.

10 *Mass. Colony Records*, III, 268; V, 16.

11 *Ibid.*, I, 328; II, 119.

12 *Ibid.*, III, 267-268.

13 *Ibid.*, I, 160.

14 *Ibid.*, III, 268; V, 16.

15 *Ibid.*, III, 285.

16 *Ibid.*, IV, Pt. I, 246.

17 *Mass. Colony Records*, III, 284-285.

18 *Ibid.*, II, 42; IV, Pt. II, 554; V, 16.

19 *Ibid.*, II, 119.

and tobacco appeared along with the other staples needed to operate a frictionless war machine.[20]

Though the musketeers constituted a majority of each company, the pikemen, numbering about one-third of company strength,[21] and occupying position on the flank,[22] were the more colorful. The General Court saw the pikeman gallantly clad in corselet, head piece, sword and knapsack, but since corselets and helmets were rare, a more practical quilt or bluff coat came to be recognized.[23]

Service as a pikeman was very popular in the militia. This fact can be accounted for in part by the simplified manual of arms for the pike. There were only eleven operations required of the pikeman at drill while the musketeer was required to know fifty-six different motions.[24] But an even more cogent reason for the thrifty Puritan to appreciate the pikeman's art was the fact that it was inexpensive when compared to the cost of providing and maintaining a musket. Furthermore, the father of a large family was responsible for arming his sons till they were twenty-one.[25] For a really honest and soul-searching analysis of the wish to bear the pike one must lend ear to John Dunton.

> I thought a pike was best for a young soldier, and so I carried a pike, and between you and I reader, there was another reason for it too, and that was, I knew not how to shoot off a musket. But t'was the first time I ever was in arms; which tho' I tell thee, Reader, I had no need to tell my fellow soldiers, for they knew it well enough by my awkward handling of them.[26]

The General Court did what it could to encourage service as a pikeman,[27] but with the evolution of warfare into a shooting affair even the pikemen were required to carry guns and ammunition.[28] Within a year after the outbreak of King Philips War the pikeman disappeared from the militia scene.[29]

In contrast to the disappearing pikeman the horse company, because of its capacity for rapid movement, developed into one of the most effective fighting organizations in the militia. The horse company developed out of horse units which operated as scouts with the foot companies.[30] At first the horse units were limited to thirty men,[31] but later the number was increased to seventy.[32] Often the cavalry units were organized by officers who wished to continue their activities while theit regiments were not due for drill.[33]

The troopers were under the command of the sergeant-majors and the general of the militia.[34] However, a company having forty horsemen could nominate its officers,[35] who were then subject to the approval of the County Court.[36] Later on, its own approval of cavalry personnel was required by the General Court, which was not bashful about using its power to prevent those not free men and those not taking the oath of fidelity from serving in the horse units.[37]

To be a member of the cavalry several qualifications had to be met. First, a man or his parents must own a £100 estate.[38] Only the fluency of his command officer could dispense a man from this law.[39] The rider pro-

[20] *Ibid.*, V, 73.

[21] *Cal. State Papers*, 1677-1680, 138.

[22] Ebenezer W. Peirce, *Indian History, Biography, and Genealogy Pertaining to the Good Sachem Massasoit of the Wampanoag Tribe and His Descendants*, p. 76. Hereafter cited as E. W. Peirce, *Indian History*.

[23] *Mass. Colony Records*, IV, Pt. II, 319; *Colony Records of Mass.*, pp. 167-168. Corselet—A Small cuirass, or armor to cover and protect the body.

[24] E. W. Peirce, *Indian History*, pp. 77-80.

[25] *Ibid.*, p. 76.

[26] *Letters Written From New England A. D. 1681 by John Dunton*, p. 140. Hereafter cited as *Dunton Correspondence*.

[27] *Mass. Colony Records*, II, 43.

[28] *Ibid.*, V, 47.

[29] *Cal. State Papers*, 1675-1676, 465.

[30] *Mass. Colony Records*, IV, Pt. I, 379.

[31] *Ibid.*, III, 265.

[32] *Ibid.*, III, 398.

[33] *Collections of the Massachusetts Historical Society*, 2nd Ser., VII, 56. Hereafter cite das *Coll. MHS*.

[34] *Mass. Colony Records*, III, 344.

[35] *Colony Records of Mass.*, p. 164.

[36] *Ibid.*, p. 158.

[37] *Mass. Colony Records*, III, 264.

[38] *Ibid.*, IV, Pt. II, 97.

[39] *Ibid.*, V, 438.

vided horse, saddle, bridle, holster, pistol or carbine, and sword; and the rider was to be fined 10s when he failed to supply himself with any one of these items.[40] However, in practice the horseman was more recognizable in his buff coat with a pistol, hanger, and corslet.[41]. He was required to drill six days a year, and ocasionally was ordered to garrison duty.[42]

There were soem advantages to serving in the cavalry. The horseman could not be drafted,[43] nor was he subject to head-rates on houses.[44] He did not have to pay for ferry service,[45] and for a time he enjoyed free pasturing on the common lands.[46] The Court, in time, rescinded some of these privileges,[47] but while in force they helped to build up the colony's cavalry.

After the horse units had been built up in the various counties it became popular for the towns to organize their own cavalry. The frontier towns of Concord, Chelmsford, Billirrikey, Lancaster, and Groton were especially encouraged.[48] However, the most effective cavalry continued to come from the groups in Middlesex, Essex, and Suffolk, and the unattached Three County Troop.

The growth of the cavalry was rapid, but not without its hour of crisis. In the war with King Philip the General Court found the cavalry quite as useless as the pikeman and ordered a draft for most riders.[49] However, subsequent performances by cavalry forced the Court to reverse this hasty decision.[50]

Both trained bands and horse troops combined in a geographical unit called a regiment under the command of a sergeant-major. The regiment corresponded to the county in its area of jurisdiction. The men in a regiment could not be ordered out of the county,[51] except in time of war.[52]

Within the regiment, the sergeant-major and his chief company officers determined policy, but command decisions, such as orders for mobilization, were made by the General Court.[53] The Court also determined quotas of men in the counties in time of stress.[54]

In peace time the regiments were supposed to meet once in three years for drill, and for services received the county was to pay the sergeant-major £20.[55] Later a schedule was definitely fixed for meetings from 1649 to 1641,[56] and another schedule was established for the period 1671 to 1676 when new counties were added to the colony.[57]

Requests from the county to drop training were answered by the Court with explicit instructions to drill.[58] Still some of the counties managed to avoid the meetings in one way or another. Sometimes the period set aside for regimental drills was devoted to some other activity.[59]

By 1680 even the regiments had grown to the point where a division was necessary. In Essex nine towns with horse units combined to form one regiment, and the remaining eight towns formed another. A similar division took place in Middlesex County.[60]

As in any organization, the efficient functioning of the militia depended on the officers. From the sergeant-major-general, the chain

[40] *Mass. Colony Records*, III, 265; *Colony Records of Mass.*, pp. 164-165. Carbine—A short musket used more particularly by cavalry.

[41] *Cal. State Papers*. 1675-1676, 221. Hanger—The girdle or belt from which the sword was suspended at the side.

[42] *Mass. Colony Records*, V, 75.

[43] *Ibid.*, V, 70-71.

[44] *Ibid.*, V, 49.

[45] *Ibid.*, IV, Pt. I, 323.

[46] *Ibid.*, III, 398.

[47] *Colony Records of Mass.*, p. 164.

[48] *Mass. Colony Records*, III, 419; IV, Pt. II, 439; V, 254. 409-410.

[49] *Mass. Colony Records*, V, 47.

[50] *Ibid.*, V, 70-71.

[51] *Colony Records of Mass.*, p. 157.

[52] *Mass. Colony Records*, V, 70.

[53] *Ibid.*, V, 53.

[54] *Ibid.*, V, 85.

[55] *Colony Records of Mass.*, p. 158.

[56] *Mass. Colony Records*, II, 256.

[57] *Ibid.*, IV, Pt. II, 486.

[58] *Mass. Colony Records*, IV, Pt. II, 73.

[59] *Ibid.*, IV, Pt. II, 276, 333.

[60] *Ibid.*, V, 295.

of command rattled down through the echelons of sergeant-majors in the regiments to captains, lieutenants, ensigns, sergeants and corporals in the company. The horse unit also sported a cornet and a quartermaster, while regiments sometimes carried surgeons, commissary officers, and chaplains.

All the commissioned officers were nominated by their men and approved by their representatives in the County[61] and General Courts. Those having the power to nominate included freemen and persons taking the oath of residents. Later this group was expanded to include householders and those taking the oath of fidelity. But this constituted not even a majority of the militiamen, for in 1672, of the 15,000 militiamen, only 6,000 could vote.[62]

In the early days the regiments elected their commanding officers, and the town deputies presented them to the General Court. Towns nominated two or three men for the office of captain and lieutenant, and the Provincial Council then settled on one of them.[63] But in 1645 a sergeant-major was selected by votes which were sealed and delivered to the county seat. Here the votes were counted before the deputies and the winner was presented to the general for installation.[64]

From 1641 to 1664 the General Court allowed the County Court to approve company nominees,[65] but after this date the General Court exercised directly its power to "nominate, choose and appoint" all commissioned officers except the general and admiral. And this passing of elected militia officers was felt in all ranks, for now the non-commissioned officers were appointed by the company commanders.[66] However, this situation was somewhat altered when the committee of militia sat as a recommending body when the need for officers arose.[67]

Once elected or approved the protocol faced by the prospective officer was somewhat complex. To obtain for the officer a commission from the General Court, a freeman obtained a certificate of nomination from the county recorder. This was presented to the secretary of the General Court who drew up a commission. Then the eldest sergeant of the company involved delivered the commission to the governor for his seal. This accomplished, the sergeant then delivered the sealed document to the general, who gave it to the appropriate sergeant-major, who in turn gave it to the waiting winner.[68]

Though the clergyman Edward Johnson claimed that the Massachusetts colonial was one who labored to avoid high titles,[69] a spectacular exception to this statement was the title of the highest officer in the militia, the sergeant-major-general. This elective position[70] was described by another contemporary, Edward Randolph, as being one of good profit and no danger because the general remained at home and shared the spoils while younger men commanded in the field.[71] The office carried extensive powers. Among other things, the general could impress materiel of war. With the Council of War at Boston he could replace slain officers, and make rules for the death penalty. In war he had command of all forces in the field,[72] and in peacetime he could call out his own regiment once a year without the Court's

[61] *Ibid.*, II, 222; *Colony Records of Mass.*, p. 168.

[62] *Cal. State Papers*, 1669-1674, 332.

[63] *Mass. Colony Records*, I, 187.

[64] *Ibid.*, II, 117; *Colony Records of Mass.*, pp. 157-158.

[65] A. B. Hart, *Commonwealth History*, I, 116.

[66] *Mass. Colony Records*, IV, Pt. II, 368; *Colony Records of Mass.*, p. 168. *Cal. State Papers*, 1677-1680, 138.

[67] *Mass. Colony Records*, V, 30.

[68] *Mass. Colony Records*, III, 285-286.

[69] *Coll. MHS*, 2nd Ser., VII, 53.

[70] *Mass. Colony Records*, II, 49.

[71] *Cal. State Papers*, 1675-1676, 465.

[72] *Mass. Colony Records*, II, 42, 76-78.

approval.[73] He also had the privilege of training his family,[74] which meant they were exempt from drill.

The other general officer rank in the militia was developed by gradual steps. In 1634 the Court provided for two men to check on existing supplies.[75] Two years later one of these men, John Samford, was appointed surveyor of arms.[76] In 1641, one John Johnson acted in the same capacity, and a year later was officially dubbed General Surveyor of Arms.[77] His principal duty was to account for arms and ammunition,[78] and he also could buy and sell arms.[79]

The interests of the sergeant-major were more localized. At regimental drills he was cared for by £ 20 from the commonwealth treasury,[80] but later this entertainment bill was passed back to the county.[81] His principal duty was to see to company drills and attend to matters of delinquency.[82] In time of attack he was to attend to the relief of a distressed town,[83] and could impress goods.[84]

The captain was the top commander in a town. Here, he looked after arms, and saw to it that people carried guns when they attended church.[85] At times the captain was paid by the General Court, but often his pay came from company fines.[86]

In some cases it was not the captain, but the sergeant who commanded the town militia.[87] The sergeants were usually appointed to their positions,[88] though occasionally the commissioned officers allowed the men to choose their sergeants.[89] Sometimes a sergeant would jump to the rank of lieutenant.[90]

To collect money for the trained band the Court saw the need for a "discreet able man." Its understanding of the word discreet was made somewhat clearer by the 40s fine which accompanied a refusal to accept the elective honor of being company clerk. The office was not one which offered much promise of forming lasting friendships. It was the clerk who called roll at drill, and noted defects. It was the clerk who seized property in payment for overdue fines. And it was the clerk who added to the fine his traveling expenses for those who would flee his just assessments.[91] But all was not gloom in a clerk's life, for he was permitted to keep for himself one-fourth of all fines collected.[92] And on purchases made to equip those delinquent in providing themselves with knapsacks the clerk could retain any portion of the fine left over after buying the needed equipment.[93]

Though not military officers, the selectmen held the crucial task of assessing taxes for the purpose of providing the companies with artillery,[94] powder, match and shot. To be indolent about their duty cost these civil officers £ 5 per missing item.[95]

To examine the militia's officer personnel without mentioning their schooling would be to do an injustice to their best traditions. The organization for schooling officers most encrusted with tradition was the Ancient and Honorable Artillery Company. This honorary group was best known for the sermons presented to it by outstanding Puritan clergymen on "Anniversary Day." The ancient and honorable group had some difficulty ob-

[73] *Ibid.*, III, 236.
[74] *Ibid.*, II, 222.
[75] *Mass. Colony Records*, I, 120.
[76] *Ibid.*, I, 183.
[77] *Ibid.*, II, 26.
[78] *Ibid.*, III, 398; *Colony Records of Mass.*, p. 164.
[79] *Mass. Colony Records*, II, 31, 124, 222.
[80] *Ibid.*, II, 256.
[81] *Colony Records of Mass.*, p. 168.
[82] *Ibid.*, p. 158; *Mass. Colony Records*, II, 118.
[83] *Colony Records of Mass.*, p. 162.
[84] *Mass. Colony Records*, IV, Pt. II, 28.
[85] *Ibid.*, II, 38, 223.
[86] *Mass. Colony Records*, I, 99, 138, 160.
[87] E. W. Peirce, *Indian History*, p. 74.
[88] *Mass. Colony Records*, I, 120; IV, Pt. 1, 322.
[89] E. W. Peirce, *Indian History*, p. 118.
[90] *Mass. Colony Records*, IV, Pt. II, 575-576; V, 75.
[91] *Ibid.*, III, 398.
[92] *Ibid.*, II, 118-119; *Colony Records of Mass.*, p. 160.
[93] *Mass. Colony Records*, II, 122.
[94] *Colony Records of Mass.*, pp. 162-163.
[95] *Ibid.*, p. 164.

taining a charater in 1638 because some of its proposed members, such as John Underhill, were suspected of heretical religious beliefs. There was also the fear that a military clique might seize control of the colony.

Aside from instructional and social activities of the Artillery Company the training of officers placed them in one of two groups, American trained or European. John Mason had served under Sir Thomas Fairfax in the Netherlands, and under Cromwell.[96] Lion Gardiner, an engineer, was also a Fairfax graduate, and had served the Prince of Orange.[97] Major Robert Sedgwick had been a member of the London Military Gardens, but he also had fifteen years experience in New England operations.[98] Outstanding American trained officers included Edward Gibbons,[99] Josiah Winslow and William Bradford II.

Often the duties of these militia officers were of a diplomatic nature rather than strictly military. The range of activities varied from petty meddling in local Indian affairs[100] to bargaining for the release of white captives.[101] Visiting Indian dignitaries were sometimes dispatched from Boston with a noisy salute from militia musketeers,[102] and in pressing negotiations one officer was reputed to have seized a haggling chief by the locks and threatened him with a pistol as a means of pressing an argument.[103] Militia diplomacy was successful as long as it had force behind it, and troops were sent to keep the Indians quiet.[104] But in time, overfamiliarity with the Indians finally broke down this respect based on fear.[105]

Nor was the diplomacy of Massachusetts officers limited strictly to Indian affairs. Intercolonial relations were handled by militia officers as in mutual aid discussions between Plymouth and Massachusetts, ammunition deliveries to Connecticut,[106] and the recommendations of Massachusetts officers to the New England Confederation.[107]

The well-being of the militia depended primarily on the corps of officers; but these military leaders had three jealous masters. Within the colony, two sources of authority were discernible. The first was the General Court with its subordinate commissions, councils, and committees operating on a colony wide basis, and the committees of militia which functioned in the towns. A second important group which had limited authority to call on the Massachusetts militia was the Inter-Colonial New England Confederation. And the third group consisted of the representatives of the Crown with their directives from England.

The principal master of the militia, the General Court, seemed never to tire of issuing statements of supremacy. And those statements were given concrete form as regards new appointments,[108] determination of duties,[109] and orders for supplies.[110] In some respects this was like giving orders to itself, for approximately one-third of all administrative officers and legislators held commissions. In spite of continuous attempts to legislate the details necessary to operate a militia the General Court sometimes left actual administration of certain aspects of the militia

[96] *Coll. MHS*, 2nd Ser., VIII, 124.

[97] *Ibid.*, 3rd Ser., III, 132. 136-137.

[98] *Coll. MHS*, 2nd Ser., VII, 54.

[99] *Ibid.*

[100] *Mass. Colony Records*, II, 24.

[101] *Edward Randolph: Including His Letters and Official Papers From the New England, Middle and Southern Colonies in America, with other Documents Relating Chiefly to the Vacating of the Royal Charter of the Colony of Massachusetts Bay*, VI, 279. Hereafter cited as the *Randolph Correspondence*.

[102] *Coll. MHS*, 2nd Ser., V, 253-254.

[103] *Ibid.*, 464-465.

[104] *Cal. State Papers*, 1675-1676, 318.

[105] *Coll. MHS*, 2nd Ser., V. 465.

[106] *Mass. Colony Records*, I, 160.

[107] *Ibid.*, II, 268.

[108] *Ibid.*, II, 124; V, 74.

[109] *Ibid.*, I, 117.

[110] *Ibid.*, V, 69.

to commissions, councils and committees.

As early as 1634 the General Court granted authority to the governor and three other men to manage any war which might befall the colony.[111] In other circumstances, and with a slightly larger membership, the men in this group were referred to as the commissioners for military affairs,[112] the committee on military affairs,[113] and finally the commissioners for martial discipline.[114] It is likely that the latter of these titles is the most accurate for the men were commissioned for a definite period of time, usually till the meeting of the next General Court, and they were required to take an oath before they could execute their commissions.[115]

This commission continued to manage militia affairs until 1636.[116] At that time it was committed to the Provincial Council, the upper house of the General Court.[117] Now for a short time the Provincial Council was in charge of militia affairs,[118] but it was not long before military matters were again in the hands of a small group of three men referred to simply as the Council.[119]

The close of the Pequot War marked the end of the General Court's experiments with commissions. In 1643 an advisory group of six men, mostly militia captains, was appointed to advise the General Court on preparations for war.[120] That year, while reaffirming its authority to command military forces, the General Court mentioned that a council should be set up to act in emergencies.[121] The General Court also mentioned the desirability of yearly meetings by the governor, council, lieutenants of shires, and sergeant-majors for planning a system of defense.[122] In a more definite vein was the General Court's pronouncement in 1645 that in emergencies an assembly of assistants, regardless of number, could call out troops and seize supplies.[123]

After this date the General Court kept the power of regulating the militia to itself. But in 1661 it did grant extensive powers to the officers in the field who composed a battlefield Council of War.[124] Two years later a special committee was set up to codify militia law,[125] and in 1676 a committee was established to hear petitions of wounded soldiers.[126]

If the upper levels of military government tended to be unstable and confused this situation was balanced somewhat by the genuine effectiveness of the operation of the committees of militia in the towns. Here any three of the own's civil magistrates and the chief militia officers had authority to deal with a variety of problems.[127] Committees of soldiers and civilians could order the militia companies into action during an emergency until some higher authority intervened.[128] They executed the Court's warrants for drafts,[129] and discharges.[130] Financially they could assess estates in time of war.[131] They also made recommendations to the General Court for new officers.[132]

Another jealous but less successful contender for militia obedience during the seventeenth century was the New England Confederation. As an advisory body the confederation recommended storing of arms

[111] *Mass. Colony Records*, I, 135.
[112] *Ibid.*, I, 129.
[113] *Ibid.*, I, 138.
[114] *Ibid.*, I, 143.
[115] *Ibid.*, I, 143, 146-147.
[116] *Ibid.*, I, 161, 165, 168.
[117] *Ibid.*, I, 183, 192.
[118] *Ibid.*, I, 187, 192.
[119] *Ibid.*, I, 192, 197.
[120] *Mass. Colony Records*, II, 39.
[121] *Ibid.*, II, 42.
[122] *Ibid.*, II, 43.
[123] *Ibid.*, II, 125.
[124] *Ibid.*, IV, Pt. II, 28.
[125] *Ibid.*, IV, Pt. II, 74.
[126] *Ibid.*, V, 80.
[127] *Mass. Colony Records*, III, 268-269; IV, Pt. II, 120; *Colony Records of Mass.*, pp. 161-163.
[128] *Mass. Colony Records*, III, 320.
[129] *Colony Records of Mass.*, p. 162.
[130] *Mass. Colony Records*, III, 359.
[131] *Ibid.*, V, 48-49.
[132] *Colony Records of Mass.*, p. 170.

both by individuals and by towns.[133] As a command-giving body it claimed authority to declare war.[134] It dealt with repair and sale of arms, endeavoring to control these activities by demanding that the various legislature recall the licenses of those who dealt in arms with the Indians.[135] It also picked sides among the Indians in an effort to prevent inter-tribal outbreaks.[136]

But the military relations between Massachusetts and the Confederation were at best only politely frigid. The differences between the two grew out of Confederation demands from 1645 to 1650 for troops from Massachusetts to fight the Narragansetts.[137] The matter came to a head in 1653 when Massachusetts challenged the right of the Confederation to wage offensive war on the basis of the articles of confederation.[138] In this particular case the Bay Colony refused to act,[139] but subsequently, in 1675, when Massachusetts felt the Narragansett wrath, the proud colony struck a more humble pose as militiamen from Essex, Norfolk, Suffolk, and Middlesex[140] scurried to a rendezvous at Rehoboth at the command of the Confederation.[141] Massachusetts also accepted Josiah Winslow of Plymouth as commander of all forces.[142] But the commission issued to Winslow usurped practically all the powers which Massachusetts lawyers had been blustering about for years.[143]

The third, and to the colonials perhaps the most ominous contender for military control was mother England. That the home country was at times quite conscious of the military events in America is evident in the Lord Protector's order from Whitehall in 1655 directed to John Leveret, the occupation commander at newly conquered St. Johns, to write reports to England on the condition of the fort so that new instructions could be sent to him by Cromwell's government.[144] Later, after the return of Charles II to the throne, there were complaints that Leveret was subjugating the eastern parts of New England without any power from England.[145] And in 1664, in secret instructions to Crown Commissioners the King's choice for major-general of militia was indicated as being a Colonel Cartwright.[146]

But along with this undercurrent of contention there was a veneer of flattery which in most cases involved sentiments of loyalty. His Majesty was pleased by New England military supplies sent to Barbados.[147] Nor were the colonials incapable of honeyed words. In 1677, Josiah Winslow, after writing an extremely obsequious letter to the king, accompanied the message with the gangling war trophies taken from the dead King Philip by Benjamin Church.[148]

However, during the period of difficulties with the Dutch in 1673 Sir John Knight wanted commanders sent to America to raise colonial armies in Massachusetts.[149] And while the colonials were not happy to hear of English commanders, they were ready to urge aid from England at all times.[150] The hand of foreign advisors was felt more heavily in Massachusetts with the arrival of Edward Randolph, vitriolic agent for the Crown.

133David Pulsifer (ed.), *Records of the Colony of New Plymouth in New England. Acts of the Commissioners of the United Colonies of New England*, IX, 12 Hereafter cited as *Ply. Colony Records*.

134*Coll. MHS*, 2nd Ser., VI, 473; *Ply. Colony Records*. IX, 22.

135*Ibid.*, IX, 105.

136*Ply. Colony Records*, IX, 12, 45.

137*Ibid.*, IX, 168; *Mass Colony Records*, III, 39.

138*Ibid.*, III, 311; *Ply. Colony Records*, V, 74-76.

139*Ibid.*, X, 101.

140*Mass. Colony Records*, V, 73.

141*Ply. Colony Records*, X, 357-358.

142*Mass. Colony Records*, V, 69.

143*Coll. MHS*, 3rd Ser., I, 66-68.

144*Coll. MHS*, 3rd Ser., VII, 122.

145*Cal. State Papers*, 1661-1668, 18.

146*Ibid.*, 1661-1668, 200-201.

147*Ibid.*, 1669-1674, 20.

148*Ibid.*, 1677-1680, 109.

149*Ibid.*, 1669-1674, 530.

150*Ibid.*, 1675-1676, 319.

Randolph recommended that Josiah Winslow be placed in command of the Plantation's militia in 1679, and that a board consisting of Randolph nominees be set up to administer the militia and issue commissions.[151] Later he recommended that the magistrates temporarily fulfill this office.[152]

Randolph's recommendations commenced to be realities in 1685 when Joseph Dudley received his commission from James II to appoint officers and take charge of defense.[153] Sir Edmund Andros' commission gave him the additional powers of moving troops out of the colony, drafting needed personnel, and execution of martial law. This commission also had an unpleasant reference to the apprehension of "Rebells both at land and sea."[154] And in 1691 William Phips was pompously styled by William and Mary as "Our Lieutenant and Commander in Chief of the Militia."[155] Through the charter of this same year the power to appoint officers, to train and govern the militia, and to defend the colony passed from the General Court to the King's governor. However, to send troops out of the province the governor had to have Assembly approval,[156] and it was still the legislature who provided funds for military purposes.

As in any military institution the Massachusetts militia faced the problem of procuring men and supplies, and paying for them. The volunteer method, at one time or another, was tried in Massachusetts, but was a failure financially, and from a disciplinary point of view.[157] The General Court then turned to the draft as a means of obtaining militia personnel.

Draftees generally included the men on the company lists.[158] But even more eligible were unemployed single males,[159] transients,[160] and smiths.[161] In times of trouble all persons were likely candidates for duty in work gangs repairing forts.[162] However, except in emergencies, the draft was a local affair, and men could not be ordered beyond the borders of the colony.[163]

Nor was the art of draft dodging entirely unknown to the Massachusetts colonial. During King Philips war £ 4 and £ 6 fines were set for the evasive,[164] and to the town constables fell the delicate task of collecting the fines.[165] Yet it was not entirely impossible to defy the draft. In 1687 the men questioned the pay and the legality of the empressment with the result that few appeared for active duty.[166] But direct opposition was not the only means available to avoid the inconveniences of military duty. Draftees could hire substitutes,[167] and company drill could be avoided if a magistrate would accept 4 to 6d in lieu of marching time.[168] Special contributions such as firearms also tended to reduce a man's liability for service.[169]

Edward Johnson was most optimistic in his estimate of the draft's all inclusive extent. Said he, "there are none exempt, unless it be a few timerous persons that are apt to plead infirmity, if the Church chuse them

[151] *Cal. State Papers*, 1677-1680, 332.
[152] *Ibid.*, 1681-1685, 31-32.
[153] *Publications of the Colonial Society of Massachusetts*, II, 41-42. Hereafter cited as *Pub. CSM.*
[154] *Pub. CSM*, II, 50.
[155] *Ibid.*, II, 71-75.
[156] *Ibid.*, II, 26-27; *Colony Records of Mass.*, p. 157.
[157] *Cal. State Papers*, 1675-1676, 252; *Mass. Colony Records*, V, 71, 76; *Ply. Colony Records*, X, 360; E. W. Peirce, *Indian History*, p. 81.

[158] *Mass. Colony Records*, IV, Pt. II, 575.
[159] *Ibid.*, V, 144-145.
[160] *Ibid.*, V, 123.
[161] *Ibid.*, II, 222.
[162] *Ibid.*, V, 48.
[163] W. H. Whitmore (ed.), *The Colonial Laws of Massachusetts Reprinted from the Edition of 1660, with the Supplements to 1672. Containing also, the Body of Liberties of 1641*, p. 35. Hereafter cited as *Colonial Laws*; A. B. Hart, *Commonwealth History*, I, 201.
[164] *Mass. Colony Records*, V, 78-79.
[165] *Ibid.*, V, 79.
[166] *Cal. State Papers*, 1689-1692, 111, 120.
[167] *Pub. CSM*, XXX, 683.
[168] *Mass. Colony Records*, I, 212; III, 368.
[169] *Ibid.*, V, 48.

not for the Deacons, or they cannot get to serve some Magistrate or Minister."[170] But this view seems slightly exaggerated when one examines the exemption laws.

Generally speaking, one who suffered a "natural or personal impediment" such as "want of yeares, greatness of age, defect of minde, fayling of sences, or impotence of Lymbes"[171] was exempt from military duty. Of these plying the profession of politician the following were exempt: magistrates, deputies, officers of the General Court, treasurers, the public notary, one servant for each magistrate and elder, the Surveyor-general, and the sons and servants of the Major-general. Among the religious, the elders and deacons stood exempt. Educators free of obligation included the president, fellows, students and officers of Harvard College, ten servants for Harvard,[172] and professed school teachers. Among professional people physicians and surgeons were exempt, and among the tradesmen the following were not obligated by militia laws: masters of ships over twenty tons, fishermen employed all year, constant herdsmen, ship carpenters, millers,[173] and ferry men.[174] Property owners of twenty acres and twenty cattle could get one man exempted. Also free from call were dwellers on remote farms, those having a ferry to cross, and those living more than four miles from town.[175]

The military status of certain of the trades varied over the years. For example, there was an increasing tendency to make fishermen liable for service,[176] especially in view of the seasonal nature of their trade.[177]

When specific exemptions were made they most often came from the County Court. Old age was frequently cited as the reason for exemption of the individual, but family sickness and certification from a captain were acceptable reasons as well.[178]

Next in importance to the problem of obtaining the men was the problem of securing supplies. The commissary officer was usually in charge of procurement.[179] Items always in demand included bread, beef, fish, pork, corn, strong water, rum, wine, nad beer. Non-edibles included shoes, shirts, canvas, and hardware.[180] Contracts for arms usually went to private individuals. At first, body armor of various sorts was in great demand, but in time the requirements of war shifted the emphasis to firearms and building supplies.[181] After the colony had accumulated some degree of capital wealth the procurement problem was eased somewhat by the expedient of impressment of goods.[182] Usually an effort was made to obtain goods on six month terms, but when this failed the materials were seized.[183]

Not quite as arbitrary, and under more direct regulation from England was the procurement of gun powder. The home government would issue licenses of warrants to private traders through the Council of State whose enforcement agency was the Committee of Admiralty.[184] From the demands for security[185] required by England it could be assumed that the home government felt suspicious that the powder might not reach its destination, or even in doing so it might be misused.[186]

170 *Coll. MHS*, 2nd Ser., VII, 53.
171 *Colonial Laws*, p. 135.
172 *Mass. Colony Records*, IV, Pt. I, 14; *Pub. CSM*, XV, 26, 27, 42, 43, 183, 184, 338; XXXI, 5.
173 *Mass. Colony Records*, I, 258.
174 *Ibid.*, V, 51.
175 *Ibid.*, I,210; II, 221-222; *Mass. Colony Records*, 160.
176 *Mass. Colony Records*, I, 258; 119; III, 320.
177 *Ibid.*, IV, Pt. II, 552.
178 *Pub. CSM*, XXIX, 111, 145, 147, 188. 409; XXX, 579, 676.
179 *Mass. Colony Records*, V, 74, 85.
180 *Ibid.*, II, 124; V, 74; *Cal. State Papers*, 1661-1668, 435.
181 *Mass. Colony Records*, I, 31, 36; *Cal. State Papers*, 1661-1668, 189.
182 *Mass. Colony Records*, II, 124.
183 *Ibid.*, V, 123.
184 *Cal. State Papers*, 1574-1660, 335, 336, 341, 344, 348, 349, 377 400; 1689-1692, 273, 549.
185 *Ibid.*, 1574-1660, 336, 344, 348, 349.
186 *Ibid.*, 1574-1660, 335, 337.

The establishment of powder mills at Neposet,[187] Dorchester, Milton,[188] and Rehoboth[189] reflected colonial efforts to ease the need for powder. Fines were one source of income for local powder purchases,[190] but a more dependable source of revenue was the powder tax levied against all foreign ships entering Boston harbor.[191] This was most fitting for one of the principal strains on the powder supply was the common salute given to ships entering the harbors of Massachusetts.[192]

Though fines bore a share of the financial burden,[193] it was necessary to find other means to pay for war activities. One obvious means was the establishment of rates[194] by the county governments.[195] This was usually done when the General Court needed money for specific campaigns.[196] It was possible to borrow money from merchants when land was offered as security.[197] Tariffs on rum, cider, and beer helped to fill a treasury depleted by wars,[198] and boycotts were used to conserve goods.[199] However, on the more cheerful side of the ledger in one instance a private contribution amounted to £ 1,000 for the purchase of artillery.[200]

To save money in time of war the economy-minded Court would indulge in price fixing to stabilize the charge for horses, billeting, and provisions.[201] Script was used to pay wages.[202] Massachusetts obtained money from the New England Confederation,[203] and there was a certain economy in requiring soldiers to provide their own arms.[204]

Even though the purchase of ammunitions, powder, guns, supplies, cannon, and foodstuffs all swelled the expense list, no item was so persistent in its demand for payment as the soldier for his wages. And from the very beginning the trend in wages was upward. The wage of the foot-soldier rose from a pound per month in 1637 to a pound and ten shillings in 1676. Sergeant's wages appreciated fourfold in value in sixteen years, while the pay of captains, curiously enough, dropped off by one-third. Perhaps this is explained by the fact that captains sometimes were paid by the campaign. The salary of a captain in a campaign could run anywhere from £ 5 to £ 170.[205] But in spite of all the barrel scraping by the General Court an annual military budget for a peacetime year like 1665 amounted to £ 1,200.[206]

The arms of the militia, like so many aspects of colonial life, reflected the influence of European traditions. This was also true of the "fort psychology" cultivated by colonial military thinking. However, in either case both aspects of militia life were modified somewhat by American conditions which differed from the European scene.

In 1628 arms for one-hundred men included drums, ensigns, partizans for officers, halberds for sergeants, muskets, fowling pieces, rests, bandoleers, horn flasks, swords, belts, corselets, pikes, half-pikes, culverins, demi-culverins, and sakers.[207] The muskets were

[187] *Mass. Colony Records*, V, 73.
[188] *Ibid.*, V, 51.
[189] *Cal. State Papers*, 1675-1676, 443.
[190] *Colony Records of Mass.*, p. 167.
[191] *Mass. Colony Records*, IV, Pt. II, 331.
[192] *Ibid.*, II, 150; III, 286.
[193] *Ibid.*, I, 212.
[194] *Randolph Correspondence*, IV, 297.
[195] *Mass. Colony Records*, V, 76; *Pub. CSM*, XXIX, 560.
[196] *Mass. Colony Records*, II, 124.
[197] *Ibid.*, V, 71.
[198] *Coll. MHS*, 3rd Ser., VIII, 338-339.
[199] *Mass. Colony Records*, V, 52.
[200] *Coll. MHS*, 2nd Ser., xxix.
[201] *Mass. Colony Records*, V, 79, 137.
[202] *Ibid.*, II, 124.

[203] *Ply. Colony Records*, X, 367.
[204] *Cal. State Papers*, 1675-1676, 221.
[205] *Mass. Colony Records*, I, 192-193; II, 137; III, 321; IV, Pt. I, 217; V, 147; *Cal. State Papers*, 1576-1660, 424; 1661-1668, 196; 1675-1676, 465.
[206] *Coll. MHS*, 2nd Ser., VIII, 71-72.
[207] *Mass. Colony Records*, 1, 26. Ensigns—flags; Partizans a kind of pike; Halberd—an axe; Fowling pieces—shotguns; Rests—forked sticks to support guns; Bandoleers—ammunition belts; Culverins—sixteenth century cannon; Demiiculverins—heavy cannon; Sakers—small cannon.

of two types, bastard muskets and full muskets. The former had a spring lock and the latter a flint lock. The law required that the individual militiaman who had a musket must also provide himself with a pound of powder, twenty bullets, and two fathoms of match.[208] Later, swords, bandoleers, and rests were added to this list.[209] The pikemen were required to have a good pike well headed, a corselet, headpiece, sword, and knapsack.[210] In practice, the men actually were able to obtain only muskets, rests, swords, corselets, and bandoleers.[211] Providing the poor with this elaborate equipment posed a problem, so a law was framed to permit the poor to present corn instead of arms at the inspections. The corn was then sold to provide money to arm the unfortunate, but failing in this the poor people were put to work by the constable till they earned the value of the arms.[212]

The effectiveness of this heavy European equipment was questionable, and the passage of time marked the evolution of certain new types of arms. The early Massachusetts soldier was practically a walking fortress and had little to fear from the primitive weapons of the Indians if he had the strength to wear all his armor.[213] The Indians had difficulty in figuring where to strike the heavily armored soldier, but the soldier was no match for the Indians when it came to pursuit.[214] Gradually the use of armor was discontinued and the musket, bandoleer, powder, and shot became the popular weapons of colonial warfare.[215] But Captain John Mason could still see some value in body armor when he observed that one of his officers was saved great bodily pain from an Indian arrow simply because he carried lumps of cheese in his rear pockets.[216]

A good deal of militia fighting was done from fortified positions, and the colonials seemed to have a profound respect for forts. The settlers felt, for example, that two-hundred men could hold ten thousand at bay in a position such as Quebec.[217] Usually the committees of militia were in charge of fort building, and for this work they could use soldiers on training days.[218] And at times it was recommended that all country rates for a year be devoted to fortification of such strategic positions as Boston, Charlestown, and Salem.[219]

Between Indian wars the operation of the militia in Massachusetts consisted mainly in drilling for the next conflict when it was possible to take time from business or husbandry.[220] In 1631 enthusiasm for drill was sufficient for the law to require meetings once a week,[221] but before the year was out ardor had cooled to the point where the drill sessions had been reduced to once a month.[222] By 1637 drill was required eight days a year.[223] In 1660 the period was cut to six days,[224] and then ultimately to four days.[225] Regimental drill was required once a year,[226] but the time was deductible from the year's total requirement for practice. On occasion, however, there would be a sudden spurt of interest in drill. During King Philips War drill sessions were held twice a week.[227]

208*Ibid.*, I, 85.
209*Colony Records of Mass.*, p. 159.
210*Ibid.*
211*Coll. MHS*, 3rd Ser., VI, 12.
212*Mass. Colony Records*, II, 222; *Colony Records of Mass.*, pp. 159-160.
213*Pub. CSM*, XII, 38.
214*Coll. MHS*, 2nd Ser., IV, 44; *Pub. CSM*, XII, 38.
215*Ibid.*, XII, 39.

216*Coll. MHS*, 2nd Ser., VIII, 152.
217*Cal. State Papers*, 1564-1660, 139.
218*Mass. Colony Records*, IV, Pt. II, 332; V. 73.
219*Mass. Colony Records*, IV, Pt. II, 510-511.
220*Ibid.*, I, 327.
221*Ibid.*, I, 85; A. B. Hart, *Commonwealth History*, V, 570.
222*Mass. Colony Records*, I, 90, 102, 124.
223*Ibid.*, I, 210.
224*Ibid.*, IV, Pt. I, 420; *Colony Records of Mass.*, p. 159.
225*Mass. Colony Records*, V, 211-212; A. B. Hart, *Commonwealth History*, V, 570.
226*Mass. Colony Records*, II, 43, 118, 216.
227*Cal. State Papers*, 1675-1676, 221.

The scene of practice was usually at a place in or near the town. Sometimes the drills were held near the Indian wigwams.[228] Regimental drills at Boston took place at Fox Hill[229] or on the Common.[230] The soldiers were called into close order and a prayer was recited.[231] Then the men might commence their practicing at marching, skirmishing, retiring, ambuskado, and forming in battalia,[232] under the direction of captains who "shewed themselves very skillful in divers sorts of skirmishes, and other military actions."[233] Ordinarily this display of military pageantry was performed to the accompaniment of a drum.[234]

One of the most remarkable aspects about the militia drill was the fifty-six count manual of arms required by a book called Elton's Tactics or "The Compleat Body of Art Military."[235] Crucial item number forty-three read "Give fire breast high." Though the magnificent variety of motions found in this manual may have served as an exhaustive means of discipline for soldiers at drill, it is difficult to understand how the militiaman managed to avoid the scalping knife of some reasonably competent Indian while he struggled to reach number forty-three.

Usually the drill was concluded about three o'clock with another prayer. After the prayer a meal was sometimes served for the soldiers, and to this dinner the clergy was invited.[236] At other times, to the disgust of the clergymen, the soldiers would retire for a mug of rum. Nor was the holiday spirit lacking among the non-combatants on training day. By 1679 the celebrating was getting out of hand so the General Court required licenses of those selling liquor at the drill field. To enforce this law the constable needed his own force of men.[237]

Another curious social aspect about militia life was legal provision for training of children, Negroes, Scotsmen, and Indians.[238] However, this law was reversed and Indians and Negroes were forbidden to train or be armed.[239]

In combat the tactics employed by the militiamen generally failed to follow any particular pattern. When under attack the men formed a single file and the musketeers fired on the enemy while the pikemen stood ready to prevent the enemy from breaking into the file. Those without a gun also kept busy gathering up the arrows shot by the Indians.[240] In surprise attacks on Indian camps the soldiers would surround the wigwams and fire their first shot toward the floor of the shelter because they knew the Indians slept on the ground.[241] Though great guns and dogs were a terror to the Indians,[242] the colonials were not without their own fears as they sniped at brush full of imaginary Indians, thus wasting ammunition and giving away their own position.[243] But the militia knew the art of ambush as well as the Indians,[244] and the location of Indian positions was obtained through the use of Indian spies.[245] Intelligence on enemy whereabouts was also sent to what was called a "flying army" but actually consisted of fast moving cavalry units.[246]

The most extensive intelligence system developed by the colony was the watch. In

[228] *Mass. Colony Records*, I, 90.
[229] *Coll. MHS*, 3rd Ser., I, xxiv.
[230] *Ibid.*, 1st Ser., III, 243.
[231] *Dunton Correspondence*, p. 141.
[232] *Coll. MHS*, 3rd Ser., III. 50. Battalia—Order of battle; troops arranged in their proper brigades, regiments, and battalions.
[233] *Ibid.*, 2nd Ser., I, xxiv.
[234] *Pub. CSM*, XII, 39.
[235] E. W. Peirce, *Indian History*, p. 79.
[236] *Dunton Correspondence*, p. 141.
[237] *Mass. Colony Records*, V, 211.
[238] *Ibid.*, II, 99; III, 268.
[239] *Ibid.*, III, 397.
[240] *Coll. MHS*, 2nd Ser., V, 252.
[241] *Ibid.*, IV, 48.
[242] *Cal. State Papers*, 1675-1676, 253.
[243] *Cal. State Papers*, 1675-1676, 442.
[244] *Ibid.*
[245] *Ibid.*, 1675-1676, 351.
[246] *Ibid.*, 1689-1692, 263.

peace time the watch was a civil matter,[247] but in time of emergency it became a military activity.[248] Usually two men stood watch,[249] a pikeman and a musketeer.[250] The sentinels examined all persons who came within their watch or rounds, and had orders to fire on those who resisted investigation; but they were warned not to kill unnecessarily. If there was real danger they were to retire and give the alarm.[251]

The system of alarms centered about a beacon at Boston which would signify a general alert.[252] Other methods of spreading a general alert were the discharge of guns or ordnance, the beating of drums,[253] or the shout of a messenger "arm, arm."[254] The messenger's shout or the shot of a musket was thought sufficient for local warnings.[255] During those periods when military watches were maintained throughout the colony special groups of thirty men were held in readiness to go into action on a half-hour's notice.[256]

No particular system of medical treatment was maintained by the Massachusetts militia though physicians and surgeons accompanied regiments. Shelters were built for the wounded,[257] and in the medicinal line suger was recommended for the sick.[258] However, the smell of an empty rum flask was recommended as a comfort for those who fainted along the way.[259] Those who became seriously ill were sent home.[260]

Maintenance of discipline was based upon the punishment customary to the period. The most likely place to incur a penalty was at drill or watch. Common offenses included disobedience, disorder, and contempt.[261] Other common offenses included delinquency in arms,[262] and firing guns after the watch was set, at drill without command, or without bullets.[263] Most of these offenses were punished by fines of a few shillings,[264] but during King Philips War many offenses were punished with great severity. For example, to resist, lift arms against, or strike an officer, to desert, engage in sedition or mutiny, or to indulge in rape, unnatural abuses, adultery, or murder meant death. Blasphemy was punished by boring the tongue with a red hot iron, but the punishment for fornication was left to the discretion of the officers.[265] Other brutal punishments included whippings, running the gauntlet, the stocks, brandings, and wearing shackles.[266] Of lesser severity were admonition before the company, discharge from the commissioned ranks, and jail.[267] However, the soldier could take an officer to court if he thought he had a case.[268]

One aspect of the operating militia which cannot be overlooked is its phenomenal inefficiency. In the United Colonies troops were supposed to be under the command of officers of the colony within whose borders they were serving.[269] Also, troops from member colonies could not be called until all aspects of the war were considered by the commissioners of the New England Confederation.[270]

247*Mass. Colony Records*, II, 151, 224.
248*Ibid.*, II, 121-123.
249*Ibid.*, I, 120.
250*Ibid.*, II, 120.
251*Colony Records of Mass.*, p. 163.
252*Mass. Colony Records*, I, 137.
253*Colony Records of Mass.*, p. 163.
254*Mass. Colony Records*, V, 242.
255*Mass. Colony Records*, II, 29, 223.
256*Ibid.* II, 121-123.
257*Ibid.*, V, 75.
258*Ibid.*, II. 124.
259*Coll. MHS*, 2nd Ser., VIII, 151-152.
260*Mass. Colony Records*, V, 93.

261*Ibid.*, II, 223; *Colony Records of Mass.*, p. 159, 166.
262*Ibid.*, pp. 169-170.
263*Mass. Colony Records*, I, 85, 98, 125.
264*Ibid.*, V, 212, 243.
265*Mass. Colony Records*, V, 49-50; *Cal. State Papers*, 1675-1676, 299-300.
266*Mass. Colony Records*, I, 85, 270; IV, Pt. II, 511; *Pub. CSM*, III, 56, 63.
267*Mass. Colony Records*, I, 165; II, 23; IV, Pt. II, 97.
268*Pub. CSM*, XXX, 1108-1109.
269*Ply. Colony Records*, I, 360; A. B. Hart, *Commonwealth History*, II, 74-75.
270*Ply. Colony Records*, IX, 27.

On the question of supply John Endicott spoke of the unfurnished state of the country,[271] and Edward Randolph used the same gloomy tone when he wrote of a possible French attack.[272] And on one occasion the second expedition against the Narragansetts in 1676 bogged down completely when Boston refused to send out supplies.[273]

On the frontier it was difficult to obtain officers,[274] and even when present the officers had to do what they could by "persuasion and advice" because they had no authority.[275] Also, the towns on the frontier were reluctant to help one another in times of distress.[276]

The officers were not always complimentary as regards the military talent of their charges. Lion Gardiner spoke of "twenty insufficient men,"[277] and John Underhill mentioned "soldiers not accustomed to war," and "unexpert in the use of their arms."[278] Men would go hunting while they were on duty,[279] and casting away arms while in flight appeared common.[280] And the insufficiency of training was never so evident as at the Black Point massacre where inexperienced troops attempted individual escapes when ambushed by Indians.[281] Nor was the blame all with the common soldier. William Phips, with profound hindsight, estimated that he would need one-thousand barrels of powder to carry a second assault against Quebec, after the French had repulsed his first seventy-barrel attack.[282]

The General Court was conscious of this inefficiency and repeatedly sent orders to the sergeant-majors to tighten up the training.[283] However, this protest by a legal body did little to influence the militiamen to change their ways. Still, in spite of its bungling and occasional heavy losses, the Machasetts militia won all the important wars undertaken during the colonial period.

The military mentality of the Massachusetts colonial can in great part be accounted for by his desire to survive the attacks of his enemies. And this aggressiveness was tempered by the annoyance engendered by the local war games. The delay and procrastination in falling out for drill lends constant testimony to this fact. But it was more than the crude requirements of physical and economic survival which shaped the colonial soldier into a passable fighting man. Part of the answer is to be found in the churches which served as a spiritual center for the growing villages.

At the time of the Puritan migration war was taken for granted like private property and the family.[284] In fact, to deny war's legitimacy was heresy.[285] According to Nathaniel Appleton there was no moral basis for a man contending that he was a conscientious objector, for war "is an Affair with the Prince and Councils of a Nation; and the Soldier is to presume that the Government have good Reasons to justify their proclaiming and engaging in a war."[286] Only Cotton Mather sounded a sour note in holding that a man should bear suffering rather than serve in a conflict he knows to be unjust.

The General Court would justify fort repairs by holding that the strongholds should be ready for service "if God should

[271] *Coll. MHS*, 4th Ser., VI, 150.
[272] *Randolph Correspondence*, VI, 300.
[273] *Pub. CSM*, XXVI, 257.
[274] *Randolph Correspondence*, VI, 281.
[275] *Cal. State Papers*, 1685-1688, 592.
[276] *Ibid.*, 1685-1688, 591-592.
[277] *Coll. MHS*, 3rd Ser., III, 149.
[278] *Ibid.*, 3rd Ser., VI, 3, 23.
[279] *Ibid.*, 2nd Ser., V, 253.
[280] *Ibid.*, 3rd Ser., III, 143-144; *Randolph Correspondence*, VI, 294.
[281] *Coll. MHS*, 2nd Ser., VI, 634-635.
[282] *Cal. State Papers*, 1689-1692, 478.
[283] *Colony Records of Mass.*, pp. 166-167.
[284] *Pub. CSM*, XXVIII, 68. These citations concerning religion from the *Publications of the Colonial Society of Massachusetts* are taken from a very excellent article by Arthur H. Buffinton.
[285] *Ibid.*, XXVIII, 71; *Cal. State Papers*, 1675-1676, 221.
[286] *Pub. CSM*, XXVIII, 79.

Call thereunto."[287] And the New England Confederation, irked by lack of Massachusetts zeal for its expeditions, could piously barb its reluctant member with "We may comfortably Comit ourselves unto the Lord waighting upon Him in a posture of Defense and Reddiness for action as need shall Require hoping that the Lord will not suffer His people to loose by their tenderness of conscience in being slow to sheed blood."[288] The sermons to the Ancient and Honorable Artillery Company on "Anniversary Day" reflected the Puritan attitude on justification for war,[289] and it was the first minister of Boston who donated a substantial sum of money to the colony for purchase of artillery.[290]

The principle in theology which gave the Puritan the basis for his thinking was the fact that whatever is, is so by the permission or the ordinance of God. The disorder of war was thought to be a natural consequence of sin, and like all other human ills, was the result of the fall of man.[291]

One curious and egotistic twist in the Puritan interpretation of original sin was the assumption that they were another chosen people transplanted to a new land miraculously preserved and cleared of its inhabitants.[292] Edward Johnson stated the position with precise if wordy clarity when he said:

> These souldiers of Christ Jesus, having made a fair retreat from their Native Country hither, and now being come to a convenient station, resolved to stand it out (the Lord Assisting) against all such as should come to rob them of their priviledges, which the Lord Christ had purchased for them at a very high rate, and now out of the riches of his grace was minded to give them, yet woud he have them follow him into this Wilderness for it. Although the chiefest work of these select bands of Christ, was to mind their spiritual warfare, yet they knew right well the temple was surrounded with walls and bulworks, and the people of God in re-edifying the same, did prepare to resist their enemies with weapons of war, even while they continued building.[293]

While the chosen people prepared themselves to be "expert and fitt for such services as by the providence of God they shall be called unto,[294] they had the feeling that divine providence was on their side. When supplies failed to arrive in support of infantry during the Phips assault on Quebec the explanation was that God prevented the troops from advancing against hopeless odds by withholding the needed items.[295] On the other hand, Samuel Myles called the Quebec disaster a punishment sent by the Almighty.[296]

From a purely natural point of view Cotton Mather could argue that "Men have their Lives, Liberties, Properties, which the very light of nature teaches them to maintain by stronger arms against all Forreign Injuries. Christianity never instructed men to lay down that Natural Principle of Self-Preservation."[297] Samuel Nowell listed self-defense, recovery of property, punishment for injuries, and helping allies as causes for war.[298] This type of thinking was particularly common to Catholic kings, and especially the King of France.[299] Perhaps Edward Johnson was giving expression to this sentiment when he said:

> Thus are these people with great diligence provided for these daies of war, hoping the day is at hand wherein the Lord will give Antichrist the double of all her doings . . . and now woe be to you, when the same God that directed the stone to the forehead of the Philistine, guides every bullet that is shot at you, it matters not for the whole rabble of Antichrist on your side, the God of Armies is for us a refuge high. Chela.[300]

---

287 *Colony Records of Mass.*, p. 169.
288 *Ply. Colony Records*, X, 57.
289 *Pub. CSM*, XXVIII, 72.
290 *Coll. MHS*, 2nd Ser., I, xxix.
291 *Pub. CSM*, XXVIII, 73.
292 *Pub. CSM*, XXVIII, 69-70.
293 *Coll. MHS*, 2nd Ser., VII, 52-53.
294 *Mass. Colony Records*, IV, Pt. II, 27-28.
295 *Cal. State Papers*, 1689-1692, 386.
296 *Ibid.*, 1689-1692, 368.
297 *Pub. CSM*, XXVIII, 75.
298 *Ibid.*, XXVIII, 76.
299 *Ibid.*, XXVIII, 74-75.
300 *Coll. MHS*, 2nd Ser., VIII, 57-58.

Nor were moral considerations on the basis of natural law and scriptural theology the ultimate in the Puritan analysis of war. In weighing the factors of good and evil as regards war John Richardson write "War is an Ordinance appoynted by God for subduing and destroying the Churches Enemies upon Earth."[301] Cotton Mather also argued that God permits war to refine and purify His church,[302] and stated further that "there is no war for the most part, which has not some injustice on one side giving Rise unto it."[303]

Perhaps the ultimate in this self-confident religious attitude on war is an example of sermons which Edward Johnson claims were presented to militia troops. The "reverend Ministers" might speak as follows:

> Fellow-Souldiers, Country-men, and Companions in this wilderness-worke, who are gathered together this day by the inevitable province of the Great Jehovah, not in a tumultuous manner hurried on by the floating fancy of every high hot headed braine, whose actions prove abortive, or if any fruit brought forth; it hath been rape, theft, murther, things inconsisting with natures light then much less with a Souldiers Valour; but you my deare hearts, purposely pickt out by the godly grave Fathers of this government that your prowesse may carry on the work, where there Justice in her righteous cause is obstructed, you need not question your authority to execute those whom God, the righteous judge of all the world, hath condemned for blaspheming his sacred Majesty, and murthering his servants: every common Souldier among you is now installed a Magistrate.[304]

But the Puritan could bow his head as well as thunder his self-righteousness. On days of humiliation declared by the General Court the people would pray to God for a blessing on their military efforts. At such times men were "to humble or soules before God" in order to gain "a reconciliation with him, & his blessing on our forces."[305] And the commissioners of the New England Confederation would ask for prayers for "successe in our Indeavors for Repelling the Rage of the enimy."[306] Apparently the prayers of the militia were answered. For although their dead were strewn along the New England trails the colonial Massachusetts militia on no occasion failed to achieve its ultimate objective.

Though it would not be correct to say that the militia was the most important single institution in the life of the early Massachusetts citizen, or that it was even as important as the Congregational Church, in view of available evidence it becomes quite apparent that the militia was a very deep rooted and organic part of colonial life in the Bay Colony. Since the need for organized military protection was genuine and immediate, the only remaining problem was to adopt the most convenient means. This was the militia system as the settlers had known it in England. Once established, the militia became important as an avenue to political and military prominence for the soldier-politician. Economically and financially the militia was annoying to most citizens who were burdened with the expense of providing themselves with arms. Socially, the militia provided a break in the otherwise grueling process of earning a living; and sometimes this break was gay and colorful. After drill a man could enjoy some rum with his fellow soldiers even though most of the ministers disapproved. But in the serious business of war the ministers could only nod their approval, for in Massachusetts the licitness of waging war was guaranteed by God as well as man. Delicately interwoven with other aspects of colonial life, the militia, as an institution, was extremely important in shaping the men who were to father the founders of a new nation.

301 *Pub. CSM*, XXVIII, 74.
302 *Ibid.*
303 *Ibid.*
304 *Coll. MHS*, 2nd Ser., IV, 45-46.
305 *Mass. Colony Records*, V, 69.
306 *Ply. Colony Records*, X, 358.

# 16

# Freedmen and Slaves in the Barbados Militia

*Jerome S. Handler*

As is well known, Barbados was one of England's oldest colonies in the New World and its wealthiest during the last half of the seventeenth century. As a valuable colony and a small, albeit heavily populated, insular community in a region which witnessed almost incessant warfare among European powers. During the seventeenth and eighteenth centuries, Barbados's military strength was of major continuing importance, especially to the island's white propertied classes and their governmental apparatus.

Imperial troops were occasionally temporarily quartered in Barbados in times of war during the last half of the seventeenth century and at intervals throughout the eighteenth, usually for a month or two while preparing to attack other European-held Caribbean territories – primarily those of the French. For two years (1694-1696) during King William's war, a regiment of perhaps 200 men was stationed at Barbados for its protection, but during subsequent wars of the eighteenth century no forces were formally stationed on the island. It was not until February 1780 that the Imperial government established a permanent garrison (which was to endure for over a century thereafter).[1] In earlier years, Barbados's government or private individuals had sometimes requested or suggested such troops when they believed the island was threatened from within or without and its own defences were particularly weak; throughout most of its pre-emancipation history, however, Barbados largely depended on its own militia for its security.

In this paper I do not pretend to comprehensively treat the structure and organization of Barbados's militia. Nor do I ttempt to evaluate its efficiency as a military force, or consider how it was integrated into the wider society. Rather, I focus on a little treated subject in Caribbean history, the position of non-whites, particularly the recruitment and arming of slaves, a practice which may have regularly occurred earlier in Barbados than in any other of Britain's Caribbean and continental colonies.

Slave participation in Britain's New World colonial militias during the seventeenth, eighteenth, and early nineteenth centuries has received scant attention from scholars. Although Caribbean historians occasionally have mentioned such participation, their treatment is usually in passing and cursory. But the recruitment and arming of slaves in the militias of societies dependent on slavery poses a curious anomaly. As far as I am aware, this anomaly was first systematically addressed by Benjamin Quarles over twenty years ago when he examined free "Negroes" and slaves in the militias of Britain's continental colonies.[2] Nothing comparable to Quarles's study has yet appeared in the literature of British Caribbean history, and in this paper, within the limits of a relatively sparse and often sketchy body of source materials, I hope to make some contribution along these lines.

Deriving from a well-established English precedent that "every citizen may be required to assist in the defense of the state,"[3] the directives issued by governors established some type of military organization in England's Caribbean and North American colonies, with the exception of Pennsylvania, not long after each was settled. Barbados conformed to this general pattern and, as the years progressed, on the island, as elsewhere, legislative actions codified and formalized the militia structure and the qualifications of those who were expected to serve and function in leadership positions. Shortly after colonization in 1627 Barbados established limited military fortifications and an apparently rudimentary militia organization, and by the mid-to-late 1630s, if not earlier, large planters held military titles and were the militia's chief officers.[4] During the 1640s, the militia was reorganized; several acts pertaining to military defences were passed, a militia muster role existed, and militia training was apparently occurring with some regularity. By the late 1640s, a formally organized militia, codified in law and numbering in the thousands, was an important feature of Barbadian society as, indeed, were the militias in England's other New World colonies. In 1650 and 1651 additional legislation constructed an apparently more formal militia structure than had hitherto existed, and further reorganization took place in 1652 and again in 1656.[5] Subsequent years saw additional structural modifications, but as a societal institution the militia was to persist for the duration of the slave period and into post-emancipation times.

Viewed over the span of Barbados's pre-emancipation history, the evidence clearly shows that, with varying degrees of intensity (depending on England's/Britain's international relations at any given period), the pre-eminent colonial interest in the militia's organization and the maintenance of its strength (as well as the strength and state of the island's fortifications) derived from a concern over external attack by foreign forces, particularly the French. However, especially during the last half of the seventeenth century, there was also a concern with the suppression of slave revolts and, in the earlier periods, revolts or other threats to the public order by white indentured servants, notably the Irish. When slave plots were suspected or discovered in the 1670s, 1680s, 1690s, and in 1701, militia units were rapidly alerted, and several militia units, in conjunction with regular British troops, were responsible for suppressing Barbados's one actual slave rising in 1816. As in other colonies, the militia functioned as a police force and, for example, it was sometimes used to patrol slave gatherings and dances when officials feared these activities had the potential for disrupting the public order; and militia units were also employed to capture runaway slaves (and indentured servants), especially the small bands of maroons which sought refuge in the island's forested interior prior to the 1660s.[6]

For most of the slave period, the militia normally included two or three mounted regiments, composed of about six troops each, one troop of life guards (a cavalry unit of about one hundred men, the governor's personal escort which was primarily used on ceremonial occasions), and from six to seven foot regiments, each including from eight to ten or twelve companies. The mounted units were disbanded in 1795 and the militia was reorganized into eleven parochial regiments, later defined as battalions or corps. Whatever its structure at any given period, each militia unit had its complement of non-commissioned and commissioned officers, the latter being drawn from among the wealthier members of the plantocracy. The rank and file consisted of small land-holders, landless freemen, and indentured servants. Free militia men were expected to provide their own uniforms, weapons, and ammunition, and their units were expected to train regularly, usually once a month.[7]

The size of particular units, as well as the total number in the militia, varied over the years as a result of population changes. Statistics on militia size are unavailable for most of the slave period, and existing ones are often of questionable reliability and precision. Moreover, the sources report the number of men "able to bear arms" or the number given in the militia rolls. The men actually "under arms" at any given peiod, who could be counted on for active military service, was usually quite less. Nonetheless, militia statistics show a general and consistent trend of a reduction in numbers from the middle of the seventeenth century to the early decades of the nineteenth. From the mid-1660s to the early 1680s, when Barbados's white population averaged about 20,720 (59 percent males), the militia averaged around 6,050 white men.[8] From 1707 to 1787, it had about 4,500, while the general white population during this period averaged 17,240 (46 percent male).[9] During the first three decades of the nineteenth century, there was an approximate average of 15,370 whites (46 percent male), and the militia averaged close to 3,300.[10] However, by the very end of slavery the militia showed a significant increase: from 3,050 men in 1829, it jumped to around 4,260 in 1833, although during these years the general white population showed a slight decline.[11]

This increase in militia size was undoubtedly due to the greater number of freedmen who were being enrolled in the parochial units. In 1773, 177 freedmen were in the militia, about 3.5 percent of the total; ten years later, about four percent of the militia was its 186 freedmen; and in 1802 the militia contained, at the most, 400 freedmen, about 12 percent of its strength. By 1833, however, about 25 percent of the militia's "effective force" of 4,260 were freedmen.[12]

Although freedmen were participating in the militia by the last half of the eighteenth century, if not earlier, it was probably only in the 1820s, when they came to average about one-fourth of the free (non-slave) population, that they were of any numerical significance. Because there were so few freedmen in the general population during the earlier periods, there were far fewer freedmen in the militia – for from the seventeenth century onward, Barbados's militia laws noted the service obligations of *all free* adult (usually specified between the ages of sixteen or seventeen and sixty) males without referring to racial origins.

The laws often implied or stated all "freemen able to bear arms," but under certain conditions militia acts occasionally exempted legislators, clergy, civil and judicial officers, and plantation managers. Similar exemptions existed in other Caribbean and North American colonies. Throughout the latter colonies, however, "Negroes," whether slave or free, "were excluded from the militia, save as non-combatants or in unusual emergencies."[13] And when the United States Congress organized the post-colonial militia in 1792, it "restricted enrollment to able-bodied white male citizens"; various states also prevented freedmen from joining their militias.[14] Freedmen in Barbados, observed an American visitor to the island in 1814, "possessed one privilege of citizenship which the same class of men do not have in the United States,"[15] and it was not until July, 1833, with impending slave emancipation, that the Barbados legislature passed the first act in the island's history that was designed to limit the number of non-whites. It did so by establishing minimal property qualifications for service and was intended to exclude many non-whites "who may hereafter become free"; finding even these restriction insufficient, one year later the legislature raised the qualifications.[16]

By the 1833 act, persons ineligible for militia service because they lacked the minimal property qualifications were prohibited from keeping "any firearms or warlike weapons of any description." Although not legally excluding non-whites from possessing firearms, the law was clearly intended to do so and for the the first time curtailed the possession of firearms among certain categories of free persons. But until the very end of the slave period, militia laws did not prohibit freedmen from bearing the firearms that were denied to slaves, nor did the laws confine freedmen to non-combatant roles. Yet, freedmen were discriminated against because of their racial backgrounds and could not, for example, become commissioned officers and were segregated into units of their own. Regardless of the

*Jerome Handler*

discrimination against them, however, freedmen viewed militia service positively and it was an important aspect of the self-image as *freemen* and citizens; in fact, "enrolling themselves in the parochial militia units where they reside" was one of the first steps taken by manumitted slaves in establishing their new identities.[17]

Barbados was a racist society. Permitting or requiring freedmen to participate in the militia was not an act of magnanimity designed to enhance their self-image as free British citizens or to ensure their participation, however circumscribed, in a major societal institution. Rather, it was a pragmatic solution, as it was in other Caribbean islands, to the ongoing issue of concerns with Barbados's security and the size of its defence force – concerns which, as will be discussed below, also led to the recruitment of slaves under certain conditions. Moreover, as time went on and as the freedman population grew in size and wealth, elements within the Barbadian plantocracy, prompted by events elsewhere in the Caribbean, became increasingly concerned that further discrimination against freedmen would increase their separation from the whites, and bring them closer to the slaves; it was believed that this would also help weaken the island's security.[18]

Whatever their role and numbers in the militia, freedmen were, as indicated above, relatively few in number throughout most of the slave period; thus, for a considerable span of years Barbados's militia was, for all intents and purposes, a white organization. However, over the years, as in Britain's other Caribbean colonies, provisions were also made for the recruitment and mobilization of slaves in contingency situations and as particular needs arose. As Benjamin Quarles has written with respect to the British continental colonies: "The arming of slaves was considered particularly risky in time of war . . . Yet equally serious in wartime was the paucity of manpower. It was this shortage that often overcame customary precaution." Thus, despite a "general policy" that excluded "the Negro from military participation and armsbearing," several of these colonies provided for the employment of slaves, including their receiving firearms, in the event of war.[19]

In Barbados the recruitment and arming of slaves was also prompted by similar considerations of practical expediency, and it seems to have begun in the mid-1660s, during a period when there was considerable white emigration. The exodus of whites was largely stimulated by the profound changes occurring in Barbados while its economy and society were being transformed during the "sugar revolution." A decline in the white population continued throughout the last half of the seventeenth century, particularly affecting the poor free and indentured servant male groups, that is, those groups which formed the militia's backbone. Natural increase could not adequately replenish the white population, whites emigrated on a massive scale, and by the 1670s and 1680s the immigration of new whites, especially indentured servants, had become virtually non-existent. The decrease in white males very seriously affected the militia, and throughout the seventeenth century governors, legislative bodies, and public and private individuals expressed their concern over the depletion of the pool of white men needed "to keep their vast number of Negroes in subjection and [to] defend the islands."[20]

The actual and perceived shortage of white males potentially available for the militia, on the one hand, and the concern with and fear of foreign invasion, on the other, caused colonial officials and the local elite to view Barbados as particularly vulnerable. This perceived vulnerability resulted in a variety of measures which, in one way or the other, were designed to build up the militia's manpower. Most of these measures dealt with servants or other poor whites and were intended to encourage them to refrain from emigrating or to provide incentives for their immigration or importation,[21] these measures, however, also included governmental decisions "to arm part of their blackmen."[22]

That the recruitment and arming of slaves for militia service did not occur prior to the onset of mass emigration in the mid-seventeenth century is indicated, for example, by Richard Ligon. Reflecting on the period of his residence in Barbados from 1647 to 1650, he believed that one major reason why slaves "did not commit some horrid massacre upon the Christians" was that "they are not suffered to touch or handle any weapons"; and other early sources, including the island's militia laws, prior to the middle of the seventeenth century, fail to mention the participation of slaves in any capacity.[23] During the latter part of the seventeenth century, however, and continuing until the first decade or so of the nineteenth, slaves were recruited and mobilized through provisions in various legislative enactments and by gubernatorial proclamations, orders, or other directives

*Jerome Handler*

which were intended to augment the number of slaves such enactments permitted.

The earliest provision for slave recruitment appears to have occurred in 1666. Over previous years emigration had been especially heavy and, most importantly, England was at war with France and Holland. Barbados's governor and assembly were particularly concerned about the island's defences, and their anxieties had been greatly intensified during April of the preceding year when Barbados had been attacked by a large Dutch fleet that had sailed into Bridgetown harbor.[24] Although the invasion was repelled, the attack provoked several measures to strengthen Barbados's defences. These included an "ordinance," decreed by the governor on July 14, 1666, "with the advice and consent of his council," which directed "that every trooper have two lusty able Negro-men, well armed, to attend such service, as shall be required on alarms."[25] The "ordinance" (a gubernatorial directive of a less permanent nature than a law or statute), as well as conditions of the period, make it plain that the sole reason for recruiting slaves "on alarms" was the fear of foreign invasion combined with what was perceived as an insufficient white fighting force.

Provisions for slave recruitment were renewed in the early 1670s, during the third Dutch war (1672-1674), when emigration was very heavy and it was reported that only a maximum of 5,000 white men were "capable of military service."[26] Despite a general mistrust of slaves and a fear of slave plots, it is apparent that whites were generally more fearful of foreign invasion than of slave revolts. In 1697, for example, a major militia act was passed when England was at war with France; in addition, Barbados's militia was considered to be extraordinarily weak.[27] Only five years earlier, in 1692, an elaborately organized and widespread slave revolt was aborted before the uprising could take place. The major alleged leaders were plantation slaves, tradesmen "and such others that have more favour shown them by their masters," but the conspiracy also involved the complicity of a "Negro armourer" at the Bridgetown magazine.[28] Although the conspiracy reinforced mistrust of the slaves and the events of 1692 had not been forgotten in 1697, in the latter year the Barbados legislature observed that "by good experience it is well known that many . . . slaves are worthy of great trust and confidence"; and the 1697 militia act ordered that all landowners with 100 or more acres who were to provide one mounted militiaman for every 100 acres owned were also to send "with each horseman . . . one able man-slave armed . . . with a bill and lance, and apparell'd with a black hat and a red jacket upon every alarm." In addition, every landowner with at least forty acres was required to provide a male slave for every forty acres when the alarm was sounded that enemy shipping was sighted.[29]

Which slaves were considered "worthy of great trust and confidence" and the criteria to be employed in their selection for militia duty are unknown for this as well as later periods. In any case, there was no codification of these criteria and by implication slaveowners were free to exercise their own judgements in choosing trustworthy slaves. There is a great deal of evidence that the plantocracy had little doubt that its slave population contained *some* who were trustworthy. Despite individual and group acts of resistance, there is ample support from Barbados, as well as the West Indies in general, that this confidence was not entirely unfounded, although it was severely shattered on several occasions in Barbadian history, particularly with the discovery of major conspiracies in 1675 and 1692 and the outbreak of a revolt in 1816.[30]

With the practice of arming slaves in contingency situations firmly established by the end of the seventeenth century, the practice became incorporated into island tradition and was continued in later times; and there is no indication that white Barbadians ever seriously challenged the merits of this policy for many years to come. In fact, the major features of the 1697 militia act, including its provisions concerning slaves, were to remain in force until the end of the eighteenth century. During that century, militia size fluctuated, and Britain was frequently at war, particularly with France. Although slaves vastly outnumbered whites, with the lack of slave insurrections and no discovered slave plots, a general view seems to have evolved among Barbados's whites that the island's slaves were not apt to organize rebellions. As late as July 1795, while Britain and France were at war, a militia act provided "for the furnishing of Negroes in the several regiments . . . to be drawn out on alarms," including their being furnished with "offensive weapons."[31]

The 1795 act was one of several militia acts passed during the mid-to-late 1790s (the earliest of these, enacted on January 7, 1795, appears to have been the first major militia act since 1697).[32] During this general period natural increase could not maintain the white population, and there was a new emigration phase of poorer whites.[33] This emigration seems to have largely accounted for the reduction in Barbados's militia; between 1787 and 1802, its numbers dropped from about 4,940 to 3,000-3,200.[34] Thus, it is curious that a major militia act, passed in December 1799 and superceding earlier ones of the 1790s, only briefly mentioned slaves in their capacity as pioneers "upon the appearance of an enemy" and omitted any reference to their being mobilized and armed for fighting.[35] The reasons for this omission are unknown. The act remained in force for several years. Yet, the more traditional pattern was reverted to in 1805 when, during February and March, there was considerable fear that a French attack was imminent. A new militia act, passed in the latter month, ordered slaveowners to contribute, at the first alarm, a certain proportion of their slaves who were to be "armed in the best manner possible, firearms excepted."[36] The 1805 act was renewed over six months until 1809, when another militia bill was passed. However, neither the 1809 act nor subsequent militia acts passed during the remainder of the slave period provided for the arming of slaves or their incorporation into the militia.[37]

Several reasons can probably account for why the practice, which had endured for about 140 years, was discontinued. For one, during the early decades of the nineteenth century, Barbados's military defences were strengthened by the garrison of white troops of the regular British Army as well as by the black troops of the West India Regiments. This permanent garrison had been established in Barbados in 1780, although it was sometimes required to leave and join expeditionary forces against the French. The number of troops on the island fluctuated, however, and it is difficult to obtain figures for all years during the early nineteenth century. But, for example, in 1806 or 1807, 600 to 800 white troops were garrisoned at Barbados, in addition to close to 1,000 men of the 7th West India Regiment. As of January, 1820, there were 1,197 British troops, and by early 1835 about 1,384; both figures include 39 and 51 men, respectively, of the 1st West India Regiment.[38]

Composed of black troops and white officers, ten or eleven West India Regiments, whose ideal strength was 1,000 men each, were formed by the British government in 1795; by 1798 or 1799 there were twelve regiments, but by 1817-1818, with the end of the Napoleonic Wars, most had been disbanded. The companies of each regiment were often moved and were usually distributed among garrisons on several islands. Barbados received contingents of these troops from 1795 and throughout various remaining years of the slave period. In 1802, for example, the island had 2,000 West India Regiment troops, and in 1807, there were 984. In March, 1816, all ten companies of the 1st Regiment were stationed at Barbados; some of these troops, along with contingents of the island's militia and 400 white soldiers of the British garrison, were to play a crucial role in the following month in suppressing the only large-scale slave rebellion in the island's history. In November, 1816, the 1st Regiment's ten companies were distributed among other West Indian colonies, but over subsequent years companies were to return to Barbados, albeit in decreasing numbers.[39]

In addition to the presence of British military forces, another reason for no longer incorporating slaves in the militia probably resulted from the 1816 slave revolt, a major effect of which, as a prominent planter wrote, was that "it will be very difficult to regain the confidence we all had in our slaves"; also, an increasing number of freedmen were joining the militia, and the case for their loyalty and utility had been strengthened by the way in which their militia companies had behaved during the revolt and its aftermath.[40] Finally, the last serious fear of a foreign attack seems to have occurred in 1805, and by 1815, with the end of the Napoleonic Wars, the almost continuous military activities which had engaged the British in the Caribbean since 1793 had come to an end; and for the remainder of the pre-emancipation period (and into the early twentieth century) Barbados and Britain's other Caribbean colonies were to be exempt from the consequences of war among European nations.

Although the practice of mobilizing and arming slaves for militia duty was discontinued by the end of the nineteenth century's first decade, the practice characterized a considerable portion of the slave period. Aside from provisions in militia acts, the number and proportion of armed slaves could be increased if conditions warranted it. For example, in late 1707, when Barbadians feared that a French attack was at hand (and but about a half-dozen years after an unwarranted slave revolt scare), the governor notified the home government of his actions "to put this island into the best posture of defence." One measure was a proclamation specifying that upon alarm, in addition to slaves required by the 1697 law, slaveowners were also to send an

*Jerome Handler*

"armed" and "able" slave for every forty acres they owned. In the late 1770s, conflicts with the French, who had captured St. Vincent and Grenada, "produced a considerable sensation in Barbados"; the steps taken by the House of Assembly to strengthen defences included provisions "to arm a proportion of effective Negroes." The "American war" also caused special provisions to raise "considerable bodies of slaves [who] were trusted with pikes and cutlassess (but not with fire-arms) for the defense of Barbados."[41] During this period American privateers "infested the seas [and] materially injured . . . trade," and on two occasions in 1777 such privateers appeared in Barbadian waters. In April, a ship came into the bay at Speightstown but was driven off by a shore battery, and a little over a month later another privateer "captured several fishing boats, with many valuable slaves on board" off the island's north coast; "these alarming attempts excited the apprehensions of the inhabitants of Speight's Town for their safety" which led them to appeal to the House of Assembly to "take proper measures for their effectual protection."[42] The arming of slaves during the "American war" may have directly resulted from these events.

The sources fail to mention how slaves were to be organizationally incorporated into the militia, but, interpolating from the known practice of placing freedmen in separate units, slaves probably were formed into separate groups that were attached to the units of their owners or other whites from their plantations. Normally, they were commanded by the same officers; the 1697 militia act, whose provisions endured for most of the eighteenth century, ordered that mobilized slaves were to be "enlisted, commanded and directed . . . by that officer that commands the rest of the forces in that division." Under special circumstances, however, particular officers were placed in charge of the slave troops. Whatever the case, as Governor Seaforth emphasized in a letter to one "commander of Negroes" he appointed in 1805, "there must be a white man with them."[43] In general, it is apparent from the militia acts and special governmental orders that slaves were only to be mobilized in declared emergencies. Thus, as in the continental and other Caribbean colonies, they were called upon only as specific needs arose, and were not formally included in Barbados's militia organization as permanent and continuing participants.

*Freedmen and Slaves*

Some slaves, however, seem to have served on a more or less permanent basis. In 1735, the *Barbados Gazette* carried an advertisement for a runaway, "a young Barbadian Negro-man named Tom," who was identified as a "trumpeter in the Life-Guard"; in the late 1740s and early 1750s all of the militia's 100 or so drummers and trumpeters were slaves, and musicians were sometimes considered as two men in calculating the number of slaves property-holders were expected to provide for militia service; and the 92 "drums" in the 1787 militia were also probably "Negroes."[44] For lack of evidence, it is unknown when slaves began to assume the role of musician, but clearly it was a minor expectation; for those slaves who were expected to serve in the militia other potential demands were of far greater importance.

From the seventeenth century, slave labour was regularly commandeered for public works projects, including repair of roads and fortifications; slaves were also called on to move artillery and military stores.[45] Provisions were also sometimes made to press slaves into service as pioneers "upon the approach of an enemy" or under similar alarm conditions.[46] However, most militia acts or other directives for slave recruitment clearly or explicitly stated that the major expectation of slaves in wartime was that they were to actively fight.

This expectation was not unique to Barbados and also occurred in Britain's other Caribbean colonies. Despite a general distrust of slaves and questions about their potential utility as soldiers, these colonies, especially in the Leewards, also confronted white manpower shortages and vulnerability to foreign attack. By the first decade or so of the eighteenth century, slaves were being armed in Nevis and probably other of the Leewards (as well as in the continental colonies), and during the decades of wars from the middle to the end of the eighteenth century, Leeward island colonists continued to rely on armed slaves for their defence; slaves were also armed in Jamaica on at least several occasions during the first two decades of the eighteenth century.[47] Available evidence, however, indicates that Barbados bay have been the first of England's Caribbean (and continental) colonies to institute the regular practice of providing slaves with "offensive weapons" with the explicit recognition that such slaves were to directly engage the enemy.

The "offensive weapons" that Barbadian slaves were to receive

*Jerome Handler*

from their owners were to be allocated only in times of emergency for on the island, as Quarles observed for the continental colonies, "an armed slave was an anomaly seldom tolerated in normal times"; and, as in the northern colonies, Barbados's laws also forbade slaves from keeping weapons. A 1661 slave act directed slaveowners to carefully search their slaves' houses every two weeks for "clubs, wooden swords, or other mischievous weapons" and to burn whatever was found; and for fear that they might be used for "raising mutinyes or rebellion," slaves were forbidden from collecting "arms, powder, or offensive weapons." These directives were continued in another slave act, passed in 1676, about a year after the discovery of a revolt conspiracy and during a period when provisions were made for slave recruitment to the militia. In addition, the 1676 act authorized the arrest and whipping of any slave found off his plantation, even if on his master's lawful business, if that slave was carrying a club. wooden sword, "or other mischievous and dangerous weapons." In 1688, another major act, although repealing all previous slave laws, repeated many of their major features, including the 1661 and 1676 provisions relating to weapons; the act emphasized how "it is absolutely necessary to the safety of this place" to prevent slaves from "using and carrying . . . clubs, wooden-swords, or other mischievous and dangerous weapons." The weapon restrictions of the 1688 law persisted throughout most of the period when slaves were armed for militia duty and until Barbados's entire slave code was revised in 1826 with the final passage of the "slave consolidation act." In one form or another this act continued various earlier provisions prohibiting slaves from keeping any "mischievous or warlike instruments," forbade the selling, trading, or giving of such weapons to slaves, authorized the search of slave houses for weapons, and so forth.[48]

Earlier laws and custom, however, explicitly or implicitly permitted slaveowners to allocate weapons to certain slaves in contingency situations and for the "lawful defence" of their owners' persons or property. An American sailor, imprisoned in Barbados in late 1814, reported how fourteen of his shipmates escaped from their prison ship in Carlisle Bay. They were captured within a day or so in the area of Speightstown "by seventy or eighty Negroes, and some whites, armed with clubs, knives, etc." Sometimes slaves masters, acting to project their self-interests, armed their slaves in a questionable manner, as when, in 1761 or 1762, a member of the House of Assembly "had, with a body of armed slaves, opposed the provost marshal in the execution of his office."[49] However, the most common and accepted way in which slaves were armed for the "lawful defence" of their owners' properties was in their role as plantation watchmen. Because theft was so frequent from plantations, "the most trusty" slaves were appointed to guard the fields, storehouses, and other plantation property. In the seventeenth and early eighteenth centuries, by "the permission of our laws," watchmen carried wood "lances and darts," but by the 1740s "a late custom hath allowed these the use of swords." "Tis law here," explained a plantation manager in 1798, "to kill any Negro you find plundering on your lands and the watchmen are generally armed with swords."[50]

The arming of individual slaves for the protection of white-owned property was one thing, but the arming of groups of slaves, even carefully selected ones, for occasional military service was something else. In the latter case, the risks the planters were willing to entertain with respect to internal security were offset by the greater risks they perceived if Barbados were to be invaded. As noted above, the earliest provision for the arming of slaves and their service in the militia appears to have occurred in 1666; provisions for their receiving weapons and interest in calculating how many of them "were fitt to beare armes" continued throughout the seventeenth, eighteenth, and early nineteenth centuries. This period was dominated by considerable warfare between Britain and other European nations, broken by periods of usually uneasy peace, as well as a decline in Barbados's white population.

There is no indication that slaves were ever to be allocated firearms in performing their militia duties. This prohibition was dictated by custom until 1805, when a militia act of that year contained the first specific legal exclusion of firearms.[51] The arms that slaves were to receive, and which were only to be distributed at alarms and emergencies, varied over the years, but always included two types: most commonly a bill (the widespread agricultural implement) or a cutlass or sword, on the one hand, and some type of lance, spear, or pike on the other.[52]

There does not seem to have been any explicit formulation for the training of slaves in the use of these weapons, but in arming their slaves the Barbadian plantocracy and colonial apparatus clearly expected them to risk their lives in protecting the

*Jerome Handler*

interests and property of the very population that was responsible for their enslavement. The preamble to a 1707 act, passed during Britain's war with France and Spain (1702-1713), providing for slave manumissions (see below), emphasized that "there are many slaves . . . who are worthy of trust and confidence . . . and therefore may be of great service to this island, should the same be invaded"; and in early 1805, when a French invasion was feared, the elaborate defence plans provided for armed "Negroes [who] will be made use of . . . to harass and distress the enemy."[53] That slaves were viewed not only as a potential source of combatant strength but also as willing to fight when mobilized and armed is reflected in this and other laws and military directives, as well as in various other sources and statements of white contemporaries. How slaves who were considered trustworthy actually felt about risking their lives in the protection of white interests is, of course, another matter, and West Indian whites were prone to exaggerate the number of their own slave available for defence.[54]

In any case, during the early eighteenth century, while Britain was at war with France, the British historian John Oldmixon (who, though he had never visited Barbados, had derived considerable information from residents and former residents in England) reported: "In case of an alarm, the government can arm 10,000 stout Negroes, dextrous at handling a pike, who would defend . . . against any invader." A count of the island's population (exclusive of Christ Church parish) in 1712 included over 11,000 slaves out of a slave population of almost 42,000 who were "fit to bear arms," and in 1747, toward the end of the war of 1739-1748, when Barbados's slave population approached 68,000, the Barbadian Richard Hall asserted "in case of invasion 10 to 12,000 able Negroes may be raised for . . . defence." William Dickson, who had been secretary to Barbados's governor and had lived on the island for about thirteen years from 1772 wrote: "I have often heard it affirmed that though the French might take Barbados . . . they could not possibly keep it; and one reason always assigned was that the Negroes would cut their garrisons to pieces, which I verily believe would be the case. The very slaves in Barbadoes are inspired with something like loyalty."[55]

Although several thousand slaves were believed capable of joining in Barbados's defence in the event of an invasion, the number mobilized on alarms was considerably less, albeit still significant when considering the militia's total strength. Only a handful of figures exist, however, which show the number of slaves attached to the militia. In 1708, 3,000 "disciplined Negroes" were reported, in 1747, 2,829 "Negroes [were] sent on alarms," and in 1748 there were 2,741; in 1707 the militia contained about 4,110 whites, and in 1747 and 1748 about 4,900.[56] During these three years, then, a consequential percentage, between 36 and 42 percent, of the men who were mobilized on alarms were slaves. These figures yield a very clear idea of the importance that whites attached to slaves as an essential element in their defence system; the figures, along with literary evidence, also suggest the pattern that existed in other years.

Whatever the number of slaves in the militia in earlier and later periods, whites clearly expected slaves to risk their lives in combat. A 1697 militia act specified that the Public Treasury was to compensate the owner of a slave "kill'd, lost, maimed or disabled" while engaging the enemy. In addition, as an incentive to slaves, the government was to allot any slave who "shall engage and manfully behave himself in fight against the enemy" an annual allowance of a "livery coat and hat," and the slave's master was to give him "white servants allowance of victuals"; an indentured servant who behaved similarly was to be declared free "from all future service." The legislature followed suit in 1707 by offering freedom to any slave who, in the event the island was invaded, "shall engage and courageously behave himself in time of battle, so as to kill any one of the enemy."[57] Granting freedom to slaves "who had won military distinctions" became a "universal practice" in West Indian warfare,[58] and the 1707 Barbados law remained in force until 1826 when its substance was included in the "slave consolidation act." By this year the militia laws no longer provided for slave recruitment but it was still possible through gubernatorial directives in times of declared emergencies. Clause 50 of the "slave consolidation act" specified that in the event of a foreign invasion or a slave rebellion, a slave who "shall engage and courageously behave in battle, or who shall by any means kill . . . one or more of the enemy or rebels, shall . . . . be rewarded . . . as the legislature may think fit"; if the legislature decided the slave "should be rewarded with freedom," it was empowered to do so.[59]

It is relevant to note that the greatest reward the plantocracy believed it could bestow for defending its interests and the island's security was the slave's freedom. In practice, however, the acts providing for manumission as a result of military activity had very little significance. Not only do the sources yield no evidence that they resulted in manumissions, but also Barbados was never invaded—despite the fears that were occasionally awakened during the seventeenth, eighteenth, and early nineteenth centuries. In fact, there are only a few known occasions when enemy shipping actually came into Barbadian coastal waters: in 1665 a Dutch fleet sailed into Bridgetown harbour; in 1745, six or seven French ships came within sight of Bridgetown; and in 1777 two incidents involved American privateers.[60]

There were more occasions, however, when Barbadians, reacting to external events, were called out on alarms and the militia was mobilized. As with their brethren elsewhere in the British Caribbean, particularly in the Leeward Islands, they keenly believed they were vulnerable to external attack. The actual experiences of West Indian colonists in general during various wars, especially in the seventeenth and early eighteenth centuries, as Richard Pares has written, "account for the moans of terror which the West India interest so freely uttered upon the slightest apprehension of a French naval superiority in the Caribbean, and the extraordinary credulity with which it magnified the size of every French force which went that way. It was not enough to know that the enemy had no army in the West Indies which was capable of subduing such a colony; the planters were equally afraid of a few ships which could only snatch a momentary opportunity of devastation." Barbadians generally shared these feelings and perceptions, but probably to a lesser degree than colonists in the Leewards who had experienced the reality of external attacks and invasions. Relative to the other islands, Barbados "was comparatively safe and well manned" for reasons of population size and geographical location, particularly its position vis-a-vis the prevailing trade winds which were of crucial importance in dictating naval operations during the days of sailing ships.[61]

Although perceived threats of an imminent invasion seem to have been relatively rare in Barbados's history, there were fears of possible attack, and whether real, exaggerated, or imagined these fears led to the sounding of alarms. However, when viewed over the many years in which provisions existed for slave recruitment and arming, these occasions seem to have been rather limited; and mobilization during these periods seems to have been for relatively short durations. Alarms appear to have been called during the 1670s and they may have been, though it is not certain, sounded on several occasions during the first decade of the eighteenth century. Alarms apparently were a fairly regular occurrence during the governorship of Thomas Robinson (1742-1747), and one evidently took place in 1759; there were a number during the late 1770s and early 1780s, and another in 1805.[62]

Whatever the actual number of alarms, concern with the possibility of external attack caused Barbados's elite in the mid to late seventeenth century (and for many years afterwards) to define the weakened state of the island's defences as a major societal problem. Whether the defence system was, in fact, inadequate to meet the reality of security needs is another matter. But the number of white males available for the militia's ranks had dwindled, and foreign invasion was viewed as a possibility. In the face of perceived external threats and a militia that was considered weak, slaves provided an obvious source of available manpower. Beginning in the 1660s slaves deemed "worthy of trust" were armed and formally incorporated into militia units. The practice may have begun in Barbados earlier than in any other English New World colony; it continued until the first decade of the nineteenth century, when the presence of a permanent British Army garrison, as well as other military and political changes, caused it to be viewed as unnecessary.

Slaves apparently served in their own segregated units, but were always commanded by whites. They probably trained, but there is no evidence on the regularity of such training and what their "disciplining" meant in military terms. However, they were only mobilized when alarms or emergencies were formally declared; and only then would they receive the pointed and edged "offensive weapons" (but not firearms) that the law normally denied them. The allocation of such weapons testifies to the fundamental expectation of whites that slave militiamen would actively fight and risk their lives in combat. Several thousand slaves formally incorporated into the militia or performing military duties were viewed not merely as attendants, grooms, drummers, and pioneers (although they performed all these roles); rather, most were perceived as fighters and expected (willingly?) to shed their blood in defence of Barbados. The island's white elite conceived the slave fighting force as a basic feature of its defence system.

*Jerome Handler*

Neither slaves nor white militiamen ever actually fought a foreign enemy on Barbadian soil; since the island was never invaded, its militia faced no real test. Yet, the participation of slaves in the militia, however limited their actual mobilizations and formal training may have been, afforded oportunities to interact with and observe whites; this participation was probably one of the many forces that contributed to the creolization process. Moreover, their familiarity with the militia probably influenced the organizational format slaves developed for their intended revolt in 1692 as well as their combat strategies in the 1816 uprising.

Despite the limited practical significance of slave participation in the militia, the expectation that slaves perform combat duties, as expressed in laws, gubernatorial directives, and contemporary evaluations of the island's military strength, symbolizes one of the contradictions in Barbados's slave society (and in other British Caribbean colonies). In many ways, whites profoundly mistrusted slaves and recognized that arming them carried the potential for trouble. On the other hand, they believed themselves vulnerable to external attack. This tension encouraged a view that some slaves could be relied on to defend the very society whose socio-economic foundation rested upon their exploitation. How such "trustworthy" slaves actually felt is unknown, but despite the risks inherent in arming slaves, whites clearly felt more secure in their ability to control the slave population in the event of a revolt than in their ability to withstand a foreign invasion without a slave fighting force. In Barbados, as in Britain's other Caribbean and continental colonies, "to arm the Negroes was hazardous, but the latent military strength they represented was undeniable – a manpower potential often too badly needed and too readily available to be ignored."[63]

---

*I am particularly grateful to Peter Campbell, Barry Gaspar, Lon Shelby, and an anonymous reader for their comments on earlier drafts of this paper; also to Patricia Spacks for her assistance with the final draft, completed while I was a fellow at the National Humanities Center.*

*Freedmen and Slaves*

## NOTES

1. C.P. Clarke, "Imperial Forces in Barbados," *Journal of the Barbados Museum and Historical Society*, XXXII (1968), 175-177 (hereafter cited as *JBMHS)*; P.F. Campbell, "St. Ann's Fort and Garrison," *JBMHS*, XXXV (1975), 6; Richard Pares, *War and Trade in the West Indies 1739-1763* (London and Edinburgh, 1963), 257.
2. "The Colonial Militia and Negro Manpower," *Mississippi Valley Historical Review* XLV (1959), 643-652.
3. Douglas E. Leach, *Arms for Empire: A Military History of the British Colonies in North America 1607-1763* (New York, 1973), 11.
4. V.T. Harlow, ed., *Colonizing Expeditions to the West Indies and Guiana. 1623-1667*.(London, 1925), 30, 40. 54-102; "An Account of Barbados and the Government Thereof," 1683/84, Sloane Mss. 2441 (British Library [hereafter, BL]); J. Harry Bennett, "Peter Hay, Proprietary Agent in Barbados, 1636-1641." *The Jamaican Historical Review*, V (1965), 9-29.
5. Richard Ligon, *A True and Exact History of the Island of Barbados* (London, 1657), 46, 100; John Scott, "The Description of Barbados," [1668], Sloane Mss. 3662, fols. 54-62; Jerome S. Handler and Lon Shelby, eds., "A Seventeenth Century Commentary on Labor and Military Problems in Barbados," *JBMHS*, XXXIV (1973), 117-121; Richard Hall, *Acts, Passed in the Island of Barbados* (London, 1764), 459-463; John Jennings, *Acts and Statutes of the Island of Barbados* (London, 1654), 116-125 and *passim;* "An Essay Evenly Discussing the Present Condition and Interest of Barbados," n.d. [1650-1651], Ayer Mss. 276, Newberry Library, Chicago; Searle to Thurloe, November 6, 1656, in Thomas Birch, ed., *A Collection of the State Papers of John Thurloe* (London, 1742), V, 564.
6. Jerome S. Handler, "Slave Revolts and Conspiracies in Seventeenth Century Barbados," *Nieuwe West-Indische Gids*, LVI (1982), 5-43.
7. See, for example, Atkins, "Answers to 32 Queries by the Lords of Trade and Plantations," July 4, 1676, CO 1/37, no. 67 (Public Record Office, London [hereafter, CO]); Dutton , "Answers to the Heads of Inquiry Respecting Barbados," June 11, 1681, *Calendar of State Papers, Colonial Series, America and West Indies, 1681-1685*, 70 (hereafter *CSPCS);* "Account of Barbados," 1683/84; *CSPCS, 1696-1697*, 47-50; *ibid., 1706-June 1708*,.618-620; "Account of the Strength of the Following British Islands in the West Indies. Anno 1736," *Gentleman's Magazine*, X (1740), 241; Richard Hall, *A General Account of the First Settlement . . . of Barbados, Written in the Year 1755* (Barbados, 1924), 22-24; Pinfold, "Copy of the Answers . . . to the Queries Proposed by the Lords of Trade," June 1, 1762, Kings Mss. 205, fols. 456-473 (BL); John Poyer, *The History of Barbados* (London, 1808), 617-618; Barbados militia acts, January 7, 1809, December 1, 1812 (CO 30/18, no. 277, 30/19, no. 321).
8. Population figures are for 1668-1669, 1673 (or 1664), 1675, 1679, and 1684: *CSPCS, 1661-1668*, 586; *ibid., 1699*, 590; *ibid., 1669-1674*, 495; *ibid., 1677-1680*, 620; CO 1/44 and 1/36, no. 20. "Account of Barbados," 1683/84. The militia average has been calculated from statistics for 1666-67, 1668, 1673, 1679, 1680, and 1683: Scott, "Description of Barbados"; Handler and Shelby, "Seventeenth Century Commentary," 118; *CSPCS, 1661-1668*, 431-432, 586; *ibid., 1669-1674*, 493-494; *ibid., 1677-1680*, 510, 550, 566; *ibid., 1681-1685*, 70, 71; "Account of Barbados," 1683/84.
9. Eighteenth century militia figures are available for 1707, 1712, 1724, 1734,

1736, 1747, 1748, 1757, 1762, 1773, 1783, and 1787: *CSPCS, 1706-June 1708,* 618-620; L.F. Stock, ed., *Proceedings and Debates of the.British Parliaments Respecting North America* (Washington, D.C., 1924-1941), IV, 240; John J. McCusker, "The Rum Trade and the Balance of Payments of the Thirteen Continental Colonies, 1650-1775".(Ph.D. diss., University of Pittsburgh, 1970), 645, 646, 647; Frank W. Pitman, *The Development of the British West Indies 1700-1763* (New Haven, 1917), 372; "Account of the Strength . . . 1736"; Hall, *General Account,* 22;.Pinfold, "Copy of the Answers"; CO 28/14, no. 21, 28/29, no. 25, and 28/61, f. 123.

The population average has been calculated from figures for 1715, 1724, 1734, 1740, 1748, 1757, 1762, 1768, 1773, 1783: E.M. Shilstone, "The Population of Barbados," *JBMHS,* XIII (1945), 14; Patricia A. Molen, "Population and Social Patterns in Barbados in the Early Eighteenth Century," *William and Mary Quarterly,* XXVIII (1971), 287-300; *CSPCS, 1724-1725,* 240; McCusker, "Rum Trade," 646, 647; "Account.of the Strength . . . 1736"; CO 28/29, No. 25; Pinfold, "Copy of the Answers"; British *Parliamentary Papers.* XXVI (1789), pt. 4, 3rd suppl. to no. 15.

10. The population average is from.statistics for 1801-1802, 1809-1816, 1825-1829: Jerome S. Handler, *The Unappropriated People: Freedmen in the Slave Society of Barbados* (Baltimore, 1974), 18-19; "Barbados 1802," Pinckerton Papers, Ms. 1711, fol. 75 (National Library of Scotland, Edinburgh).

    The militia average has been calculated for 1801, 1802, 1823, and 1829 figures: Seaforth to Duke of Portland, August 22, 1801, Seaforth Papers GD 46/7/4 (Scottish Record Office, Edinburgh); Grinfield to Seaforth, November 6, 1802, CO 28/69; "Barbados. 1802," Pinckerton Papers; Haynes, "Return of the Militia of the Island of Barbados," 1823-1824, *JBMHS,* XII (1946), 180-182; Lyon, "General Return of the Militia of Barbados 1829," March 10, 1830, CO 28/104.
11. *Ibid.;* Smith to Stanley, July 29, 1833, CO 28/111; Handler, *Unappropriated People,* 18-19.
12. McCusker, "Rum Trade," 647; Smith to Stanley, July 29, 1833, CO 28/111; Handler, *Unappropriated People,* 18-19, 21, 114.
13. Quarles, "Colonial Militia," 643, 646.
14. Leon F. Litwack, *North of Slavery: The Negro in the Free States, 1790-1860* (Chicago, 1965), 31, 32, 35.
15. [Benjamin Browne], *The Yarn of a Yankee Privateer,* Nathaniel Hawthrone, ed. (New York, 1926), 103.
16. Militia acts, July 3, 1833, July 29, 1834, CO 30/21, nos. 545, 561; Handler, *Unappropriated People,* 15
17. J.W. Orderson, *Cursory Remarks and Plain Facts Connected with the Question Produced by the Proposed Slave Registry.Bill* (London, 1816),.15. See also, Handler, *Unappropriated People,* 110-116.
18. *Ibid.,* 76-81.
19. Quarles, "Colonial Militia," 645, 647, 648-652.
20. [Ferdinando] Gorge[s] to Council for Trade, March 17, 1674, *CSPCS, 1669-1674,* 565-566. To fully describe and document the demographic changes in Barbados's white population (including factors affecting natural increase, emigration, and immigration) during the last half of the seventeenth century, and their implications for.the.actual and perceived strength of the.militia, would greatly increase the length of this paper. For various materials on the large-

*Freedmen and Slaves*

scale emigration of whites, the effects of diseases and epidemics, the reluctance of minority religious groups to participate in the militia, demographic factors bearing on the natural increase of the white population, and the reduction in white immigration, particulary that of indentured servants, see, for example, *CSPCS, 1661-1668*, 189, 431-432, 486-487, 541-542; *ibid., 1669-1674*, 141, 565-566; *ibid., 1675-1676*, 288; *ibid., 1677-1680*, 618-621; *ibid., 1681-1685*, 497; *ibid., 1689-1692*, 573; 696-697; *ibid., 1693-1696*, 444-448, 585-586; *ibid., 1697-1698*, 29-30; *ibid., 1699*, 517; Scott, "Description of Barbados"; Handler and Shelby, "Seventeenth Century Commentary"; Searle to Thurloe, November 6 and 24, 1656, in Birch, *Collection*, V, 564, 652; Alfred D. Chandler, "The Expansion of Barbados," *JBMHS*, XIII (1946), 106-134; Richard Dunn, *Sugar and Slaves* (Chapel Hill, N.C., 1972), 88, 112-113, 301, 325-334; Hilary M. Beckles, "White Labour in Black Slave Plantation Society and Economy: A Case Study of Indentured Labour in Seventeenth Century Barbados" (Ph. D. diss., University of Hull, 1980), *passim;* Gary Puckrein, "The Political Demography of Colonial Barbados, 1627-1800" (paper presented to the Thirteenth Conference of Caribbean Historians, Guadeloupe, April, 1981); David Galenson, "The Indenture System and the Colonial Labor Market: An Economic History of White Servitude in British America" (Ph.D. diss., Harvard University, 1979), 213-277 *passim*.

21. See, for example, Beckles, "White Labour," 129-130, 267-270, 300-301; P.F. Campbell, "The Barbados Militia 1627-1815," *JBMHS*, XXXV (1976), 109; Jill Sheppard, *The "Redlegs" of Barbados* (New York, 1977), 38-39, 59.
22. Barbados Council to Council for Trade, May 28, 1673, *CSPCS, 1669-1674*, 493-494.
23. Ligon, *History*, 46; Jennings, *Acts, passim*. Also, Hall, *Acts*, 459-463.
24. Scott, "Description of Barbados"; Handler and Shelby, Seventeenth Century Commentary"; V.T. Harlow, *A History of Barbados 1625-1685* (Oxford, 1926), 155-157.
25. Hall, *Acts*, 472 (later repealed).
26. Barbados Council to Council for Trade, May 28, 1673, *CSPCS, 1669-1674*, 494.
27. *E.g., ibid., 1696-1697*, 47-50; *ibid., 1697-1698*, 7-8, 29-30.
28. Handler, "Slave Revolts."
29. Militia act, November 3, 1697, in Hall, *Acts*, 138-155 *(cf.* William Rawlin, *The Laws of Barbados* [London, 1699], 217-230, wherein October is given as the month of passage).
30. Handler, "Slave Revolts." For comparable planter attitudes elsewhere in the West Indies, see Roger N. Buckley, *Slaves in Red Coats: The British West India Regiments, 1795-1815* (New Haven, 1979), 141; Pares, *War and Trade*, 253-254.
31. Handler, "Slave Revolts"; militia act, June 20, 1795, in Samuel Moore, *Public Acts in Force; Passed by the Legislature of Barbados* (London, 1801), (in list of acts not in force; known by title only); Wood to Lane, July 1796, Newton Papers 523/289 (University of London Library).
32. See Moore, *Acts*, 77-79, 381-408.
33. Handler, *Unappropriated People*, 23, 123-124.
34. Parry, "Return of the Effective Strength of the Militia," December 18, 1787, CO 28/61, f. 123; Grinfield to Seaforth, November 6, 1802, CO 28/69; "Barbados. 1802," Pinckerton Papers.
35. Militia act, December 4, 1799, in Moore *Acts*, 381-408.
36. Militia act, March 7, 1805, CO 30/17, no. 249. See also, for example, Seaforth to Holder, March 8, 1805, Seaforth Papers, GD 46/7/11.

*Jerome Handler*

37. Militia acts, January 7, 1809, December 1, 1812, and July 3, 1833. CO 30/18, no. 277, 30/19, no. 321, 30/21, no. 545; Robert Schomburgk, *The History of Barbados* (London, 1848), 190.
38. William Young, *The West-India Common-Place Book* (London, 1807), 213-214; Buckley, *Red Coats,* 152-153; Jerome S. Handler, ed., " 'Memoirs of an Old Army Officer': Richard A. Wyvill's Visits to Barbados in 1796 and 1806-7," *JBMHS,* XXXV (1975), 22-23; British *Parliamentary Papers,* XXXII (1849), Report 56, page 4.
39. Buckley, *Red Coats, passim;* Alfred B. Ellis, *The History of the First West India Regiment* (London, 1885), 2-3, 347-359; Alan Burns, *History of the British West Indies* (London, 1954, 552, 667; Seaforth to Hobart, December 9, 1802, Seaforth Papers GD 46/7/7; Young, *Common-Place Book,* 213-214, 218, 241-242; Codd to Leith, April 25, 1816, CO 28/85.
40. Haynes to Lane, June 10, 1816, Newton Papers 523/791/1; Handler, *Unappropriated People,* 85-86.
41. Crowe to Council of Trade, December 7, 1707, *CSPCS, 1706-June 1708,* 618-620; Schomburgk, *History* 336; Poyer, *History,* 395; William Dickson, *Mitigation of Slavery in Two Parts* (London, 1814), 362.
42. Schomburgk, *History,* 335; Poyer, *History,* 382-383.
43. Hall, *Acts,* 149; Seaforth to Holder, March 8, 1805, Seaforth Papers, GD 46/7/11.
44. *Barbados Gazette,* April 30-May 3, 1735; Hall, *General Account,* 23-24; Parry, "Return of the Effective Strength."
45. See, for example, *CSPCS, 1681-1685;* 70; *ibid., 1689-1692,* 472-473; Hall, *Acts,* 222-223, 492, 493, 502, 518; Poyer, *History,* 318, 515, 580, 590.
46. Militia acts, November, 1697, December 4, 1799, in Hall, *Acts,* 148 and Moore, *Acts,* 400; Schomburgk, *History,* 360.
47. Pares, *War and Trade,* 253-256; Buckley, *Red Coats,* 4, 13-14, 39-40; Dunn, *Sugar and Slaves,* 144; Pitman, *British West Indies,* 49; Quarles, "Colonial Militia," 648-652.
48. *Ibid.,* 647; slave acts, September 27, 1661, April 21, 1676 (CO 30/2, 16-26, 114-125), December 19, 1688 (Hall, *Acts,* 112-121), October 23, 1826 (British *Parliamentary Papers,* XXV [1826-1827], [report not numbered], 211,220, 225-226.
49. [Simeon Coleman], *A Concise. Narrative of the Barbarous Treatment Experienced by American Prisoners in England and the West-Indies, etc.* (Danville, Vt., 1816), 12-13; Poyer, *History,* 324.
50. Griffith Hughes, *The Natural History of Barbados* (London, 1750), 155; Wood to Lane, October 19, 1798, Newton Papers 523/381/1.
51. Militia act, March 7, 1805, CO 30/17, no. 249. This act also included a clause which prohibited, under penalty of a fine, any "free person" from firing a gun after 8 o'clock at night unless "in the defense or preservation of his property, or in case of alarms." However, a slave found guilty of the same offence could receive whatever "corporal punishment" a Justice of the Peace considered appropriated, thus suggesting that slaves sometimes had access to firearms. The same clause also appeared in the November 1697 and December 1799 militia acts, (Hall, *Acts,* 153-154; Moore, *Acts,* 405). During the 1816 uprising, slaves stole and armed themselves with bills, pikes, hatchets, swords, and knives, as well as with muskets or. "firelocks." That they knew how to use the firearms is reflected in the fact that when one military unit was attacked, the "insurgents fired, and killed one private, and wounded a sergeant" (Codd to Leith,

*Freedmen and Slaves*

[report on the 1816 slave revolt], April 25, 1816, CO 28/85).

52. Weapons are specified in, for example, Rawlin, *Laws*, 223-224; *CSPCS, 1706-June 1708*, 618-620; Hall, *General Account*, 22-24; William Dickson, *Letters on Slavery* (London, 1789), 94; *ibid., Mitigation*, 362; Wood to Lane, July 1796, Newton Papers 523/289; militia act, March 7, 1805, CO 30/17, no. 249; Seaforth, advertisement in the *Barbados Mercury* and handbills appointing persons to command slave in "case of alarm," March 5, 1805, Seaforth Papers GD 46/7/11.
53. Hall, *Acts*, 175; Seaforth, *[Letter to the Officers of the Barbados Militia]*, published at Barbados, June 5, 1805.
54. Pares, *War and Trade*, 252-256.
55. John Oldmixon, *The British Empire in America* (London, 1741), II, 126; "A List of the Inhabitants . . . ," August 16, 1712, CO 28/14, no. 21; Hall, *General Account*, 23; Dickson, *Letters*, 94.
56. *CSPCS, 1706-June 1708*, 618-620, 688-689; Hall, *General Account*, 22; Grenville to Board of Trade, June 22, 1748, cited in Pitman, *British West Indies*, 372.
57. Rawlin, *Laws*, 223-225; Hall, *Acts*, 175.
58. Buckley, *Red Coats*, 26.
59. October 23, 1826, British *Parliamentary Papers* XXV (1826-1827), [Report not numbered], 226.
60. Harlow, *History*, 155-157; Hall, *Acts*, 520; Schomburgk, *History*, 335; Poyer, *History*, 382-383.
61. Pares, *War and Trade*, 226-227, 232-233, 257. See also, J.W. Fortescue, *A History of the British Army* (London, 1911), III, 263.
62. *CSPCS, 1669-1674*, 493-494; *ibid., 1706-June 1708*, 618-620; Hall, *Acts*, 520; Poyer, *History*, 177-178, 395; Pares, *War and Trade*, 238; Schomburgk, *History*, 336; Dickson, *Mitigation*, 362; miscellaneous items in Seaforth Papers GD 46/7/11.
63. Quarles, "Colonial Militia," 652.

# 17
# Milicias negras y mulatas en el reino de Guatemala (siglo XVIII)

*Salvador Montoya*

Es quizás durante el siglo XVIII cuando la Corona Española realizó los mayores esfuerzos para organizar un ejército en América. En esta necesidad de organización no estuvo ausente, a medida que el siglo XVIII avanzaba, la voluntad centralizadora de los Borbones. Tales reformas pretendían asegurar un mejor control, una mejor explotación de los territorios americanos y el mantenimiento de estos territorios dentro del Imperio. Así, pues, la formación de un aparato militar en las últimas décadas de dominación colonial, no habían de ser una simple respuesta coyuntural a las amenazas inglesas u otras en el territorio americano.

En lo que respecta a la Capitanía General de Guatemala, la necesidad de reorganizar las defensas militares se plantea, en el contexto novohispano, con anterioridad a la toma de La Habana por los ingleses en 1762 y a las reformas militares puestas en marcha — como consecuencia de dicha toma — a partir de 1764.

El conflicto intereuropeo revistió en la Capitanía General de Guatemala caracteres bien definidos que determinaron la historia colonial de América Central. Así, la dominación inglesa se acentúa en la región de Belice desde 1680 y en 1742 los ingleses se apoderaron de las islas de Roatán, Utila, Guanaja, próximas a las costas caribeñas de la Capitanía, y de los puertos de Trujillo y Omoa. Con estas conquistas, la influencia inglesa sobre los zambos mosquitos — aliados a los ingleses en la lucha contra España — se intensifica, y quedan aseguradas, durante un cierto tiempo, las posiciones geográficas desde las cuales el contrabando podía efectuarse en toda impunidad. Pero la preocupación y la necesidad que representaba la organización de las defensas, la construcción de fortificaciones, y el aumento numérico y cualitativo de las milicias no estaban motivadas solamente por el peligro exterior/interior representado por los ingleses y los zambos mosquitos, ni por la voluntad de poner fin al contrabando. Las sublevaciones indígenas y el mantenimiento del orden interior formaban parte de las preocupaciones de las autoridades coloniales. Así por ejemplo, en 1714, la Audiencia de Guatemala, después de la rebelión de treinta y dos pueblos indígenas de la Provincia de Chiapas, decidió mantener a sueldo cien hombres en armas [1]. Y en 1749, frente a la política de la Corona de reducir el número de soldados de la principal guarnición que protegía la ciudad de Guatemala, sostiene que es necesaria una compañía de 50 hombres para evitar los desórdenes, agitaciones y frecuentes sublevaciones en el Reino [2].

### *Zambos - Mosquitos y el estado de las defensas a mediados del siglo XVIII.*

La presencia de los zambos mosquitos constituye un elemento de primer orden para la comprensión de la forma y manifestación que adquirió el aparato militar en el Reino Guatemala. Según el Gobernador de Costa Rica, en una carta fechada el 9 de Septiembre de 1755 y dirigida a la Audiencia, los zambos mosquitos además de realizar robos y daños en las costas de Veraguas, Comayagua, impedían la conquista de Matagalpa y neutralizaban la acción evangelizadora; capturaban gente de color e indios no evangelizados sometiéndolos a la esclavitud o vendiéndolos como esclavos [3].

---

(1) Archivo General de Indias (A.G.I.), Sección Audiencia de Guatemala (A.G.), leg. 868, fº 2. El Rey al Presidente de la Audiencia. Buen Retiro, 15 de Abril 1715.

(2) A.G.I./A.G., leg. 873, fº 2, 3, 7. Informe al Rey sobre el restablecimiento de la compañia de 50 soldados. Guatemala, 6 de Diciembre 1749.

(3) A.G.I./A.G., leg. 874, fº 1.

La intensificación de las hostilidades de los zambos mosquitos provocó la decisión de las autoridades españolas de reglamentar las milicias y de reforzar el aparato militar. Íntimamente relacionada a esta situación, a las condiciones climáticas de la región en que los españoles debían construir su línea de defensas y al débil poblamiento español en la Costa Atlántica, aumentó la participación del negro y del mulato en las milicias y en el sistema militar español.

Entre 1743 y 1764, el Ingeniero Luis Díez Navarro fué designado por el Rey para visitar el Reino de Guatemala con el objetivo de informarse del estado general del Reino. Y como resultado de esta misión presentó un primer informe en 1745, según el cual, la Provincia de Honduras estaba mal protegida y el Golfo Dulce, hacia donde se dirigían los navíos de registro, carecía totalmente de defensas. El estado de la Provincia de Costa Rica no era mejor : el fuerte de San Fernando — construido en la desembocadura del río Matina en 1676 — era eficaz solamente para controlar el comercio clandestino e inútil, a causa del equipo militar, para rechazar un ataque inglés. A estas condiciones, ya difíciles, se agregaban las dificultades de reclutamiento y un porcentaje elevado de deserciones debidas al clima y a los malos tratos propiciados por los oficiales del fuerte (4).

A la vista del informe y de las conclusiones de Díez Navarro la Audiencia propuso al Consejo de Indias una serie de medidas : formar una compañía volante de doce hombres bajo disciplina militar para vigilar los caminos utilizados por los contrabandistas; nombrar un « Comandante General de las Fuerzas Armadas de Honduras » acreditado por el ejército español y el envío, desde La Habana de una compañía de treinta soldados de caballería (5).

Casi veinte años después la organización militar del Reino de Guatemala no había tenido un progreso real : sistema de fortificaciones sin desarrollar o estacionario, como el fuerte de Omoa, cuya construcción no había sido terminada en 1769. También el fuerte de la Concepción, en el río San Juan — punto estratégico importante — se encontraba en 1767 en un estado lamentable, casi abandonado y expuesto a los ataques de los zambos mosquitos e ingleses. Por otra parte el fuerte de San Felipe situado a la entrada del Golfo Dulce y destinado a la defensa del eje comercial La Habana-Guatemala, carecía casi de armas : 37 cañones de bronce (27 inútiles y 10 de pequeño calibre), más 200 balas de cañón sin pólvora. Armamento

(4) A.G.I./A.G., leg. 351, fº 1, 69. Testimonio del informe hecho por el Ingeniero Luis Díez Navarro, 1745.

(5) A.G.I./A.G., leg. 564. Proposición de la Audiencia para formar en Omoa una compañia volante. Consejo de Indias, 15 de Junio 1745.

suficiente para contener a los indios, según la Audiencia, pero insuficiente para detener un ataque de una potencia marítima ([6]). El estado de las defensas era idéntico en el resto del Reino : en la ciudad de Guatemala, sede de la Audiencia, en Sonsonate — importante puerto del Pacífico —, en toda la Provincia de Nicaragua, en el Petén, no existían más que algunos fusiles y cañones pequeños.

### *Reformas del aparato militar colonial.*

Es comprensible, a la vista del estado en que se encontraba el sistema de defensas, el interés de las autoridades españolas de Guatemala de reorganizar el sistema militar en el que prevalecía una actitud propia al siglo XVI : eficaz contra los indígenas pero inadaptado contra los ejércitos de una potencia europea. Dos soluciones serán puestas en marcha, la primera en 1755 y la segunda en 1767. La primera será la del Presidente de la Audiencia, Arcos y Moreno, quien sin rechazar la participación de tropas españolas, consideró que el esfuerzo debía concentrarse en reglamentar, disciplinar y preparar militarmente las *milicias locales voluntarias.* El otro proyecto será decidido luego de la toma de La Habana por los ingleses en 1762 teniendo como objetivo la formación de una fuerza *militar « profesional »* con soldados españoles traídos directamente de Europa y soldados reclutados entre los habitantes.

### *El Reglamento de 1755.*

El 17 de Febrero de 1755, el Presidente de la Audiencia, Don Arcos y Moreno, presentó ante el Rey un Reglamento destinado a organizar las milicias y a evitar que los puestos de milicianos fuesen ocupados por personas « ...poco estimables... ». Proponiéndose, entonces, en el Reglamento, escoger como oficiales y suboficiales personas honorables : el artículo V del Reglamento precisaba que los sargentos y cabos debían ser escogidos entre los españoles (término que englobaba probablemente a los criollos), dándole preferencia a los que hubiesen servido al Rey en tropas sometidas a métodos y reglamentos militares. Otro objetivo del Reglamento era evitar la mezcla entre las diversas castas y, para ello en el artículo VI se contemplaba la formación de un batallón de mestizos y mulatos. En total las milicias debían estar formadas por 12 compañías con 53 hombres

(6) A.G.I./A.G., leg. 873, Estado de las fortificaciones y otras defensas del Reino de Guatemala, Octubre 1769.

cada una incluido el sargento, los cabos y el tambor. Y en el Informe General presentado por el Presidente de la Audiencia, el 20 de Agosto de 1756, el Cuerpo de Infantería estaba compuesto de 19 regimientos y el Cuerpo de Caballería 8 : en total los dos cuerpos mencionados contaban 1688 oficiales y suboficiales y 31 445 milicianos (7).

Sin embargo la simple organización de las milicias con métodos militares y un reglamento no fueron suficientes para detener la acción de los zambos mosquitos ni para interrumpir el contrabando. En 1761, las autoridades constatan que las *milicias locales voluntarias* no se adaptan a una guerra ofensiva a pesar de ser el instrumento necesario a la defensa del territorio (8). Tomar otras medidas se convierte en necesario sobre todo después de la toma de La Habana por los ingleses en 1762. Para aplicar el plan de reestructuración del aparato militar se imponía : perfeccionar la artillería, movilizar más hombres, aprovisionarlos de armas y darles una preparación militar adecuada. La fuerza militar de base debía comprender regimientos de soldados « profesionales » traídos desde España completados con soldados reclutados en las milicias. En ese sentido, la Corona era favorable al reclutamiento de habitantes de la región y organizar un cuerpo militar, sometido a un estricto reglamento y disciplina para darle una mayor dignidad social y competencia profesional (9).

Para el entonces Presidente de la Audiencia, Don Pedro Salazar, el núcleo de las defensas del Reino debía estar constituido por los batallones de tropas veteranas, en otros, términos, batallones de soldados españoles europeos. En esta perspectiva se sitúa el informe hecho el 30 de Octubre de 1765, en el que se señaló que en todo el Reino existían solamente dos compañías de Veteranos de Infantería — con 30 hombres cada una y dos oficiales — y 50 soldados Veteranos de Caballería; solicitando un año después que la caballería fuese aumentada con 150 hombres y se enviasen desde España « ...algunos batallones de veteranos de infantería... » (10). Por otra parte, el Presidente de la Audiencia emitió una reserva de peso

(7) A.G.I./A.G., leg. 871. Informe del Presidente de la Audiencia sobre el reglamento de milicias. Guatemala, 17 de Febrero de 1755. E Informe General sobre las milicias de Infantería y Caballería. Guatemala, 20 de Agosto 1756.

(8) A.G.I./A.G., leg. 875. Petición del Presidente de la Audiencia sobre fortificaciones, armamento y salario de la tropa. Guatemala, 30 Septiembre 1761.

(9) Ver sobre la necesidad de las milicias y la creación de milicias permanentes en Nueva España el artículo de Vega Josefa, « Milicias y Sociedad a finales del siglo XVIII. El caso de Michoacán », in : Revista de Indias, 1985, vol. XLV, núm. 175, pp. 52-69.

(10) A.G.I./A.G., leg. 873. Informe del Presidente de la Audiencia sobre las tropas veteranas. Guatemala, 30 de Octubre 1765.

al considerar, como imposible, el aumento de las tropas « profesionales » con los habitantes de la región, a causa del número reducido de españoles europeos y de la gran cantidad de criollos, mestizos, mulatos e indios (11).

Pero el proyecto de traer tropas « profesionales » al Reino de Guatemala era en definitiva costoso, sobre todo en tiempos de paz, y en una región cuya importancia económica y estratégica era bastante relativa. Los cambios eran difíciles de aplicar, además, a causa de la realidad colonial del Reino de Guatemala : todavía en 1764 la guarnición del fuerte San Juan estaba formada de soldados negros y mulatos, lo que significaba que la Corona no había podido modificar la composición de la guarnición introduciendo soldados españoles. Vinculado esto último a las enfermedades y las continuas deserciones de los soldados enviados desde España a regiones de clima malsano, como Omoa, Matina y Río de San Juan (12). Así, a pesar de las reticencias del Presidente de la Audiencia, las realidades americanas y las debilidades de la Corona se impusieron en la organización del aparato militar. Se optó por constituir un ejército permanente y « profesional » cuyas base fundamental estaría formada por un reclutamiento local. Esta opción que no excluía ni las tropas españolas enviadas desde España ni las milicias debió facilitar la incorporación de los criollos y mestizos en la profesión militar. Pero, sobre todo, dió a los negros libres, mulatos e incluso a los negros esclavos una vía de integración en la sociedad colonial de la Capitanía General de Guatemala (13).

### *El Mulato en las milicias y tropas permanentes.*

Ya en el informe de 1745 el Ingeniero Díez Navarro señaló la presencia del negro y del mulato no sólo como habitante de la región costera del Atlántico y del Pacífico sino, también, como miembro de las fuerzas militares. Si el Ingeniero consideró como inútil la forti-

(11) *Ibidem.* Pedido del Presidente de la Audiencia reclamando el envío de batallones de tropas veteranas. Guatemala, 31 de Julio 1766.

(12) A.G.I./A.G., leg. 877. Testimonio del decreto del Gobernador de la provincia de Nicaragua. León, 13 de Noviembre 1766.

(13) En 1762, participaron en la defensa de La Habana el « Batallón de Morenos libres » — con 417 hombres — y el « Batallón de Pardos libres » que comprendía 882 soldados. Ver al respecto Deschamps Chapeaux, Pedro, Los Batallones de Pardos y Morenos Libres, La Habana, Instituto Cubano del libro, 1976, pp. 40-47. El papel jugado por los negros y mulatos en la defensa de La Habana influenció a las autoridades de Guatemala.

ficación del puerto de Trujillo no fue solamente por lo inhabitado y lo lejano de la ciudad de Guatemala. Otro elemento entró en consideración: las gentes que debían servir como soldados eran en su mayoría mulatos de Sonaguera y Olancho que tenían relaciones amistosas con los ingleses y participaban, además, en el comercio ilícito. Por otra parte los soldados del fuerte del Río San Juan, Provincia de Nicaragua, eran en su mayoría negros y mulatos — originarios de Granada — enrolados a la fuerza. También constató Díez Navarro en el interior de la misma Provincia de Nicaragua, la existencia al borde del « Camino Real » de varios pueblos de mulatos que se habían constituido ellos mismos como soldados de la costa. Esto les permitia escapar al pago del tributo.

Por lo tanto el Reglamento de el 17 de Febrero de 1755 y el artículo VI que contemplaba la formación de un batallón de mestizos y mulatos era la confirmación legal de la inserción del negro y del mulato en las milicias. De acuerdo con el artículo VI las compañías de mulatos y mestizos fueron reglamentadas de manera idéntica a la de los españoles. Así los mulatos y los mestizos disfrutaban, de acuerdo con el Reglamento, en tiempo de guerra o luego de una inscripción a causa de la amenaza de un enemigo, de privilegios militares: dependencia en los asuntos civiles y criminales de los tribunales militares. Los mulatos y los mestizos eran incorporados a las milicias a los 18 años cumplidos, pero podián inscribirse en lista aparte, a partir de los 14 años. Y de acuerdo con otra disposición, los batallones de mulatos y mestizos, en las formaciones y desfiles debían ubicarse detrás de los « blancos ». El Reglamento contempló algunas precauciones: los oficiales de dichas compañías debían vigilar para que los milicianos no interviniesen en el contrabando y otras actividades extra-legales.

Si las compañías de infantería y de caballería no se presentaron, en el Informe General de 1756, divididas de acuerdo a las castas, podemos suponer que la participación del negro y del mulato era importante no sólo en las milicias sino también en las fuerzas permanentes: en 1758 el Presidente de la Audiencia estimó que la utilización de los habitantes de los puertos era indispensable para formar las guarniciones. Y solicitó, de manera específica, que las Tropas Fijas de Omoa fuesen organizadas con sus habitantes — en su mayoría negros y mulatos — y esto a causa de la falta de resistencia de los « ...europeos al clima... » [14]. Y para 1767 el mulato será, sin ninguna duda, el componente esencial de las milicias.

---

(14) A.G.I./A.G., leg. 874. Carta del Presidente de la Audiencia, 30 de Noviembre de 1758.

***Las Milicias y las Compañias de Mulatos en 1767.***

En el « Estado General de las Milicias » — de Diciembre de 1767 — que presentó la Audiencia, sobresale, de manera evidente, la importancia del mulato — y quizás del negro — en dicha institución militar. De acuerdo con el « Estado General », las milicias de infantería tenían 21 814 hombres inscritos y las de caballería 8 927, es decir, un total de 30 741 efectivos repartidos en 527 compañías : los mulatos estaban reagrupados en 236 compañías de infantería y 88 de caballería, con un total de 324 compañías que representaban un porcentaje de 58,17 %. En cambio sólo 109 compañías de infantería y 75 de caballería estaban formadas por « españoles » : 33,03 %. También los mulatos sobrepasaban en número a los mestizos quienes estaban integrados en 49 compañías lo que significaba en porcentaje sólo el 8,8 %. Los mulatos estaban presentes en todas las ciudades, Alcaldías Mayores, Gobernaciones y Corregimientos de la Audiencia y pocos eran los lugares en que las compañías de españoles - criollos y mestizos reunidas superasen en número a las compañías de mulatos. Así por ejemplo la Alcaldía Mayor de San Salvador, con 69 compañías de españoles y criollos que superaban ampliamente a las 29 compañías de mulatos. En la ciudad y valles de Guatemala las compañías de españoles y criollos eran el doble : 34 contra 17 compañías de mulatos. Y en Chiapas éstos eran superados solamente en 1 compañía : 15 contra 14 de mulatos. El caso de la Provincia de Costa Rica es excepcional a doble título : no solamente las 5 compañías de mulatos son superadas por las 13 compañías de españoles-criollos sino que además lo son por las 17 compañías de mestizos.

El mayor número de compañías mulatas se ubicaban en la Gobernación de Comayagua, 38 compañías, seguida por las 29 compañías de la Alcaldía Mayor de San Salvador. El menor número, en cambio, se situaba en Nicoya, la Provincia de Costa Rica, Subtiava, Matagalpa y sobre todo en la Alcaldía Mayor de Sololá con una sola compañía. En once lugares la única fuerza de milicias eran las compañías de mulatos : en las Alcaldías Mayores de Sonsonate, Quezaltenango, Soconusco, Totonicapán, Verapaz, Suchitepeque, Sololá y en los Corregimientos de Nicoya, Realejo, Subtiava, Matagalpa [15].

La importancia de las milicias mulatas era evidente y el Inspector General de las Milicias de Cuba y Puerto Rico — a quien le fue

---

**(15) A.G.I./A.G., leg. 871. Informe General sobre las Milicias de Infantería y Caballería de el Reino de Guatemala, 1° de Diciembre de 1767.**

enviado el « Estado General » — emitió dos reservas importantes: el número de mulatos era excesivo y consideró necesario respetar una proporción entre las tropas de veteranos, europeas, que se encontraban en América y las milicias. Según el Inspector, el Rey, no poseía en la Audiencia de Guatemala « ...ninguna fuerza capaz de dominar una insurrección popular... » y las milicias, por falta de oficiales europeos y de disciplina, eran ineficaces para rechazar una invasión enemiga ([16]). De nuevo quedó planteado el problema de la eficacia de las milicias pero esta vez es diferente: las milicias son incapaces de detener a un enemigo exterior, y en caso de levantamiento popular, interno, las únicas fuerzas capaces, y dignas de confianza, serían las fuerzas veteranas - europeas.

*La eficacia de las Milicias Mulatas.*

Frente al temor de una insurrección popular y la desproporción entre las compañías mulatas y las fuerzas veteranas el punto de vista de las autoridades españolas en Guatemala era diferente: la eficacia de las milicias era relativa. Los mulatos no se acostumbraban a las armas de fuego ni aun para su uso personal. Hasta tal punto los mulatos no se adaptaron a las armas de fuego, que pasaban muchos años, sin que se verificase un solo delito perpetrado con ellas. Las únicas armas utilizadas por los mulatos eran las armas blancas, fabricadas en el país y poco útiles para la guerra. A la inadaptación de los mulatos se agregó la carestía de armas de fuego que no alcanzaban ni para un tercio de las milicias mulatas: los fusiles con los que se instruía a los mulatos no alcanzaban para todos e incluso los ejercicios se realizaban sin fusiles ya que éstos existían únicamente en las ciudades principales. La caballería de mulatos se encontraba en idéntico o peor estado, inapta para cualquier expedición por carecer de disciplina y oficiales, y por la dificultad de los mulatos de tener y mantener caballos disciplinados ([17]).

Cabe entonces preguntarse ¿ cuál era el interes de mantener las milicias y de formar compañías de mulatos ? El estado de las milicias, tal como lo describe el Presidente de la Audiencia, nos da una idea más exacta del papel de aquéllas y por ende de la función de los mulatos. En realidad las Tropas Veteranas se reducían a 60 solda-

(16) A.G.I./A.G., leg. 871, f° 2. Informe de Alejandro O'Reilly al Rey sobre la solicitud del Presidente de la Audiencia de Guatemala. 23 de Abril de 1768.

(17) A.G.I./A.G., leg. 871. Respuesta del Presidente de la Audienca a la Ordenanza Real del 21 de Junio de 1768 sobre las Milicias del Reino. Guatemala, Noviembre de 1768.

dos acantonados en la capital y estaban destinados a proteger el Real Palacio, la Caja Real, la Casa de la Moneda, el Estanco del Tabaco, la Casa de la Pólvora y actuaban, incluso, como auxiliares de la justicia. Para la seguridad de las demás ciudades y poblaciones no existía otra fuerza que las milicias : eran el único recurso para la seguridad del Reino y aun de la capital a pesar de la presencia en ésta de la Tropa Veterana. Y las milicias del Reino de Guatemala estaban formadas por 58,17 % de compañías mulatas. Surge por lo tanto, a la vista de esta realidad, otra pregunta : ¿ cuál era el interés de los mulatos en participar en las milicias y qué política de atracción aplicó la Corona ?

***Las Milicias Mulatas y la Integración Social.***

El esfuerzo de los mulatos para incorporarse, por ejemplo, a las milicias de caballería era evidente : los caballos, según el Presidente de la Audiencia, no les eran accesibles a los mulatos por ser muy pobres. Y, a pesar de la pobreza, se alistaban confiados en que sus familiares y amigos les prestarían un caballo los días de ejercicios [18]. La importancia de la participación de los mulatos tiene, entonces su explicación, en el interés manifestado por éstos hacia las ventajas, honores y privilegios inherentes a la calidad de miliciano. Interés que se vio acrecentado por la posición del mulato y del negro libre en la jerarquía social : situados por debajo del mestizo, a causa de su origen esclavo, su ingreso en las compañías de mulatos y pardos les debió facilitar la obtención de las « cédulas a sacar ». El prejuicio creciente, durante la segunda mitad del siglo XVIII, contra el mulato estimuló, también, su ingreso en las milicias.

Además, en su afán de reorganizar el aparato militar y a causa del papel jugado por los Batallones de Pardos y Morenos en la defensa de Cuba, la Corona extendió a los milicianos negros y mulatos los privilegios otorgados tradicionalmente a los miembros españoles del ejército regular : el fuero militar que les permitía escapar a la justicia civil. Tales reformas permitieron al oficial de las milicias disfrutar de los derechos, honores y consideraciones otorgados al oficial del ejército regular. También aumentó el prestigio social del miliciano, lo cual generó sin duda alguna, un mayor interés por incorporarse a las milicias. Pero en lo que concierne a los territorios bajo jurisdicción de la Audiencia de Guatemala, los mulatos habían comprendido, desde mucho antes, las ventajas y honores de ser mili-

(18) *Ibidem.*

ciano aunque solo consistiese en el hecho de participar en los defiles militares o de ventajas más materiales como evitar el pago del tributo autonombrándose « soldados de la costa ».

Es indudable, entonces, que la participación de los mulatos en las milicias les aportó ventajas económicas — como escapar al tributo — sin embargo el problema mayor de los mulatos era el de integrarse en la sociedad colonial del siglo XVIII, una sociedad de castas. Así a lo largo del siglo el mulato acrecentó su participación en las milicias hasta constituir casi los dos tercios de éstas. Pero paralelamente el mulato y el negro se integraron en las tropas permanentes de las guarniciones de las costas convirtiéndose así en un elemento esencial del sistema militar colonial. La Corona encontró en el sector mulato-negro libre, un elemento de confianza, que buscaba su integración en la sociedad colonial.

# 18
# Social Welfare Measures and Policies in New France

*W.J. Eccles*

*How this article came to be written is discussed briefly in the Introduction: 'Forty Years Back'. There is nothing to add. In the intervening twenty years since it appeared I have found only a few additional scraps of evidence, none of which call for revision of the article. However, the publication of Louis Dechêne's* Habitants et marchands de Montréal au XVII$^e$ siècle *in 1974, in which she discusses the distribution of indentured servants among the Canadian population in the 1660s, necessitated the complete rejection of my earlier statement on that subject. The most interesting of the additional pieces of evidence were found in the series 'Documents judiciaires' at the Archives Nationales du Québec à Montréal. The years 1698 and 1699 were harsh for the Canadians. After eight years of savage warfare with the implacable Iroquois and their Anglo-American allies there had manifestly been a crop failure in 1698. Poverty again became a serious problem. The following spring, at the behest of the superior of the Sulpicians at Montreal, Father Dollier de Casson, the Bureau des Pauvres issued two to four bushels of wheat to some fifteen individuals for the spring sowing; this seed grain they were required to repay to the Bureau after the harvest. The Bureau thus acted as a seed bank. In addition to this, Dollier de Casson requested the Bureau, despite its grave shortage of funds, to give fifteen* livres *to the parish church at Verchères and two* écus *to the Hunault family, who were in extreme misery, Hunault* père *having just returned home after a long period in captivity, most likely in Iroquoisia.*

*Were I writing the article today I would emphasize that such poverty was a sixteenth-century phenomenon. When it occurred it was dealt with efficaciously. In the eighteenth century there were some who, falling foul of the law for such crimes as selling liquor to the Indians, pleaded poverty as an excuse. The judges of the Montreal Prévoté court were not at all receptive to this argument. Times were certainly better than they had been for the mass of the people in the years 1700 to 1754, until war again engulfed the colony. Economic and social conditions in those years were as different from those of the period 1640 to 1699 as conditions of the 1930s were different from those of 1950 to 1970.*

From the first establishment of Royal government in New France in 1663 until the Conquest in 1760 the basic premise, not merely of royal policy but of all the social institutions—indeed the basic premise upon which society in New France rested—was individual and collective responsibility for the needs of all. In the King's official instructions to Jean Talon, the first intendant to serve in New France, dated 27 March 1665, the concept of social responsibility was made plain:

> The King, considering all his Canadian subjects from highest to the lowest as though they were virtually his own children, and wishing to fulfil the obligation he is under to extend to them the benefits and the felicity of his rule, as much as to those who reside in France, the Sieur Talon will study above all things how to assist them in every way and to encourage them in their trade and commerce, which alone can create abundance in the country and cause the families to prosper.[1]

In the instructions given to the intendants who succeeded Talon, this major premise was spelled out in greater detail. Jean Bochart de Champigny, in 1686, was informed:

> His Majesty wishes him to know that his entire conduct must lead to two principal ends; the one to ensure that the French inhabitants established in that country enjoy complete tranquillity among themselves, and are maintained in the just possession of all that belongs to them, and the other to conserve the said inhabitants and to increase their numbers by all means possible.
>
> His Majesty wishes him to visit once a year all the inhabitants between the Gulf and the Island of Montreal to inform himself of all that goes on, pay heed to all the inhabitants' complaints and their needs, and attend to them as much as he possibly can, and so arrange it that they live together in peace, that they aid each other in their necessities and that they be not diverted from their work.[2]

This, then, was the official policy: avowedly paternalistic. It remained, however, for the officials in Canada, the governor-general, the intendant, their subordinates, and the Sovereign Council at Quebec to implement the policy; to cope with the myriad problems that beset the King's subjects in their day-to-day existence.

During most of the seventeenth century the colony existed under virtual siege conditions, with the powerful Iroquois confederacy striving to destroy it. Thus the underlying military basis of French society was, of necessity, emphasized in Canada. Custom and conditions, therefore, required the close regulation by the royal officials of many aspects of day-to-day colonial existence. Dependent on imports from France of essential supplies, and with communications severed during half the year, the colonial officials had to regulate prices and distribution. The number of tradesmen—butchers, bakers, millers, tailors—was closely regulated, and a close check on both the quality and price of their goods was maintained to protect the consumers. In times of short supply, hoarding was penalized and rationing frequently resorted to. When, in 1691, the Intendant Champigny advocated the abandonment of price regulation, claiming that only freedom from restraint could create abundance and with it lower prices,[3] Louis XIV and the people of New France overruled him. The King stated: 'It is a good thing to conserve the freedom that commerce requires, but when the avarice of individuals goes too far and proves detrimental to the well-being of the country it is necessary to curb it by every practicable means, even by legal sanctions, when other means fail.'[4] And two years later, when the intendant declined to regulate the price and supply of meat, the Sovereign Council insisted that a public assembly be called to discuss the matter. At the meeting the consensus of opinion went against the intendant; he thereupon bowed to the popular will.[5] Regulations were duly imposed and the practice continued until the Conquest.

The fundamental institution upon which society in New France rested was the seigneurial system of land tenure. This system, consciously modelled on the ancient Roman *praedia militaria*,[6] was well calculated to settle a great many families on the land and to bring it into production with the minimum of delay. Too intricate to be discussed in all its ramifications, it must suffice to say that the seigneurial system afforded a large measure of social and economic security for the lower ranks of society, and also of social mobility.[7] The relative ease with which persons, originally of the peasant class, who possessed intelligence, ability and initiative, could amass capital in the fur trade, acquire a seigneury, and with it the status of the colonial *petite noblesse*, was a remarkable feature of social development in seventeenth-century New France.

In his plans for the rejuvenation of the French economy, Colbert assigned an important role to New France. One of the prerequisites for the implementation of these plans was a rapid increase in the colony's population; hence, from 1663 to 1672 the Crown sent to Canada each year some 500 men and up to 150 marriageable girls. The original intention was that the men should be given a concession of land on a seigneury, two arpents of which would have been cleared and seeded ready for them, along with tools, seed, food and clothing enough for the first year.[8] It would then be up to them to clear the forest from the remainder of their concession and bring it into production. In practice, however, this proved unworkable. Conditions in the New World were too different from those in France and men thrust onto the land in such a fashion would have starved to death before the first winter was over had they been left to themselves. The Sovereign Council at Quebec therefore decreed, in 1664, that all *engagés* would be required to work for three years for the previously established settlers at wages of 60 to 90 *livres* a year. At the end of this time it was expected that the *engagés* would have garnered the experience needed to cope with Canadian conditions and would then be granted tools, seed, clothing and food enough for a year, and land of their own on an established seigneury.[9] In the distribution of these indentured servants the members of the Sovereign Council, their fellow seigneurs, and the religious orders engaged far more than their share of this labour force, but then few of the *habitants* could, at that time, have afforded a hired hand.[10] Yet three years was not a long time, and it must also be remembered that these were years of war with the eastern tribes of the fierce Iroquois confederacy. The first harsh lesson that anyone in Canada had to learn was how to elude their scalping knives.

Within this social and economic framework the settlers, once established, were expected to provide for themselves and to care for the members of their own families who, for one reason or another, needed help. When parents became too old to work, for example, their children were expected to look after them. The customary procedure here was for a meeting of all members of the family to be held before a notary decide which of the children would care for the parents and how much the others would contribute. The agreement was then given the official seal by the notary, who retained a copy.[11] Occasionally, however, a family failed to accept its obligation to care for an indigent member, or failed to honour a commitment so to do. When this was brought to the attention of the intendant he was quick to intervene. Two examples must suffice. In March 1710 the Intendant Raudot issued an *ordonnance* 'which obliges the children and relatives of François Dussault and Geneviève Mezeray to appear before the Sieur Basset [notary] to deliberate together on the most appropriate ways to care for their father and mother'.[12] And in January 1739 the Intendant Hocquart issued an *ordonnance* 'which condemns Joseph Chapelain, *habitant* of Chevrotière, to care for his mother Leonard Mouillard, according to his undertaking of 21 February 1738, on pain of being constrained so to do by all means'.[13] Yet the truly remarkable thing is that the intendants had to issue very few such *ordonnances*, for as the Intendant Champigny remarked in 1699: 'They help each other in a manner quite different to the way they do in France.'[14]

It was inevitable, however, given the hasty manner in which many of the emigrants had been recruited in France, that some of them would find conditions in Canada too arduous and would abandon the attempt to wrest a living from the wilderness. Thus, within a few years after the establishment of royal government, Quebec was beset by beggars. In all probability Montreal encountered the same problem, but few of the local records have survived for this period. In August 1677 the Sovereign Council issued an *ordonnance* forbidding all begging in Quebec, ordering the mendicants to quit the town within a week and return to their neglected farms. At the same time the colonists were forbidden to grant alms at the door of their homes under any circumstances, on pain of a ten-*livres* fine.[15]

This rather draconian law appears to have had the desired result. But some six years later, in April 1683, Quebec was once again plagued by beggars who refused to work; this at a time when the established settlers were desperately short of labour. Worse still, these vagabonds raised their children in idleness and inhabited a vile collection of huts on the outskirts of the town, making it the site of all manner of scandalous disorder. To remedy the situation, while there was time for those causing it to re-establish themselves on their land before the onset of winter, the intendant ordered them to return to their concessions within a week. Anyone caught begging in future was to be placed in the stocks, and flogged if caught a second time. Once again, no one was to grant alms at the door of his home to beggars on pain of a ten-*livres* fine.[16]

This legislation was clearly designed to cope with the social and economic problem posed by the indolent, the undeserving poor. There still remained the problem of the deserving poor, those who through no fault of their own were unable to provide for themselves. During these years the only recourse they had was the charity of the more fortunate members of society. To maintain some sort of control of this situation, which past experience had shown could all too easily lead to abuse, these unfortunate individuals were required to obtain a mendicant's license, attesting to their need, from their local curé or judge.[17] As long as there were not too many beggars the system sufficed, but when economic conditions worsened then other measures had to be taken.

Such was the case in 1688. Throughout the history of New France, and more particularly in the seventeenth century, the fur trade was the economic life blood of the colony. For the three years preceding 1688 no furs had reached Montreal from the west owing to the Iroquois war. This had hit the colonists hard; not just the fur trading fraternity, but virtually everyone in the colony felt the effects, a great many being reduced to penury. To make matters worse, an epidemic of the tertian ague in the summer of 1684 had resulted in a very heavy death toll, leaving many widows and orphans. In consequence, what appears to have been hordes of people were reduced to seeking alms in the streets of the three towns and throughout the countryside. Moreover, the authorities were convinced that some indolent people were taking advantage of the situation to maintain themselves in idleness by begging, even though work was available for them.

It was clear that the reiteration of the *ordonnances* of 1677 and 1683 forbidding begging and ordering the mendicants to return to work would not suffice. Fortunately the intendant at this time, Jean Bochart de Champigny, was both an efficient administrator and a very humane person. On 8 April

1688 he called a special meeting of the Sovereign Council to deal with the situation. The resulting *règlement*,[18] a lengthy and detailed document, shows the French colonial system in quite a good light. A social problem is seen to exist, it is carefully analysed, and an honest attempt is made to solve it.

In drafting the legislation the intendant and the Sovereign Council had three main aims in view: to see to it that no one starved, to find useful work for all those capable of working, and to put an end to the public annoyance created by the horde of mendicants. In attempting to achieve these aims they distinguished between two types of poor, the deserving and the undeserving; the former were to be helped to help themselves, the latter were to be coerced into ceasing to be charges on, and sources of annoyance to, the other colonists. In the rural areas each seigneury was required to care for its own without calling for outside help; but in the three towns, Quebec, Montreal, and Trois-Rivières, where the situation was the most acute, a new institution, the *Bureaux des Pauvres*, offices of the poor, was to be established forthwith. These bureaux were to be staffed by the local curé and three directors who were to hold meetings once a month, and oftener if circumstances required. One director was to serve as treasurer and keep a careful account of all alms received and dispensed, another was to act as secretary and keep a journal of the office's deliberations and transactions. They were empowered to investigate the need of all applicants for aid, to seek employment for them, and, lest some of them should demand exorbitant wages to avoid being hired, the directors were required to come to an agreement with those offering employment on the wages to be paid, and the poor were to accept the stipulated rate without argument.

The directors who served as secretaries in the three bureaux were required to request two ladies in each town to call on all homes in their respective districts to collect alms in either cash or kind, taking a servant with them to carry whatever they received. These ladies were, however, to be strictly enjoined not to press people to contribute but to allow all to donate as their conscience dictated. The *règlement* then went on: 'The said directors will distinguish between the types of poor; to some they will give only a little money to obtain tools and work material; for others the said directors will themselves buy these things lest the poor should dispense the money unwisely, or spend it on the wrong things. The Sovereign Council will forbid, under pain of an arbitary fine, tavern keepers and all others to purchase from the said poor their tools and supplies, and which the latter may not sell under any pretext whatsoever. And to others they will grant half rations and inform each of them what wages they may ask according to the work they are capable of doing.'

With this legislation enacted, the Sovereign Council felt able to reimpose the earlier stringent measures against unlicensed begging and the practice was once again forbidden on pain of corporal punishment. Only if some exceptional misfortune had descended upon a family could its members ask the curé in a country district or the directors of a town bureau of the poor for permission to solicit alms. The directors were also empowered, when a family overburdened with children requested help, to put the children out to work for as long as was deemed advisable rather than allow them to become a charge on the public, but contracts of service were to be drawn up by a notary and the conditions were to be made as advantageous as possible for the children. In other words, the indolent were not to be allowed to take advantage of circumstances to avoid work, and the circumstances were not to be used by anyone to take advantage of the deserving poor. 'The said directors', the *règlement* stated, 'will exclude the indolent and proud, whom they will put to work; but the deserving poor who are known to have the interests of their families at heart and who are not debauched will be given every consideration. The aged will also be helped, great care being exercised in all cases to give only what is absolutely necessary as the directors may see fit.' This legislation was by no means original, somewhat similar *bureaux des pauvres* having been established in some at least of the French sea ports as early as 1626,[19] yet it is remarkable for the careful attempt that was made to protect and reconcile the interests of both society and the individual.

But the question remains: how well did this poor law function? A document dated 1698, ten years after the bureaux were first established, states that there had been objectionable consequences. Some individuals had taken advantage of the institution and had come to depend more on charity than on their own efforts; thus the bureaux had, in some measure, contributed to the perpetuation of the problem rather than to its removal. Worse still, many *habitants* suspected that the contributions they were called on to make were, in effect, a subsidy to laziness or bad management, hence some of them refused to give anything. These circumstances inevitably led to bad feeling on the part of all concerned; and this, the Quebec authorities felt, was more detrimental to the people's souls than the alms were of benefit to the bodies of the needy.[20]

This same document also indicates that by 1698 the *Bureaux des Pauvres* were no longer functioning. It is possible only to surmise why they had, at this time, a short existence. The main reason for their establishment, dire poverty in the colony, ended a little over a year after the *règlement* was enacted. In August 1689 the fur brigade returned from the West with 800,000 *livres* worth of furs. The colony was prosperous again. Then, too, shortly before these furs arrived at Montreal the colony suffered a ferocious and damaging assault at the hands of the Iroquois, marking the reopening of hostilities with this powerful confederacy and with the English colonies as well. For the ensuing eight years New France was kept fully occupied by these foes, and at the same time the governor of the colony, the comte de Frontenac, embarked on a policy of fur-trade expansion. Each year after 1689 hundreds of men were sent west to trade with the Indian tribes. Doubtless many of the able-bodied poor who had not found work in the colony to their liking were willing enough to embrace the arduous, but profitable and exciting, life of the *coureur de bois*.

By 1698, however, the war was over, the fur trade was in a very depressed state and voyages to the West were expressly forbidden by royal edict. Thus it is not really surprising to find in that year the Sovereign Council grappling once more with the problems occasioned by beggars and vagabonds. In February the council issued an *arrêt* stating that idlers and riffraff were, on the pretext of poverty, causing annoyance to the residents of Quebec by begging from door to door instead of working, as many of them were well able to do. The remedy for this situation, the *arrêt* stated, was easily to be found in the re-establishment of the *Bureaux des Pauvres*, and this was now ordered to be done. The local curés and four other directors in the towns were ordered to see to the nourishment of the deserving poor by conforming to the *règlement* of 1688 in all its particulars.[21]

The *bureaux* were duly re-established and it is known that they functioned effectively for over a year, and likely much longer. In August 1699 a woman at Quebec was fined 6 *livres* by the Sovereign Council for a misdemeanour and the fine was ordered to go to the local *Bureau des Pauvres*.[21] And by rare good fortune the minutes of the Montreal bureau's meetings have survived for the first thirteen months.[23] They are quite revealing. At the first meeting the officials were duly appointed, a meeting-place chosen, and two deserving cases dealt with. In one it was decided to use all possible means to persuade the intendant to grant a needy man a post as town crier, meanwhile he was given three bushels of wheat; and a poor woman was given three yards of cloth. At subsequent meetings similar decisions were made: a bushel of wheat to this person, a little money to that one, 20 *livres* to an Irish woman to help her establish herself in the colony, a quart of milk a day to a needy woman for her children, assistance to a prisoner-of-war just returned from Albany, and so on. There are several cases where wheat, and sometimes bread, was granted for one month only, while the pauper's relatives were located and made to assume their responsibilities. At one of the earlier meetings it was decided to put alms boxes in all the churches, securely attached with strong iron clamps. There are two cases of orphan children, a few months old, whom the bureau sought to have adopted. It is interesting to note the great care that was taken to ensure that they would be given into the care of families that could be counted on to look after them properly.

At the meeting held on 14 July 1698 it was decided, without any reasons being given, that the bureau would meet only once a month in future. At each of the meetings before and after that date some six to eight cases were dealt with; occasionally cases were left over to the ensuing meeting, but none of them appear to have been treated summarily. It is obvious that the directors of the bureau took their responsibilities very seriously. The last meeting for which the minutes have survived is that held on 15 July 1699. There is no hint given that the bureau was suspending its activities. How much longer it continued to function, or how active the other bureaux were, is not known. Further research may well provide the answers.

These *Bureaux des Pauvres* were intended mainly to cope with emergency situations, but there still remained the chronically indigent who could not help themselves and who had no one to care for them. A decade or more of war, along with both the rise in population (approximately 15,000 by 1700) and the aging of the immigrants of the 1660s, had resulted in enough such persons to constitute a distinct problem. This time it was the clergy, aided by the secular authorities, who took steps to solve it. In Montreal, the main theatre of war, the problem was the most acute, and here the colony's first almshouse, the *Hôpital Général*, was founded by Jean-François Charon and a group of lay brothers. Although granted land by the seigneurs of the island in 1688 to establish their house, they did not properly begin to function until near the end of the century. Their early labours, and a sixty-thousand-*livres*-endowment, were devoted to the building of a chapel.[24] The Intendant Champigny, in requesting the minister of marine to grant Charon letters of establishment, stated that the founder's purpose was to establish in the colony one or more houses 'to care for the poor and infirm, men and boys, cripples, the aged, and others who were unable to earn their living, also to give instruction to orphan children and the needy that they might acquire skills or a trade and so manufacture saleable goods. This project [the intendant stated] can only be of great benefit to the colony.'[25] That the almshouse was functioning by 1698 we know. In the minutes of the Montreal bureau of the poor there are entries for June of that year stating that M. Charon should be asked if he would accept two indigents in his *Hôpital*. By 1747 only two of the original lay brothers remained alive and the almshouse was in a bad way. It was, however, saved from collapse by a worthy widow, Madame d'Youville, who, with several companions, obtained royal sanction to take charge of it. The institution's liabilities were assumed, necessary and extensive repairs were made to the buildings, and its functions were greatly extended.[26]

Useful though it undoubtedly was, the Montreal almshouse catered only for male indigents, at least while the Charon lay brothers had charge of it. After 1692 older women who could not support themselves other than by begging were sent to Quebec where Bishop St Vallier had, in that year, established an almshouse with an endowment out of his own pocket. The terms of the royal charter granted the *Hôpital Général* at Quebec are of some interest. In the preamble it is stated that as such institutions had proven very useful in the majority of the towns in France, there was every reason to believe that they would have the same utility in Canada. It is made plain that their main purpose was to eradicate the mendicant problem. Those placed in the care of the *Hôpital* at Quebec, both men and women, were to be given work to do in the institution's workshops or on its farm land. Here too the view is expressed that the majority of beggars were mendicants through choice, preferring to beg rather than to seek gainful employment. Consequently able-bodied beggars were to be placed in the almshouse by the authorities and made to help care for the chronically ill, and for those other deserving souls who were unable to maintain themselves by their own efforts.[27] The aim was to solve a social problem as much as, or more than, to provide Christian charity.

One group that received particular attention from the Crown were foundlings. The authorities always made every effort to discover the parentage of abandoned babies. Any woman found guilty of having concealed her condition and given birth to a child clandestinely was dealt with harshly by the courts—the death penalty being invoked in many cases. All too frequently, however, babies were found abandoned on the steps of a church, or of a private home, and it then remained for the royal officials to care for them. In 1726 the Intendant Bégon ruled that such children had to be cared for at the expense of the seigneury where they were found, rather than by the Crown.[28] But by 1736 it had become established practice for the Crown to accept this responsibility. In that year the Intendant Gilles Hocquart decreed that the *procureurs du roi* would in future pay only seven *livres* a month for the care of abandoned illegitimate children between the ages of eighteen months and four years, by which time it was expected private families would be found who would agree to care for them.[29] Twelve years later, in March 1748, Hocquart issued another *ordonnance* which, although dealing only with the situation in Montreal, throws a good deal of light on the manner in which this social problem was dealt with in Canada.

The *ordonnance* begins by stating: 'The King, having been most desirous in the past that foundlings should be nourished and reared at the expense of, and be a charge on, the Royal domain, it is our responsibility to redouble from time to time our attention for their safe keeping, particularly since we have just been informed that a considerable number of the said children have perished in the past.' The intendant then declared that he would not go into the causes of this unfortunate state of affairs and proceeded instead to lay down detailed regulations for the proper care of the *enfants du Roi*. The local Crown prosecutor was instructed to make sure that the wet-nurses to whom the infants were first entrusted were capable of nursing them; a certain midwife was to be engaged to act as consultant in this connexion, be paid a retainer of 60 *livres* a year, and be exempted from the billeting of soldiers for her services. The wet-nurses were to be paid 45 *livres* for the first three months for each child, and ten *livres* a month after that until the child attained eighteen months. Since this was, the intendant declared, more than the townspeople were accustomed to pay for the nursing of their own children, the Crown prosecutor should have no difficulty in obtaining the services of nurses, who were to be paid cash in advance. When the infants were eighteen months old, and before if possible, the Crown prosecutor was required to have them cared for by honest families who would be made legally responsible for them until the age of eighteen or twenty. These foster-parents were to be given a grant of 45 *livres* upon taking a child into their care. Those children who had not been taken by private families at eighteen months were to continue to be cared for by their nurses, who would be paid seven *livres* ten *sols* a month. Every quarter the Crown prosecutor was required to send the intendant a list of all the children being cared for at the Crown's expense, with the date of their birth; another list being of the children being cared for privately, and by whom; and a third list giving the names of any children who had died, along with the date of their demise.

The intendant also made plain his displeasure at the manner in which the Sieur Foucher, Crown prosecutor at Montreal, had discharged his responsibilities in the past. It was pointed out to him that in the last list that he had submitted, four illegitimate children born in 1743, six in 1744, and ten in 1745, were still unadopted, hence still a charge on the Crown. 'We hereby warn the Sieur Foucher,' declared the intendant, 'that if he continues to be so negligent in future, we will cause him to accept in his own private capacity the costs of such a lengthy maintenance.'[30] How well such children fared while wards of the Crown can only be guessed at, but judging by the very indulgent way the Canadians were reputed to treat their own children, once taken into a family the foundlings must have fared well enough. Nor is there any evidence to indicate that they suffered any handicaps owing to their dubious birth.

There now remains only the medical services to be discussed. The colony was relatively well provided with both surgeons and doctors. One of them at least, Michel Sarrazin, as well as being highly regarded as both surgeon and doctor, enjoyed an international reputation as a scientist, being elected a corresponding member of the *Académie Royale des Sciences* along with Sir Isaac Newton.[31] The Intendant Champigny remarked of him that for every patient from whom he received a fee, he treated ten without charge.[32] Some of the more well-to-do citizens insured themselves against mishap by a means that is common today: the pre-paid medicare plan. In Montreal some forty-two citizens contracted with a master surgeon in such a scheme. For a fee of five *livres* each a year they and all members of their families were to receive medical care until completely recovered from all accidents or ailments except the plague, small pox, epilepsy, and lithotomy.[33] Although this is the only private medical contract so far to come to light, there is passing reference to another such in the records of the Sovereign Council.[34] Further research in the notarial records would very likely disclose more.

The more seriously ill were cared for at the colony's three hospitals: the *Hôtels Dieu* established at Quebec in 1639, Montreal in 1659, and Trois-Rivières in 1702. All three, and particularly the *Hôtel Dieu* at Quebec, enjoyed high reputations for the calibre of medical service they afforded to all, regardless of ability to pay. Separate endowments were maintained for the treatment of the poor, and the intendant insisted on a strict accounting of these revenues.[35] At Montreal the *Hôtel Dieu* contracted with two master surgeons to visit the wards every day, each for three months in turn, at a fee of 75 *livres* a year, to care for the charity cases.[36]

This, then, is as much as is presently known of the social-welfare measures in New France. Until a good deal more research is done, only tentative conclusions can be formed. All that presently can be said is that in the paternalistic, hierarchical society of New France, poverty was not regarded as a sin but as socially undesirable and, under certain conditions, as economically reprehensible. The people of the colony were, in many respects, much more fortunate than the mass of the people in Europe. There was an abundance of free land, fishing and hunting were open to all, and both fish and game abounded. Except during the early years of the eighteenth century, the fur trade flourished and brought considerable wealth into the colony, providing a relatively high standard of living to all ranks of society. The Church, in this age of Vincent de Paul, eventually to be canonized, played its traditional role of caring for the sick, and for the aged who had no one to care for them. It was thus left to the royal officials to enact mainly *ad hoc* measures to alleviate hardship resulting from temporary conditions, and to make provision for such special cases as foundlings, who were wards of the Crown.

It was not assumed, as it was in the England of that age, that a sizeable segment of the population would always be paupers. In New France no one starved—and of few parts of the world in that era could this be said. Steps were taken to prevent ne'er-do-wells from being a charge on society, and those unable to fend for themselves through no fault of their own were afforded some measure of security. The Crown accepted this as its proper responsibility and some at least of the colonial officials made sincere efforts to discharge the responsibility.

## SOCIAL WELFARE MEASURES AND POLICIES IN NEW FRANCE

[1] *Rapport de l'archiviste de la Province de Québec, 1930–1931*, 9, Mémoire du Roy pour servir d'instruction à Talon. Paris, 27 mars 1665.

[2] *Edits, ordonnances royaux, déclarations et arrêts du conseil d'état du Roi concernant le Canada* (Québec, 1854), III, 50, Commission . . . pour M. de Champigny, 24 avril 1686.

[3] Paris, Archives Nationales, Colonies, Series C11A, XI, f. 292, Champigny au Ministre, Que., 12 nov. 1691.

[4] *Rapport de l'archiviste de la Province de Québec, 1927-1928*, 139; Mémoire du Roy au Gouverneur de Frontenac et à l'intendant Bochart Champigny.

[5] Ibid., *1928-1929*, 324, Mémoire du Gouverneur de Frontenac et de l'intendant Bochart Champigny au Ministre. (26 oct. 1696).

[6] *Ordonances des intendants et arrêts portant règlements du Conseil Supérieur de Québec*. Québec, 1806, II, 128 ff. Projets et règlements faits par Messrs de Tracy et Talon au sujet de l'établissement du pays du Canada . . .

[7] On the Canadian seigneurial system see Marcel Trudel, *Le régime seigneurial*, Brochure Historique no. 6, Publication de la Societé Historique du Canada. Ottawa, 1956.

[8] Projets et règlements faits par Messrs de Tracy et Talon . . . op. cit.

[9] *Jugements et délibérations du Conseil Souverain de la Nouvelle France* (Québec, 1885), I 201–6.

[10] Louise Dechêne, *Habitants et marchands de Montréal au XVII^e siècle* (Montreal, 1974), 61-3.

[11] For examples of such contracts see, *Jugements et délibérations du Conseil Souverain de la Nouvelle France*, I, 118.

[12] Ibid., I, 96.

[13] Ibid., II, 261.

[14] Paris, Archives Nationales, Colonies, Series C11A, XVII, ff. 106–110. Champigny au Ministre, Qué., 20 oct. 1699.

[15] *Jugements et délibérations du Conseil Souverain* . . ., II, 870-2.

[16] Ibid.

[17] Ibid., III, 219 ff.

[18] Ibid.

[19] Paris, Affaires Etrangères, Mémoires et documents, France, vol. 783, f. 128, 1626, Règlement fait pour les pauvres.

[20] Archives Judiciares de Montréal, Extrait des registres du Conseil Souverain, 22 fevrier 1698.

[21] Ibid.

[22] *Jugements et déliberations du Conseil Souverain* . . ., IV, 341.

[23] Archives Judiciares de Montréal, Documents 1698.

[24] Paris, Bibliothèque Nationale, Series F3 Moreau de St Méry, VI, 323, Concession par Mr. Dollier Superieur du Semre. de Montréal à Mr. Charon et ses associez . . . 28 oct. 1688; Paris, Archives Nationales, Colonies, Series C11A, XIV, 294, Champigny au Ministre, Qué., 25 oct. 1696.

[25] Ibid., XI, 539–40, Champigny au Ministre, Qué. 12 nov. 1691.

[26] *Arrêts et règlements du Conseil Supérieur de Québec et ordonnances et jugements des intendants du Canada* (Québec, 1854), 391-2.

[27] *Edits, ordonnances royaux* . . ., I, 271.

[28] *Arrêts et règlements du Conseil Supérieur* . . ., 310.

[29] *Inventaire des ordonnances des intendants de la Nouvelle France* (Québec, 1919), II, 203.

[30] *Arrêts et règlements du Conseil Supérieur* . . ., 395-6.

[31] Maude E. Abbot: *History of Medicine in the Province of Quebec* (Toronto, 1931), 25-6.

[32] *Jugements et délibérations du Conseil Souverain* . . . IV, 312-15.

[33] A.D. Kelly: 'Health Insurance in New France,' in *Bulletin of the History of Medicine*, XXVIII, Nov.-Dec. 1954.

[34] *Jugements et délibérations du Conseil Souverain* . . ., I, 436-7. (In this case, heard on 1 August 1667, a surgeon sued a citizen of Trois Rivières for non-payment of medical bills, for the treatment of the defendant, his family and servants, amounting to 465 *livres*. The defendant claimed to have a yearly medical contract and was required to produce proof.)

[35] *Ordonnances des intendants et arrêts portant règlements du Conseil Supérieur de Québec*, II, 278-9, 7 juin 1727.

[36] A.D. Kelly, op cit.

# 19

# Poor Relief, Local Finance, and Town Government in Eighteenth-Century Rhode Island

*Bruce C. Daniels*

Local governments in the United States today are beleaguered with financial problems: education, police and fire protection, highway and sanitation maintenance, welfare programs, along with many other lesser but collectively significant costs, all place a strain on communities, almost all of which derive the bulk of their revenue from a property tax. Recent attempts to lessen the strain range from cutting services and streamlining administration to seeking funds from federal and state levels to borrowing heavily and mortgaging future generations. Taypayers frequently blame their local officials, and tax revolts by disgruntled local inhabitants have become commonplace as people simply refuse to endure what they regard as oppressive levies.

Every generation tends to think its problems are unique, and indeed to a certain extent they are, but a similar financial crisis on the local level developed in the middle of the eighteenth century in Rhode Island. The response of colonial Rhode Island taxpayers bears many similarities to responses today. During the colonial period, however, the costs of local government were relatively small. Rising welfare costs accounted primarily for local financial problems. Like today's local governments, Rhode Island's colonial towns tried to cut the cost of welfare and administer it more efficiently. While they did not seek funds directly from the colony, they tried to reduce the colony's taxes and tried to borrow money to pay immediate bills. Local taxpayers frequently refused to pay their taxes and at times allowed their local officials to take the blame.

The two major and closely related problems facing town government in eighteenth-century Rhode Island were the administering of poor relief and local finance. Surprisingly, little has been written recently about local practice in either area. Most of the new community studies concentrate on power relationships, family patterns, and social structures; they ignore, or mention only in passing, welfare and finance. If we are to penetrate the lives and minds of colonists, we must know more about the issues that absorbed their attention.[1]

As with all aspects of local government, the ultimate power over poor relief lay with the town meeting, although as early as 1647 the

1. More attention was paid by colonial scholars fifty years ago to poor relief practices than is today. Marcus Jernegan, *Laboring and Dependent Classes in Colonial America, 1607–1783* (New York, 1931), is the most thorough study of colonial poor relief, but it contains many deficiencies, not the least of which is an absence of local research. Rhode Island does have a more well-developed study of poor relief than most colonies. See Margaret Creech, *Three Centuries of Poor Law Administration: A Study of Legislation in Rhode Island* (Chicago, 1936). This work contains a wealth of information but suffers from being essentially uninterpretive and insensitive to changes over the colonial period. Still, anyone wanting more details on legislation than this essay provides should consult Creech's work. David Rothman, *The Discovery of the Asylum: Social Order and Disorder in the New Republic* (Boston and Toronto, 1971), is a brilliant analysis of nineteenth-century relief practices and contains two strong background chapters on eighteenth-century thought about welfare. It does not, however, deal with local practice.

*A late eighteenth-century engraving of the Philadelphia Alms House. In Rhode Island, workhouses for the poor were established in various towns. Newport, the largest town in Rhode Island during the early eighteenth century, built the first workhouse in the colony in the 1720s. Courtesy of American Antiquarian Society.*

General Assembly ordered each town to elect an overseer of the poor to assist in "maintaining the impotent."[2] In the seventeenth century, relief was such a minor problem that the town meeting usually handled all cases itself; the overseer had little discretionary powers and merely implemented the meeting's orders. The normal method was for the town meeting to authorize payment to some willing person who would in turn provide care for the person needing assistance. Recipients of care incurred no debts for the aid extended them and were not required to work in return for their support. If, however, a person needing aid was completely healthy—not a very common condition among recipients—or if he or she were underage, an indenture was sometimes arranged. By and large, those few needing care in the seventeenth century were the elderly and infirm who were cared for out of a sense of community duty, or orphans who were placed in a relative's or neighbor's home. Even in this period when cases were few, and involved people that everyone knew, the meetings exhibited some penuriousness. In 1649 Portsmouth handled its first case of relief and voted that "old John Mott shall be provided for of meat, drink and lodging and washing by George Parker at his home," for which Parker would be paid five shillings per week, "so far as the treasury will go." Warwick's town meeting authorized money to pay for medical care for a disabled resident, but made the payments to the physician conditional upon a successful cure. Providence saved money by ordering the sale of the estate of John Jones to help pay for his "comfortable existence."[3] Despite these examples of towns attempting to hold down welfare costs, no evidence exists to show that a significant number of people were denied relief. The townspeople, assembled together as a community, authorized and administered the care and the poor were kept in reasonable circumstances in the homes of neighbors and friends.

2. John Russell Bartlett, ed., *Records of the Colony of Rhode Island and Providence Plantations*, 10 vols. (Providence, 1856–1865), I, 1647, 185–186, hereafter cited as *R.I.C.R.*

3. Portsmouth Town Meeting Minutes, Jan. 1649; Warwick Town Meeting, Apr. 1660; *Early Records of the Town of Providence*, 21 vols. (Providence, 1892–1915), VIII, June 1681, 95–96. The local records cited in the notes are all located in the respective town and city halls unless otherwise specified.

Toward the end of the seventeenth century and in the early eighteenth century, as relief costs increased, the towns began to transfer the decision-making to the town council, a body composed of six men who acted as the town's chief executive officers, and to the overseers of the poor, who were called upon to exercise more judgment in everyday cases. The overseers usually arranged the details of finding someone to care for an indigent person and also agreed upon the financial compensation given for providing the care. The council, however, had to make the final authorization of funds for each relief case, which they usually did on the recommendation of the overseers. The council also decided some difficult cases itself, and in a couple of towns the councilmen were also elected as overseers of the poor and served in dual capacities.

Unfortunately, records of the overseers do not survive; we only know of their actions through the records of the councils. Town council records reveal, however, that the councils, working in conjunction with the overseers, were inclined to tighten up on relief expenses and in some cases took precautions to ward off relief charges before they appeared. Providence's council ordered a man to post bond to guarantee that a bastard child being raised in his home was not "likely to become chargeable" to the town. At the same meeting it ordered a woman and baby out of town because it appeared they might at some future time require town support. When the Providence council was informed that Thomas Cooper had posted notice of his marriage to a woman outside of town, it ordered that the marriage be prevented because Cooper, "a person infamous [might] depart leaving the said woman . . . as charge to the town." Portsmouth's town council ordered two men to place a man in a home "to diet as cheap as they can"; the councilmen maintained this man at a low enough level that it required their special authorization to buy him a shirt. The Portsmouth council also refused to support the children of a couple who claimed they could not "subsist" without aid. The couple were cared for, but the children were bound out as apprentices. A Warwick woman, presumably well-advised of the council's hopes for saving money, volunteered to surrender her estate in her petition to the council for relief. In response to an inquiry by Providence in 1682, the General Assembly passed the first of what would be many laws authorizing the town councils to regulate admission to their towns to head off potential poor relief charges. The councils were allowed to require a bond from any person seeking to move to town or they could reject any prospective inhabitant. If a person refused to post bond or refused to leave the town, the council could apply to a justice of the peace for a warrant and fine the person five pounds or administer a whipping not to exceed twenty stripes. This legislation was repeated and broadened to eliminate loopholes in 1727.[4]

Despite the severity of a law authorizing the laying on of twenty stripes, and despite the town councils' decided attempts to avoid any extra expenses, relief did not cause great problems for Rhode Island towns until the 1730s. It then became a pressing concern and grew more pressing every decade of the colonial period. The increasing need for poor relief resulted primarily from economic forces operating beyond anyone's direct control. First, Rhode Island, as did all the colonies, experienced a high rate of population growth, and the once favorable ratio of land to man began to decline. The figures for density of population have never been precisely tabulated for Rhode Island's towns, but in Connecticut and New Hampshire population density became critically high in the second quarter of the eighteenth century.[5] Rhode Island, a small colony with no frontier for new settlements, had a rapidly growing population that nearly doubled between 1730 and 1748, growing from 17,935 to 34,128. The colony, like its Puritan neighbors, was undoubtedly affected by a shortage of land. Second, Rhode Island's small area and the proximity of nearly every one of its towns to the ocean made it more dependent on seagoing commerce than most other northern colonies.[6] The opportunity for a vast amount of ocean trade was a mixed blessing: on the positive side it absorbed much of the excess population and provided a stimulant to the economy; on the negative side it created a sizeable pool of workers who were injured or killed, leaving dependent families, and it subjected many of the workers to the ambiguities of an Atlantic economy that swung erratically between

4. Providence Town Council Minutes, Jan. 1693; Portsmouth Town Council Minutes, Oct. 1710, Nov. 1698, Apr. 1710; Warwick Town Council Minutes, Mar. 1699; *R.I.C.R.*, III, Oct. 1682, 117–118; Rothman, *The Discovery of the Asylum*, 317.

5. See Bruce C. Daniels, *The Connecticut Town: Growth and Development, 1635–1790* (Middletown, Conn., 1979), chap. II; Darrett Rutman, "People in Progress: The New Hampshire Towns of the Eighteenth Century," *Journal of Urban History*, I (1975), 268–292; Kenneth Lockridge, "Land, Population, and The Evolution of New England Society, 1630–1790," *Colonial America: Essays in Politics and Social Development*, ed. Stanley Katz (Boston, 1971), 467–491.

6. See Evarts Greene and Virginia Harrington, *American Population Before the Federal Census of 1790* (Gloucester, Mass., 1966), 62–63, for the data on population. Bruce Bigelow, "The Commerce of Rhode Island With the West Indies Before the American Revolution," (Ph.D. diss., Brown University, 1930), *passim*.

prosperity and depression. Third, all of the northern colonies experienced changes in the distribution of wealth in the eighteenth century and, although historians' knowledge of these changes is far from perfect, it appears that the upper elements of society were increasing their percentage of society's wealth. A growing inequity in the distribution of wealth characterized New England society, especially in communities with much merchant activity, such as most of Rhode Island's towns.[7] Finally, the colonial wars of the 1740s and 1750s diverted many men into the military and resulted in injuries and much loss of life, leaving many families either temporarily or permanently without able-bodied men to provide for them.[8] These four phenomena coalesced to create grave economic problems for the northern colonies. In Rhode Island these problems contributed to a financial crisis which brought about changes in the administration of welfare.

Although towns scrimped here and there on welfare costs in the early eighteenth century, they were relatively well off financially and actually paid less taxes than they had in the seventeenth century. In the first decade of the eighteenth century, the colony government developed a system of financing its expenses through emitting paper money. It not only secured enough money to end colony taxes on the towns for over four decades, but had enough left over to remit some excess money to the towns. In the words of Rhode Island's most distinguished historian, Sydney V. James, the colony went on a "tax holiday." Towns, relieved of paying colony taxes, only occasionally levied local taxes, and these were invariably small. At the same time that poor relief costs began rising sharply, however, the colony's finances were strained by the exigencies of fighting major wars in the 1740s and 1750s. Moreover, the British Parliament ended the tax holiday by passing legislation which compelled the colony to retire its currency emissions within two years of their issuance.[9]

The impact of rising local and colony-level costs began to be felt at mid-century. Finances had played a remarkably small role in town government between 1700 and the late 1740s, but thereafter every town began to complain about rising costs. Finances, in fact, became the most discussed matter of local government. Portsmouth, for example, had been so flush in the 1730s that its town meeting voted to give every resident in town twenty shillings out of money it had received from the colony and prefaced the vote by declaring that there was "more money in the town treasury than to defray the town's charges." After experiencing surpluses as high as fifty-one pounds in 1744, Portsmouth's financial situation began to deteriorate. In 1750 the treasurer complained to the town meeting that he "hath not received one penny . . . for the rent of any highway." In the following two decades, Portsmouth was forced to raise taxes to the point where non-payment became a serious problem and the names of delinquents were recorded in the town records. Still, Portsmouth remained solvent and was one of the more fortunate towns. Warwick, which once had surpluses, experienced

7. The literature on wealth distribution is vast. See, for example, Bruce C. Daniels, "Long-Range Trends of Wealth Distribution in Eighteenth-Century New England," *Explorations in Economic History*, XI (1973–1974), 123–135; Alice Hanson Jones, "Wealth Estimates for the New England Colonies About 1770," *Journal of Economic History*, XXXII (1972), 98–127; James Henretta, "Economic Development and Social Structure in Colonial Boston," *William and Mary Quarterly*, XXII (1965), 75–105; Allan Kulikoff, "The Progress of Inequality in Revolutionary Boston," *ibid.*, XXVIII (1971), 375–412; Jackson Turner Main, "The Distribution of Property in Colonial Connecticut," *The Human Dimension of Nation Making*, ed. James Kirby Martin (Madison, Wis., 1976), 54–104; and John Waters, "Patrimony, Succession, and Social Stability: Guilford, Connecticut in the Eighteenth Century," *Perspectives in American History*, X (1976), 131–160.

8. For a general account see Howard Peckham, *The Colonial Wars, 1689–1762* (Chicago, 1962).

9. See Sydney V. James, *Colonial Rhode Island: A History* (New York, 1975), 136, 275–280.

large deficits and made numerous references in the late 1740s and the 1750s to the "town treasury being exhausted." By 1765 the town audit recorded a deficit of £3,434 Old Tenor, a huge sum for a town. East Greenwich's first indication of financial problems occurred in 1748 when the auditors reported to the meeting that "there is no money in the treasury and the town is greatly in debt." There was no doubt in anyone's mind as to the primary reason for the indebtedness. As the town meeting recorded before passing a tax in 1754: "The town treasury of said town is very much exhausted . . . and many persons have considerable demands upon the treasurer for the supporting of the poor of said town." Nor were these cases unusual: in towns as diverse in social structure, population, location, and age, as Cranston, Newport, New Shoreham, Providence, Scituate, South Kingston, Tiverton, and Westerly, similar problems surfaced at this time and finances became the central focus of the town meeting.[10]

Financial problems wrought a change in attitudes towards poor relief which were reflected in the "warning out" system, whereby towns refused to accept responsibility for maintaining certain people and ordered them out of town. Rhode Island law specified that a person's native town assumed responsibility for that person's welfare unless he or she gained a "legal settlement" elsewhere. A legal settlement was defined as being admitted in full faith to a town and could only be granted by the town council. Most town councils were loath to grant that status if there were any chance that a person might ever become "chargeable" to the town. A newcomer was usually asked, as the Warwick town council phrased it to a recent arrival, "by what means he doth dwell in our town?" An unsatisfactory answer was grounds for immediate expulsion or for being told that one could only stay in town without the status of legal inhabitant. The Rhode Island General Assembly strengthened the hand of the town councils with a 1748 law that reaffirmed the principle that all people must be admitted to a legal settlement. More important, it provided a mechanism for the town councils to implement the principle. Because (as the preamble to the law stated) of "great controversies between towns in the removal of their poor," persons coming to a town and desiring to settle there had to give, within a month of their arrival, written notice to the town council of the place of their birth, their last legal residence, and the number of persons in their family.[11] This would prevent anyone from entering a town unnoticed and later making claims upon the town for support.

In the towns where warning-out writs can be quantified, the number increased substantially in the middle of the eighteenth century. Portsmouth averaged between one and two warning-out writs per year between 1700 and 1727, but after issuing nine of them in 1728 the town averaged more than six warning-out writs in the eighteenth century until it reached a peak in 1774, when it issued them to nineteen families and sixteen single persons. Of course, since the population of the towns was also increasing, the ratio of writs to population may not

10. Portsmouth Town Meeting Minutes, June 1731, Aug. 1744, Aug. 1750, and 1760s, *passim*; Warwick Town Meeting Minutes, Jan. 1765; East Greenwich Town Meeting Minutes, Aug. 1748, May 1754; Cranston Town Meeting Minutes, June 1756; Newport Town Meeting Minutes, Jan. 1763; New Shoreham Town Meeting Minutes, Mar. 1753; Providence Town Meeting Minutes, Aug. 1758; Scituate Town Meeting Minutes, May 1765; South Kingston Town Meeting Minutes, Mar. 1753; Tiverton Town Meeting Minutes, Oct. 1757; Westerly Town Meeting Minutes, Apr. 1752. These examples could easily be expanded.

11. Warwick Town Council Minutes, Feb. 1744; *Digest of 1744* (Newport, 1744), June 1748, 48–51.

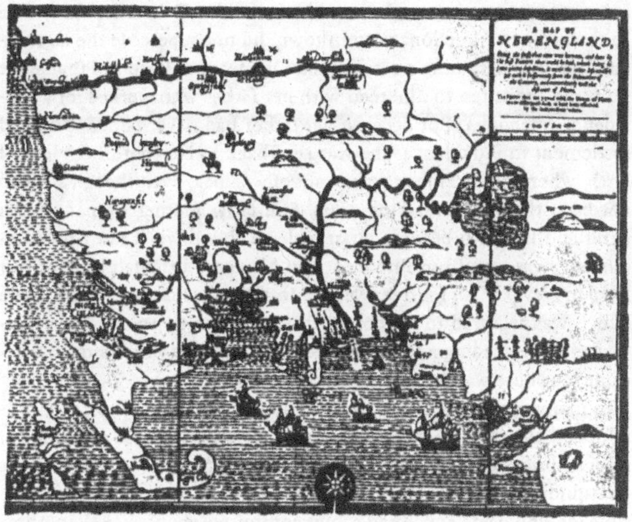

*A seventeenth-century map showing settlements in southern New England. Persons who could not prove their "legal settlement" in a town were forced, by means of the "warning out" process, to become footloose wanderers moving from one town to the next. Courtesy of the John Carter Brown Library.*

have increased, but the absolute numbers being issued caused administrative difficulties and took much time. In an effort to overcome these difficulties, Providence in 1758 printed blank warrants that the clerk of the town council could sign in advance and authorized the town sergeant to "insert the names of any transient persons he may hear of."[12]

12. Portsmouth Town Council Minutes, *passim*; Providence Town Council Minutes, 1774, Jan. 1758. The Providence act symbolized the erosion of personal involvement in the warning out process.

Towns lacked compassion by refusing to accept any responsibility for persons to whom they were not legally obligated. In spite of the obvious hardships involved, Providence ordered a man "who is *non-compos mentis*" to return to Salisbury, Pennsylvania. Pregnant women were frequently ordered to leave if it appeared they would become chargeable after the birth of their children. Most people had to travel to nearby places in Rhode Island or Massachusetts, but distance was no barrier and an occasional traveler was sent back to the southern colonies or the West Indies. If departure would clearly hazard a person's life, the council would delay it, but no longer than necessary. A man in Warwick, "in a very poor condition with a sore arm and also attended with a fever," had his removal to Maryland reluctantly postponed by the council but only "until his arm be cured." One month later the expulsion writ was issued. Colony law required anyone entertaining a stranger to report to the town council or be liable for a fine of five pounds Current Money. Even if a local resident was voluntarily supporting a visitor in great distress from another town, the council might act to head off charges. South Kingston required one of its respected citizens to post bond for a woman with a "bastard child . . . and lying in sickness" to guarantee she would be cared for. Otherwise she would be warned out. Mere longevity in town did not supercede the legal requirement of obtaining a settlement. One woman lived in Providence from the age of ten to nineteen with her father who worked for a Providence freeholder. But because her father had never obtained a legal settlement in Providence, she was sent back to Newport, her place of birth, when she became pregnant out of wedlock, even though she had not been there for over nine years. Similarly, another woman, "with child and likely to become chargeable to this town if not timely removed," was sent from Providence to Newport although she had not lived in Newport for fourteen years. Most people did have a home town which was required to support them, but some transients never succeeded in persuading a town to accept responsibility for them, and became footloose wanderers—the "strolling poor."[13]

In many such cases the town to which a person was dispatched was reluctant to accept him. Towns frequently bickered over questions of responsibility for individuals. Portsmouth and Newport, the two towns on Aquidneck Island, experienced endemic strife over who was responsible for whom and appointed a joint committee about once every three years to recommend settlements. In one case that could not be settled by committee, the two towns asked a third town to be a referee and to decide who should support the two families in question. Providence sent a pregnant woman back to Attleborough, Massachusetts, which refused to accept her and returned her to Providence, which, conceiving that this was "directly contrary to law," refused to accept her back. In another dispute over a pregnant woman, when neither Providence nor Rehoboth, Massachusetts, would assume responsibility for her, Rehoboth suggested third-party arbitration. Providence refused and referred the matter to the courts, which was the formal legal recourse if towns could not agree. Arbitration was employed only occasionally because finings did not have the force of law and could be ignored. Another woman, whose case was disputed by Providence and Rehoboth, told a sad tale of being moved by towns five times in the preceding ten years. Neither town was moved to compassion by her story. Towns could go to great lengths to avoid accepting a person on the relief rolls: the town council of Portsmouth asked the town meeting for guidance when North Kingston refused to accept a man who had been warned out, and the town meeting appointed a committee to collect evidence to prove in court the justice of its case.[14]

Although defiance of warning-out orders was not uncommon, the town councils meant the writs to be enforced and did not take defiance lightly. If a person was warned out and returned without the council's permission, the council could not directly punish the person but could apply to the court for a judgment (which was usually issued) to whip or fine him. Nor was the whipping symbolic; usually it was "ten stripes upon the naked back," but a woman returning to Portsmouth was

13. Providence Town Council Minutes, Sept. 1770; Warwick Town Council Minutes, 1755, April 1755; South Kingston Town Council Minutes, Dec. 1752; *R.I.C.R.*, III, May 1702, 452; Providence Town Council Minutes, Mar. 1777, Jan. 1759. See also Douglas Jones, "The Strolling Poor: Transiency in Eighteenth-Century Massachusetts, *Journal of Social History*, VIII (1975), 28–54.

14. Portsmouth Town Council Minutes, Jan. 1728, Feb. 1728; Providence Town Council Minutes, June 1723, Apr. 1778, July 1758; Portsmouth Town Council Minutes, Aug. 1773.

whipped fifteen stripes and two women in Providence were whipped fifteen and twenty stripes respectively. In these two Providence cases the whippings were to be repeated each time the women returned.[15]

Warning out was the most prevalent means, but not the only one, employed by town councils to avoid charges. The "binding out" of poor children as apprentices was widely practiced and colony legislation in 1742 strengthened the town councils' powers to do so. Ten months later, the assembly extended these powers to include the binding out of persons *"non compos mentis"* as workmen. In 1753 it further extended this to "idle or indigent persons or disorderly persons" and included allowing the person bound out to be sent to sea. Town councils did not hesitate to implement this legislation. Warwick, for example, bound out children as young as seven or eight to serve as servants or apprentices until they were twenty-one. One bastard named Freelove Sweet (probably with no irony intended) was bound out at the age of four to serve until she attained the age of eighteen. Providence directed its council to bind out dependent children "with all convenient speed." Much evidence suggests that towns also saved money by giving differential care to indigent persons of differing social status. Providence, for one example, contracted for the "drink, washing, lodging, and attendance as may be necessary for a Negro man," and in another example South Kingston voted funds necessary to support a woman of "quality." The degree of difference can never be known with certitude but seems to have been substantial; the Providence town council voted fourteen shillings per week for the care of a white man and at the same meeting authorized eight shillings per week for a black. Towns also forced financially able residents to support their relatives instead of keeping them at the taxpayers' expense. When one man, "being old, impotent and . . . chargeable to this town," was not maintained by his children, the Providence town council applied for a writ from the court "to oblige his relations to support him." If supporting one's relatives worked an unacceptable hardship on a person, however, the council would be lenient. When an old farmer complained to the Warwick town council that he could not afford to completely support his two sisters who "were very often *non compos mentis,* at which times they were very troublesome," the council voted to give "from time to time . . . such relief out of ye town treasury." The Portsmouth town council, in two instances, did not force widows to support completely their aged relatives and dispersed funds to assist them. A final method of preventing what the towns regarded as unnecessary expenses was to proscribe certain people from being served at taverns, hoping to avoid the possibility of a future relief bill. In a typical town council proscription order, South Kingston forbid local taverns from serving a woman, "who is very excessive and extravagent in drinking . . . and spends what she labors for at the tavern . . . which reduces her to so low a degree that she is likely to become chargeable to this town." The phrase widely used to indicate this restriction was that a person was "posted."[16]

15. Portsmouth Town Council Minutes, Oct. 1741; Providence Town Council Minutes, Nov. 1773.

16. *R.I.C.R.*, V, Feb. 1742, 40, Nov. 1742, 57; *Digest of 1767* (Newport, 1767), 197; Warwick Town Council Minutes, Aug. 1757, Dec. 1757, Mar. 1764, Aug. 1782; Providence Town Council Minutes, May 1740, Sept. 1742; South Kingston Town Council Minutes, Jan. 1742; Providence Town Council Minutes, June 1758; Warwick Town Council Minutes, June 1756; Portsmouth Town Council Minutes, Mar. 1763, May 1788; South Kingston Town Council Minutes, July 1739.

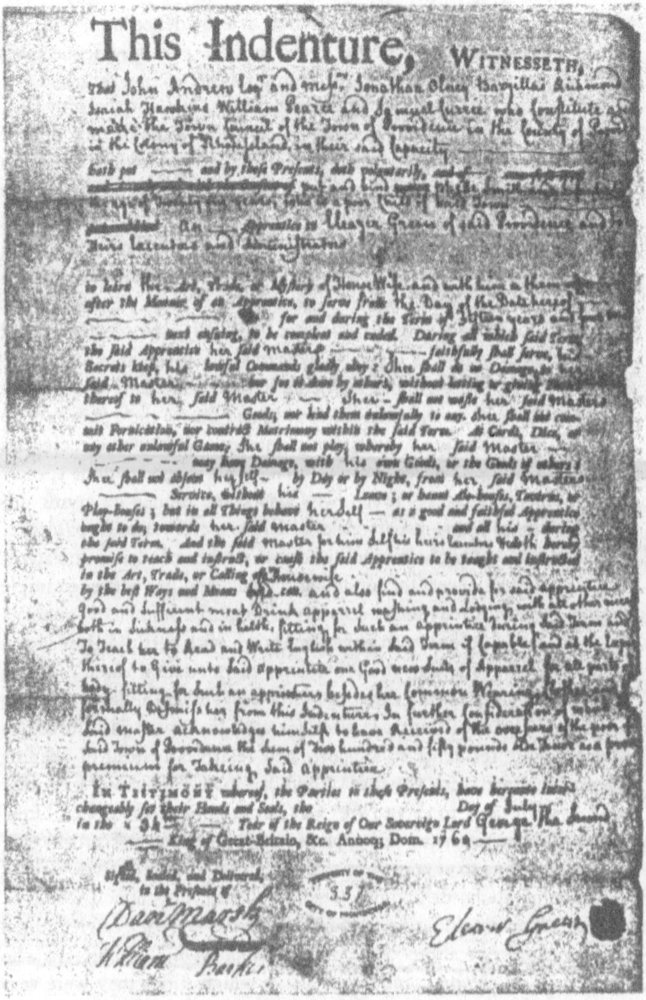

This Indenture, WITNESSETH,

hath put —— and by these Presents, doth voluntarily, and ——

Apprentice to

to learn the Art, Trade, or Mystery of

after the Manner of an Apprentice, to serve from the Day of the Date hereof

for and during the Term of

next ensuing, to be compleat and ended. During all which said Term, the said Apprentice her said master —— faithfully shall serve, her Secrets keep, his lawful Commands gladly obey: Shee shall do no Damage to her said master nor see it done by others, without letting or giving Notice thereof to her said master —— Shee shall not waste her said masters Goods, nor lend them unlawfully to any. Shee shall not commit Fornication, nor contract Matrimony within the said Term. At Cards, Dice, or any other unlawful Game, She shall not play, whereby her said master may have Damage, with his own Goods, or the Goods of others; Shee shall not absent herself by Day or by Night, from her said master Service, without his Leave; or haunt Ale-houses, Taverns, or Play-houses; but in all Things behave herself as a good and faithful Apprentice ought to do, towards her said master and all his during the said Term. And the said master

promise to teach and instruct, or cause the said Apprentice to be taught and instructed in the Art, Trade, or Calling of

by the best Ways and Means

IN TESTIMONY whereof, the Parties to these Presents, have hereunto interchangeably set their Hands and Seals, the Day of

in the Year of the Reign of Our Sovereign Lord George the

King of Great-Britain, &c. Annoq; Dom. 1760

Signed, Sealed, and Delivered, in the Presence of

*The "binding out" of poor children as apprentices was widely practiced in eighteenth-century Rhode Island. This indenture, issued by the Providence town council in 1760, bound Phebe Smith and her infant ("a poor child") to the service of Eleazer Green for a term of fifteen years and four months. Courtesy of the Rhode Island Historical Society Library (RHi x3 4098).*

Despite all the best efforts of the town councils to avoid or minimize poor relief responsibilities, costs still rose and caused severe financial problems. In response to the seemingly unalterable fact that some poor people had to be fed, lodged, and clothed, many towns employed a workhouse system, widely used in England, but which did not appear in Rhode Island until the 1720s. As might be expected, Newport, by far the largest town in the colony, and the one with the most pressing relief problems, built the first workhouse. It was ordered to be constructed in 1723 and was apparently finished shortly thereafter. No others were built until Providence, the second largest town, did so sometime in the early 1750s, when its financial problems had become clearly manifest. Small towns sometimes grouped together to construct a workhouse. Warwick built one in 1763 with the aid of a lottery authorized by the colony and with support from several other towns who would have recourse to it. In the same year, Portsmouth and Middletown began negotiations on a jointly administered workhouse. Even a town as small as Tiverton, after earlier defeating a proposal to build a workhouse, authorized the construction of one.[17]

The theory behind the workhouse movement was twofold: first, costs would be reduced by grouping the indigent together in a commune closely supervised by appointment or elected officials; second, as the name of the institution suggests, people there would be compelled to work and produce something of value to be sold, and the town would recapture some of its expended monies. Towns may have initially regarded the workhouse as a panacea for their problems. Providence ordered "every person maintained by the town" to be put into one. Warwick authorized its town council "to put any person in the house as a tenant as they shall time to time see fit for the interests of the town." Everyone knew, of course, that a workhouse could never be entirely self-supporting and that some tax money was still needed to maintain a minimum standard of survival for the poor. Money was given to the overseers of the workhouse on a sliding scale, whereby residents received support according to their needs. It is difficult to say precisely what kind of food, shelter, clothes, and so forth, the poor received, but it is clear that the standard was near an absolute minimum. The workhouse keeper of Warwick was given an average of three shillings per week per person by a town council that authorized an equal three shilling payment to each town councilman for his dinner on the night of council meetings. The council could save money on some people such as a "suckling child" who needed only six pence a week.[18]

Other fragments of surviving evidence indicate that the workhouses did not solve the financial crisis to everyone's satisfaction and that life in a workhouse was far from a happy experience. Newport, with the most experience in running a workhouse, appointed a committee in 1760 to examine how it was functioning and the "reasons for such an expense arising to the town, and to consider some proper method to endeavor to lessen said charges." The committee recommended, among other things, that the workhouse "be immediately cleared" of anyone who could probably make his own living and that all residents in the workhouse should be "kept to such work or labor" that more profit could be made. In other words, the workhouse-keeper was advised to either throw people out or work them harder. The regulations for the workhouse already gave the keeper nearly complete control over the lives of the residents and authorized him to administer fairly severe punishment such as being "confined in ye manner as ye master shall think fit." Adding to the indignity of being in the workhouse, the Newport town meeting required all residents "maintained by the town

17. Newport Town Council Minutes, Newport Historical Society, July 1723; Providence Town Meeting Minutes, Jan. 1738, June 1750, Apr. 1754; Warwick Town Meeting Minutes, June 1760, June 1762, Jan. 1763; East Greenwich Town Meeting Minutes, Apr. 1761; Portsmouth Town Meeting Minutes, Apr. 1763; Tiverton Town Meeting Minutes, Dec. 1754.

18. Providence Town Meeting Minutes, June 1755; Warwick Town Meeting Minutes, Aug. 1763; Providence Town Council Minutes, Dec. 1768; Warwick Town Council Minutes, Sept. 1777.

or receive of the town's charity" to wear distinguishing badges on their clothes. During the Revolutionary period, when Warwick was feeling an acute financial pinch, a special town meeting held to deal with relief voted that "whereas it is bad policy and injurious to any community for persons . . . to be supported in idleness . . . all persons whatsoever . . . in the workhouse shall be kept at *constant labor* [italics added]." Warwick ordered a troublesome resident to be kept confined in iron chains. Providence invited the heavy-handed use of arbitrary power when it paid its workhouse-keeper by authorizing him to make "some profit from the labor of the poor." As far as can be determined, and the evidence is indeed lacking for a positive statement, most people put in the workhouse were not given specific terms but were kept there until they became self-sufficient or totally incapable of any work, or until they died.[19]

Notwithstanding all of these attempts to hold down costs by cutting off aid to many and by putting the bulk of the poor in workhouses, the taxpayers of each town still remained unhappy and frequently denied the towns the money they needed to pay their bills. Every town whose records have been examined voted down proposed taxes at least once, and most voted down proposed taxes several times. Non-payment of taxes became a chronic problem. Most non-payment was a thinly disguised attempt by the towns to avoid paying what they thought were unfairly apportioned colony taxes, although some non-payment was outright defiance of the town government. The towns, of course, proceeded legally against people who did not pay local taxes and usually were ultimately successful. But the process was costly, fractious, and time-consuming, and a significant minority of marginal residents evaded taxes by moving before the legal proceedings were completed. In attempts by towns to lessen colony taxes, the apportionment of them became a matter of partisan activity between factions vying for control of the colony government. Both the Ward and the Hopkins factions, when in power, rewarded and punished towns that supported or opposed them by changing the method of apportionment to favor some towns over others. As a last resort to procure funds, many of the towns attempted to borrow money or "hire" it, as they said, to pay their debts. Sometimes this was temporarily successful; more often no new creditors could be found.[20]

At times the towns' financial problems took on the air of tragicomedies as local officials walked a thin line between the demands of their constituents and their creditors. The two officers who bore the greatest responsibility for financial matters, the treasurer and tax collector, frequently found themselves the subjects of suits; occasionally one of them sued the other, both sometimes lost much personal wealth in the performance of their duties, and a few of each were jailed. Both officers received fees for their jobs which were usually calculated as a percentage of the money they dispensed or collected, and both were personally liable for public debts—the treasurer for bills the town

19. Newport Town Meeting Minutes, Newport Historical Society, Apr. 1760, Jan. 1746, Oct. 1750; Warwick Town Council Minutes, Mar. 1782; Providence Town Council Minutes, Apr. 1776.

20. Bristol Town Meeting Minutes, May 1757; Cranston Town Meeting Minutes, June 1756, June 1761, Feb. 1762; East Greenwich Town Meeting Minutes, Mar. 1779; Newport Town Meeting Minutes, Aug. 1769; South Kingston Town Meeting Minutes, June 1765, Aug. 1771; Westerly Town Meeting Minutes, Apr. 1752. See James, *Colonial Rhode Island*, 306–307, for a discussion of colony taxes on towns and partisan politics.

could not pay, and the tax collector for taxes he could not collect. Both positions involved much work, power, and risk, and both had the potential for profit or ruin. In Westerly, the town treasurer had his property seized and advertised for sale at public auction. Although the town meeting finally authorized a tax to pay the debts and sale of the treasurer's lands, it doubted if it could be "collected timely" enough to do him any good. Four years later, a Westerly treasurer, sued for money by creditors, in turn sued the tax collector. The tax collector filed a countersuit against the treasurer, claiming that he had not been paid his fees for the taxes he had collected. The suit was filed from jail where the tax collector had been placed because he owed the town money for taxes he was obligated to collect. In Newport a treasurer promised a town meeting to "do his utmost" to "hire" money sufficient to pay the town bills. Undoubtedly he was earnest in that pledge because, when his utmost proved unsuccessful, he was placed in the county jail. The town graciously voted to support him in jail in a "handsome and generous" manner. Gratified by their support, the treasurer (who was eventually released) continued to serve in office and found himself back in jail four years later. His fellow officer, the tax collector, had similar problems: the town voted not to give him his commission because he did not collect all of the tax money, even though the terms of his service had specified that he was not responsible for delinquent taxes. The tax collector then refused to collect any more taxes and found himself briefly in jail. When he was released, he was relieved of his office. Unsurprisingly, there was "no person appearing who was willing to collect rates" to replace him. George Babcock, the treasurer of South Kingston, probably held the record for the number of times committed to jail. He was jailed three times, with one term that was to last at least six months. A little sobered by his first short term in jail, Babcock had specified upon re-election that if "he be obliged to go to jail," the town had to pay his board. When Babcock finally had enough and refused to serve any longer as treasurer, his successor was instructed by the town meeting to apply the "first money he shall receive of this town . . . for the payment of the town debt for which George Babcock the late treasurer stands committed to jail."[21]

It is difficult to obtain hard data on town finances and relief costs, but a rare record of expenses for the three years, 1763, 1764, and 1765, survives for one town, Scituate, and shows the relative weighting of town expenditures. Poor relief and its attendant costs comprised 55 percent of expenditures, payments to the tax collectors for collecting both colony and town tax comprised 30 percent, and all other expenses totalled only 15 percent. Thus, relief and tax collection absorbed 85 percent of the town's local revenue, an amount that by almost any standard would be regarded as extraordinary.[22]

In the final analysis, one would have to conclude that Rhode Island towns were not very successful in solving either of their two major problems, welfare or finance. Under the pressures of mounting demand and rebellious taxpayers, Rhode Island towns diminished the compas-

21. Westerly Town Meeting Minutes, Dec. 1765, Oct. 1769, Feb. 1771, Apr. 1771, June 1771; Newport Town Meeting Minutes, May 1770, Oct. 1773, Jan. 1774; Oct. 1774, Feb. 1775, Sept. 1775; South Kingston Town Meeting Minutes, Jan. 1782, Feb. 1782, Oct. 1782, Mar. 1783, June 1783, June 1784, June 1785, Sept. 1785.

22. The record of Scituate's expenses is found on the pages numbered 4, 5, 6, and 7 in Vol. V of the Town Council Records.

sion showed to unfortunates and moved the administration of poor relief away from a system based on neighborly care and concern toward a system based on asylums to isolate the poor and reduce the costs of caring for them. Despite this, the economic problems of the mid-eighteenth century and three successive wars created enough need for relief that the towns faced continuing financial crises. Their response to these crises was extremely haphazard, with greatly fluctuating tax rates, frequent insolvency, chronic tax delinquency, a high level of contention, and a total inability to bring order and stability to the towns' finances. The problems did not lay with town leaders such as the councilmen, overseers of the poor, treasurers, and tax collectors; they all did their best to act responsibly and in accordance with the wishes of the townspeople. It lay instead with the residents of towns who dominated town meetings and passed votes that hamstrung town officers. And it also lay with these same residents who defied tax collectors.

It might appear easy to indict colonial Rhode Island as a heartless and selfish society for not caring enough to pay for the maintenance of its poor. But this indictment would probably be grossly unfair to Rhode Islanders. The early modern world was based on a much harsher view of the realities of life than in twentieth-century America. For example, Rhode Island's criminal code, which would seem near barbaric to our present sensibilities, was no more severe (and probably less so) than the criminal codes of Puritan Connecticut and Massachusetts. We do not fully know how Rhode Island's welfare system compared to the rest of New England, but trends identified in Massachusetts of attempts to deal with the increasing problem of transiency seem to parallel changes that occurred in Rhode Island.[23] And, after all, if welfare was a subject of great debate in Rhode Island, it does show that society accepted some responsibility for the care of its poor; probably no one died directly from lack of food or protection from the elements. One could undoubtedly find examples in America today of much callous thought about the plight of the poor, even in the midst of our welfare society.

The haphazard nature of local finance must also be placed in its social context. Rhode Island, more than any other colony, and in marked contrast to the rest of New England, was nurtured on a tradition of individualism. This could easily be translated into an unwillingness to pay taxes. While we may praise it for the political and social independence it gave Rhode Islanders, we must be willing to recognize other aspects that may be regarded as less desirable today. People carving out their own way in an acquisitive world did not want to sacrifice financially for the good of others. In this sense, as in the change in the system of poor relief, the Rhode Island towns' behavior foreshadowed the nineteenth century. The nineteenth century was a world of competitive individuals striving for self-assertion, who wanted to keep the money they made; individuals who could not compete either perished or were isolated in institutions. Eighteenth-century Rhode Island towns, in dealing with their two major problems, welfare and finance, moved very close to that world.

23. Jones, "The Strolling Poor," 28–54.

# 20

# VOC Government at the Cape

*M.F. Katzen*

The Cape was simultaneously a remote branch of a very large business concerned primarily with profits, and a sprawling Dutch Colony containing the largest population of white settlers in the Dutch Eastern Empire, with many of the rights of freemen in the mother country. The Cape Constitution from 1652 to 1778 reflected this dualism. Although colonists were encouraged to participate in local administration, they did not share in policy making, and remained politically retarded. Until 1778 they did not demand representation on the central government, to secure redress of economic grievances, or for its own sake. Even in their struggle against W. A. van der Stel, although officials used government powers to protect their private interests and

[1] See above, p. 198. [2] De Mist, p. 183.

crush opposition,[1] the colonists did not demand constitutional changes, but concentrated on attacking unfair official competition. When political demands were made for the first time by the *Kaapse Patriotte* (1779–91) they were comparatively modest.[2] From 1657 to 1778 there was almost no progress towards democracy in the central government, and a visible list towards anarchy and contempt for the law in the *platteland*.

The Cape station fitted into the over-all political structure of the Dutch Eastern Empire. Its government was subject to the instructions and veto of both the Chamber of Seventeen in the Netherlands and the Governor-General in Council at Batavia. It corresponded directly with both and sent them copies of all its transactions.[3] The Batavian government sent the Cape copies of laws passed by the States-General, orders of the Seventeen, and Batavian laws applicable to all the *buiten comptoiren*, subject to the approval of the Seventeen. The codified Batavian statutes, notably the 1642 code ('Statutes of India'),[4] were an important source of Cape law—many Cape *placaaten* (ordinances) were modelled directly on Batavian ones, and after 1715 Batavian statutes were used to interpret Cape law.[5] Appeals from Cape courts received final judgement in the Batavian High Court of Justice. After 1734 the Batavian authorities ceased to veto Cape transactions, and much previous confusion arising from contradictory orders from Holland and Batavia was thenceforth avoided,[6] but the other links with Batavia remained.

The routine control of the Netherlands and Batavian authorities over the Cape was supplemented by visiting commissioners, who took command during their stay, made inspections, left instructions for Cape government, and reported to the Directors. Although the Batavian government was directed in 1632 to inspect all its dependencies regularly, this practice soon lapsed.[7] Only the Cape was so visited by commissioners, probably partly because all homeward fleets called there, partly because of its importance to VOC shipping. Twenty-six commissioners arrived between 1656 and 1699, including all return fleet admirals of rank equal or superior to that of the Cape commander and certain special commissioners, like Commissioner-General H. A. van Rheede tot Drakensteyn, who arrived in 1685 while inspecting all VOC possessions (1683–91). In the seventeenth century their regular visits produced a crop of instructions, which were all assumed to be equally binding, but were in many cases inconsistent with each other and with orders from Holland or Batavia. Van Rheede's criticisms of this led to visits being suspended from 1685 to 1698 and there were only sixteen between 1700 and 1794.[8] When after 1723 visiting com-

[1] See below, pp. 217, 221–2. [2] Beyers, *passim*. [3] Botha, *Collected Works*, iii. 117–19.
[4] Ibid. ii. 71–72. [5] Ibid. ii. 44–45. [6] *Description*, i. 137.
[7] Colenbrander, ii. 212; Boëseken (1), p. 1. [8] Ibid., Introduction.

missioners were given specific duties,[1] their instructions were generally more useful, but since they could not get much first-hand knowledge during their short stay, and relied heavily on official information, they became correspondingly less impartial.[2] Commissioners nevertheless helped to prevent misgovernment at the Cape. They introduced constitutional changes. Van Goens arranged that a burgher should participate in burgher criminal trials. Van Rheede reorganized the Councils of Policy and Justice and appointed a *landdrost* at Stellenbosch in 1685. They also helped to reveal abuses. Commissioner Douglas in 1716 reported that officials were farming illegally on a large scale and that Governor Chavonnes was granting land to burghers without the Council of Policy's knowledge. The Seventeen specifically forbade these abuses.[3] Simons in 1708 gave detailed criticisms of the administration, especially of justice, and suggested remedies.[4] Although commissioners sometimes colluded in illegal practices, as did Heyns (1698) and Vaikenier (1700) in granting land to Cape officials against VOC regulations, it is probably significant that the most serious misgovernment at the Cape occurred in 1705 and 1706 when no commissioners called.

But essentially, the quality of day-to-day government would depend on the effectiveness of the local constitution. The Cape, like all VOC dependencies, was governed by a Council of Policy, an adaptation of the Broad Council on all VOC ships or fleets, consisting of the commanding officer and his senior subordinates, which decided all important matters at sea. The Council of Policy was intended to prevent the head of a dependency using his powers arbitrarily or at variance with VOC interests. At the Cape the Council of Policy represented the 'dignity and authority' of the VOC and the 'majesty of the State'.[5] Its overriding aim was 'protecting and supporting the commercial interests' of the VOC.[6] It administered the Cape as a provisioning and hospital station, punished offences, and filled vacancies which occurred south of the Equator on Batavia-bound ships.[7] As an ancillary function it governed the colony, acting as a combined legislature and executive.

The Council of Policy legislated for all who participated in the Cape polity, VOC servants, burghers (including a few 'free blacks', liberated slaves and their descendants),[8] and slaves. As far as the indigenous peoples were concerned, the Dutch did not clearly distinguish between Khoikhoi ('Hottentot') and San ('Bushman') people, and tended to refer to San in conflict with whites as 'rebellious Hottentots'.[9] In the

[1] Ibid., p. 3. [2] Ibid., pp. 6–7, 34. [3] Ibid., pp. 27–29.

[4] *Collectanea*, pp. 31–32. [5] *Description*, i. 144.

[6] *Reports of the Commissioners of Inquiry*, I: *Upon the Administration of the Cape of Good Hope . . . May 1827*, Br. Parl. Pap. XXI (282), p. 5.

[7] *Description*, i. 145. [8] MacCrone, pp. 70–73.

[9] Boëseken (1), p. 79.

seventeenth century those who were Christian, Dutch-speaking, and had become 'assimilated' were subjected to Cape laws: for example in 1672 the body of such a woman, who had committed suicide, was dragged through the streets, then put into quicklime.[1] All others were assumed to be under the jurisdiction of their own rulers. In the eighteenth century, however, the Cape government claimed jurisdiction over all Khoikhoi within its boundaries, even those in tribal communities, whose captains were given VOC staffs of office. It directed that 'Hottentot' servants must receive wages and redress for ill-treatment, and Cape courts even judged cases in which Khoikhoi had injured one another.[2]

The Council of Policy levied taxes on burghers and fixed prices for produce which they must sell to the Company. Burghers did not participate directly in legislation or levying taxes, since they were not represented on the Council of Policy, but the burgher councillors (the white burghers chosen to sit on the Council of Justice to help try cases involving burghers) were traditionally consulted on matters affecting burghers, although the Council of Policy was not obliged to follow their advice.

The Council of Policy appointed and dismissed all VOC servants at the Cape, except those few appointed by the Seventeen, and directed their operations. It also appointed burghers to various administrative boards, using the 'double list' system whereby vacancies were filled from a list presented by the sitting members containing twice the number of names to be chosen. All incoming dispatches had to be opened and read by the Governor at a full meeting of the Council of Policy[3] and the Council drafted outgoing dispatches.

The extent to which the Council of Policy could control the Governor was determined by its constitution. After its reorganization by van Rheede in 1685[4] it consisted of the Governor and the seven most senior officials, three 'upper-merchants' and four 'merchants'. Decisions were taken after discussion and voting (the Governor having an extra casting vote as chairman), and noted by a secretary as resolutions signed by the members present.[5] Unlike those of Batavia, where Governors-General often ruled without their Councils,[6] Cape governors never tried to dispense with them altogether, although de Chavonnes successfully granted land without his Council's knowledge or consent in 1714.[7] But Governors could easily persuade their Councils to be co-operative and seldom overruled them with the formula 'Ik neem haet op mij'.[8]

[1] Moodie. i. 315 n. 1.
[2] Boëseken (1), pp. 76–79.
[3] Botha, *Collected Works*, iii. 117.
[4] *Bel. Hist. Dok.*, i. 46.
[5] Ralph Kilpin, *The Parliament of the Cape. . . .*, pp. 8, 21–23.
[6] Day, p. 92.
[7] Boëseken (1), p. 29.
[8] Walker, *History*, p. 32.

Governors effectively controlled all local patronage,[1] and their normally long tenure of office (thirteen years on average, twenty-one in Simon van der Stel's and Ryk Tulbagh's cases) increased their real power. Only the upper-merchants, who were appointed by the Seventeen, the *Secunde* (Vice-Governor), the Captain, and the Independent Fiscal could afford to cross the Governor, and 'they can make his life very bitter . . if they combine against him'.[2] But the only official whose power approached that of the Governor was the Independent Fiscal, who, in addition to acting as public prosecutor in criminal trials, preventing smuggling, and controlling the police, was in 1688 given vast powers (abolished elsewhere in the Dutch Empire in 1711) to punish officials for dereliction of duty, including the right to report the Governor to the Seventeen, with whom he corresponded directly.[3] But in practice strong governors did not encounter much opposition and their subordinates abetted their illegal practices. The most flagrant example is W. A. van der Stel's administration, when all the main officials engaged in illegal farming and trading sided with van der Stel against the colonists, and used the public powers of the executive to protect their private interests. Under VOC rule, government by this narrow official oligarchy was carelessly inefficient and corrupt, although the strictures about Batavia (the 'respectable reformatory')[4] were not applied to the Cape administration, where Eastern opportunities for large-scale fraud did not exist. The Cape often obtained the best men from passing ships and, despite nepotism,[5] allowed rapid promotion by merit.

Many commissioners complained of the slackness of the Cape bureaucracy. The Council of Policy's records were not properly kept, answers to letters were long delayed, and departments like the Hospital and Orphan Chamber were shamefully neglected. The tremendous increase of the official establishment (120 in 1662, 1,016 in 1732, 1,695 in 1769, and 2,039 in 1794,[6] of whom the majority in the eighteenth century were underpaid civil servants) did not improve efficiency, since members of the Council of Policy were only collectively responsible for the administration as a whole, not individually responsible for particular departments. Visiting commissioners could only expose glaring faults; their visits were too short for extensive reforms, which in any case went beyond their powers. As Commissioner Simons observed, the real responsibility rested with the Netherlands and Batavian authorities for

[1] *Description*, i. 144.

[2] *Allemann*, p. 123.

[3] Botha, *Collected Works*, ii. 140–5; De Mist, p. 237; Beyers, p. 138.

[4] Coen, quoted by Day, p. 97.

[5] *Allemann*, pp. 36–37: *Description*, ii. 68 f.

[6] *Letters Despatched, 1652–1662*, iii. 303–5; *Journal, 1699–1732*, p. 335; Boëseken (1), p. 136, n. 103.

not providing Cape officials with adequate instructions. Though he recommended in 1708 that Coen's regulations for the Indian Empire should be sent to the Cape, in 1792 when Commissioners-General Nederburgh and Frykenius arrived to institute thoroughgoing reforms, they found that the Cape government still did not conform with Batavian standards. They simplified the Cape administrative system and made each member of the Council of Policy ultimately responsible for specifically demarcated duties; but little improvement resulted, partly because there were so few officials on the Council that they found their tasks overwhelming.[1]

Corruption was endemic to the whole VOC service, since officials were deliberately underpaid. Although Cape officials were in some ways better off than Batavian officials, for example in having fewer deductions, and in receiving higher pay immediately on promotion instead of only after serving their full enlistment period, the lower ranks led hard lives, especially compared with more senior functionaries, whose duties were often light, and whose incomes were supplemented by fees and perquisites of office.[2] A tone of petty extortion characterized the whole administration. The fiscals, who should have ensured honest administration, were among the chief offenders, and were so hated and feared by the burghers that the predatory butcher-bird was called 'fiskaal' in Afrikaans.[3] Although official malpractices harmed the Company, the burghers were the chief sufferers, whence the tension between officials and burghers exemplified in the saying that officials were the 'legitimate' and burghers the 'illegitimate' children of the Company.[4] This tension became explosive in 1705 when a group of burghers by-passed the Council of Policy altogether, and protested against illegal farming and trading by Cape officials directly to the VOC authorities in Batavia and Holland, threatening to go to the States-General if necessary.[5] This galvanized the VOC into vigorous action. The Governor and other offending officials were recalled, and some were ultimately dismissed. Official farming and trading were again prohibited and the prohibitions were finally enforced after 1721.[6] Thus the burghers, not the Council of Policy, acted as the guardians of public morality at the Cape. But despite their great victory in 1706, they were not capable of extirpating 'the extortions of greedy officials'.[7] Although Governors like Ryk Tulbagh (1751–71) tried to eliminate malpractices and individuals were punished, permanent reform was never attempted, for the chain of

[1] Boëseken (1), Chs. VIII–X.
[2] *Allemann*, p. 162; *Description*, i. 138–45, 163; ii. 61–71.
[3] Botha, *Collected Works*, ii. 140–5; Boëseken (1), pp. 126–30; Beyers, 132–9.
[4] *Diary of Adam Tas*, p. 193.
[5] Ibid. *passim*; *CHBE*, viii. 139 ff.
[6] Boëseken (1), p. 29.
[7] *Collectanea*, p. 31.

corruption extended throughout the VOC service to the very Directors themselves.[1] All the VOC did was to allow certain officials to charge fees, thus setting legal limits to previously illegal practices. In effect the general public had to make up the salaries of Company servants.

Another yardstick by which the quality of VOC rule at the Cape could be judged was the administration of justice. The Cape judicial system was defective in two main respects: the superior court of the colony consisted overwhelmingly of officials, very largely the same officials who, as members of the Council of Policy, made and executed the laws, and the quality of justice dispensed by the court was unsatisfactory.

The members of the Council of Policy were the only judges until three military officers were added to help try cases involving soldiers in 1656, and in 1657 one burgher (two in 1658, three in 1675), selected on the 'double list' system, was appointed to participate in cases involving burghers.[2] In 1685 van Rheede laid down that seven of the eight officials comprising the Council of Policy should be included among the nine officials serving the Council of Justice.[3] Although in 1732, to avoid concentrating all the powers of government in the same hands, the Seventeen forbade the senior officials in the VOC's dependencies to participate in the administration of justice, and accordingly, at the Cape, after 1734 the Governor ceased to sit on the Council of Justice and the *Secunde* became merely its titular president,[4] all the other Council of Policy members remained, and until 1783 the Council of Justice was never truly differentiated from the Council of Policy.[5] At the same time, the burgher councillors were always heavily outnumbered by senior officials. Cape senior officials tended to regard Cape burghers as mere liberated VOC servants, instead of genuine freemen entitled to the same rights as those in the mother country. The first burghers were in fact VOC servants, who were granted letters of burghership that allowed them to own property and to trade, but they could be forcibly taken back 'if the exigencies of the service demanded it', or if they misbehaved. This was sometimes done.[6] But by the later eighteenth century the Cape burgher population was large, and was descended from free immigrants as well as from VOC servants. Yet in 1781 Boers, the Independent Fiscal, contemptuously contrasted the position of Cape burghers with those of the Netherlands, saying that there was 'a most important distinction between those Burghers whose ancestors owed their independent freedom to their Arms, and out of whose Bosoms the sovereignty of our Republic itself flowed forth, and . . . those to whom

[1] *CHBE*, viii. 144–5.
[2] Botha, *Collected Works*, i. 239.
[3] *Bel. Hist. Dok.*, i. 46.
[4] Colenbrander, ii. 215; Hahlo and Kahn, p. 200.
[5] *CHBE*, viii. 862.
[6] Botha, *Collected Works*, iii. 121.

permission was granted, as a favour upon their request, to remain resident in a country which had been taken possession of in the name of our Sovereign, as Farmer, Tailor, Shoemaker or Saddler'.[1] The *Kaapse Patriotte* demanded that burghers should be represented equally with officials on the Council of Justice, and that these officials should not be members of the Council of Policy. In 1783 the Seventeen created a new High Court of Justice, of six burghers and six officials under the chairmanship of the *Secunde*, and directed that the *Secunde* and the Fiscal were to be the only officials of higher rank than under-merchant on this court.[2]

The Council of Justice sat in Cape Town and was the superior court of the colony. It had jurisdiction over criminal and civil cases, and heard appeals from the inferior courts—the Court of Petty Cases in Cape Town and the district courts in Stellenbosch and Swellendam. The Batavian Council of Justice was the final court of appeal from its judgements. The members of the Cape Council of Justice were appointed by the Council of Policy, subject to the approval of the Seventeen. The only necessary qualifications were that judges must be members of the Dutch Reformed Church and not closely related to one another.[3] No legal qualification was expected. The Fiscal was usually a trained lawyer,[4] but he might be the only judge with legal knowledge. The judges were not paid for their judicial work, although the Fiscal received fees and a share of fines and forfeitures, and other official judges were usually given additional minor posts to supplement their salaries.

Cape law was based on Roman-Dutch law, the common law of the province of Holland, modified by statutes—Cape *placaaten*, extended where necessary by relevant *placaaten* of Batavia, the Netherlands States-General, and the States of Holland.[5]

The Cape superior court followed the court procedure of Holland and Batavia. Its members acted as judges and jury combined, deciding cases in closed court on the basis of written documents. Judgement was based on a majority vote. It was pronounced in open court, but no grounds were given. The Fiscal was public prosecutor in criminal cases unless they had occurred in the country, when a district official, the *landdrost*, arrested the criminal and arraigned him before the Council of Justice in Cape Town. Since the death penalty could not be inflicted without absolute proof of guilt, torture was very frequently used to obtain confessions. Neither in criminal nor in civil cases did a party automatically have the right to be represented by counsel.[6]

[1] Boers' answer to the burgher petition of 1779, Beyers, p. 39.
[2] Ibid., pp. 29, 47, 55. [3] Botha, *Collected Works*, iii. 125. [4] Ibid. ii. 162–3.
[5] Cf. *CHBE*, viii. 857–62; Botha, *Collected Works*, ii. 42–49.
[6] Ibid. ii. 101–17, 129–48; iii. 126–9.

Cape justice in the VOC period is open to considerable criticism, because the laws were unsatisfactory and the judges lacked legal training. Commissioner Verburg (1676) described Cape laws as 'too minute, and in some respects rather too rigid, and if acted upon to the letter without connivance, the inhabitants would be subject to constant penalties so severe as often to produce their ruin',[1] while Commissioner Simons (1708) referred to the 'meaningless, useless and odious placaaten' in force.[2] Also, though Cape law was difficult to master, as it derived from many sources, the government did not cancel obsolete or unsatisfactory legislation, or consolidate the laws.[3] Thus the judges might not know all the laws to be enforced and, because they were untrained, were often ignorant of legal procedure and jurisprudence. Commissioner Ryklof van Goens regretted that judges ignored legal formalities, gave free rein to passion, and resorted to inappropriately severe punishments.[4] Simons recommended putting an extract of procedural rules in the court-room to guide judges, and compiled a list of textbooks as a nucleus for an official law library,[5] but in 1739 the Council of Justice had only ten lawbooks.[6] Consequently, the arguments used in deciding cases were sometimes irrelevant. The Bible was frequently quoted, although it was not part of Roman-Dutch law.[6] The rule of law could not be said to apply when even the judges might not know what the law was, and what the consequences of breaking it might be, let alone the ordinary citizen.

In another sense, also, the rule of law did not apply. Before 1783 the executive and the judiciary were in practice synonymous. This made an independent bench impossible. When the governor gained the support of his senior officials there was no check on the executive. In fact, the judiciary could easily be used to bolster up executive powers even when officials were acting illegally.

Governor W. A. van der Stel's actions in 1706 show how easily the executive could dominate the judiciary and stage-manage court proceedings. In 1705 a group of colonists drew up a memorial against official malpractices and it was smuggled to Batavia. When van der Stel discovered the conspiracy, the leaders were arrested and a special commission was set up to try thirteen and extort recantations. All its members were interested parties, directly or indirectly.[7] The Governor was not a member but he stood behind the door 'some twelve feet from the table', and constantly intervened in the interrogations.[8] The prosecutor was not the Independent Fiscal, who should have taken charge,

[1] Moodie, i. 340.
[2] *Collectanea*, p. 29.
[3] Ibid., p. 30; *Report of Commissioners of Inquiry . . . 1826*, p. 10; Beyers, pp. 27–28, 47–48.
[4] *Collectanea*, p. 30.
[5] Ibid., pp. 31–32.
[6] Botha, *Collected Works*, ii. 160.
[7] *Diary of Adam Tas*, pp. 227–8.
[8] Ibid., pp. 229–37.

but the Stellenbosch *landdrost*, who had organized a counter-memorial praising van der Stel.[1] He falsified the record of one interrogation, in the presence of the prisoner and the Secretary.[2] Imprisonment without bail, threats of banishment, and torture were used to get the Governor's opponents to retract.[3] Although nearly all eventually signed confessions, the Governor falsified the record of the trials sent to Holland.[4]

Clearly no force in the Constitution was strong enough to uphold justice against the illegal proceedings of the Governor and his clique. Even the Independent Fiscal, whose office was intended as an independent focus of power, was ousted from his proper functions without protest.[5] The Independent Fiscalate did not guarantee that the executive would respect fundamental rights of the individual, such as freedom of speech or freedom from arbitrary arrest, without which justice in cases involving the individual against the state is difficult to achieve. Indeed, a powerful fiscal might become as tyrannical as a powerful governor, as the burghers' complaints against successive fiscals in the later eighteenth century show.[6]

The executive also possessed two major prerogatives which might be exercised against the individual without recourse to the courts. These were the power to summarily banish undesirable individuals to Batavia by forcibly taking them into the Company's service,[7] and the power to revoke loanplace leases. Twenty persons were deported between 1738 and 1770, eighteen between 1771 and 1778.[8] The summary banishment of the burgher Carl Buitendag in 1778 prompted the dispatch of the *Kaapse Patriotte* petition to the Netherlands.[9] The power to revoke loanplace leases was not often used, but was obviously potentially dangerous to the security of the individual. The *Kaapse Patriotte* petitioned that both powers should be limited and controlled by the courts.[10]

Much of the Cape administration was entrusted to Councils on which burghers served. The VOC was anxious to associate burghers with officials in routine administrative duties which affected the burghers.[11] In Cape Town two Councils—the Matrimonial Council and the Orphan Chamber (each with an equal number of nominated officials and burghers selected by 'double list', with another official as chairman)—

[1] *Diary of Adam Tas*, pp. 211–17, 237, 253.
[2] Ibid., pp. 255–7.
[3] Ibid., pp. 239–43.
[4] Ibid., pp. 261–3, 267 ff.
[5] Ibid., pp. 227, 253.
[6] Beyers, pp. 132–9; Boëseken (1), pp. 126 ff.
[7] Any VOC servant could be summarily transferred to another station without redress.
[8] Theal, *History of South Africa [1691–1795]*, p. 230.
[9] Beyers, pp. 134–5.
[10] The governor confiscated three loanplaces belonging to one of the burgher representatives who went to Holland to plead for changes in the Cape Constitution (Beyers, pp. 27, 50, 54 n. 2, 115).
[11] Boëseken (1), pp. 38–39.

administered aspects of civil law for the whole colony. The Matrimonial Council (founded 1676) certified proposed marriages as legally valid before the banns were called.[1] The Orphan Chamber (founded about 1673) administered orphan and intestate estates, registered wills and deaths, and provided loans.[2]

In local government the only administrative agencies were Councils in which unpaid burghers predominated. The burghers selected to attend the Council of Justice constituted the Burgher Council, Cape Town's municipality. Though it had no legal existence as such, it was recognized *de facto* by the government.[3] It was in charge of roads, streets, bridges, civic police, sanitation, fire precautions, weights and measures, and food prices in Cape Town. To defray expenses it levied local taxes authorized by the Council of Policy.[4]

Councils consisting of a full-time paid official (*landdrost*) and four part-time unpaid *heemraden*, locally resident burghers selected annually by 'double list', administered outlying districts. Stellenbosch district (founded 1682) was originally under four *heemraden*, appointed mainly to settle land disputes. But as they lacked authority they were conjoined with a minor official (*veldwagter*) and finally with a *landdrost* (1685).[5] Drakenstein was subordinate to Stellenbosch, though its deputy *landdrost* was associated with *heemraden* (one in 1697, two in 1704) and it had its own treasury. Swellendam, constituted in 1743, was subordinate to Stellenbosch until 1745.[6] No other districts existed until Graaff-Reinet (1785) was created to cope with the eastward dispersal of *trekboers* from Stellenbosch and Swellendam.[7]

These local boards combined judicial and administrative functions. Like the Cape Town Court of Petty Cases (founded 1682) they settled minor cases between burghers, who had a right of appeal to the Council of Justice. Matters likely to harm the Company were brought directly before this superior court.[8] Though this division of duties corresponded roughly to the modern distinction between civil and criminal cases, these district courts settled burgher cases, like assault, which were strictly speaking criminal, by imposing fines and awarding compensation. Only very serious offences were regarded as crimes to be tried by the Council of Justice in Cape Town, which alone could impose criminal penalties on burghers (lashes, torture, and the death penalty).[9] The distinction between civil and criminal matters was vague, because the original instructions of the central government to the colleges were not rigorously framed, and were only revised in the late eighteenth

[1] Botha, *Collected Works*, ii. 50–52. [2] Ibid. iii. 131–5. [3] Boëseken (1), p. 39.
[4] Botha, *Collected Works*, i. 154, 157–63. [5] Venter, pp. 13–17.
[6] Ibid., pp. 19–22. [7] Walker, *History*, p. 123. [8] Venter, p. 19.
[9] Ibid., pp. 34–36.

century. The competence of the Stellenbosch and Swellendam colleges was only 25 guilders (£2. 1*s.* 8*d.*) and their sentences were sometimes not enforced because the cost involved was greater than the fine. Swellendam's jurisdiction was increased to 25 rixdollars (£5. 12*s.* 6*d.*) in 1779 for this reason. It was equally difficult to serve summonses on outlying inhabitants. Even in cases heard by the superior court, the colleges sometimes sent letters instead. Such letters and summonses were often ignored, either through ignorance, or because offenders were seldom punished. The colleges, even the law itself, tended to be held in contempt—a tendency already noticed in the ignoring of loanplace rents. Slack law enforcement in outlying areas helped to foster resentment against authority, and allowed individuals to assert private interests over community ones, as when they refused to pay local taxes, or to undertake commando service.[1]

In contrast to these limited and laxly asserted powers over burghers, the district courts had extensive powers over slaves. Slave law mainly served to maintain the master's authority, while preventing gross ill-treatment of the slave. Owners were given great latitude in punishing slaves themselves, but 'domestic correction' excluded prolonged whipping. Nevertheless, on the bare word of the owner that a slave had been impertinent or had absconded the *landdrost* could impose severe penalties, like lashes, without informing any higher authority. Until 1794 district courts could execute slaves on trial for capital crimes, who had attempted to commit suicide, without bringing them to trial. Thus slaves had a status inferior to that of their masters in the courts. Many owners were prosecuted and punished for ill-treating slaves, but the fact that *landdrosts* and *heemraden* were themselves slave-owners and without legal training affected their attitude in slave cases. Masters' crimes tended to be judged more leniently than slaves' crimes. In a case of 1685, in which a master was tried for murdering his slave, the Stellenbosch *landdrost* quoted Exodus xxi. 20–21 (which distinguished between freemen, servants, and slaves) to support the argument that the criminal's status, rather than the crime itself, should determine the punishment.[2]

In 1748 Commissioner Nolthenius instructed the Cape government that 'Hottentots' should be allowed to lay complaints about whites before the courts, and this occurred on occasions.[3] But local prejudices also affected the colleges' attitude to the Khoikhoi. Thus, in a Stellenbosch case of 1797, where a 'Hottentot' man had summoned a white woman to appear before the court, the *heemraden* were doubtful whether he had the right to do so, since it might make the Khoikhoi think they

[1] Venter, pp. 22–28. See p. 226 below for conditions of commando service.

[2] Ibid., p. 38, n. 82.

[3] Boëseken (1), pp. 76–78.

were equal to burghers; the *heemraden* were reluctant to agree with the *landdrost* that all were equal before the law.[1]

The ignorance and prejudice of members of district courts sometimes affected criminal justice, since they performed preliminary investigations connected with post-mortems and viewing wounds, to decide whether a crime had in fact been committed. If they so decided, the *landdrost* took preliminary statements and sorted out details in what amounted to a hearing, before going to Cape Town to explain the case and act as public prosecutor before the Council of Justice. But in cases where the local authorities decided a crime had not been committed, the matter never went to court at all. For example, in 1750 the Swellendam *landdrost* ruled unfounded a slave's accusation that his master had beaten another slave to death, and there were no further proceedings. Similarly, in 1752, when a white woman shot a Khoikhoi dead, it was ruled that the circumstances made it legal.[2] In the light of such examples it is easy to understand why the white inhabitants felt so outraged when the 1812 'Black Circuit' court found that allegations that whites had ill-treated slaves and Khoikhoi were unsubstantiated: they felt these cases should never have come to court at all.

As administrative agencies the district colleges executed central government policy and reported on local events.[3] They provided the Council of Policy with information on land settlement to enable it to decide on applications for land. Such applications were sometimes made directly to the colleges instead of the central government. Although the Council of Policy took the final decisions, the local boards could influence land policy by their reports. The colleges also inspected and measured farms to resolve conflicting land claims. After 1788 they also took over the annual census of production (*opgaaf*), on which assessment for taxes was based, formerly conducted by Commissioners of the Court of Justice.[4] They built, inspected, and repaired roads and bridges, and paid out 'lion and tiger money', a reward offered by the government for exterminating wild animals.[5]

Although the district colleges performed many important duties, the central government never gave them direct financial aid. All the expenses of local administration, except the salaries of the *landdrost* and his clerk or clerks, were borne by the district itself. The Swellendam college even paid the cost of building its *drosdy* (the building in which the college sat). The colleges were authorized to levy local taxes, usually on cattle and sheep, which varied in amount and were often

[1] Venter, p. 38.
[2] Venter, pp. 38–40.
[3] In 1708 the Stellenbosch 'local board proceeded to Cape Town, to report to . . . [Commissioner] Simons on the state of the district'. (P. B. Borcherds, *An Autobiographical Memoir*, p. 144).
[4] Venter, pp. 70 ff.
[5] Ibid., pp. 90–142.

insufficient to cover expenses. The colleges had to borrow on their own account. Loans, from the Orphan Chamber or private individuals, were usually negotiated by the unpaid *heemraden*.[1]

A similar attitude characterized the central government's policy on the defence of the interior. After 1672 all adult male burghers between sixteen and sixty had to undertake military service and annual training. The burgher corps was first formed in 1659. As the numbers enrolled increased, it was divided into several companies of infantry, largely manned by Cape Town burghers, and cavalry, by burghers from outlying districts. The men elected their officers, and each district had a council of war (*Burger Krygsraad*) of senior officers, who appointed junior officers and supervised the militia. Burgher companies were controlled by the *landdrost*. The VOC intended that the militia should serve with regular troops against European invaders as well as indigenous enemies.[2] But inevitably the VOC concentrated its defence efforts against possible attack by European powers, so that military measures against indigenous enemies had to be undertaken increasingly by the local inhabitants, particularly in the later eighteenth century, when the VOC was becoming bankrupt. Thus the central government's role in the defence of the interior was limited to building frontier posts manned by a few regulars, and even this gradually ceased after about the middle of the eighteenth century.[3]

In the 1670s the commando, a new institution for frontier warfare, began to evolve. In its final form it consisted of quasi-military, quasi-police action against indigenous enemies by mounted burghers and their servants—'Bastards and Hottentots whose help was essential for the success of the undertaking'[4]—under the command of burgher officers. The government provided ammunition for the white and guns for the coloured members of the commando. In the seventeenth century 'official commandos' were punitive expeditions of regulars, burghers, and coloured servants under an army officer, or later, the Stellenbosch *landdrost*. By the beginning of the eighteenth century very few regular soldiers participated. In 1715 a turning point occurred when the Council of Policy allowed a group of volunteers under two burgher officers to proceed against San hunters and keep part of the booty. Later these expeditions were commonly led by *veldkorporaals* (burgher officers in charge of a group of men from a ward), whose importance was shown by a change of name (to *veldwagmeester*) and an increase in status in 1774. At the same time they were forbidden to resign their office except for very good cause. These changes reflected the inability of the small, loosely organized commandos to deal with the increased intensity of

[1] Venter, pp. 141 ff. [2] Roux, pp. 50–55, 64–65. [3] Ibid., Ch. VI, *passim*.
[4] *Noordwaartse Beweging*, p. 29.

the conflict with the San in the 1770s. The need for a more highly organized military force was recognized in 1774 when the government granted the request of Stellenbosch frontiersmen, and appointed one of the *veldkorporaals* as *veldkommandant*, to co-ordinate the activities of commandos. He had to report to the *landdrost* in writing every four months, and in person twice a year.[1] In 1774 a 'general commando' of 'about 100 "Christians" and 150 Bastards and Hottentots'[2] from all the wards on the frontier under Veldkommandant Opperman proceeded against the San. The government provided guns and ammunition. In 1780 the government, at the burghers' request, appointed two *veldkommandants*, one for the northern frontier and one for the eastern frontier, where skirmishing with Xhosa had begun in 1778.[3] Although the commando system proved fairly adequate in the north against the San, it was much less effective in the east. Consequently, the government created a new district, Graaff-Reinet, in 1785. Here, as in Swellendam, the strain of undertaking military expeditions against two different groups of enemies created a serious rift between the white farming community and the *landdrosts* representing the central government. Many of the eastern frontiersmen, who suffered directly, pressed for an aggressive eastern frontier policy, but this was impossible, since the *landdrosts* had no military force except commandos. The central government advocated a peaceful Xhosa policy, and concentrated military operations against the San. At the same time, it began to regain control over frontier areas, particularly in the administration of justice. This led to revolts by the white farmers, and the temporary establishment of republics at Swellendam and Graaff-Reinet at the turn of the eighteenth century, in an attempt to achieve full local self-government on the frontier.[4]

During the eighteenth century Cape burghers participated to a considerable extent in aspects of government which did not involve policy-making, especially in local government. The government deliberately encouraged this, to reduce its own administrative burden and to obtain the co-operation of 'competent subjects' in matters directly affecting burghers. Although burgher councillors and *heemraden* were not freely elected and usually belonged to a rather narrow circle, they came to be regarded by the burghers as their representatives. For example, in 1716 the Burgher Councillors presented a burgher petition to Commissioner Douglas without first going through the Council of Policy.[5] Several times in the eighteenth century *heemraden* presented petitions from the burghers in their districts asking the government to reduce taxes or

[1] Roux, pp. 139–57; *Noordwaartse Beweging*, pp. 25–65.
[2] *Noordwaartse Beweging*, p. 28. [3] Roux, pp. 158–62. [4] *Maynier, passim.*
[5] Boëseken (1), p. 39.

*recognitiegeld*, or to raise fixed agricultural prices.[1] The Burgher Councillors and the Stellenbosch *heemraden* figured prominently in the *Kaapse Patriotte* movement of 1779–91. In 1779 they presented a memorial including demands that burghers should have equal representation with officials on the Councils of Policy and Justice, and that burghers on the various councils should be freely elected, subject to the approval of the Governor and the sitting burgher representatives. In 1791 they demanded that the Burgher Council should be recognized as a separate body in law, pointing out that it had been so recognized in fact for a century. These demands were not fully met, but in 1783 the reorganized Council of Justice consisted of six burghers and six officials; a commission, of three burghers and three officials, was created in 1785 to fix official prices for agricultural surpluses, and in 1793 the status of the Burgher Council as a separate entity was officially recognized.[2]

Although the memorials of the *Kaapse Patriotte* included many demands which affected the whole burgher population, the movement was limited to the western Cape; the Swellendam and Graaff-Reinet *heemraden* did not join the Stellenbosch *heemraden* and the Cape Town Burgher Councillors in presenting memorials to the Directors or the States-General. It was difficult for burghers from the western Cape to combine politically with those from frontier areas. This was partly because of the dispersal of whites in the hinterland, and also because, while the inhabitants of Cape Town and the western Cape agricultural areas were vitally concerned with Company policy on internal and external trade and the behaviour of VOC officials (matters which predominated in the *Kaapse Patriotte* memorials), the frontier *trekboers* did not share these grievances, since their contact with the Cape Town market and the officials there was far less important to them.

[1] Venter, pp. 178 ff.

[2] Boëseken (1), pp. 38–45; Beyers, pp. 28–29, 37, 49–50, 76–82; Venter, pp. 185–6.

# 21

# Local Government and Central Authority in New Netherland

*Langdon G. Wright*

RECENT works by Thomas J. Condon and Van Cleaf Bachman have explained the economic origins of New Netherland and have set the efforts of the West India Company in the context of other colonization ventures. Both have also shed some much-needed light on the problem of the organization of society in New Netherland.[1] But the study of New Netherland has not yet profited from the type of examination that has been given to New England towns. References to the origin and nature of local government in works by Edmund B. O'Callaghan, John R. Brodhead, Albert E. McKinley, and Mariana Griswold Van Rensselaer—as in so much of nineteenth- and early twentieth-century historical writing—have reflected a Whig interpretation of history. The main point at issue in these works has been the question of whether the Dutch or the English were the Whigs. Brodhead and Van Rensselaer emphasized a Dutch tradition of "natural liberty" existing independently of institutional arrangements and, with O'Callaghan, stressed the demands of the Dutch towns for municipal privileges. McKinley, on the other hand, showed that English towns in New Netherland secured local government before the Dutch towns did, and argued that the individualistic nature of the Dutch and the West India Company's emphasis on trade retarded the development of communities.[2]

[1] Thomas J. Condon, *New York Beginnings: The Commercial Origins of New Netherland* (New York, 1968); Van Cleaf Bachman, *Peltries or Plantations: The Economic Policies of the Dutch West India Company in New Netherland, 1623–1639* (Baltimore, 1969).

[2] Edmund B. O'Callaghan, *History of New Netherland; or, New York under the Dutch* (2 vols., New York, 1846–48); see especially I, 392–93, and II, 192–93. John R. Brodhead, *History of the State of New York* (2nd ed. of vol. I, New York, 1859), 132,

[8] LANGDON G. WRIGHT

This is not to deny the merit of the works by these four. Their research and scholarly standards are still impressive. But perhaps it is time to take another look at some important questions. What, precisely, were the differences between Dutch and English towns? How can these differences be explained? What kind of local government did the settlers desire and demand? What kind of balance was struck between central authority and local autonomy? This paper will essay answers to these questions.

Unlike the first English settlements in Virginia and Plymouth, the West India Company's Provisional Order of 1624 obligated the company to pay the transportation costs of the first colonists and to grant them free land. On the other hand, the colonists were obliged to settle "at the place to be assigned to them" and were "at first" to plant only such crops as the commander and council directed. The first article of the order required the settlers "to obey and to carry out without any contradiction the orders of the Company already given them or still to be given, as well as all regulations received from the said Company in regard to matters of administration and justice." Thus, as Bachman notes, the first settlers were excluded "from even the most rudimentary participation in government" and, more surprising, were not guaranteed "a single one of the basic rights and protections enjoyed in the home country" until that "constitutional lacuna" was filled the following year.[3]

The liberal land policy of the West India Company was continued in the Freedoms and Exemptions of 1629, which created the patroonships and allowed individual settlers to take possession "of as much land as they shall be able properly to improve." But no move was made

192–94, 326–28. Mariana Griswold Van Rensselaer, *History of the City of New York in the Seventeenth Century* (2 vols., New York, 1909), especially I, 218–21. Albert E. McKinley, "The English and Dutch Towns of New Netherland," *The American Historical Review*, VI (October 1900), 1–18. Charles M. Andrews's work contained echoes of McKinley's. Andrews pointed out that because of the emphasis on trade the Dutch colonies never developed "anything quite comparable with the community spirit of the New England towns"; see his *The Colonial Period of American History* (4 vols., New Haven, 1934–38), III, 76–80.

[3] Bachman, *Peltries or Plantations*, 74–81, contains an able discussion of the Provisional Order *(Provisionele ordere)*. For the text of the document itself, see A. J. F. van Laer, trans. and ed., *Documents Relating to New Netherland, 1624–1626, in the Henry E. Huntington Library* (San Marino, Calif., 1924), 2–17.

to increase the political rights of the inhabitants, nor—except for the jurisdiction granted to the patroons—was any system of local government established. The closest thing to such a system was an article that provided that settlements not on Manhattan Island "shall be at liberty to appoint a Deputy, who shall give information to the Commander and Council . . . of all things relating to his Colonie."[4]

By 1638, however, the company had begun to realize that some provision for local government was necessary. In the Articles and Conditions for colonization drafted in that year, the Amsterdam Chamber of the company recognized that "the population cannot be settled on one place, but must be disposed according to the inclination of those going thither." The chamber's solution to the problem of political control over dispersed settlements was that "each inhabitant shall be bound willingly to accept, and honestly and faithfully to discharge at his place of residence . . . all public burthens and duties, such as the office of magistrate and those of honor or authority."[5]

The proposed articles were disapproved by the States General, but in 1640 a new charter of Freedoms and Exemptions, designed to encourage settlement in New Netherland, was adopted. This charter provided that in the event that the dwelling places of the colonists became "so numerous as to be accounted towns, villages or cities" the company was to give orders respecting the establishment of local government. Magistrates were to be nominated by the towns "in a triple number of the best qualified," from which the governor and council were to make the actual appointments. It was, however, made abundantly clear that local governments were to be "subaltern" to the company:

> The Company reserves unto itself all large and small tythes, all waifs, the right of mintage, laying out highways, erecting forts, making war and peace, together with all wildernesses, founding of cities, towns and churches, retaining the supreme authority, sovereignty and supremacy, [and] the interpretation of all obscurity which may arise out of this Grant.[6]

[4] O'Callaghan and Berthold Fernow, eds., *Documents Relative to the Colonial History of the State of New-York* (15 vols., Albany, 1853–87), II, 553–57 (hereafter cited as *N.Y. Col. Docs.*).

[5] Ibid., I, 111–12.

[6] Ibid., 119–23.

The following year, Director Willem Kieft and his council received a petition from "a good number of respectable English people with their preacher" requesting permission to settle and "asking that the conditions might be communicated to them." Kieft granted them Freedoms and Exemptions that substantially followed the West India Company's instructions. The English were to take an oath of allegiance to the States General and the West India Company. They were permitted to have "free exercise of their religion." They were allowed free hunting and fishing, equal privileges in trade, and were to be exempt for ten years from paying the usual tax of one-tenth of their produce. They were to use Dutch weights and measures and were not to erect forts without permission. "As to their political government, if they desire a Magistrate, they may nominate three or more of their ablest men, from whose number the Governor of *New Netherland* will select him, who is to be their Magistrate, having final jurisdiction in all civil cases up to forty guilders . . . and criminal jurisdiction up to capital punishment."[7]

An actual patent issued to the Rev. Francis Doughty on March 28, 1642, for a settlement that became known as Newtown, modified these freedoms somewhat. It granted Doughty and his followers 13,332 acres of land with the power to build "a village or villages, a church or churches" and to nominate "some of their community . . . for the civil and judicial administration." The limit on the value of civil suits that could not be appealed was raised to fifty guilders, but final jurisdiction in criminal matters was reduced to those cases where a fine of fifty guilders or less was imposed.[8]

Subsequent patents granted by Kieft to English settlers were not identical to the one given Doughty and often contained significant differences. The patent for Hempstead (1644) was basically the same. That for Flushing (1645) empowered the patentees to choose a *schout*, or sheriff, who was given the power to arrest malefactors, but no court system was established until 1648. The patent granted to Lady Deborah Moody and her Massachusetts Anabaptist followers at Gravesend (1645), on the other hand, permitted the settlers to "erect a boddy politique," make local ordinances, and "nominate elect &

[7] Ibid., XIII, 8.
[8] Ibid., XIV, 38–39.

choose three of the ablest, approved, honest men" as magistrates, and to choose a *schout*. The magistrates could pass final judgment in civil cases up to fifty guilders, but no mention was made of criminal jurisdiction.[9]

While the specific terms of these charters were not consistent, it is clear that Kieft went beyond the limits established by the Freedoms and Exemptions of 1640, particularly in allowing English towns to build forts and churches and to choose their own officials rather than merely making nominations. Nor, apparently, was Stuyvesant more strict, since the directors of the company saw fit to caution him in a letter dated November 4, 1653:

> You extol the conditions and the offer, according to which some English families shall be admitted there to establish a new village. . . . You present the matter as a proper measure, which would place the country and the administration in a firmer and safer position, but unfortunately we take a different view, because the people of *Hemstead* and *Flushing* have actually not only not prevented the raising of the Parliament's flag by some English freebooter, but also permitted it to be done; an example, which induces us not to trust to any of that nation residing under our jurisdiction. Their immigrating and having favors granted to them must therefore be restricted henceforth, that we may not nourish serpents in our bosom, who finally might devour our hearts. You will act accordingly.[10]

Temporarily, at least, Stuyvesant became more circumspect. On March 16, 1656, he received a petition from Thomas Wheeler and other residents of Vreedland (Westchester) agreeing to submit to the jurisdiction of New Netherland provided they could choose their officers, make laws, distribute land, and admit settlers. Stuyvesant replied that they could nominate "a double number for officers and magistrates" and live "under such conditions and patents, as other free people in the villages of *Middelborch, Breukelen, Midwout,* and *Amesfoort* enjoy."[11] As we shall see, these Dutch towns Stuyvesant

[9] These patents are recorded in O'Callaghan, *Laws and Ordinances of New Netherland, 1638–1674* (Albany, 1868), 42–46, 48–51, 53–57.

[10] *N.Y. Col. Docs.*, XIV, 216.

[11] Ibid., XIII, 64–67. Another factor should be noted here. In March 1656, Stuyvesant and the council had authorized the magistrate to eject Wheeler and others from the province because they had settled without authorization. The restrictive terms of the settlement, then, may be attributed partly to Stuyvesant's desire to exercise closer control over a troublesome settlement as well as a general tightening up on freedoms granted to English towns.

named "enjoyed" a lesser measure of local self-government than the English towns. Similarly, in 1661 Stuyvesant allowed another group of English settlers only "such power, Authoritie, Priveledge and Liberty as all other townes & Collonies of N. Netherland have obtained, to wit, the Nomination off theire owne Magistrates yearely in a dubble Number," who were to be elected by the governor and council and given the power "to make and to see approbated and confirmed by the Director-Generall & Counsell all such Ordinances as they shall find good for the benefitt of theire townes or plantations."[12]

But neither Stuyvesant nor the West India Company was averse to relaxing the rules on occasion. On July 20, 1663, Stuyvesant informed Robert Treat that he had received from the Netherlands "thyre advys hoe far to condescent att the points & questions" that had been previously discussed. Concessions made by the company at this time included the right of the inhabitants of the proposed town to choose their own officers "in quality and number as they See most expedient," the only restriction being that "the Chosen Magistrates annually shal be presented before the Governour and Counsel for to be Confirmed by them and to Renue the Oath off Magestracy." Local officials could make laws, providing they submitted them for confirmation to the director general and council. The town court was to have civil jurisdiction in cases with fines of less than £100 without the right of appeal. In criminal cases, capital sentences "wherein the partys are Convinced [convicted] by owne confession" could be executed without appeal except "in dark & dubious matters, especially in Wich craft," when the sentence had to be approved by the provincial government.[13]

Dutch towns, as McKinley pointed out, took a longer time to receive local government than those settled by Englishmen. Moreover, when they were finally chartered, the terms were distinctly less favorable than the ones granted to most of the English towns. For one thing, the first set of local officials was often "elected" by Stuyvesant. In 1658, when the village of Harlem was first settled, the inhabitants were promised that when twenty or twenty-five families had established residence there "the Director General and Council will favor it with an Inferior Court of Justice; and, for that purpose, a double number is to be nominated . . . for the first time by the Inhabitants and afterward

[12] Ibid., 210–11. [13] Ibid., 281–82.

by the Magistrates thereof." Three "commissaries" were named in the charter of August 16, 1660, which actually established the court, but it is difficult to tell whether they had been nominated by the residents or appointed directly by Stuyvesant. The charter of Bushwyck (1661) was similarly ambiguous, but those of Wiltwyck (1661), Bergen (1661), New Utrecht (1661), and Staten Island (1664) were not: in these cases it is evident that Stuyvesant himself chose the original magistrates and that no nominations were made by the inhabitants. In all cases, the magistrates, not the community, nominated their successors.[14]

Though generally handpicked by Stuyvesant, local officials in Dutch towns were given less power than their English counterparts. The Wiltwyck *schepens,* or aldermen, for example were given final jurisdiction in civil cases up to fifty guilders, but found their jurisdiction in criminal cases limited to such "lesser crimes, as quarrels, injuries, scolding, kicking, beating, threatenings, simply drawing a knife or sword, without assault or bloodshed . . . with reservation of the clause of appeal, if the condemned feel himself aggrieved by the decision of said court." More serious cases involving "criminals and delinquents guilty of wounding, bloodshed, fornication, adultery, public and notorious thefts, robberies, smuggling or contraband, blasphemy . . . [or] injuring and slandering the Supreme Magistrates, or their representatives" were to be referred to the director general and council. The local officials were reminded that they were not permitted "to enact any ordinances, placards or similar acts, or publish and affix these, except by previous consent of the Director-General and Council." The magistrates of Harlem, New Utrecht, and Staten Island were allowed to enact ordinances for the proper fencing of fields and gardens, but otherwise their legislative and judicial powers were as limited as those of Wiltwyck and other Dutch towns.[15]

[14] McKinley, "English and Dutch Towns of New Netherland," 1–18. The ordinance establishing Harlem may be found in O'Callaghan, *Laws and Ordinances,* 335–37; for the ordinance establishing local government there, see 386–87. The ordinance for Wiltwyck is ibid., 395–401; for Bushwyck, 389–90; Bergen, 403–8; New Utrecht, 422–24; Staten Island, 458–59.

[15] Quotations from the instructions to the Wiltwyck court are in *N.Y. Col. Docs.,* XIII, 196–98. Also see the ordinances cited in the previous footnote. For examples of the generally trivial cases handled by local courts in Dutch towns, see van Laer, trans. and ed., *Minutes of the Court of Fort Orange and Beverwyck, 1652–1660* (2 vols., Albany, 1920).

At this point, two questions need to be asked. First, why did the English settlers secure local government faster than the Dutch? Second, why, when the Dutch towns were granted local government, were they given less power than the English towns?

The first question has been at least partially answered by McKinley, Andrews, and Condon: with the exception of New Amsterdam (which was controlled by the director and council anyway) the English formed communities earlier than the Dutch and hence needed some form of local government at an earlier date. Council minutes kept during Kieft's administration noted that "a good number of respectable English people with their preacher" asked to settle or that John Throckmorton "with 35 families" requested permission to immigrate to New Netherland. In a letter to the directors of the West India Company dated July 21, 1661, Stuyvesant noted that "the *English* and *French* colonies are continued and populated by their own nation and countrymen and consequently bound together more firmly and united, while your Honors' colonies in *New-Netherland* are only gradually and slowly peopled by the scrapings of all sorts of nationalities (few excepted), who consequently have the least interest in the welfare and maintenance of the commonwealth."[16] What was done in New England out of habit became imperative for the English groups that moved to New Netherland. This was made clear in 1661 by a committee representing Englishmen from Milford who wished to settle in New Netherland. They asked Stuyvesant to allow them to choose their own magistrates and to establish their own judicial system, from which appeals would not be allowed. They explained that these were local powers they enjoyed in New England, "and it is much more necessary that they have it under the *Dutch* (whose lawes they know not nor understand their language and the way and manner of exerciseing this their sole power)."[17]

Kieft, Stuyvesant, and the West India Company were all aware of

[16] *N.Y. Col. Docs.*, XIII, 8, 10, 205. McKinley, Andrews, and Condon have elaborated on this point in the works cited in footnotes 1 and 2.

[17] *N.Y. Col. Docs.*, XIII, 209–10. For evidence that the English bargained with Governor Kieft in 1641, see ibid., 8. McKinley, "English and Dutch Towns of New Netherland," 12, overshot the mark in saying that the English dictated the terms of the charters, but there can be no doubt that they made a guarantee of some form of local self-government a precondition for settling.

the English example and tried to concentrate Dutch settlers into communities. In the council minutes of February 27, 1642, the difficulty of protecting the population from Indians was noted, it "being scattered here 10 Leagues East and West and 7 Leagues North and South . . . mostly in the forest." In December 1644 the board of accounts of the West India Company reported that the "population did not experience any special impulse until the year 1639, when the Fur trade with the Indians . . . was thrown free and open to every body," at which time settlers "separated themselves from one another, and settled far in the interior of the Country, the better to trade with the Indians." The scattering of the population exacerbated relations with the Indians—especially when the Dutch sold them liquor or firearms or when the colonists' livestock trampled on the natives' corn—and at the same time made it impossible to defend the settlers. The board recommended that the colonists "settle nearer each other" and be "formed into villages and towns." On July 7, 1645, the Assembly of Nineteen, the governing body of the West India Company, instructed Kieft and the council to "endeavor as much as possible, that the colonists settle themselves with a certain number of families . . . in the manner of villages, towns and hamlets, as the English are in the habit of doing, who thereby live more securely." In January 1656, Stuyvesant ordered all settlers "to concentrate themselves, by next Spring, in the form of Towns, Villages and Hamlets." This order was repeated in February 1660 with an additional comment that settlers in New England were not as subject to Indian massacres because they lived close together. It was "notorious and remarkable," Stuyvesant said, that murders were never committed where ten or twelve persons lived together in a settlement, but only where they were isolated.[18]

Judging from the number of local courts established in Dutch towns after 1660, the repeated efforts of Stuyvesant and the company must have begun to bring results. But as we have seen, local officials in Dutch towns received markedly less power than English magistrates. The reason for this, apparently, was that English settlers were simply in a better position to demand and receive a greater measure of local autonomy. Already organized into communities prior to emigrating

[18] *N.Y. Col. Docs.*, XIII, 11–12, I, 150–51, 161; O'Callaghan, *Laws and Ordinances*, 206–8, 368–69.

from New England, they formed natural and relatively powerful pressure groups. They generally negotiated with the director general and council in attempts to secure advantageous terms of settlement, and even the West India Company, despite its 1653 caveat to Stuyvesant to restrict the favors granted them, "that we may not nourish serpents in our bosom," found it difficult to resist their demands. It was clear that English settlements would be beneficial to the company in many respects. They would be large enough, yet compact enough, to afford protection against Indian attacks, and the burden of defending them would not fall on the company. The English communities were more apt to be self-sufficient; the company would not have to supply them, and could hope to make a profit by carrying their trade and, in due course, by collecting a tenth of their produce. The English frequently brought their own ministers, so the company did not have to bear that expense either.

The Dutch, on the other hand, were not faced with the problem of living under alien rule and could not at first have felt the same compulsion as the English to secure the privilege of self-government. Those groups who were in a strong bargaining position, such as the Walloon settlers of 1624, were thus satisfied with securing private ownership of land and apparently were not concerned enough to object to the fact that they were not guaranteed any political rights.[19] Other Dutch settled as individuals, mainly at the company's expense, and were more involved with seeking profit in the fur trade than in establishing a satisfactory community life. And if, when drawn into towns, they did not submit "patiently" to the rule of the director general, they did at least continue to look to the West India Company as the source of supply and protection and were more likely than the English to accept the company as the legitimate source of authority.[20]

This is not so say that the Dutch, or the English for that matter, were satisfied with their lot. Almost from the first the inhabitants quarreled

[19] Bachman, *Peltries or Plantations*, 74–75. Bachman suggests that it was the eminent suitability of the Walloons as colonists that enabled them to secure such a liberal land policy from the company.

[20] Stuyvesant himself noted the connection between the granting of local autonomy and the problems of taxation and military support in a letter to the West India Company dated July 21, 1661 (*N.Y. Col. Docs.*, XIII, 204–6). Responding to the company's complaint that the French and English colonies maintained themselves without military as-

*Local Government and Central Authority in New Netherland* [17]

with the director general and the West India Company over the privileges and responsibilities of the communities. As may be seen from the restrictive nature of the charters granted as late as 1661 and 1664, the colonists by no means emerged triumphant in their struggle for local self-government. Nevertheless, an examination of that struggle may shed some light on the attitudes and expectations of both the colonists and the company.

During their terms in office, both Kieft and Stuyvesant solicited advice from groups of men elected by the populace. Kieft made it plain that he considered these representatives merely ad hoc bodies, that he would give them no permanent role in the government of the colony, and that he was not obliged to accept their advice. In 1641, faced with the possibility of war, Kieft had called an assembly which then chose a board of twelve men to represent it. In 1642, he agreed to requests from the twelve representatives for annual musters, that the value of currency be raised to prevent it from leaving the colony, and that "no cows or goats be sold here by the English." But he evaded or turned aside requests that the governor's council be increased and that the director try criminal cases only when five or more councillors were present. In response to the request that he "choose four persons who shall have access to the Council" so that taxes would not be imposed in the absence of the twelve, Kieft replied that he was "fully satisfied to choose 4 persons to assist in maintaining the commonalty in their right, and whom we will invite to our Council, when necessity requires," but that he was not aware the twelve representatives had "received fuller powers from the Commonalty than simply to give their advice respecting the murder of the late Claes Swits." In a council order of February 8, 1642, he repeated his conception of the twelve's limited role, thanked them for their advice, and ordered them to "hold no further meeting, as the same tends to a dangerous consequence, and to the great injury both of the country and of our authority." In 1643, he was obliged to call a second assembly, from which a board of

sistance from the parent country, he replied: "it is well known, that these nations are exempted from all duties and taxes to foreign masters and that they are their own chiefs, magistrates and what depends thereon, settle their own taxes and are in consequence subject to being impressed here as well as in their home countries." In New Netherland, on the other hand, "the Company has engaged itself by the Exemptions to protect us and receives for it the export and import duties and the excise."

eight was chosen to confer on the Indian problem. His relations with these eight representatives were little smoother.[21]

Stuyvesant was apparently willing to make a board of nine men a permanent body: the 1647 order establishing that body provided that six would retire annually, to be replaced from a double number of nominations made by the nine members. But it was equally clear that he was not willing to give them any substantive power: they were to meet only when authorized; three men in rotation were to act as arbitrators, but could handle only such cases as the director and council chose to give them. Nor was the West India Company interested in supporting any move by the settlers for increased political power. After receiving petitions from the eight representatives complaining of Kieft's disastrous Indian policy, the company responded only with a program of "Retrenchment and Reform" designed to increase trade and streamline its operations.[22]

In 1649, over the objections of Stuyvesant, the nine-member board sent a delegation to the Netherlands to present a remonstrance and a petition to the States General. The remonstrance, written by Adriaen van der Donck, was an odd collection of data and accusations reflecting his historical and chorographical interests as well as his personal prejudices. His natural history was broad in scope, though perhaps cursory; but his political analysis was too sharply limited by animosity toward Kieft and Stuyvesant to be effective in getting to the roots of the constitutional problems of New Netherland.[23]

[21] For Kieft and the twelve representatives, see ibid., I, 201–3, and for Kieft and the eight, see I, 185–86, 206, 304.

[22] O'Callaghan, *Laws and Ordinances*, 75–78; *N.Y. Col. Docs.*, I, 216–48, and especially 227–28.

[23] The historical and political background to these protests may be found in O'Callaghan, *History of New Netherland*, II, 66–67, 89–91, 110–21. For the remonstrance, see *N.Y. Col. Docs.*, I, 275–318. Van der Donck's main theme was that "bad government with its attendants and consequences" was the "sole and true foundation stone of the decay and ruin in New Netherland." He complained that the directors "looked more to their own profit than to the country's welfare"; that they "comported themselves just as if they were Sovereigns of the country"; and that the selectmen had "no voice or opinion in cases before the court; they were chosen in view of the war and some other occurrences, in order to serve as a cloak and a catspaw." Some of the specific complaints, like those about Kieft's Indian policy or Stuyvesant's arrest of van der Donck and the confiscation of his journal, referred to major grievances. But many complaints were petty: too much was made of Stuyvesant's temper (especially in light of the fact that van der Donck and the

*Map of New Netherland from the second edition of Adriaen van der Donck's* Beschryvinge Van Nieuw-Nederlant *(Amsterdam, 1656).* ▶

NOVA BELGICA sive NIEUW
NEDER LANDT
Quebecq
Fort Orange
COLO NYE
RENSELAERS WYCK
Mackwaas
Hozikans
Nawaas
t'Landt van Kats Kill
Minnessinck ofte t'Landt van Bucham
t'Hooge Landt van Esopus
Sequins
Wappinges
Waranawankongs
Wauranecks
Makimanes
Quirepeys
Wecke
Quyropey
Conittekook
COLONIE VAN DE HEER NADER
Tappaan
Pachami
Siwanoys
Sanhicans
Lange Eylandt
Matouwacs
Matovancons
Aquauachu ques
Ermomex
Maraticons
Groote Rivier
MAR DEL NORT.
NIEUW AMSTERDAM

In this respect, the petition of the board, submitted to the States General along with the remonstrance, was a more accurate reflection of the problems of the colony. It listed eight specific causes of the "very poor and most low condition" of the province:

> First, Unsuitable government; 2° Scanty privileges and exemptions; 3° Onerous imposts of duties, exactions and such like; 4° Long Continued War; 5° The loss of the [ship] Princess; 6° A superabundance of Petty Traders and pedlars *(Schotten en Chinezen)* and a want of Farmers and Farm servants; 7° Great dearth in general; 8° and lastly, the insufferable arrogance of the Natives or Indians, arising from our smaller numbers, etc.

The petitioners asked the States General to send more settlers and supplies; to establish boundaries; to exempt colonists from "imposts, tenths, and burthens"; to allow greater freedom of trade; and, first in the list of desired "Privileges and Exemptions," to establish "suitable municipal *(borgerlycke)* government, such as your High Mightinesses shall consider adapted to this Province, and somewhat resembling the laudable Government of our Fatherland."[24]

Another copy of the petition, with annotations made by the nine members, sheds further light on their request for local government. Though humbly acknowledging they were "not fit nor qualified to prescribe a rule to your High Mightinesses," the petitioners had some definite ideas and suggestions. They desired local government so that "those interested in the country may also attend to its government and keep a watchful eye over it, without its being intrusted to a set of hairbrained people, such as the Company flings thither, but to such as obtain in New England." The theme of democratic self-government was continued in two long and adulatory notes describing the government of New England in terms that would, no doubt, have astonished the Puritan leaders of that colony. Neither "Patroons, Lords nor Princes are known there; only the People. Each Governor is like a Sovereign in his place, but comports himself most discreetly. They are, and are esteemed, Governors next to God by the people, so long as the

others seem to have been no less volatile); one of the complaints against Kieft was that he secured donations for a church by unfair means (at a wedding, he "set to work after the fourth or fifth drink," and thus got the citizens to pledge more money than they would have had they been sober).

[24] *N.Y. Col. Docs.*, I, 259–61.

latter please." In each province there were many towns, and each town, "no matter how small, hath its own court and jurisdiction, also a voice in the Capital, and elects its own officers. Few Taxes are imposed, and these only by general consent."[25]

Eager to assert the stability of a democratic system, in contrast to the unpleasant factionalism of New Netherland and also, perhaps, because the petitioners considered themselves likely candidates for public office in such a system, they stressed the harmonious relations in New England between the rulers and the ruled. Magistrates, they asserted, depended on the people, but were treated "with very great respect." Though towns chose their officers annually and their delegates annually chose a governor, public officials were rarely changed. Nevertheless, the people "have power to make a change; and they would make a change in case of improper behavior, and that they therefore say is the bridle of their great men."[26]

This, the petitioners said, "is what we have learned from divers of the English respecting New England." Their sources of information, then, were probably the idealized reminiscences of English immigrants to New Netherland. But since Thomas Hall was the only Englishman who signed the petition, it is fair to say that the document at least reflected the ideals of important Dutch political figures, if not of the "Commonalty of New Netherland" in whose name it was written.[27]

The Remonstrance and Petition of 1653, on the other hand, was admittedly "drawn up and written in English, by the Deputies from the English villages" and only subsequently translated and approved by the burgomasters and *schepens* of New Amsterdam.[28] The English origin of this remonstrance manifested itself in rhetorical and theoretical flights that went far beyond the stolid practicality of the 1649 petition. First, it acknowledged "a paternal government which God and Nature have established in the world for the maintenance and preservation of peace, and the good of mankind." God had entrusted the States General with the power "to promote the welfare of their subjects," and their High Mightinesses had in turn made the directors of

[25] Ibid., 266.

[26] Ibid.

[27] Ibid., 267, 270.

[28] See "Short Notes . . . of Explanation of some Points . . . ," December 30, 1653, ibid., 553–55.

the West India Company "subaltern magistrates," whom the remonstrants acknowledged "as Lords Patroons of this place." The petitioners emphasized that they were "not a conquered or subjugated people," but had settled "on a mutual covenant and contract entered into with the Lords Patroons, with the consent of the Natives." They had purchased their land with their own money, and had "with immense labor and trouble" transformed it from "a wilderness of woods" into farms and towns. They therefore conceived their "privileges to be the same, harmonizing in every respect" with those of the Netherlands. On a less theoretical plane, the remonstrants expressed their apprehension "*of the establishment of an Arbitrary Government among us*" and their objection to the fact that laws were made and magistrates appointed "without the consent, knowledge or election of the whole Body, or its agents or representatives."[29]

The petitions and remonstrances of 1649 and 1653 stand as the most important attempts of the colonists to increase their own power and to limit that of the director general and the West India Company. Other, more localized instances might also be cited, such as the English town of Flushing's refusal in 1657 to enforce Stuyvesant's order not to receive Quakers or the Dutch town of Wiltwyck's quarrel with Stuyvesant in 1663 over his interference in their affairs. The reaction of Stuyvesant and the company to all of these protests was uniformly hostile. A "Short Digest of the Excesses and Highly Injurious Neglect Which New Netherland Has Experienced Since It Has Been Placed Under the Company," presented to the States General in January 1650, was answered by the company with a point-by-point refutation or denial of the charges and subsequently by a statement that the directors considered "little or no change necessary in regard to Colonists who have planted Colonies there already." In 1653, Stuyvesant declared the assembly that drafted the remonstrance illegal, ordered it to hold no more meetings, and penned a hot-tempered rebuttal that alternated between flat denial of the charges, nit-picking textual criticism, and sarcasm. ("The cleverness of Burgomasters and Schepens may be inferred herefrom, when a stranger or Englishman must prescribe, what they should remonstrate and demand.")[30]

[29] Ibid., 550–52. To trace the events leading to the remonstrance see ibid., XIV, 226–32.

[30] Ibid., XIV, 402–9, XIII, 318–20, 357–58, I, 332–46, 363, XIV, 232–36.

At that, Stuyvesant's reaction was milder than the company's. In a letter dated May 18, 1654, the Amsterdam Chamber said it could not find anything "that could have given them [the colonists] a reason for complaining of some wrong" and conjectured that "the whole thing consists only of forged pretexts for an imminent factious sedition." They scolded Stuyvesant for not reacting strongly enough: "*we* think, that you should have proceeded rigorously against the ringleaders of this work, and not to have meddled with it so far, as to answer protests by counter protests and then let it pass without further notice." It was "highly arrogant for inhabitants to protest against their government," of course, but Stuyvesant was reminded that "authorities prostitute their office, when they protest against their subjects without punishing them."[31]

In 1657 Stuyvesant responded to Flushing's "seditious and mutinous Order and Resolution" by accusing the magistrates of "trampling the authority of the Director General and Council absolutely under foot." He thought the town deserved to have its freedoms and exemptions annulled, and that all those who signed the remonstrance should be given corporal punishment and banished. To prevent further "disorders," Stuyvesant considered it necessary to dismiss the *schout* and substitute "a person better versed in the Dutch Practice, and somewhat conversant in both languages, the English and Dutch." The *schepens* were continued in office, but to prevent "the disorder which commonly arises from general Town-Meetings, or Village Assemblies, these being, besides, very prejudicial and hurtful to many in their daily business, and very seldom productive of salutary and good result," such meetings were forbidden unless permission was secured from the director and council in advance. To replace the town meeting, seven tribunes were to be "chosen and appointed out of the best, most reasonable and most respectable Inhabitants" to serve as advisers to the magistrates. In response to the "insolent expressions" of Wiltwyck's magistrates in 1663, the *schout*, Roeloff Swartwout, was suspended, and Stuyvesant's emissary was authorized "to fill the places of the obstinate and evil minded officers by others, selected from the most pious and honest inhabitants."[32]

[31] Ibid., XIV, 261–62.

[32] O'Callaghan, *Laws and Ordinances*, 338–42; *N.Y. Col. Docs.*, XIII, 319–20.

Still, Stuyvesant's responses to these protests were milder than the course of action urged on him by the West India Company after the 1653 remonstrance. Swartwout was reinstated in February 1664, less than two months after he had been dismissed. In Flushing, the *schepens* were continued in office, and they and the newly chosen tribunes were allowed to make ordinances that "all other Inhabitants shall promptly obey and observe."[33] Thus while the West India Company asserted its complete power over New Netherland, there were two sides to Stuyvesant's attitude toward local government. On the one hand, he shared the common apprehensions about the "disorder" caused by democracy and asserted his right to interfere in local affairs whenever he considered it necessary. But on the other hand, he was generally more temperate in his dealings with dissident groups than the company was, and as long as the towns did not encroach on his prerogative he allowed them a measure of independence.[34] As a result, the history of local government in New Netherland was characterized by the juxtaposition of opposing forces of centralized authority and local autonomy. It is to the interplay between these two forces that we now turn.

Both Kieft and Stuyvesant, as we have already seen, felt obliged to consult representatives of the community on important matters. This was the reason why Kieft asked for the appointment of the twelve and then the eight representatives. Stuyvesant established the nine-member board because he was "commanded to solicit the coöperation of the Commonalty, as such concerns their own welfare and defence, and is customary in all well ordered Governments, Colonies and Places" and because he thought that nine representatives would provide "a more reasonable manner of consent" than would polling the entire population. Even after the board of nine men had been aban-

[33] *N.Y. Col. Docs.*, 357–58; O'Callaghan, *Laws and Ordinances*, 338.

[34] One exception to the general rule that Stuyvesant was milder in his treatment of dissident groups than the West India Company wished him to be is his ordinance prohibiting towns from receiving Quakers, cited above in connection with the Flushing remonstrance of 1657. On April 16, 1663, the directors of the company expressed their fears that proceeding rigorously against the Quakers would discourage immigration. They advised Stuyvesant: "You may therefore shut your eyes, at least not force people's conscience, but allow everyone to have his own belief, as long as he behaves quietly and legally, gives no offence to his neighbors and does not oppose the government." *N.Y. Col. Docs.*, XIV, 526.

doned, he continued to seek advice on occasion. In fact the remonstrance of 1653 was a result of his attempt to discuss with delegates from the towns ways to deal with the pirate Thomas Baxter, who had been robbing inhabitants of Long Island.[35]

Stuyvesant, like Kieft, however, never doubted that he and the council constituted the source of political power in New Netherland. To an assertion made in the 1653 remonstrance that the law of nature gave men the right to gather for their welfare and the protection of their freedom, he responded: "The Director-General and Council think, that the authorities are appointed for these purposes, but not all men generally, for that would create confusion." The director general and council, he affirmed, had been given "ample authority for the preservation and protection of the privileges, freedom and property of the Company and the good inhabitants and if necessary for the convocation of an Assembly of their subjects, but this authority was not conferred on the Burgomasters and Schepens, much less to *all men*." In 1654 he informed the magistrates of New Amsterdam "that the establishment of a subordinate Court of Justice . . . does in no way infringe upon or diminish the power and authority of the Director-General and Council to pass ordinances or issue interdicts." The magistrates were warned not to trouble the director or council "on account of some orders, rules, fines or punishments" made by the director unless the populace specifically asked them to "mediate and intercede."[36]

Instances of Stuyvesant's interference in town affairs are numerous. In 1652, two Englishmen, among others, testified "that they comming into the meeting at *Hempstead* heard the Governor say that the towne had not made a legall choice [of officers] and that all they had done since Captaine *Tapping* went away hee looked at it to bee as noething and wished them to make a new choice and hee would confirme them." In 1653 Stuyvesant violated the charter of New Amsterdam by naming the officials of its newly created government, and the following year he refused their request that they be allowed to nominate their successors.[37]

[35] O'Callaghan, *Laws and Ordinances*, 75–76; *N.Y. Col. Docs.*, XIV, 218–19.

[36] *N.Y. Col. Docs.*, XIV, 239, 249–50.

[37] Ibid., 177; Philip L. White, "Municipal Government Comes to Manhattan," *The New-York Historical Society Quarterly*, XXXVII (April 1953), 152; *N.Y. Col. Docs.*, XIV, 244.

In some cases, as when he forced the settlers at Esopus to pull down their old houses and move closer together, or when he commanded the Midwout and Amersfoort magistrates "above all things to take care that the Palisades and demarkation be properly maintained and kept in repair," Stuyvesant was interceding in important matters with which local officials had proven either not competent or too lax to deal. But in other cases it is clear that he concerned himself with local details that might easily have been left to the towns.[38]

Although Stuyvesant would not allow any diminution of his authority, he did, in one instance at least, acknowledge that geographic considerations limited his ability to supervise a town's affairs. In 1664 the magistrates of Wiltwyck, finding "with due reverence, that the instructions sent by your Honorable Worships to the said Court require very much to be amplified," asked for the power to publish and provisionally enforce ordinances concerning roads, fences, public buildings, "and whatever may be best for the farming interests and the safety of the village" and also regarding "the finding and raising of the means thereto required," all subject to the approval of the director and council. The request was denied, but Stuyvesant did agree that in "winterseason or other inconveniences" the court of the Dutch town might make and execute "some provisional orders in an emergency, on condition that they inform the Director-General and Council thereof by the first opportunity and obtain their confirmation."[39]

In cases where his prerogative was not challenged, Stuyvesant was apt to agree to a town's request for an ordinance, or even to allow the town to make its own decision. Thus in 1654 he agreed to Mespats's request for permission to banish a settler from the village, and two years later yielded to the intercession of New Amsterdam's burgomasters and preachers and rescinded the banishment of another settler. In 1657 the town of Midwout objected that the tax of ten guilders per lot, levied for the support of Dominie Johannes Polhemius, was unfair because "every one of the inhabitants and neighbors has not the same

[38] *N.Y. Col. Docs.*, XIII, 81–83; O'Callaghan, *Laws and Ordinances*, 373–74. See, for example, his ordinance dealing with the prevention of fire and the ordinance prohibiting street brawls in New Amsterdam, both issued December 15, 1657, and printed in O'Callaghan, *Laws and Ordinances*, 322–24. Surely these matters were within the jurisdiction of the New Amsterdam town officials.

[39] *N.Y. Col. Docs.*, XIII, 369–70.

amount of property, one having less, the other more, we must and cannot tax all alike, but each in proportion to his property and real estate." Stuyvesant found this complaint "reasonable and just" and allowed Midwout and Amersfoort to apportion their own taxes. At the same time, he disallowed Breuckelen's request that it, "a weak and impoverished community," be exempted from the tax to support Polhemius.[40]

In addition to approving requests from town magistrates, Stuyvesant occasionally promulgated local ordinances during visits to New Netherland towns.[41] But there is evidence that Dutch towns sometimes passed, and enforced, local laws without the participation of the governor or the council. In 1659, for example, the court of Fort Orange and Beverwyck, which had previously limited its legislative function to reproducing ordinances made by Stuyvesant, passed laws that regulated the stacking of firewood in the streets and prohibited the firing of guns on New Year's Day or "playing golf in the streets" of Fort Orange. There is no evidence that these laws were ordered by the provincial government, nor is there any indication that they were submitted to Stuyvesant for approval before being enforced.[42] Lastly, towns started to receive some measure of autonomy when they began to be given the right to levy taxes and to apply the revenues to local purposes.[43]

But these were rather trivial advances, and town autonomy cannot be said to have undergone a steady growth in the years prior to 1664. It was, for one thing, limited by Stuyvesant's jealous concern for his prerogative. The protests discussed before, though indicative of im-

[40] Ibid., XIV, 307, XIII, 69, XIV, 379–82. The Breuckelen magistrates also complained that Polhemius came only every other week and gave only a short prayer "from which we learn and understand little and when we think that the prayer or sermon, whatever it be called, is beginning, it is already over, so that he gives small edification to the congregation." They did not mean to dishonor the dominic or injure his good reputation, "but say only, that his great age is the cause of all and that his faculties are evidently not, what they were formerly."

[41] See, for example, ordinances issued by Stuyvesant at Wiltwyck on November 27, 1662, regulating the measuring of grain, prohibiting the making of holes in the palisades, and forbidding the inhabitants from taking soldiers' clothing or weapons in pawn for money or liquor. O'Callaghan, *Laws and Ordinances*, 431–44.

[42] Van Laer, *Court Minutes of Fort Orange and Beverwyck*, II, 234–35. Compare these with ordinances issued at the same time regulating tapsters, which were promulgated in accordance with instructions from Stuyvesant and with ordinances concerning the assize of bread and the value of wampum. Ibid., 234, 166–68.

[43] See *N.Y. Col. Docs.*, XIV, 248, 290.

portant attitudes held by the people, had little practical effect in diminishing the director general's power. In addition, the provincial government, as well as being the source of authority, played an indispensable role in resolving problems or arbitrating disputes with which the towns could not cope. In October 1655, Stuyvesant had approved a town plan submitted by Midwout. But four months later, noting that the "Magistrates and Inhabitants of *Midwout* cannot agree, but are almost continually at loggerheads, about the formation of their Village," he furnished a new plan to which the town was ordered to conform. In 1656 the settlers of the new town of Arnhem did not even propose a plan but went directly to the governor for assistance in surveying the streets and house lots because "some among us do not understand the laying out of lots and would locate the houses arbitrarily, which would give it a sloven appearance." Similarly, Stuyvesant was frequently called upon to arbitrate local disputes concerning land, fences, and other matters.[44]

Even the English towns were at times forced to ask Stuyvesant's aid in resolving quarrels. In 1648 both parties to a dispute in Flushing requested "that the Honorable Director General and Council would favor them with a pious, learned and reformed minister, and then order that each inhabitant should contribute to such godly work according to his ability, and that an end be put to the present differences in a manner, that shall promote peace, quietness and unanimity in said town." In 1662 Hempstead's magistrates complained that a year after "the major parte of the Towne" agreed to hire a minister, several residents refused to contribute to his support. They asked Stuyvesant for advice and were authorized "to compel the unwilling to pay" or "by further denyal, to punish them as they in acquity shall think meete."[45]

The English, then, because of the organized pressure they could exert, and because as strangers they felt more keenly the need for local self-government in order to protect their rights, were able to secure from Kieft and Stuyvesant a greater degree of local autonomy than the Dutch. Both nationalities, however, came to oppose, not the legitimacy of the constituted authority, but the way that that authority

[44] O'Callaghan, *Laws and Ordinances*, 199, 213–14; *N.Y. Col. Docs.*, XIV, 339, XIII, 234–35, 318–19, XIV, 367–68, 511–13.

[45] *N.Y. Col. Docs.*, XIV, 82, 513.

exercised its power. Both groups came to demand increased municipal privileges, patterning their requests on what they conceived to be the practice in New England. And though Stuyvesant and the West India Company resisted any constitutional limitation of their power, Stuyvesant, by routine approval of local requests and by ignoring actions that did not interfere with his prerogative, allowed the towns a greater measure of freedom than a look at their charters would indicate. Still, the development of local autonomy was severely restricted not only by Stuyvesant's jealous guarding of his rights, but also by the fact that the towns had in some degree consented to the uneven distribution of power when they received their charters and by the fact that they often had to turn to the provincial government to resolve disputes and problems they were powerless to correct. As a result, the history of local government in New Netherland must be characterized not in nationalistic terms of one group's or another's bringing democracy to the New World, nor in whiggish terms of the overall triumph of liberty, but as the creation of an undefined and unstable balance between central authority and local autonomy.

VRYHEDEN

By de Vergaderinghe van de Negenthiene vande Geoctroyeerde West-Indische Compagnie vergunt aen allen den ghenen / die eenighe Colonien in Nieuw-Nederlandt sullen planten.

*In het licht ghegheven*

Om bekent te maken wat Profijten ende Voordeelen aldaer in Nieu-Nederlandt, voor de Coloniers ende der selver Patroonen ende Meesters, midtsgaders de Participanten, die de Colonien aldaer planten, zijn bekomen.

*Westindjen Kan syn Nederlands groot gewin.*
*Verkleynt s'vyands Macht brengt Silver platen in*

T'AMSTELREDAM,

Voor Marten Iansz Brandt Boeckverkooper/ woonende bij de nieuwe kerck/ in de Gereformeerde Catechismus. Anno 1630.

*Title page of the freedoms granted by the assembly of the nineteen to all who might plant a colony in New Netherland, published Amsterdam, 1630.*

# 22

# Civil Law and Colonial Liberty in New Netherland

*Morton Wagman*

The passage of the Stamp Act in 1764 roused a storm of protest in America. Denouncing Parliament's first attempt to raise revenue in the colonies, the Americans adopted the battle cry "No Taxation Without Representation" and concentrated their opposition primarily on the revenue provisions of the new law. But some keen-eyed colonists, like young John Adams of Massachusetts, who read through the entire statute detected two clauses tucked away among the last articles of the act that were potentially more dangerous to American freedom than the tax on stamped paper. Articles 57 and 58 of the Stamp Act authorized crown officers to prosecute violators of the law in admiralty courts, where civil-law procedures were followed. As far as Adams was concerned, this posed a far greater threat to colonial freedom than all the provisions regarding taxation. "But the most grievous innovation of all," he warned,

> is the alarming extension of the power of courts of admiralty. In these courts one judge presides alone! No juries have any concern there! The law and the fact are both to be decided by the same single judge. . . . What can be wanting, after this, but a weak or wicked man for a judge, to render us the most sordid and forlorn of slaves . . . .[1]

Like most colonial attorneys trained in the common law, Adams objected to admiralty courts because decisions were handed down by judges without recourse to a panel of jurors drawn from the community. Adams considered civil or Roman Law not only a dangerous weapon in the hands of a corrupt or despotic judiciary but also a direct threat to popular government. Invoking an interesting corollary to the traditional concept of checks and balances, Adams declared:

> As the [English] Constitution requires, that, the popular Branch of the Legislature, should have an abosolute Check so as to put a peremptory Negative upon every Act of the Government, it requires that the common People should have as compleat a Controul, as decisive a Negative, in every Judgment of a Court of Judicature.[2]

*Dr. Wagman is Associate Professor of History in Kingsborough Community College in Brooklyn.*

Not only did Adams include trial by jury as an integral part of the system of checks and balances but he insisted that it was the keystone upon which popular freedom rested. Adams argued that a corrupt or unrepresentative Parliament can pass all the unpopular legislation it wishes; venal government officials can harass alleged lawbreakers; biased royal judges can bully attorneys, intimidate defendants, and exhort juries to convict. But ultimately the enforcement of the law rests with the people. Adams asserted that unless the common man, sitting as a juror, evinces his approval of the law by his willingness to convict violators, the law becomes unenforceable. The conscience and judgment of each individual juror, Adams argued, are the ultimate bulwarks against tyranny. In essence, Adams contended that since the common-law jury system gives the average citizen in the community the final voice in defining the law, it serves as the basic guardian of a free people.[3]

Adams' argument was especially relevant for Americans. Unlike their compatriots in Europe, the colonists had no representation in the supreme legislative branch of government. But the common-law jury system gave them an effective legal tool with which to resist, and in some cases to nullify, laws enacted against their wishes in the mother country.

[1] Instructions of the Town of Braintree to Their Representative, September 24, 1765, in George A. Peck, Jr., ed., *The Political Writings of John Adams: Representative Selections* (New York, 1954), 24. There are several studies of admiralty courts in colonial America. See especially Helen J. Crump, *Colonial Admiralty Jurisdiction in the Seventeenth Century* (London, 1931); Charles M. Andrews, "Vice Admiralty Courts in the Colonies," in Dorothy S. Towle, ed., *Records of the Vice Admiralty Court of Rhode Island, 1716-1752* (Wash., D.C., 1936), chap. 1; Carl Ubbelohde, *The Vice-Admiralty Courts and the American Revolution* (Chapel Hill, 1960); David S. Lovejoy, "Rights Imply Equality: The Case Against Admiralty Jurisdiction in America, 1764-1776," *The William and Mary Quarterly*, 3d Ser., XVI (1959), 459-84; L. Kinvin Wroth, "The Massachusetts Vice-Admiralty Court," in George Athan Billias, ed., *Law and Authority in Colonial America* (Barre, Mass., 1965, reprinted New York, 1970), 32-73.

[2] Notes on the Rights of Juries, February 12, 1771, in L. Kinvin Wroth and Hiller B. Zobel, eds., *Legal Papers of John Adams* (Cambridge, Mass., 1965), I, 229.

[3] *Ibid.*, 230.

Consequently, American opposition to the introduction of civil law in the colonies was born out of practical as well as legal and ideological considerations; and it ultimately became a significant factor in their struggle for independence.[4]

* * *

Although English colonists like Adams and his colleagues could at least claim the traditional and customary protection afforded by their common-law heritage, no similar claim could be made by the settlers of New Netherland, where the Dutch system of Roman or civil law prevailed.

Civil law became an integral part of Dutch jurisprudence in the fifteenth century, when it was introduced into the Netherlands by the dukes of Burgundy, who were then the overlords of the Lowlands.[5] Although civil law authorized torture and did not provide for a jury system, the Netherlanders, after their revolt from Spain in the sixteenth century, enjoyed a considerable degree of personal freedom and liberty. Representative institutions, for example, functioned on all levels of government, and local autonomy based on respect for traditional constitutional forms prevailed throughout the Dutch Republic. As a result of its reputation for religious toleration and its hospitable treatment of foreigners, the Netherlands became known as "the great ark of the refugees." Unlimited economic opportunities with a minimum amount of governmental interference made the Netherlands the center of business, banking, and capitalism in Europe. And unlike English printers and writers, who had to keep a wary eye for the censor, Dutch printers and intellectuals published their works in an atmosphere of relative freedom. Even though civil law was the legal system of the Netherlands, all in all, the Dutch were unquestionably the freest people in Europe.[6] The extension of civil law to their overseas possessions, however, severely restricted the freedom of Dutch colonists and significantly impeded the development of representative institutions in New Netherland.

The colony or — as it was officially called in contemporary documents — the Province of New Netherland, which was founded, owned, and governed by the Dutch West India Company, originally encompassed all the land from the Connecticut River in the north to the Delaware River in the south.[7] This vast territory was administered by the West India Company's Amsterdam Chamber or Department through a resident director general and council. The council, together with the director general, was the source of all authority in New Netherland. It enforced company policy in America, enacted local laws and ordinances, and served as the basic court of justice for the colonists. In other words, the provincial council, which governed New Netherland from its founding in the 1620's until the English conquest in 1664, was originally authorized to exercise all basic governmental functions — executive, legislative, and judicial — without consulting the local settlers or their representatives.

The president of the council and chief executive officer of New Netherland was the director general. He was appointed by the company but received his commission from the States General. In effect, though an officer of a business corporation, he derived his authority from the Dutch government. With his position thus doubly enhanced, he wielded extraordinary power in the colony. Although members of the council could be appointed by the West India Company in Europe, once in America the director could remove them from office and replace them with his own appointees, who were generally beholden to him. His position was further strengthened by the fact that, as presiding officer, he was authorized a double vote in the council. Consequently, while the council governed New Netherland, the director general governed the council.[8]

The director general's position as the dominant political force in the province was especially bolstered by the use of civil law. In the Netherlands, the natural tendency of civil law to enhance the power of those in authority was effectively curbed by the existence of popular, representative institutions that were extremely jealous of their ancient rights and privileges and successfully resisted any move toward absolutism or undue centralization of power. Unfortunately, no such safeguards existed in New Netherland. During the administration of Willem Kieft (1638-1647), the first director general whose council minutes have survived, it is possible to follow how the director manipulated the law and the administration of justice both to strengthen his own position and also to curtail the freedom and liberty of the settlers.[9]

When Director Kieft arrived in New Netherland in March 1638, he decided that a large council would weaken his authority and undermine his status as chief officer of the province. Taking advantage of the fact that as director general he was allowed two votes in council meetings, he planned to insure his control of that body by restricting its size. When vacancies occurred, he left them unfilled and decided to hold the board down to only two members. And of these two, one also served as fiscal, a position that combined the functions of sheriff and district attorney. As chief legal officer and prosecutor, the fiscal was by tradition barred from participating in the judicial deliberations of the council. For all intents and

[4] For an appraisal of civil law and vice-admiralty courts as a factor leading to the American Revolution, see Bernard Bailyn, *The Ideological Origins of the American Revolution* (Cambridge, Mass., 1967), 108-9; and H. Trevor Colbourn, *The Lamp of Experience: Whig History and the Intellectual Origins of the American Revolution* (Chapel Hill, 1965), 8 and *passim*.

[5] R.W. Lee, *An Introduction to Roman-Dutch Law* (Oxford, 1915), 1-6.

[6] For a contemporary account of Dutch life in the seventeenth century by the English minister to The Hague, see Sir William Temple, *Observations upon the United Provinces of the Netherlands*, ed., G.N. Clark (Cambridge, Eng., 1932, originally published in 1673), esp. chap. 2. See also George Masselman, *The Cradle of Colonialism* (New Haven, 1963), 3-61; Pieter Geyl, *The Revolt of the Netherlands (1555-1609)*, 2d ed. (New York, 1958), 203-17, 274-93; Pieter Geyl, *The Netherlands in Seventeenth Century, Part One: 1609-1647*, rev. ed. (New York, 1961), 63-70, 209-53; K.H.D. Haley, *The Dutch in the Seventeenth Century* (London, 1972), 49-74, 84-99, 115-28, 152-73. For an interesting contrast between Dutch law, which recognized only the Reformed Church, and Dutch practice, which provided, by and large, for religious toleration, see George L. Smith, *Religion and Trade in New Netherland: Dutch Origins and American Development* (Ithaca, 1973), 1-113. The description of the Netherlands as "the great ark of the refugees" was coined by the Huguenot scholar Pierre Bayle. Hall, *Dutch in the Seventeenth Century*, 166.

[7] For an account of the early activities of the West India Company in New Netherland, see Thomas J. Condon, *New York Beginnings: The Commercial Origins of New Netherland* (New York, 1968), 3-115. For an exceptionally fine study of the company and the early settlers of New Netherland, see Van Cleaf Bachman, *Peltries or Plantations: The Economic Policies of the Dutch West India Company in New Netherland, 1623-1639* (Baltimore, 1969).

[8] For a brief description of the political structure of New Netherland, see E.B. O'Callaghan, ed., *Laws and Ordinances of New Netherland, 1638-1674* (Albany, 1868), iii-xvi. For a more detailed account, see Morton Wagman, "The Struggle for Representative Government in New Netherland" (Ph. D. diss., Columbia University, 1969).

[9] For an account of Kieft's administration, see John Romeyn Brodhead, *History of the State of New York* (New York, 1853-71), I, 275-433; and Ellis Raesly, *Portrait of New Netherland* (New York, 1945), 64-76.

purposes, therefore, Kieft's council throughout most of the nine years of his administration contained but one regular councilor.[10]

Director Kieft's decision to govern with only one voting councilor enabled him to exercise absolute control over the provincial jucidial system in both civil and criminal proceedings. Since the council served as both judge and jury, since only Director Kieft and one councilor could vote in judicial matters, and since the director's vote counted double, the council's decision was, in reality, the decision of one man.

With the entire provincial legal system in the hands of the director and the director alone, the settlers were naturally upset by what they considered an infringement on their rights as free-born Dutch citizens. As early as 1642, the Twelve Men, a short-lived body of representatives who had been elected spokesmen for the settlers, complained openly about Director Kieft's total control of the judicial system. The twelve reminded the director general that even the smallest hamlet in the Lowlands boasted a governing body of at least five *schepens* or aldermen. They further admonished Kieft not to try "criminals unless 5 councilors be present, inasmuch as the Commonalty talk considerably about it." The Twelve also advised him to increase the size of the council by selecting additional councilors from among the local settlers in order to give the community some voice in the administration of the legal system. Although the Twelve asked only that he adhere to the practices of their homeland, Director Kieft was furious with them for daring to question his authority and for trying to curtail his legal prerogatives. Shortly after hearing their complaints, he ordered the Twelve to disband and never summoned them again.[11]

Although Director Kieft dissolved the board of the Twelve Men, he could not silence the grumblings of discontent that emanated from the community about the perversion of justice in New Netherland. The settlers were especially dissatisfied when either the West India Company or the director himself was a party in judicial proceedings. Kieft, realizing the obvious impropriety of sitting virtually alone as both judge and jury in such cases, adopted certain measures which he hoped would partially mask the fact that he acted imperiously or arbitrarily. When, for instance, a settler was accused of slandering him — a serious crime of lese majesty under civil

*Old Dutch law suit.*
*Decided by Wouter Van Twiller Circa, 1635.*

law — Kieft added three additional men to the council: the commander of the company's troops in the province, a company commissary, and a former company fiscal — hardly a group of disinterested judges. As might be expected, the defendant was found guilty as charged.[12] A year later, in 1643, when an attempt was made on his life, Kieft decided to send the would-be assassin back to Holland to stand trial because, as he noted in the council minutes, there were not enough councilors to participate in cirminal proceedings, and he "could find nobody willing to assist us," or so he claimed. In 1644, when a ship captain who was accused of smuggling objected to having only Kieft and one councilor sit on the council board, the director impaneled four company officers as ad hoc councilors. In another case involving smuggling that occurred a year later, Director Kieft also added four company officers to the council, but since the accused challenged their impartiality and because of "the smallness of our number," Kieft decided the alleged interloper should stand trial in Holland. Similarly, in 1646, when the company's troop commander in the province was accused of slandering him, Director Kieft also sent the defendant to Holland after he charged Kieft with "being partial" in the case. In sum, when a defendant challenged the impartiality of the court, the director general would, of necessity, either increase temporarily the size of the council with other West India Company officers or send the case to the homeland for trial, a damaging admission that the judicial system in the colony was not functioning properly.[13]

The paucity of councilors, combined with the director's control of the colony's legal machinery, thus made it difficult to obtain a fair trial in New Netherland. This proved especially galling to the average settler who had neither the time nor the money to seek redress in Holland. Set apart and independent of the people, civil law, as it was used in New Netherland, served as an effective tool for maintaining the authority of the director and for convicting colonists charged

[10] Julius Goebel, Jr., "The Courts and the Law in Colonial New York," in Alexander C. Flick, ed., *History of the State of New York* (New York, 1933-37), III, 4; Richard B. Morris, ed., *Select Cases of the Mayor's Court of New York City, 1674-1784* (Washington, D.C., 1935), 42; J. Franklin Jameson, ed., *Narratives of New Netherland, 1609-1664* (New York, 1909), 332; A.J.F. van Laer, ed., English Typescript of New York Colonial Manuscripts, Dutch, in the New York State Library, Albany (1939), I, 1, hereafter cited as TypNYColMSS; E.B. O'Callaghan, *The Register of New Netherland, 1626-1674* (Albany, 1865), 11, 13-15, 38; Leo Hershkowitz, "The Troublesome Turk: An Illustration of Judicial Process in New Amsterdam," *New York History*, XLVI (1965), 299.

[11] E.B. O'Callaghan and Berthold Fernow, eds., *Documents Relative to the Colonial History of the State of New York* (Albany, 1865-87), I, 202-3, hereafter cited as *NYCD*. For a detailed account of the activities of the Twelve Men, see Wagman, "Struggle for Rep. Govt. in N. Neth.," 76-97.

[12] TypNYColMSS, IV, 169, 174, 177-78. The West India Co. tried to prevent appeals from the provincial council to the courts of the Netherlands, but in 1648 the States General suspended a decision handed down by Director Stuyvesant and established the precedent of permitting New Netherlanders to appeal decisions from the council. Brodhead, *Hist. of N.Y.*, I, 411, 417, 472, 503.

[13] TypNYColMSS, IV, 192, 227, 262, 264, 270-71, 274, 323, 332.

with crimes against either the West India Company or its officers.

As more and more settlers complained about conditions in New Netherland, the company decided to reform the colony's judicial system. It realized that the surrounding English settlements in Maryland and New England were gradually encroaching on New Netherland and that unless conditions improved in the province, the company would be unable to attract enough settlers to retain the only Dutch colony in North America. Consequently, it proceeded to adopt a series of reforms during the administration of Kieft's successor, Peter Stuyvesant (1647-1664), which would have an important bearing on the legal system and the administration of justice in the colony.[14]

Within a few months after his arrival, Director General Stuyvesant permitted the settlers to elect a board of Nine Men. As representatives of the community, the Nine were authorized to meet with the director and council and act as spokesmen for the people. They were also empowered to serve as arbitrators and referees in civil suits. Arbitration was an important adjunct of civil law in the Netherlands, and the company felt it would not only reduce the council's workload but also allow the settlers a limited voice in the administration of justice.[15]

As a further concession to the colonists, all the villages in the province, about a score, were granted charters within the next few years which permitted them to administer community affairs and to establish their own local courts of justice. Among these newly incorporated communities was the capital of the province, New Amsterdam (New York City). Thanks to the establishment of local courts, it was occasionally possible for settlers to defy company authority, particularly in remote areas far away from the watchful eyes of the director general.[16] At the settlement of Fort Orange and Beverwyck (Albany), for example, the colonists, in 1660, refused to abide by company regulations regarding the fur trade; however, because of sympathetic magistrates, who were themselves residents of the community, and because of the village's remoteness from the capital, no one was ever tried or punished.[17]

As a final measure to improve the quality of justice in New Netherland, the company increased the number of councilors. From 1647, Stuyvesant's first year in office, until 1653, there were at least four regular councilors on the board. The number was afterward reduced as the magistrates' court (Court of Burgomasters and Schepens) of New Amsterdam assumed responsibility for most of the civil cases formerly handled by the provincial council.[18]

Although these reforms were important landmarks in the settlers' struggle for an impartial judicial system, the West India Company retained jurisdiction in all cases touching on its rights and prerogatives in New Netherland. The company, desiring at all costs to protect the source of its profits, was especially determined to maintain its trade monopoly. Bolstered by civil-law procedures, it rigorously enforced its ordinances against interlopers, private traders, and settlers who dared to engage in business in New Netherland without first obtaining its permission, paying its tariffs, and abiding by all its rules and regulations.[19]

Until the English Parliament passed the Navigation Act of 1696, which authorized admiralty courts in the colonies, crown officials in the English colonies found it virtually impossible to obtain convictions in common-law courts against violators of the various trade and navigation laws. Americans arrested for violating these statutes were invariably freed by sympathetic jurors. The Surveyor General of American Customs, Edward Randolph, lamented in 1694: "I find that by the partiality of juries and others, that I can obtain no cause for his Majesty upon the most apparent evidence."[20] But as a result of the use of civil law, the officials of the Dutch West India Company had no such problem in New Netherland.

Without having to depend on a jury of local settlers, the director general and council had little difficulty in dispensing summary justice and convicting smugglers and illicit traders. In some cases, skippers and traders were fined and their goods impounded.[21] At other times, ships as well as cargoes were seized and confiscated. Director Kieft and his council condemned the sloop *Fortune* for illicit trading in New Netherland waters and for neglecting to pay duties to the company.[22] A year later, the yacht *Saint Peter* was seized for breaking bulk at Bermuda and allegedly carrying guns and powder for the Indian trade.[23] After Stuyvesant became director general, a similar pattern of condemnations and confiscations prevailed. During the first four years of his administration, for instance, four vessels were condemned for violating the company's trade laws.[24]

---

[14] *NYCD*, I, 149-56. For an account of Stuyvesant's administration, see Henry H. Kessler and Eugene Rachlis, *Peter Stuyvesant and His New York* (New York, 1959).

[15] TypNYColMSS, IV, 440-41; Richard B. Morris, *Studies in the History of American Law with Special Reference to the Seventeenth and Eighteenth Centuries* (New York, 1930), 60-61.

[16] For copies of most of these charters, see Jerrold Seymann, ed., *Colonial Charters, Patents and Grants to the Communities Compromising the City of New York* (Albany, 1939). For an account of local government in New Netherland that minimizes the degree of autonomy enjoyed by the various towns, see Langdon G. Wright, "Local Government and Central Authority in New Netherland," *The New-York Historical Society Quarterly*, LVII (1973), 6-29.

[17] A.J.F. van Laer, ed., *Minutes of the Court of Fort Orange and Beverwyck* (Albany, 1920-23), II, 255-56, 261-68, 270, 278-83, 291-92, 297-98; *NYCD*, XIII, 175.

[18] O'Callaghan, *Register of N. Neth.*, 15-22; Berthold Fernow, ed., *The Records of New Amsterdam, 1653-1674* (New York, 1897), I, *passim*. The magistrates of New Amsterdam like those of the other Dutch villages were originally chosen by the director general, but later they were selected by cooptation. In the English villages on Long Island which were under Dutch rule the magistrates were popularly elected at town meetings. In both Dutch and English villages the candidates names had to be submitted to the director general for confirmation.

[19] For the organic laws which established the company's monopoly and which served as the basis for its trade laws in New Netherland, see A.J.F. van Laer, ed., *Van Rensselaer Bowier Manuscripts* (Albany, 1908), 86-153.

[20] Randolph to Francis Nicholson, May 20, 1694, cited in Michael Garibaldi Hall, *Edward Randolph and the American Colonies, 1676-1703* (Chapel Hill, 1960), 153. In England, prerogative or civil law courts had been effectively curbed since the constitutional struggles of the seventeenth century. In fact, in contrast to the colonies, defendants in England charged with violating the Trade and Navigation Acts were tried before the common-law Court of Exchequer, where juries were authorized to decide cases. Ubbelohde, *Vice-Admiralty Courts*, 19 and esp. chap. 1; Wroth, "Mass. Vice-Admiralty Court," in Billias, ed., *Law and Authority in Colonial America*, 34.

[21] See, e.g., TypNYColMSS, IV, 40, 119-20, 227; E.B. O'Callaghan, ed., *Calendar of Historical Manuscripts in the Office of the Secretary of State, Albany, New York* (Albany, 1865-6), I, 156, 200, 201, 219, 227, 230, 239, 241; Henry C. Murphy, ed., "Broad Advice," New-York Historical Society, *Collections*, 2d Ser., III (1857, originally published in 1649), 262-63, 274.

[22] TypNYColMSS, IV, 204-5.

[23] *Ibid.*, 252-53.

[24] *NYCD*, I, 504, 528-30; TypNYColMSS, IV, 453-60, 589-94; Kessler and Rachlis, *Peter Stuyvesant*, 84-87; "Melyn Papers, 1640-1699," New-

Besides cracking down on large-scale smuggling, the director general and council were also determined to prevent settlers from engaging in any illicit trade whatsoever, regardless of how inconsequential it might seem. Settlers were arrested and fined for boarding incoming ships and trafficking in small items with the crews without paying the requisite duties. One settler was convicted of purchasing a cheese, while another was apprehended by the fiscal and dragged before the director and council on charges of buying a cheese and a pair of slippers.[25] Civil law proved a powerful weapon in stamping out smuggling and in preserving the West India Company's trade monopoly in New Netherland.

As arrests, fines, and confiscations mounted, the settlers became deeply embittered by the director's rigid enforcement of the company's trade regulations. As early as 1642, the board of Twelve Men, speaking on behalf of the community, petitioned Director Kieft and the council to stop arresting settlers for minor infractions of the company's trading regulations and to allow them the right to trade with ships' crews. The Twelve asserted that the settlers were merely seeking the same freedom they had enjoyed in their homeland. The freemen's right to trade with incoming vessels, they reminded Director Kieft, was "according to the custom in Holland." But Kieft rejected their request by noting that "it is in direct opposition to superior orders."[26]

Several years later, in 1649, the settlers again complained of the director's strict enforcement of the company's trade laws. The Nine Men, another body of popularly elected representatives of the community, complained that the company's seizure and confiscation of ships and cargoes were directly responsible for crippling the province's economic growth. "Trade," they declared, "is by their [director and council] acts so decayed, that it amounts to nothing. It is more suited for slaves than freemen, in consequence of the restrictions upon it. . . ." The Nine Men especially criticized the province's judicial system which gave the director and council virtually unlimited authority to try and punish suspected illicit traders. "Great distrust," they declared,

> has also been created among the inhabitants on account of Heer Stuyvesant being so ready to confiscate. There scarely comes a ship in or near here, which, if it do not belong to friends, is not regarded as a prize by him. . . .Confiscating has come to such repute in New Netherland, that nobody anywise conspicuous considers his property to be really safe. It were well if the report of this thing were confined to this country; but it has spread among the neighboring English — north and south — and in the West Indies and Caribbee Islands. Everywhere there, the report is so bad, that not a ship dare come hither from those places; and good credible people who come from thence, by the way of Boston, and others here trading at Boston, assure us that more than twenty-five ships would come here from those islands every year if the owners were not fearful of confiscations.[27]

Although the Nine Men's assertions were somewhat exaggerated, the director's use of civil law rigidly to enforce the company's trade regulations resulted in considerable economic loss to the settlers and antagonized an important and influential group who felt that the interests of the company were being placed ahead of the needs and well-being of the people of New Netherland.

Since the director and council controlled all parts of the governmental apparatus in New Netherland and since the community had no voice in the administration except on infrequent and extraordinary occasions, the settlers found it almost impossible to register their opposition to the company's governance of the province. No permanent, regular channels of communications existed between the company and the community. Denied any significant role in government, unable to effect any meaningful changes in the laws that governed them, some settlers began venting their anger and pent-up frustrations in extralegal acts.

The first public challenge to the company's authority was sparked by opposition to its mercantile policies. Seeking to profit from its position as proprietor of New Netherland, the company imposed a ten-percent export duty in Holland on all merchandise bound for America. Some settlers successfully evaded this tax by importing goods directly from the neighboring Puritan colonies in New England. But as trade with the English increased, the council decided to plug this loophole by enacting an ordinance that levied a ten-percent tariff on all goods imported into the province from foreign colonies. The settlers were informed of this new tax in the customary manner, by a placard posted on the gate of Fort New Amsterdam, at the lower tip of Manhattan Island.

As news of the council's action spread through the community, it reached the ears of a wealthy merchant, Abraham Isaacksen Planck, the progenitor of the prominent Verplanck family of New York, who, in a show of open defiance, tore the placard off the wall and publicly denounced the officers of the company. Fearful that this might lead to further acts of disobedience and insubordination, Director General Kieft decided to move vigorously to uphold the company's authority. Planck was arrested, brought before the council, and sternly warned that his conduct was "a matter of grave consequence which tends to mutiny and revolt and can in no way be tolerated in a well-ordered state. . . ." He was heavily fined and "forbidden on pain of banishment to express himself in word or deed to the prejudice of this State or of our masters [the officers of the West India Company]."[28] Thanks to civil-law procedures, the director general succeeded both in punishing Planck and in suppressing, at least for the time being, even vocal opposition to the company's authoritarian rule in New Netherland.

The council's legislative functions, combined with its civil-law judicial powers, permitted the company to maintain its absolute control of the province despite mounting popular opposition. In 1644, for instance, disregarding the opinion of the Eight Men, a popularly elected advisory body, Director Kieft and the council enacted an excise on beer in order to support a force of company troops that had recently arrived in the colony.[29] The Eight Men, speaking on behalf of the community, felt that the company alone was obliged to pay the cost of maintaining these troops and that the settlers should not be taxed for the defense of the province. The Eight asserted that the company had originally promised to

*(continued on page 20)*

York Historical Society, *Collections*, XLVI (1914), 111-12. In the proceedings against two of the ships, Stuyvesant enlarged the council by adding several members of the board of Nine Men.

[25] TypNYColMSS, I, 96; IV, 38-39, 73.

[26] *NYCD*, I, 201-2. For a brief discussion of the time-honored custom of allowing seamen to engage in small, duty-free ventures, see Oliver M. Dickerson, *The Navigation Acts and the American Revolution* (Philadelphia, 1951), 218-19.

[27] Jameson, ed., *Narr. of N. Neth.*, 322, 346.

[28] TypNYColMSS, II, 31; IV, 141, 146-47. Fort New Amsterdam was located at the present site of the old United States Custom House, at Bowling Green.

[29] TypNYColMSS, IV, 232-33; Jameson, ed., *Narr. of N. Neth.*, 327-28. For a detailed account of the imposition of this excise, see E.B. O'Callaghan, *History of New Netherland* (New York, 1846-8), I, 306-11.

**Civil Law and Colonial Liberty** *(continued)*

defend the province with its own forces[30] and that the cost should not be switched to the backs of the settlers. Seeking to protect the rights of the people, the Eight tried to organize the community to resist what they considered an illegal tax. They appealed directly to the brewers and tavern keepers to defy the director and council by refusing to pay the excise.

When the receiver of the excise reported that the brewers were not paying the new tax, the director and council "resolved that if they do not pay willingly, they shall be proceeded against with rigor of justice and be forced to pay."[31] Caught on the horns of a dilemma, the brewers appeared before the council and "jointly declared that if they voluntarily paid the three guilders [excise] on each barrel of beer, they would have the Eight Men and the community about their ears." But Director Kieft and his council resolutely insisted on strict compliance with the law. When the brewers persisted in their refusal to pay, the director general and the fiscal agreed to single out one tavern keeper, Philip Gerritsen, who, they reckoned, was the most vulnerable to pressure since he leased the company's tavern in New Amsterdam. Besides, they felt that his conviction would be enough to frighten the others. And they were right. As soon as he was arrested and fined, the other brewers and tapsters paid the excise and all resistance collapsed. The company thus crushed one of the first colonial movements protesting taxation without representation.[32]

Several years later, in 1647, when Director Stuyvesant arrived to replace Kieft, two of the Eight Men, Cornelis Melyn and Jochem Pietersen Kuyter, complained to the new director about his predecessor's administration of the colony. But instead of investigating Kieft's conduct, Stuyvesant collaborated with the former director in bringing counter charges of insubordination, defamation, and lese majesty against the two complainants. They were tried before the council — enlarged for the occasion by several company officers — and found guilty as charged. Stuyvesant then proposed that, as an example to other potential troublemakers, one of the convicted settlers, Cornelis Melyn, should pay with his life since he was guilty of "insulting libels on, and opposition to his lawful Superior [Kieft]." But he later changed his mind and sentenced the two former representatives of the people to fines and banishment, an obvious object lesson to the community of the fate awaiting outspoken opponents of the company or its officers.[33]

In sum, the introduction of civil law in New Netherland made it virtually impossible for the settlers to challenge the power of the West India Company. The director and council not only promulgated ordinances and enforced company regulations but also prosecuted, tried, and convicted anyone who dared resist their authority. Their absolute control over all governmental functions, particularly the judiciary, seriously crippled the development of representative government in New Netherland and forced the settlers to seek relief by petitioning either the company's officers at Amsterdam or the Dutch government at The Hague.[34] As a result of such appeals to the home authorities, the community succeeded in recalling one unpopular director, in enlarging the governing council and in obtaining a limited role in the administration of justice in local towns and villages. Despite these achievements, however, the use of civil law effectively limited the rights and liberties of the Dutch colonists in New Netherland.

• • •

In the English colonies of North America, the common law served as an important element in protecting the freedom of the settlers. Trade and navigation laws enacted thousands of miles away in Europe could be negated by colonial juries, at least until the passage of the Navigation Act of 1696. The common law could thwart the will of unpopular colonial officals as, for example, when a New York jury refused to convict John Peter Zenger despite protestations from the governor, attorney general, and chief justice of the province. In New Netherland, on the other hand, where Roman or civil law prevailed, popular resistance within the framework of the existing legal system was largely impossible. Without the protection of jurors drawn from the community, interlopers were easily convicted, opponents of the colonial administration silenced, and resistance to taxation without representation quashed.

Civil law was not in itself an instrument of oppression. In the Netherlands, where the elected representatives of the community controlled the functions of government, liberty and freedom prevailed. For in the Dutch Republic, the various officers of the nation — administrators, legislators, and judges — were ultimately responsible to the people. In New Netherland, however, this was not the case. Governmental officials were responsible to the West India Company, its stockholders, and directors, and not to the people of the colony. Since the settlers had no voice in the administration of colonial affairs, civil law became, under these circumstances, an instrument of oppression. It enabled the mother country to impose its will on its colonists and to keep them in due subordination.

Warning Americans against English attempts to introduce civil law into the Thirteen Colonies, John Adams once noted: "When the system of the civil law. . . is permitted to become fashionable:. . . it is not surprizing that the great Securities of the People, should be invaded, and their fundamental Rights drawn into Question."[35] The history of civil law in New Netherland proved that John Adams, as usual, was right.

---

[30] This promise was made to the settlers in Article 28 of the Charter of Freedom and Exemptions of June 7, 1629. Van Laer, ed., *Van Rensselaer Bowier Manuscripts,* 151.

[31] TypNYColMSS, IV, 235.

[32] *Ibid.,* II, 102-3; IV, 235. Gerritsen's tavern later became New Amsterdam's first city hall, where the city magistrates' court convened. I.N. Phelps Stokes, *The Iconography of Manhattan Island, 1498-1909* (New York, 1915-28), II, 404; IV, 98.

[33] Brodhead, *Hist. of N.Y.,* I, 468-71; *NYCD,* I, 323.

[34] See, e.g., *ibid.,* 139-40, 190-91, 209-13; Jameson, ed., *Narr. of N. Neth.,* 287-354.

[35] Wroth and Zobel, eds., *Legal Papers of John Adams,* I, 228. For a discussion of the introduction and spread of English common law into New York after the English conquest, see Herbert Alan Johnson, "The Advent of Common Law in Colonial New York," in Billias, ed., *Law and Authority in Colonial America,* 74-91; for a more detailed account, see Julius Goebel, Jr., and T. Raymond Naughton, *Law Enforcement in Colonial New York: A Study in Criminal Procedure (1664-1776)* (New York, 1944).

# 23
# Aldermen and Attorneys: Mayor's Court, Calcutta

*Tarit Kumar Mukherji*

In 1726 the Court of Directors placed at the foot of the throne a representation that there was a great want, at Madras, Fort William and Bombay, of a proper and competent authority for the more speedy and effectual administration of justice in Civil causes. One of the main reasons for the establishment of the Mayor's Court seems to be the necessity to take away from the President and Council the power to administer the estates of the deceased persons. By the Charter of 1726 was established the Mayor's Court at Calcutta, Bombay and Madras having jurisdiction over the residents, both European and natives of those settlements.[1] The Court was to be a Court of Records consisting of a Mayor and nine Aldermen.[2] The President and Council was constituted a Court of Appeal. In cases valued at 1,000 pagodas or more appeal lay to the King in Council.[3] The Mayor's Court was given the sole authority to grant letters of administration. A second Charter was issued in 1753 which empowered the Council to fill up the vacancies occurring in the offices of Aldermen and excepted from the Court's jurisdiction, the natives unless they submitted to it by mutual consent.

Charles Hamilton, William Bruce, John Boukett, and Thomas Coales appear to have been the first Mayor and Aldermen of the Court.[4] On 3rd October 1728 it was decided that the expenses of peons and proper officers of the Mayor's court should be disbursed by the Zemindar. Fines levied by the Mayor's Court were to go to the Company, but fines realised from persons refusing to serve as an Alderman (which was £50 sterling) were to be paid into the Court's Treasury.[5] In this connection, it may be mentioned that deposits of money made by the litigants were kept in the Company's Treasury and no interest was paid on them.[6] An

1 Long's idea that the Mayor's Court existed from 1724 is wrong.

2 The Aldermen were elected for life and in this respect their position was different from that of the Company's ordinary servants.

3 Mayor's Court Records, Proceedings of 1749, pp. 98-99, pp. 177-188. The Privy Council judgment on two cases of appeal—1,000 pagodas were equivalent to about Rs. 3,000. Fawcett, First Century of British Justice etc., p. 218.

4 Bengal Past and Present, vol. VIII, Mayor's Court Records.

5 Extracts of Fort William General Letters dated 28th Feb. 1727-1728.

6 See Appendix A. p. 98.

52 *Aldermen and Attorneys—Mayor's Court, Calcutta*

Accountant General was also appointed to inspect and adjust the Court's account with the Company.

The first place of meeting of the Court was a house which stood on the south side of Lalbazar just near the junction of Lalbazar with Cossaitollah (Bentinck Street). This was the Ambassador's House. Later they sat in the Old Court House which stood on the site of St. Andrew's kirk.[7] In 1758 the Mayor had to vacate the Court House as it was appropriated to the use of keeping Military Stores.[8] The Court had to hire the Charity School house and the Company agreed to pay the rent. In 1761 the Trustees of the Charity School wrote to the President and Council: "At present there are but Rs. 30 per month received from that large and commodious edifice, which sum is evidently much below its real worth."[9]

The account of the Mayor's Court shows that the monthly pay of the Mayor was Rs. 35/-, that of the Alderman Rs. 15/-. The Register received Rs. 25/- per month, while the Deputy Register Rs. 50/-.[10] Perhaps he was a wholetime officer.[11]

Among the items of the Court's monthly expenses may be mentioned Rs. 20/- for the Interpreter, Rs. 2/4/- for two Black Court Sergeants, Rs. 10/- for two European Court Sergeants. There is an entry of 9 annas duty on law suits per folio page, which yielded a sum amounting to 1,000

7 Bengal Past and Present, vol. XXVII, p. 220; Wilson, Old Fort William, vol. I, pp. 119, 127.

8 Old Fort William, vol. II, p. 142.

9 C. R. Wilson, Old Fort William, vol. II, p. 163. The house, it seems, needed repair, for in 1765 the Register wrote to William Aldersey requesting him to appoint proper person to repair the house—Mayor's Court Letter Copy Book.—1764-1769.

10 Mayor's Court Accounts, p. 96. In 1754 the Register's pay was Rs. 14/- but accounts of 1762 and of subsequent years show that he received Rs. 25/- per month.

Throughout the Mayor's Court Records, the Officer is described as Register, modern name is Registrar.

11 Deputy Register is not mentioned in any of the records of the Mayor's Court, but only in the Accounts of the Mayor's Court of 1762 and of subsequent years. In the Mayor's Court Proceedings 1749, we find that the Register being indisposed on a particular day one Mr. Bedford officiated for him; but he is not described as the Deputy Register, Mayor's Court Records 1749, p. 109. Probably with the increase in the Court's work a wholetime officer was appointed as Deputy Register.

rupees or more.[12] Salaries were paid every six months, but men had other perquisites in those days and the delay therefore was not so inconvenient. Private trade brought in far more profit.

Further it appears that the Board in 1754 reduced the fees on law suits in the Court of Appeal to the same standard as those allowed by the Mayor's Court to the Attorneys and their Clerks, and increased the salary of the Board's Secretary.[13] It is interesting to note that in the same year the Court's Register William Parker in a letter to the Board informed them that he had much work to do such as preparing copies to be sent to the Board as well as to England and hence requested them to enhance his salary in view of the like increase in the salary of the Accountant General.[14]

There are several recorded instances of persons, resident of Calcutta, refusing to serve as an Alderman of the Mayor's Court, despite the fact that they had to pay a fine of £50 sterling for such non-compliance.[15] Vacancies frequently occurred in the office of Alderman at Calcutta and in the course of one year the Register of the Court had to write twice or even thrice to the Board's Secretary for a new appointment. Love says that in Madras the disinclination was so great that there was difficulty in obtaining the requisite number of Aldermen.[16] The Council's interference in the Court's affairs may account for this, but the main reason for the alleged unpopularity was the petty pittance at which the judges of the Mayor's Court had to work. The Court's account shows that the Mayor's pay was Rs. 35/- per month, that of an Alderman Rs. 15/-. Bolts says that the pay generally received by the judges of the Court was £25/- per annum which would scarcely pay one month's house rent at Calcutta.

Thus service in the Mayor's Court was unpopular and the least attractive. Those who were attracted to it were men of the "slenderest legal attainments and the slightest judicial training." Majority of those English-

12 Mayor's Court Accounts, p. 96 (1754).

13 Public General Letters to Court dated Fort William the 7th December 1754, para 147.

14 Public Proceedings 1754, p. 494. Probably as a result of this his salary was increased from Rs. 14/- to Rs. 25/- per month.

15 Mr. Auryall was fined for his refusal to serve as an Alderman—Long's Selections from the Unpublished Records of Government vol. I, No. 119; Mayor's Court Letters Copy Book 1764-1769—Thomas French refused to accept the offer of the seat of Alderman, 11th March 1766.

16 Love, Vestiges vol. II, p. 264-265.

men who came out to the East felt that they carried with them that vast mass of law, Common and Statute, that was supposed to guarantee the liberties of the English people. Justice at the Mayor's Court was administered according to English law by those who had the least acquaintance with its elements. It is easy to imagine what a fine opening there was for those who could persuade others to believe that they had some legal knowledge. In 1727 the Court was supplied by the Company with a number of books dealing with laws of Wills and rules relating to Chancery practice.[17] In 1766 William Magee the Register wrote a letter to Lord Clive and his Council and enclosed in it a long list of books wanted by the Mayor's Court. They appear to be mainly Chancery reports, and reports of other Common Law Courts.[18] Volumes, however, do not signify anything. It is doubtful whether the judges ever cared to master what was contained in them.

Little importance was attached to the duty performed by the judges and perhaps there was no regard for the exalted posts of Mayor and Alderman. The President and Council at Fort William, sometime selected Aldermen from among those persons whom they could not otherwise employ and who worried them with their complaints and misdeeds. At times a seat on the Bench was offered to men whose only qualification was unstinted loyalty to the Council. It mattered little if the choice proved to be unworthy. Mr. Cornelius Goodwin for gross misconduct at Madras was declared by the East India Company to be unworthy of their service and was accordingly dismissed.[19] He was subsequently employed as an Alderman of the Calcutta Mayor's Court[20] and was allowed to continue as such despite the fact that he committed many indiscretions sufficient to turn him out. Mr. Bolts during the period of his suspension from the Company's service was elevated to the office of Alderman.[21] Probably the Council thought that thereby his capacity for doing mischief would be diminished. Persons like these sat as judges of the Mayor's Court and one can well imagine how justice was administered in their hands.

17 Mayor's Court Records 1727, 28th August. The books came per ship *Bridge-water*.

18 Home Dept. Pub. Cons., 25th September 1765 No. 2(b).

19 Bolts' "Consideration," vol. III, Appendix—Richard Whittall's statement on Goodwin's dismissal.

20 Mayor's Court Letters Copy Book 1764-1769 Councils. Goodwin was offered the appointment on the 15th December 1765.

21 N. L. Hallward, William Bolts, p. 42. Bolts was appointed on the 11th August 1766.

Before 1753 the members of the Court could fill in the vacancies by co-option, but after the second Charter was issued the duty of doing it devolved on the President and Council. With regard to the election of the Mayor the procedure was altered. It was enacted that the existing members would choose two persons from among themselves and present them to the Board. The Board would then nominate one of them as Mayor. The Board's decision would be final.

On 2nd December 1755 an interesting incident occurred. That was the day appointed by His Majesty's Charter for electing two members to be presented to the President and Council. After the ballot papers had been returned, it appeared that there were five for Mr. Henry Kelsall the Mayor and five for Bartholomew Plaisted the Alderman. The Court decided that the Mayor should have a casting vote. By virtue of that Henry Kelsall was elected as one of the members to be presented to the Board. Plaisted dissented from it and held that elections should "be ballotted and not voted for." The Court paid no heed to Plaisted's remark and a second set of ballots were returned and William Fullerton was elected as another member to be presented to the Board.[22]

On another occasion the Court tried to evade strict observance of the provisions of the Charter with regard to the election of the Mayor. On 8th December 1763, the Register William Magee informed the Council by a letter that the Mayor's Court had chosen Mr. Peter Gallopine and Robert Gregory to be the two members to be presented.[23] The Council were displeased at this and pointed out that the two members elect should be presented personally at their Board.[24] "If therefore," observed the Council, "it be argued that the words of the Charter are not so positive or express as to put this matter beyond the possibility of Dispute, they are of opinion that the former and general custom should determine and be the Rule of Practice." The Council expressed their hope that the Court would not endeavour to introduce innovations as they did not serve any good purpose and should therefore present the members elect at their Board.

In the case of the Mayor's inability to hold a Court for indisposition or for any other reason the custom was that the Senior Alderman would

22 Mayor's Court Records 1755. See also p. 28.

23 Public Proceedings 8th December 1763. pp. 1253-1254.

24 Public Proceedings 8th December 1763, pp. 1154-56.

act as Mayor. On the 16th of December 1755, Kelsall being absent for his illness, James Vallicourt was elected Mayor. William Nixon was actually the Senior Alderman, but he refused to preside as he was then acting as an attorney for Richard Beecher.[25]

Partiality and corruption were not uncommon among the Calcutta judges, but the most scandalous was that the Court generally supported such vices among its members and often treated in a very high-handed and insulting manner those few of its members who protested against the unlawful and irregular proceedings. Sometimes questions were raised by inquisitive Aldermen with regard to the procedure followed in a particular case. The majority often rejected such motions either because it was beyond them to answer such questions or the particular Alderman was generally disliked. But the Court failed to realise that if it agreed to those acts then they would be regarded as acts of the Court and would thereby affect everybody in general.[26]

On the 20th July 1749 Meredith an attorney objected to Robert Orme's presiding as judge in the case of Nyan Mullick vs. Z. Holwell and Edward Holden Cruttenden on the ground that Robert Orme previously acted as an attorney for Nyan Mullick.[27] The Court regarded this objection as goundless and rejected his prayer. In connection with the same case on another occasion Mr. Charles Lodwick wrote two letters to the Court.[28] In one of them he tendered his resignation and in the other accused some of the members, sitting in judgment over Nyan Mullick's case, of partiality. The Court accepted his resignation but refused to enter into record his letter containing reflections on the conduct of some of his colleagues. Mr. Irvin an Alderman dissented from it and held that the letter ought to be entered in the fair book of the Court and the charges explained and answered. Mr. Coales one of his colleagues ridiculed Mr. Irvin by saying that the proceedings did stand in the foul book not in the fair book. The Court appointed William Shiers in the place vacated by Charles Lodwick.

Once Mr. Irvin put the following question before the Court. "Whether every member hath a power to mention his dissent on the day

25 Mayor's Court Records, 1755. See also p. 34.

26 Public General Letters from Court, dated London the 31st January 1755, paragraph 122.

27 Mayor's Court Records 1749, p. 125.

28 *Ibid.*, p. 54.

of the Decree with leave to defer his reasons till next Court day and upon so doing whether such a member hath a power to demand the next Court day that his dissent be entered with his reasons at large as expressed in the paper."[29] The Court rejected the motion of James Irvin that the reasons be entered. The Court here was restricting the freedom of the judge to give his opinion without fear or favour. Probably the Court apprehended that if this thing was allowed, many unlawful practices might come before the notice of the Court of Directors for whose examination the proceedings of the Court were submitted from time to time, and the opinion formed by the home authorities in that case would be anything but favourable.

Mr. Holland Goddard requested the Court to clarify certain points with regard to the function of a trial judge in relation to the putting of interrogatories to the parties for examination of the witnesses. His confusion with regard to them however proves his own ignorance of the preliminary rules of procedure and the Court acted well in taking the following resolution "Goddard referred to Charter and Instructions and to his own judgment for the solution of his querries."[30] Goddard regarded this as an insult and begged to be excused sitting any more as a judge in the cause between Holwell and Nyan Mullick.

What induced the Mayor's Court to take cognisance of the bill of complaint that Dumbleton filed on behalf of Sarah Shadow is not easy to find out but the said act, as it transpired afterwards, was certainly very ill advised.[31] Mr. Goddard and Gray most probably voted against it and thereby they incurred the displeasure of the Court. An application was presented to the Board for the removal of these two gentlemen. In a letter to the Board, the Court of Directors wrote "we are of opinion every member of this Court has a right to give his opinion and vote as he thinks fit, and the Court ought not to have received Mr. Dumbleton's information. We think Mr. Goddard and Mr. Gray had a right as Alderman to vote in these questions and that our Governor and Council were likewise right in dismissing the application that was made to them for removing Mr. Goddard and Gray from their office of Alderman on this account."[32]

29 Mayor's Court Records 1749, p. 76.

30 *Ibid.*, pp. 122-123.

31 See page 49.

32 Public General Letters from Court, London 31st January 1755, para 122.

58 *Aldermen and Attorneys—Mayor's Court, Calcutta*

So far as our information goes three[33] among those who served as Aldermen at different times were medical men. One of them was Mr. John Zephaniah Holwell. Holwell began his career as a Surgeon. He was an Alderman of the Mayor's Court in 1748-49[34] and sometime in that year was elevated to the office of the Mayor.[35] Subsequently he was appointed as the Zamindar[36] and in that capacity was involved in a quarrel with the Mayor's Court over the question of jurisdiction. The second one was William Fullerton. He appears to have been in charge of a hospital in Calcutta. In 1760 he wrote a letter to the Council begging leave to resign his surgeancy.[37] He was twice presented by the Register to the Board to be elected Mayor, once along with Kelsall, and on another occasion with Anselm Beaumont. Kelsall got the better of him. But Beaumont was less fortunate and Fullerton was appointed Mayor on 24th March, 1757, and again on the 20th December, 1757.[38] Bartholomew Plaisted who turned out to be over zealous in defending the prestige and dignity of the Court against the Council's interference rendered valuable services to the Bengal Government as a surveyor. He was also the author of a book containing his experience as a traveller. Being pressed by the Council he had to apologise for his[39] outburst against that body and Mr. Holwell. In 1757 he was refused permission to return to Bengal after he had gone on furlough to England on account of "his turbulent temper and unbecoming behaviour, lessening the Government in the eyes of the whole settlement."[40]

John Levett, who served as an Alderman in the days of Harry Verelst and afterwards, appears to have been very obedient to the Council. In his correspondence with the Board he scrupulously avoided any statement that might give them cause for suspicion. His treatment of Whittall is hardly commendable. On one occasion in an open Court he called that attorney an incendiary and added with a sneer that his demand for the filing of certain papers would be complied with. He along with Goodwin

33 Public Proceedings 1759 p. 181. The Third one was George Gray.

34 Long's Selections, p. xlv.

35 Mayor's Court Records 1748-1749, p. 1.

36 See pages 46-47.

37 Public Proceedings 1760, p. 582.

38 Public Proceedings 1757, pp. 66-69, 458-462.

39 Plaisted's Book—"A Journey from Calcutta to Bussorah and then across the Desert in 1750."

40 Long's Selections, p. 83 footnote. See also p. 52.

and Killican appears to have been instrumental in bringing about the dismissal of Whittall.[41] From his letter dated the 13th February 1774 we learn that Mr. Levett was a dealer in Arrack trade and had at that time at his disposal a factory large enough to supply Bengal and other of the Company's settlements in India whose demand for Arrack till then had been met by the Dutch.[42] This most obedient and humble servant of the Company unwillingly (as he maintained) appended his signature to a petition sent to the Board by the Court's members praying for the bestowing of the benefit of Dustucks upon those who were not Company's servants. The petition was signed by nine members and Levett[43] who was afraid of alienating his colleagues signed it. But in a letter dated 24th September 1771 to the Board he prayed that his name might be expunged before the application was transmitted to the Directors.[44] Levett covered up his weakness by representing that his signing it was a hasty act. In order that his motives might not be misconstrued by the Council, Levett asserted that he did not flatter himself with the idea that the application would meet with success.

It was the custom of the Mayor's Court to appoint its members as executors and administrators to the estates of the deceased European residents of Calcutta, in case no suitable person could be found to manage them. The unscrupulous among the honourable members of the Court took advantage of the office to mismanage the estates and to misappropriate the money. In an appeal preferred to the Privy Council by Mrs. Frances Altham against Mr. George Gray trustee to Mrs. Altham's former husband Mr. Perry Purple Templer, it was alleged that the said Alderman had misused the money.[45] But perhaps the most interesting case is that of Holland Goddard. That gentleman appears to have enriched himself by lending out the money of the deceased at a high rate of interest on more than one occasion. The suit that he instituted against Rash Behary Seat shows that he made that unwilling native borrow a considerable sum of money and made him promise to keep it

41 See page 69 and also Bolts' Considerations, vol. III, p. 267.

42 Home Dept. Public Cons. 18th Feb. 1774 No. 10.

43 Home Dept. Pub Cons. 2nd Sep. 1771 No. 1.

44 Home Dept. Public Cons. 24th September 1771 No. 4.

45 Pub. Dept. Copies of Records obtained from the India Office, 12th Dec. 1754, pp 102-105.

for ten years at the rate of 9 per cent per annum.[46] Goddard seems to have knowledge of Bengali and spoke to Rash Behary Seat in that language in order to convince him.[47] Goddard succeeded in the meantime in making over the money at Fort Saint Davids to those to whom it legally belonged and as the sum of money lent out to Rash Behary became his property he insisted on its immediate payment.[48] He apprehended that on Rash Behary Seat's failure to pay the debt his own property would be lost. The interest accruing from the sum lent out and actually paid by the native was evidently misappropriated by him. In his letter dated the 7th December, 1754 Goddard informed the Secretary of the Board that the creditors of William Young deceased had made him liable for a large sum of money that he probably had made by way of interest and profit as the money came into his hand. The Council had ordered him along with Kempe to leave for England.[49] In reply Goddard wrote, "should I attempt to go on board ship, the complainants would procure a warrant from the Mayor's Court to arrest me at the Boat side and by the means stop and confine me here and prevent my complying with the Companies orders tho' my Intentions are ever so good."[50]

Honesty and uprightness were held not much in esteem by the Court's members and any one who tried to be upright was disliked by his colleague. One instance of this is the case of Joseph Cator.[51] It was he who voted against the removal of Bolts without proper trial, it was he also who asserted the illegality of the proceeding against Mr. Whittall. In 1771 (22nd December) the Mayor's court taking up the charges laid against him by Charles Child resolved to bring the matter to the notice of the Board.[52] On the 15th of January 1722 Joseph Cator submitted his deposition before the Council in which he asserted that Goodwin had uttered the remarks as alleged by Whittall.[53] It appears that on the 28th

46 Mayor's Court Records 1749, pp. 101-104 see also Appendix G. p. 108.

47 Mayor's Court Records 1740, p. 102 Deposition of Mandeb Sarma.

48 See Appendix G. p. 109. Deposition of Ramkissen Seat.

49 Long's Selections, p. 46. footnote.

50 Pub. Dept. Copies of Records obtained from the India Office 12th. Dec. 1754, pp. 102-105.

51 Mayor's Court Letters Copy Book 1764-1769. Joseph Cator was offered the seat of Alderman on the 12th Feb. 1768. Goodwin was selected as the person to swear him to the office of Alderman.

52 Mayor's Court Records 1771, p. 399.

53 Home Dept. Public Cons. 30 Jany. 1772 No. 8.

of February 1772 Joseph Cator was removed.[54] Most probably his opposition to Goodwin and his associates cost him his Aldermanship.

Forty five years after the Mayor's Court had been established the Aldermen considered it worth while to place before the President and Council a petition praying for the bestowal of the privilege of Dustuck on those members of the Court who were not Company's servants.[55] The "Mayor and Aldermen beg leave to represent that as the European Inhabitants in Bengal are within a few years greatly increased; the Business of the said Court is much greater than formerly, and requires a much more constant attendance of the members. That notwithstanding which, through their diligence and care the business is kept in such order, that no one has the least reason to complain the Delay of their causes." (2nd September 1771).

The volume of work, as the reecord shows, no doubt had increased as the petitioners asserted; but the difficulty of obtaining a decent subsistence was not a new event in the life of the Alderman in 1771 as he was ridiculously ill-paid. The members in the days when the Court was not sitting surely attempted to tap some other source of income in order to make a decent living. Bolts asserts some of them were given the right to carry on private trade in direct violation of the law confining it only to the Company's servants. What the members resented in 1771 was their constant attendance in the Court under pressure of heavy work whereby they got no time to look after their own private business. The petty pittance they received however had been a long felt grievance and ought to have been redressed. "The Aldermen of the Mayor's Court" wrote Levett "are appointed for life" and are "individuals being called to perpetual servitude for the community without an adequate recompense suitable to their station and services."[56]

If the Alderman's knowledge of law was meagre, that of the Attorneys was no better. In 1767, Lord Clive remarked in a despatch, "Calcutta is the place where the profession of the law is exercised by men who seem to derive all their knowledge by inheritance, or to possess it by intuition, without previous study or application."[57] The bills of com-

54 Public Proceedings 1772, p. 430.
55 Home Dept. Pub. Cons. 2nd September 1771 No. 1.
56 Home Dept. Public Cons. 24th September 1771 No. 4.
57 Long's Selections, p. xxxi.

plaints drafted by these lawyers in few instances conformed to the rules specified for that purpose and often contained scandalous matters injurious to the character and reputation of the parties involved. The ridiculous way in which the matters were presented sometimes provokes laughter but in many cases the malicious intent of the writer of such bills is easily discerned. While reviewing the case of Dawson vs. Brooke, the Court of Directors severely condemned such practices and ordered that the Attorney should pay the cost of expunging the bill of scandalous and impertinent matters.[58]

The Mayor's Court followed the usual practice of appointing four Attorneys. In 1748 49 Dumbleton Mackpherson, Bodley and Meredith appear to have been the attorneys serving in the Mayor's Court. In 1753 Dumbleton and Meredith were retained but Mackpherson and Bodley were supplanted by Ridge. In 1771 also we come across the names of four attorneys.[59] Any individual Alderman could if he so desired act as attorney in a particular case. In that case however he had to vacate temporarily his seat on the Bench. In 1755 William Nixon acted as an attorney for Richard Beecher. He therefore refused to sit as a judge.[60] Cator also followed the same practice when he acted as an attorney for Mr. Bolts. Unfortunately we know very little or practically nothing about the fees charged by these attorneys for their services or about their relations with their clients. But clients bent on cheating the attorneys of their just fees were not rare in those days. Almost all the attorneys who practised in the Court in 1771 had bitter experience of this.[61] At the instance of James Driver, an attorney, warrant of execution was issued by the Court against the body of Manick Thakoor for C Rs. 214-8-3 and on another occasion against Ramkissore Dutta for C Rs. 323/-.[62] Mirza Petruse, an Armenian, failed to meet the demand of Driver. Accordingly when Driver was called upon to defend him in a suit he begged to withdraw his appearance. The Court granted his prayer and appointed one Christian Frederick Brix as the attorney.[63] It is not known how the latter was treated by Petruse.

58 Mayor's Court Records, Letter Book vol. 28, 1753, para 16.

59 Bolts' "Considerations etc." vol. I, Appendix, Whittall says that there were four attorneys practising in the Mayor's Court in 1766-1767.

60 Mayor's Court Records 1755.

61 Mayor's Court Records 1771.

62 *Ibid.*, pp. 239, 253.

63 *Ibid.*, p. 278.

Both the Mayor's Court and the Council were not very favourably disposed towards the unfortunate attorneys. Even the slightest offence on their part did not go unpunished, and questions of legality or otherwise of the proceedings never troubled the minds of the authorities. Mr. Dumbleton, an attorney of the Mayor's Court, appears to have been the author of a bill of complaint which raised a hornet's nest among the Court, Council, and the Zemindar.[64] The authorities both at home and at Fort William disapproved of his conduct and made him feel that if he were to stay at Calcutta he would do so by sufferance. "It hath been represented to us", wrote the Directors, "that one Dumbleton acting as an attorney was principally concerned in bringing the affair in an extra-judicial manner, of Sarah Shadow before the Mayor's Court, we do not find that he resides in Bengal with leave from us or under our license. If that is the case, and you find him inclinable to foment disputes and of a litigious disposition you may send him home to Europe."[65] Dumbleton was forgiven and was appointed the Register of the Mayor's Court.[66] From a letter of Council of Revenues at Moorshidabad it appears that he served as an assistant there. He died sometime in 1770-71.[67] There must be two Dumbletons otherwise Long's opinion that Dumbleton perished in the Black Hole cannot be accepted. Long's view that Dumbleton was in 1755 the only attorney at Calcutta is also not true.[68]

George Sparks was another attorney who fell a victim to the wrath of the President and Council. He came to India sometime in 1741-42. The way in which he was first brought to the notice of the Board at Calcutta is interesting and funny. He was the chief mate of the Sloop Mermaid that was wrecked off the coat of Calingapatam.[69] Captains Burton and Samson threw the blame on him. Sparks was however forgiven. He represented to the Board that he was out of employment and prayed for gratuity for taking and bringing a French Prize-ship. In 1762 he asked for permission to go to Balasore to build a sloop in order to procure rice

64 See page 49.

65 Long's Selections No. 213.

66 Mayor's Court Records 1755.

67 Original Consultation 23rd May 1771 No. 10.

68 Long's statement is incorrect. In the Mayor's Court Records 1755 we come across the names of Putham, Bendall and Ridge besides the name of Dumbleton. Thus there were at least three attorneys besides Dumbleton who practised in the Mayor's Court in 1755.

69 Public Proceedings 1759, pp. 415, 423.

and curry for himself and his family.[70] During the early part of his career he appears to have been a poor man. After doing sundry jobs he entered the Mayor's Court as an attorney. Fortune smiled on him and at the end of his career George Sparks came to possess a sum of ten thousand pounds and to own a garden house at Calcutta.[71] He does not appear to have been an honest man and he built up his fortune not so much by his earnings as an attorney as by various fradulent means. It sometimes happened that native merchants after their failure to realise their money they had lent out sold the bonds at a considerable discount to the Europeans at Calcutta. George Sparks used to buy such bonds and on them instituted suits in the Mayor's Court. One such suit he brought against Myr Ashroff of Patna as an assignee of the bond of Bollackeydoss given to the latter by Myr Ashroff.[72] The most interesting thing to note here is the alleged defalcation of money by Sparks paid to him by Muhan Prosaud, a black merchant. It appears from a bill of complaint filed by Muhan Prosaud on 22nd July 1760, that he delivered to Sparks one thousand and nine hundred Arcot rupees which sum George Sparks wanted for a lottery. "The amounts of great part whereof," so wrote Muhan Prosaud, said Sparks has received from the adventurous in the said lottery and has appropriated to his own account thereof."[73]

It is as an attorney of Bolts that George Sparks incurred the displeasure of the President and Council. Hatred and fury that Bolts' conduct engendered in the heart of the Governor did not leave Sparks unscathed. So he ended his career as he had begun on board a sloop, but that in a different way. No longer in the prime of life, George was then a doomed man brought to the death's door. The vengeance of the Governor had robbed him, to the last penny, of his fortune and reduced him to a pauper.[74]

Richard Whittall's lot was even worse than that of George Sparks. He was sworn and admitted as an attorney of the Mayor's Court on the

70 Copies of Records obtained from the India Office 10th May 1762 p. 19.

71 See pp. 87-88.

72 Public Original Cons. 5th Oct. 1768 No. 3. Petition of Durponaran Tagoor, see also p. 62.

73 Mayor's Court Records—Bills of complaint 1760. It is interesting to note that in the famous case of forgery brought before the Supreme Court against Nundcomer, this Muhon Prosaud was the plaintiff.

74 See page 89.

6th March 1767. By diligence and honesty he picked up within a very short time a good practice and acquired a great reputation.[75] His candour and outspokenness was perhaps not liked by Cornelius Goodwin, the then Alderman of the Court whose displeasure Whittall incurred by acting as an attorney for Raja Nundcomer in a suit between Nundcomer and Johannes Bogdazar. Johannes Bogdazar was an intimate friend of Goodwin and the decision in the case went in his favour. When Whittall begged leave to appeal from the decree Goodwin is reported to have broken forth into a violent and unseenly rage and declared that Whittall "being an Attorney of the said Court (Mayor's Court) for daring to appeal the causes above named should be expelled." The repeated threats of dismissal hurled at him by Goodwin injuriously affected his practice as an attorney and Whittall intimated this fact to Goodwin. But nothing came out of it

On the 13th of June 1769, Hamilton, a Surgeon submitted a memorial to the Mayor's Court wherein he made certain observations regarding Cornelius Goodwin's conduct in determining a case at his own residence —a case that was still pending in the Court.[76] Whittall who was an attorney for Hamilton in his suit against one Rama Baboo was called upon to explain the matter. In his remonstrance the attorney made an allegation of partiality shown by David Killican the Mayor and Goodwin towards Rama Baboo and moved the Court that he might bring witnesses to prove his allegation. In order to prevent such public hearing Whittall was dismissed.

It appears from the account of Whittall that after Mr. Patrick McTaggart had obtained a decree of £250 sterling against Mary Morgan, that lady was released by Simeon Droz the Sheriff out of his custody. This was done without any authority from the Court. Whittall submitted and the Aldermen agreed with him that Droz must be made liable for the money. Droz however consented to pay the debt and told McTaggart that he would repay himself by a mortgage of Mrs. Morgan. The contention of the Court when it dismissed Whittall was that he had fraudulently obtained money from Mr. Droz acquainting him that the suit was decreed by the Court. Immediately after his dismissal the

75 Bolts' "Considerations" vol. I, Appendix. The case of Mr. Richard Whittall (p. 56-80).

76 Bolts' "Considerations" vol. I, Appendix. The Memorial of Thomas Hamilton.

Register produced a copy of the receipt whereby it appeared that Whittall did not give any false information laid to his charge.

The malice and resentment of the Court could not be so easily gratified. While Whittall was staying at Chandernagore Mr. May the Register applied for a warrant of execution against his effects to pay monthly register bills. In 1770 Goodwin, Levett and Killican moved by Atkinson to grant warrant of execution against the effects of Kissenchurn Tagore and Ramsunder Bauragee on behalf of Whittall for his own proper fees refused the prayer on the ground that Whittall was outside the Court's jurisdiction while Atkinson and Graham were trying to do something for him he embarked for England.[77] John Dunning giving his opinion on the case of Richard Whittall observed that the order of dismissal was a gross act of injustice. In the order of dismissal the causes for which Whittall was therein said to have merited and received several reprehensions of the said Court were not assigned.

The whole affair bears witness to the high handedness of the Court. George Sparks is entitled to pity but Whittall deserves sympathy as he was an honest man The proceedings relating to his dismissal are important in that they reveal to us the vices that were prevalent among the Court's members and in that they are indicating of the real state of affairs inside the Court. Goodwin's attempt to decide cases out of Court is reprehensible. He seems to have been haughty and short tempered and could be easily nettled. His frequent outbursts of fury and his attitude of latent hostility towards Whittall proves the truth of Catot's deposition. The reversal of the decision of Goodwin and his colleague in the case of Johannes Bogdazar by the Council testifies to the partial distribution of justice generally alleged against the Court's members. Goodwin and Killican did not hesitate to openly favour the parties in whom they were interested. Several warrants against Rama Baboo were suppressed by them because the said Rama Baboo had lent Rs. 15,000/- to Goodwin and a considerable sum to David Killican. The illegal practices followed by the Alderman did not stop there. John Bathoe a member of the Court was accused of altering and redrawing the minutes relating to Whittall's dismissal. George Sparks, attorney for Whittall, asserted that he was an eye witness to the fact stated.[78]

77 Bolts' "Considerations" vol. I, Appendix. The case of Mr. Richard Whittall.

78 *Ibid.*

# 24

# The Portuguese Administration in Malacca, 1511–1641

*D.R. Sar Desai*

With the exception of Alfonso de Albuquerque in the 16th century, Marquis de Pombal in the 18th and Oliveira Salazar in the 20th, Portugal can hardly boast of any special genius for administration, whether of the colonies or of the mother-country. This lack of administrative acumen is matched by lack of interest in administrative matters among Portuguese chroniclers and historians. While the secular historians concentrated on the heroic deeds of a rather limited era, their Jesuit counterparts concerned themselves with exaggerating the scanty exploits in their evangelical enterprise. The administration was not elaborate and, therefore, the records were scanty. Portugal did not have a budgetary system; no systematic accounts were maintained either for Portugal or for the colonies, especially in the sixteenth and seventeenth centuries.[1] Consequently, one might with justification lament with Professor Charles R. Boxer upon the paucity of material for an administrative history of the Portuguese colonial possessions.[2] Even so, one might study the Portuguese colonial administration in the larger context of interests, policies, and prejudices.

The old notion that the Portuguese colonial empire was motivated by three G's – God, Gold and Glory – must now be discarded. Secular and clerical accounts, actual numbers of converts to Christianity and the proportion of time spent by the Portuguese 16th century officials in attempting to save their own souls, let alone those of the heathens in Asia and Africa, would not enthuse someone looking for soldiers in the service of God. This was more true for the 16th century and even more for Malacca where the Portuguese, according to St. Francis Xavier, excelled in the conjugations of the word "rapo" meaning "rape". The saint loathed even the Malaccan soil; before leaving Malacca for Japan, he took care to brush the dust off his shoes, resolving never to visit the ungodly Portuguese colony again.

How significant was the religious factor in the Portuguese conquests and administration in the Orient? As with the Crusades in

1. Charles de Lannoy and Herman van der Linden, *Histoire de l'Expansion Coloniale des Peuples Europeens* (Brussels 1907), I, p. 195.
2. C. R. Boxer, *Portuguese Society in the Tropics* (Madison, 1965), pp. 3-4.

## PORTUGUESE ADMINISTRATION IN MALACCA

the earlier centuries, service to Mammon early took precedence over service to God. The Portuguese activity in the Orient was marked by the same combination that motivated Venice, for example, to finance a crusade and simultaneously despatch emissaries to Egypt's Saladin for negotiating a trade treaty. In answer to a question as to what had impelled the Portuguese to go to the East, Vasco-da-Gama is alleged to have replied: "Christians and Spices". One encounters echoes of this in Albuquerque's oft-quoted exhortation to his men after the conquest of Malacca in 1511. Further, the Portuguese Crown, unlike its English counterpart, combined commercial and religious interests. Thus, the Portuguese monarchs reserved for themselves monopoly of the colonial trade; the "Padroado Real" gave the Crown immense powers in the field of religion. Since 1551, the Crown had served as Grand-master of the Order of Christ, which held large estates in Portugal and was awarded by the Popes in the 16th century the superintendence of all the overseas missions in the Portuguese Empire.[3] Even so, an examination of early Portuguese contacts with Muslim potentates in Africa and South and Southeast Asia would bear out a generalization that the Portuguese sought alliances among indigenous rulers, irrespective of their religious persuasion. Thus, Diogo Lopes de Sequeira, who was sent by the Portuguese King to Malacca, was specifically instructed to make the establishment of mutual trust with the native rulers, so as to ensure a profitable and reciprocal trade, the "mainspring of all your action". As C. R. Boxer rightly points out, this peaceful approach was to include Malacca and other Muslim states and was not confined to Hindu rulers.[4] To the Portuguese, spices and riches were more important than Christians and souls.

A recent analysis of the 19th century British imperial policy[5] by two Cambridge dons, Ronald Robinson and John Gallagher, would be applicable in this context to the Portuguese colonial policy in the 16th century. Robinson and Gallagher argue fairly convincingly that British statesmanship in the 19th century promoted expansion only when it was necessary to buttress the national interest of trade. Even in doing so, Britain preferred an informal empire to a formal one; indirect influence through treaties to direct extension of administrative authority through use of force. Melinde in East Africa and Cochin in South India belong to the category

3. William Atkinson, "Institutions and Law," in H. V. Livermore ed., *Portugal and Brazil* (Oxford, 1953), p. 91. Also see A. de Silva Rego, *O Padroado Portuguese do Oriente* (Lisboa, 1940); C. R. Boxer, *Four Centuries of Portuguese Expansion* (Johannesberg, 1965), p. 65.
4. C. R. Boxer, "The Portuguese in the East, 1500-1800," in Livermore, ed., *op. cit.*, p. 209.
5. Ronald Robinson, John Gallagher with Alice Denny, *Africa and the* Victorians (London, 1961).

of Portuguese informal empire; Malacca and Goa to the formal one. Wherever there was resistance on the part of an indigenous power to cooperate with the Portuguese in establishment of a monopoly over the spice trade, the Portuguese used force. In most cases, barring exceptions like the Zamorin of Calicut, such bloody encounters took place in relation with Muslim potentates, who were at the center of political and commercial activity in most of the maritime regions of South and Southeast Asia in the 16th century. The religious factor would be brought in conveniently to strengthen the commercial one; a military victory would be followed by a general massacre of innocent dependents of the vanquished "infidels" as in Malacca. It would serve an Assyrian lesson in psychological warfare to the other Muslim states resisting Portuguese overtures for alliances.[6]

Since the commercial aspect of the Portuguese overseas activity predominated over the political and religious ones, one would expect that the system of government in the directly-administered colonies like Malacca would be conducive to prosperous trade. It is my contention that the Portuguese adopted with only minor modifications the administrative apparatus prevailing prior to their conquest of Malacca. At least two reasons may be adduced to explain the Portuguese policy in this regard. First, the Portuguese were aware of Malacca's importance as an entrepot port, holding the gates to one of the most strategic maritime highways of the time.[7] This fact had been appreciated by the Portuguese even before Albuquerque included it in his grand strategy of a commercial empire based on forts and ports.[8] Most contemporary accounts allude to Malacca as the richest city in the world.[9] This may be wrong;[10] but it was undoubtedly the most convenient meeting place for traders from Arabia, Persia, India, Pegu, Java and China. Since the founding of the Kingdom of Malacca in 1403 the Malaccan rulers had striven to maintain the cosmopolitan character of Malacca's trade and population. The Portuguese recognized the success and sophistication of the port administration under the

6. For a critical comment on Portuguese treatment of Muslim opposition on the East African coast, see C. R. Boxer, *Race Relations in the Portuguese Colonial Empire, 1415-1825* (Oxford, 1963), pp. 43-44.
7. According to John F. Cady, *Southeast Asia, Its Historical Development* (New York, 1964), p. 179, the Portuguese policies turned Malacca into an "outpost of empire".
8. In 1505, the King, Dom Manuel, resolved to seize Ormuz, Aden and Malacca. In 1509, he sent Diogo Lopes de Sequeira directly from Portugal as Chief Captain of four ships to discover Malacca. F. C. Danvers, *The Portuguese in India* (London, 1894). I, pp. 143, 179.
9. M. L. Dames, ed., *The Book of Duarte Barbosa* (London, 1918), II, p. 175.
10. I. A. Macgregor, "Some aspects of Portuguese Historical Writing of the Sixteenth and Seventeenth centuries on Southeast Asia," in D. G. E. Hall, ed., *Historians of South East Asia* (London, 1961).

sultans.[11] In their desire to continue Malacca's commercial importance, the former retained the essential features of the predecessor Muslim administration.

The second reason for bowing down to the "heathen" practices and adopting them in the field of administration was more simple. Portugal was a backward European state, with very little of commercial tradition. Consequently, she lacked a sophisticated, well-developed administrative system. The Portuguese government of the time was largely a personal monarchy, with a very limited central government[12] and with the power and purtenances being shared by a few "fidalgoes", whose title to their lands and position depended upon their shifting military strength and the monarch's sweet will.[13] Portugal was, comparatively speaking, a new state where the crusading spirit of the recently established Christianity had paralleled the gradual elimination of the Jewish and Muslim mercantile communities. Portugal did not witness the rise of a new commercial class comparable to that of Britain, the Flanders, Central France and Northern Italy. No amount of military ardor, religious zeal, or navigational acumen could substitute the business know-how and administrative ability which contributed to the success, for example, of the early English or Dutch colonial enterprise. What the Portuguese did not have, they obviously could not give to their colonies. It was for the same reason that despite repeated royal edicts against employment of Muslims and Hindus, the Portuguese were compelled to hire in their colonies non-Christians as tax-farmers and collectors "in much the same way as Jews had filled the parallel posts in Europe, and for the same basic reason – their superior financial acumen and abilities."[14] In Goa, for instance, even the old designations of revenue and judicial offices were retained.[15] In Malacca, use was made of the services of Hindu merchants, as factors in Portuguese employ.[16] One might, therefore, safely assert that it was not out of regard for indigenous practices but a lack of administrative resourcefulness that dictated

11. At the height of the trading season, Malacca would have a population of a million. The administration of such a metropolis must have been a formidable task. See R. S. Whiteway, *The Rise of Portuguese Power in India, 1497-1550* (Westminster, 1899) p. 5.
12. I. A. Macgregor, "Notes on the Portuguese in Malaya," *Journal of the Malaya Branch of the Royal Asiatic Society*, XXVIII, 2 (May, 1955), pp. 16-17.
13. Grants of land to the nobility were terminable at the King's pleasure and required confirmation from each new monarch. See William Atkinson, *op. cit.*, p. 88; H. V. Livermore, *A New History of Portugal* (Cambridge, 1966), p. 110.
14. C. R. Boxer, *Four Centuries of Portuguese Expansion*, p. 38; Livermore, *A New History of Portugal*, p. 126.
15. For details see Walter de Gray Birch, Trans., *Commentaries of the Great Afonso Dalboquerque* (London, 1877), II, pp. 125-129.
16. M. A. P. Meilink-Roelofsz, *Asian Trade and European Influence* (The Hague, 1962), p. 169.

the Portuguese acceptance of existing practices in their newly-conquered territories.[17]

A key position in the Muslim Malaccan administrations was that of the Shahbandars (a Persian term for harbor-masters) usually held by foreigners.[18] While most ports of the time had one Shahbandar, Malacca had four, indicative of the large volume of trade there. The Shahbandars were in overall charge of allotment of harborage and warehouse facilities as well as supervision of loading and unloading of merchandise. The sultans selected the Shahbandars from the four principal foreign trading communities. Thus, one Shahbandar handled ships coming from the East: China, Liuchiu Islands, Champa, Eastern Borneo and Thailand; another controlled the shipping from the south, Java, Palembang and other Indonesian Islands; a third looked after the ships from North Sumatran ports, Bengal, Malabar and Coromandel coasts of India while a fourth supervised exclusively the ships from Gujarat in Western India, which provided for the largest commercial community in Malacca.[19] The various communities were represented to the Sultan by the Shahbandars, who, in practice, exercised administrative authority of a governor in the respective quarters of the city, where these communities resided.[20]

Since the maritime commerce provided the principal source of revenue, the Shahbandars occupied an important place in the administrative set-up of Malacca. They presented the arriving merchants to the Bendahara, the prime minister, who in turn presented the wealthiest among them to the Sultan himself. The Shahbandars also presided over the collection of anchorage fees and customs duties, which were "paid" in the form of dues and presents. Thus all merchandise from the West, except provisions, was subject to a levy of 6 percent *ad valorem;* provisions were given as presents. The traders from the East paid no dues; they gave presents. The system of presents obviously fostered corruption among port officials and provided for the vast patronage and wealth enhancing the Shahbandar's position and power.[21]

17. In Goa, the village "communidades" system was retained under a special charter in 1526. In Ceylon too, the land tenure system was continued. See A. E. d'Ameida Azevedo, *As Communidades de Goa, Historia das Instituicoes antigas* (Lisboa, 1890); Whiteway, *op. cit.*, pp. 215-220; and Danvers, *op. cit.*, I, pp. 391-393.
18. D. G. E. Hall, *A History of South-East Asia* (London, 1964), p. 202.
19. Tome Pires, *Suma Oriental* (London, 1944), II, p. 244; Birch, ed., *op. cit.*, III, pp. 87-88.
20. The Shahbandars had tremendous influence in the cultural sphere too. According to Shrieke, they introduced new court manners and etiquette and served as the principal agency for the spread of Islam in the archipelago. B. Shrieke, *Indonesian Sociological Studies*, Part II (The Hague, 1957), p. 238
21. For the port laws in non-Portuguese Malaya in the seventeenth century, see Richard Winstedt, *The Malays, A Cultural History* (London, 1961), p. 116.

## PORTUGUESE ADMINISTRATION IN MALACCA

At first, the Portuguese adopted the system in its entirety, including the rates of customs duty, presents and the attendant corruption.[22] This was not a serious encroachment on Portuguese administrative morality. As in Muslim Malacca, the important administrative positions in Portugal and her colonies were held by members of the royal family and of the nobility.[23] The late I. A. Macgregor has provided details of such nepotism or family groups as he calls them in Portuguese hierarchy in the East. Thus, Jorge de Albuquerque, twice captain of Malacca from 1514-1516 and 1521-25 was a cousin of Alfonso de Albuquerque, himself a fidalgo at the king's court. His nephew, Pero, was captain of the fortress at Ormuz; another cousin, Vicente, later became captain of Malacca. Among the other relatives of Jorge who attained prominence were the Noronha brothers, who served in Socotra, Cannanore and Cochin as captains of fortresses. One of them, Dom Garcia da Noronha, later became Viceroy of Portuguese India, 1538-40.[24] Of the 25 captains of Malacca between 1512 and 1560, as many as four were sons of Vasco-da-Gama.[25] Nepotism, bribery and corruption were also rife in Portugal of the time.[26] The difference as far as Malacca was concerned lay in the results. While the Malaccan Muslims retained their ill-gotten wealth in Malacca itself, the Portuguese captains and other officials looked to the Malaccan outpost as an excellent opportunity to hatch their private fortunes in the shortest possible time and repatriate it to Portugal. None dared challenge the captain, whose powers included the right to impose fines up to 200 cruzados on anyone, without appeal.[27] We have in this regard the testimony of Simao Botelho, a rare specimen of an honest official in the Portuguese bureaucracy in the East. Botelho was sent to Malacca in 1543 to reform the Malaccan custom-house by Governor Martin Alfonso de Sousa (1542-45), described by Whiteway as "one of the worst Governors that up to date had afflicted"[28] Portuguese India. Even Sousa felt the abuses in Malacca had overreached the limits of tolerance. Between 1511 and 1543 the customs duties and their collection had undergone

22. Pires *op. cit.*, II, p. 273.
23. William Atkinson, "Institutions and Law." in Livermore ed. *op. cit.*, p. 90. The officials were expected "to fill their pockets, paper safeguards to the contrary notwithstanding". Boxer, *Four Centuries of Portuguese Expansion*, p. 18. Many of the captains of Malacca were related to the Portuguese nobility, see Macgregor, "Notes on the Portuguese in Malaya", pp. 32-33.
24. Macgregor, "Notes on the Portuguese in Malaya," pp. 17-18, provides many more instances of the use of influence by Jorge de Albuquerque in behalf of his numerous relatives in the East.
25. *Ibid.*, pp. 32, 42.
26. K. G. Jayne, *Vasco da Gama and his Successors 1460-1580* (London, Methuen & Co. 1910), p. 107.
27. J. H. da Cunha Rivara, ed., *Archivo Portuguez Oriental* (Nova Goa, 1865), p. 744.
28. Whiteway, *op. cit.*, p. 279.

drastic revisions, ruining the Malaccan trade in the bargain. Instead of the universal tax of six percent, there had officially been imposed a discriminatory tax of eight percent on goods coming from the regions of Pegu, Sumatra, Singapore and Sabah.[29] The valuation was made by the Customs House officers, "who were careful that it did not err on the side of leniency,"[30] so that in practice the duty collected on Indian goods except from Bengal, amounted to 12 percent. Simao Botelho, Controller of Revenue, condemned the practice of what he termed "Bulibuli".[31] Such exorbitant rates discouraged the merchants from touching Malacca; they sought instead ports of the neighboring states in the Malay archipelago.[32] Patriotism was generally lacking among the Portuguese in the Orient despite repeated protestations of loyalty to the monarch and the "patria".[33] Most captains, with the notable exception of Jorge de Brito, who died in poverty in Portugal, themselves violated the monopoly over spice-trade.[34] They traded with the newly-established Sundanese ports, and with Achin, to take advantage of the lower duties there.[35] Their exactions and extortions led first to the decline and then total disappearance of Chinese trade with Malacca. A contemporary Chinese source ascribes the consequent changes in the direction of trade directly to the inferior quality of Portuguese administration.[36] The example of the captains was emulated by the lower officials and civilians. The drain of Malaccan wealth through pillage and corruption and the decline of revenues because of the illicit trade must be counted among the principal reasons for the eventual Portuguese loss of Malacca to the Dutch. It is the quality of the Portuguese administration rather

29. Simao Botelho, "Tombo da Estado da India," in Academia das Sciencias de Lisboa, *Collercao de Monumentos Ineditos* (Lisbon, 1868), p. 105.
30. Whiteway, *op. cit.*, pp. 290-1, asserts that the collection of duties on Bengal goods amounted to 25 percent.
31. Botelho, *op. cit.*, p. 105.
32. For a scholarly analysis of the changes in direction and scope of trade in the Malay Archipelago after the advent of the Portuguese, see Meilink-Roelofsz, *op. cit.*, chapters VIII and IX, particularly p. 144.
33. For instance, despite the ban to sell weapons to the "infidels", there were numerous cases of Portuguese officials having underhand dealings with many Hindu rulers on the west coast of India.
34. Diogo do Couto, Da Asia: Dos feitos que os Portuguese fizeram na conquista e discubrimento das terras e mares do Oriente (Lisbon, 1778-1788), VII, 2, p. 450; Botelho, *op. cit.*, p. 106; Antonio da Silva Rego, *Documentacao para a Historia das missoes do padroado portugues do Oriente-India, 1500-1559* (Lisbon, 1947-1952), II, pp. 232-233. Private trade was officially allowed to Portuguese sailors to a limited extent. A member of a fleet could bring to Portugal a limited amount of spices, for the freight of which he paid at the rate of one-twentieth of its value. Danvers, *op cit.*, 1, p. 79.
35. Meilink-Roelofsz, *op cit.*, pp. 140-141, 167-169.
36. See extracts from the History of the Ming dynasty, Book 325 in W. P. Groeneveldt, *Notes on the Malay Archipelago and Malacca compiled from Chinese sources* (Batavia, 1880), p. 134.

than the Spanish neglect of Poruguese interests between 1580 and 1640 that cost the Portuguese their empire in Southern Asia.[37] As Controller of Revenue, Botelho tried to remedy the situation. He ordered that all goods be charged uniformly at 6 percent, except those from Bengal which were to be charged at 8 percent. Those from China, if imported by the Portuguese themselves were to be levied 10 percent duty while the indigenous importers paid only 6 percent. All foodstuffs were to be free as before.[38] The necessity for the government to discriminate *against* the Portuguese indicates the nature of the problem. Predictably, the opposition to Botelho was led by the captain of the Malacca fortress, Ruy vaz Pereira, who as the principal merchant, stood to lose a substantial portion of his profits.[39] Eventually, Botelho fell in disgrace of the new governor of Portuguese India and was removed from his charge in Malacca.[40] Before that misfortune, however, he served briefly as governor of Malacca from 1544-45, and brought a temporary improvement of conditions. There was a revival of indigenous trade and a decline in private Portuguese trade. Revenues increased from 12 to 15 thousand cruzados to 27 to 30 thousand cruzados.[41] With Botelho's removal, the old state of things must have been restored. A seventeenth century account by Joost Schouten testifies to the atrocious practices of the Portuguese captains and their factors oppressing the native traders dealing in spices and foodstuffs.[42] A Portuguese account, that of Barreto de Resende of 1636[43] also sheds light on the shady dealings of the Portuguese officials of the time resulting in a total loss of revenue by 1633.[44]

Another major difference between the Muslim and Portuguese administrations of Malacca lay in the Portuguese lack of interest in regulating the affairs of the indigenous people, unless the latter seriously threatened the Portuguese supremacy in trade or politics

37. For the corrupt practices of Portuguese administrators in the Moluccas see Barros, *Da Asia*, III, i, p. 615; Couto, *Da Asia*, V, 2, pp. 316-18.
38. Botelho, *op. cit.*, p. 106.
39. The most glaring abuses of the time are listed in Simao Botelho's "Tombo . . ." and in his "Cartas" to the King dated 1554. For the malpractices of half a century later, see Diogo de Couto, *Soldado Practico* (Lisbon, 1954). Couto speaks of corruption among governors and high officials including the judiciary. Also see Luiz de Figuerido Falcao, *Livro em que se contem toda fazenda e real patrimonio* (Lisbon, 1859), pp. 136, 269, 406. Also see Meilink-Roelofsz, *op. cit.*, pp. 156-7.
40. Whiteway, *op. cit.*, pp. 291-94.
41. Simao Botelho to the King of Portugal, Carta IV, in "Cartas de Simao Botelho," *Colleccao de Monumentos Ineditos*, p. 19. Botelho's "Tombo da Estado da India," p. 107, gives details of revenue during the period 1542-44. Also see Couto, *Da Asia*, V, 2, p. 318.
42. "Rapport na de overgave Van Malaka," in *Beringen van het Historisch Genootschap* VII, (1859), p. 433 quoted in Meilink-Roelofsz, *op. cit.*, p. 167.
43. W. George Maxwell, "Barreto de Resende's Account of Malacca," *Journal Straits Branch Royal Asiatic Society*, No. 60 (1911), p. 9.
44. Rev. Fr. R. Cardon, "Portuguese Malacca," *Journal Malaya Branch Royal Asiatic Society*, XII, 2 (1934), p. 12.

of the region. Like the Dutch administration in the East Indies in the seventeenth and best part of the eighteenth centuries, the Portuguese preferred an indirect administration to a direct responsibility over the indigenous people.[45] Thus soon after the Portuguese conquest of Malacca, Albuquerque had appointed a Hindu, Ninachatu, as Bendahara of Malacca,[46] "having authority over the infidel vassals and strangers".[47] This was not the first instance of appointment of a Hindu to an important position. After the conquest of Goa, also from its Muslim rulers, in 1510, Albuquerque had adopted an indirect administration. He had appointed a Hindu, Timoja, as Thanadar, combining in him the power of a constable, magistrate and tax collector. Later, another Hindu, Malhar Rao, a relative of the Raja of Honavar, was awarded the "farmer-generalship" of Goa.[48] In preferring the Hindus to Muslims, the Portuguese exploited the religious rivalry between the followers of the two faiths.[49] In Malacca, Ninachatu also headed the Indian community (known as Klings).[50] The Javanese community lived in two different quarters: one on the northwest side of the river at Upeh, which was placed under the governorship of Pate Quedir, while the other on the southern side of Ilher (hilir) was placed under Tuam Colazcar. Parsees and Malays were placed under one Regimo da Raja, who was appointed the Temmengong.[51] There is no list available of all the holders of office of Bendahara and that of Temmengong. But it appears that these offices were held for almost all the period of Portuguese regime by non-Portuguese.[52] According to Eredia, the first Bendahara in the Portuguese regime converted himself to Christianity and the holder of the office in 1613, Dom Fernando, was his descendant.[53]

45. Danvers attributes Albuquerque's policy of leaving the civilian administration in the hands of local people and reserving the command of the forces in those of the ruling class, namely, the Portuguese, to the impact made on the Portuguese hero by the reading of the life of Alexander the Great. Danvers, *op. cit.*, I, pp. 328-329.
46. Whiteway, *op. cit.*, pp. 144, 327.
47. Emamuel Godinho de Eredia, "Description of Malacca and Meridional India and Cathay ..." trans. J. V. Mills, *Journal Malaya Branch Royal Asiatic Society*, VIII, 1, p. 20 Cardon, *op. cit.*, p. 10.
48. Afonso de Albuquerque, *Cartas*, I (Lisbon, 1884), pp. 47-48.
49. After the conquest of Malacca, the Portuguese tried to establish good relations with Hindu rulers and merchants in the Indonesian archipelago. In Malacca as in Pase and in Goa, Hindus helped the establishment of Portuguese power and prosperity. See Meilink-Roelofsz, *op. cit.*, pp. 121, 137, 364.
50. Theoretically, the office of Bendahara was to be permanent in Ninachatu's family. In 1514, however, he committed suicide. Pires comments that the loss of this man made "necessary for Malacca to have two hundred more Portuguese than were necessary to hold it." Pires, *op. cit.*, II, p. 288.
51. *Ibid.*, pp. 281-2.
52. There is at least one Portuguese mentioned as holder of the office of Temmengong in 1621 See Panduranga Pissurlencar, ed., *Assentos do Conselho da Estado, I (1618-33)* (Bastora, Goa, 1953), p. 133.
53. Eredia, "Description of Malacca ..." *op. cit.*, pp. 53-54.

## PORTUGUESE ADMINISTRATION IN MALACCA

The Portuguese left the maintenance of law and order among their Malay subjects mostly to the non-Portuguese officials. Yet it appears that some Malays were occasionally arrested for indebtedness and such other offences. The reluctance of the government to interfere even in such cases is exemplified by Viceregal orders restricting arrests only to grave cases of civil debt.[54] The principal Portuguese concern insofar as the local administration was concerned were therefore the Portuguese nationals. Until 1571, Malacca was under the "Estado da India," whose headquarters was Goa.[55] In that year, King Dom Sebastiao reorganized the administration of his Asian and African empire, dividing it into three zones: between Cape Guardafui to Ceylon constituted the government of India under a viceroy; between Cape Corrientes and Guardafui, that of Manomotopa; and between Pegu and China that of Malacca, these last two zones being under governors.[56]

The number of Portuguese nationals in Malacca was very small. Hardly at any time did it exceed 600 men, which was during the peak season, when ships and men arrived from India. The average was closer to 200.[57] Very few settled down. In 1532, there were only 40 married men, "casados",[58] who received the right to elect representatives to the municipal council when Malacca was granted its charter as a city on March 18, 1552. Considering the small numbers of Portuguese in Asia at any time and the high rate of deserters from among the soldiers, the "casados", particularly in the outlying settlements like Malacca and Macau, were considered the mainstay of defense in case of emergencies.[59]

The chief officials dealing with the civilian aspect of administration were those dealing with commercial and judicial functions. Based on the details given by Simao de Botelho in his "Tombo da Estado da India," and by Panduranga Pissurlencar in his *Regimentos das Fortalezas da India,*[60] an idea may be obtained of the civilian aspect of the administrative structure. Two high officials of equal rank presided over the Customs House: the factor and the judge of Customs. Below them, came the ouvidor or auditor, provedor and judge of weight, and, of course, a number of clerks. On the

54. Cunha Rivarra, *op. cit.*, pp. 866-891.
55. "O Estado da India," or "the State of India" included until 1571 all possessions, forts and trading posts between Sofala and Macao.
56. Danvers, *op. cit.*, II, pp. 1-2.
57. Macgregor, 'Notes on the Portuguese in Malaya," p. 6.
58. Silva Rego, *op. cit.*, p. 223. Laymen in Portuguese service who married in the Orient were allowed to quit the service and settle down as citizens or traders, being then termed "casados" or married men. The remainder were classified as soldiers of soldados and were liable for military service. See Boxer *Race Relations in the Portuguese Colonial Empire*, p. 58.
59. Boxer, "The Portuguese in the East," pp. 234-235.
60. Panduranga Pissurlencar, *Regimentos das Fortalezas da India* (Bastora, Goa, 1951), pp. 245-250; Botelho, "Tombo . . ." pp. 108-110.

judicial side, there was a judge and a bailiff and his peons to arrest offenders among the Portuguese. There were, however, serious limitations to a judge's powers, particularly in regard to offenses committed by fidalgoes, who could be tried under the Portuguese law only by the King. In such cases, the judge sent details of the case to the royal court. Further, he had no jurisdiction over military officials of the fortress or of the King's factory. Such cases, with full statements drawn up, were to be referred to the Viceroy of Portuguese India. The only people who fell fully within the judge's jurisdiction were the ordinary soldiers and slaves, who had a right, however, to appeal to the authorities in Goa.[61]

The quality of men commissioned to Malacca was inferior to those stationed in India. It was difficult for the Viceroy or governor of Goa, however, to control Malacca officials, who habitually made out that they were either being besieged or that they were suffering from famine;[62] "they often manipulated the situation, and, in the process exercised great autonomy." The man-on-the spot factor was certainly important in the days of long distances and poor communications. As appointments were ordinarily made for three years and there was constant changing of officials at Goa and elsewhere, "opportunities to frustrate the royal or viceregal orders were considerable."[63] The Malaccan captains took advantage of the sailing season for delaying response to queries from Goa. Reply to a letter received in May could be delayed until the end of the monsoon in October. A dodger could easily send a temporizing answer and the authorities in Goa would have to wait until the following April or May to have fresh orders reaching the procrastinating captain in Malacca.

Another factor lending instability to Portuguese regime in the Orient, including Malacca, was the lack of clear understanding of hierarchical order. Malacca was not unlike the other Portuguese strongholds, where a military governor was supported by army and naval officials. This did not buttress the political authority; instead, conflicts were not uncommon. Naval titles conflicted with political status, giving enough cause for recriminations among rival officials claiming superiority over each other. The case of "Captain-general", Alfonso de Albuquerque being imprisoned and court-martialled by Viceroy Alfonso da Almeida, only to be released by Albuquerque's nephew, Dom Fernando Coutinho, who held the superior rank of a Marshall, is too well-known to need recounting

61. Macgregor, "Notes on the Portuguese in Malaya," pp. 21-22.
62. Letter from Afonso Mexia, Captain of Cochin to the King of Portugal, January 15, 1530, quoted by Danvers, *op. cit.*, p. 409.
63. Macgregor, "Notes on the Portuguese in Malaya," p. 29.

## PORTUGUESE ADMINISTRATION IN MALACCA

here.[64] This episode should have impelled the Portuguese court to establish an order of administrative precedence. It never learned the lesson, leaving confusion to reign in subsequent decades.

64. Danvers, *op. cit.*, pp. 141-48.

# 25

# The Dutch Administrative Structure in Sri Lanka

*S. Arasaratnam*

In 1609, within a decade of the establishment of the *Vereenigde Oostindische Comppagnie* (V. O. C.) and the founding of the first forts and factories in the East Indies, the directors decided to institute the office of governor general as the highest authority with overall control of the Company's eastern assets and activities. He was to exercise his power in association with a council of Indies in which decisions were taken by majority vote. In 1619 Jacatra (later renamed Batavia) was made the seat of the governor general and council and thus the capital of the Company's eastern enterprises.[1] Detailed instructions given to the first holder of this office, Pieter Both, and subsequently amplified and amended, show that the directors intended the government at Batavia to be the coordinator and controller of all aspects of the Company's activities in the East : political, commercial, financial, naval and military, social and religious. The centralization of all Dutch power in the east in the citadel of Batavia was effectively achieved with the governor generalship of Jan Pietersz Coen. As Dutch territorial possessions and commercial activities expanded in east, southeast and southern Asia, this role of coordination and supervision from Batavia assumed greater significance. Most decisions of a political nature, where delay would be injurious to Dutch interests, were taken at Batavia. The *Heeren Zeventien* or college of directors, though employers and superiors of the Batavian officials, were not in a position to issue detailed instructions on specific issues. Their control was exercised most explicitly in commercial matters and even here decisions that could not brook the delay of reference to Amsterdam were taken in Batavia. The great distance separating Batavia and Amsterdam and the fact that it took over a year for a reply to be received from the time of despatch of a letter gave the Batavian administration a large measure of autonomy in policy and execution. Further, the council of Indies was a body constituted of officials who had served for long in various, eastern *comptoirs* and thus acquired specialist knowledge of the areas that were the subject of consideration. The Batavian administration was indeed, as referred to at that time, the Supreme Government.

As the arm of Dutch political authority and commercial participation extended over the sprawling regions of maritime Asia, several subordinate seats of administration were set up under the Supreme Government at Batavia. These operated as separate governments entrusted with the task of managing the affairs of a demarcated region. These governments were organised on the same lines as at Batavia. A governor or director was in charge assisted by a council of senior officials. Just as distance from Amsterdam tended to promote independent action by Batavia, likewise the further away a subordinate government was from Batavia the more likely it was to have a wider measure of autonomous power. Thus the Ceylon, Malabar, Bengal and Coromandel administrations enjoyed a large degree of discretion, at least in political matters and to a lesser degree in matters of inter-Asian commerce. These and other similarly located places were referred to as *buiten comptoiren*, 'outer offices' looked at from the Batavian centre in the archipelago. Ceylon was the largest of these outer administrations, from the point of view of territory and people directly ruled by the Dutch.

In some respects, the Ceylon government, among subordinate governments stood in a special position in its relation with Batavia. Outside the archipelago, it was here that the Dutch had sovereign control over a large extent of land and a large Asian subject population. Its governor was usually a senior and influential officer in the Company's service. He was always an extraordinary, sometimes even an ordinary member of the Council of the Indies. Alone among the subordinate governments, the Ceylon government had the right to correspond directly with the *Heeren Zeventien* in Holland. The distance from Batavia, the special problems in administering an indigenous people different from those in Java and the fluid state of relations with the indigenous kingdom of Kandy, precluded the central government from giving detailed instructions. The officials of Ceylon at all times had a measure of initiative in policy-making and execution.

The extent to which the governor of Ceylon, supported by his council, used this initiative depended to some extent on personal factors. Strong and dynamic personalities such as Rijcklof van Goens (1658–1663, 1665–1675), Laurens Pyl (1680–1692), Baron van Imhoff (1736–1740) and Jan Schreuder (1757–1763) took major decisions on their own and asserted the autonomy of the Ceylon government. There have been cases where the Ceylon officials have carried through decisions on matters of policy in the face of Batavian opposition by appealing over their heads to the directors in Amsterdam [2]. Generally, however, the Ceylon government operated within the framework of the general direction of policy issued from Batavia which was itself decided after consultation with the Ceylon officials. In the conduct of daily administration, however, the Ceylon officials had great freedom.

The Company's cadre of officials was variously constituted There was the commercial cadre hierarchically divided into various grades. The assistant had the most junior rank of clerk and there were ascending grades of *boekhouder, onderkoopman, koopman* and *opperkoopman*. They corresponded broadly to the clerk, junior merchant, merchant and senior merchant in the English East India Company's structure. While these were ranks they held in a commercial hierarchy, they were now appointed to political and civil administrative functions in Ceylon as in other Dutch possessions. Then, there was a cadre of military and naval personnel with their own hierarchy of military and naval officers. While most of them served in the armed forces in different parts of the island, the commissioned officers were also appointed to political and civil administrative positions. Apart from these two categories which formed the bulk of the Dutch official personnel on the island, there were a number of others recruited for particular specialties and attending to duties related to their professions. Thus, there were doctors, surgeons, apothecaries and dressers, ordnance specialists, assayers, master carpenters, iron founders, boat builders, stone cutters, bakers, cooks and a heap of other trades necessary to service the Dutch community. To these should also be added predicants and catechists. The total strength of Dutch personnel of all categories serving in the Ceylon government generally stood at around 3000.

From 1640, to 1656 the seat of Dutch government in Ceylon was Galle because until 1656 their power was confined to the southern region of the island and Galle was the first major city to fall into their hands. With the conquest of Colombo, the capital was shifted to that city in 1658 which remained the seat of the government of Ceylon until the end of Dutch rule. The governor lived in an attractive residence, within the precincts of the Fort and overlooking the chief executive officer with control over all matters of Dutch administration, policy and interests in the island and its environs. This included the territories held in the littoral of Ceylon and the coastal ports of the southern tip of India, which from the inception was placed under the jurisdiction of the Ceylon administration. The Indian parts extended from Cape Comorin to Nagapatnam until 1680 when Nagapatnam was transferred to the Coromandel government

The governor was assisted by a council known as the Council of Ceylon (*Raad van Ceijlon*) or, as it was more commonly referred to in the 18th century, the Political Council (*Politiek Raad*). It generally consisted of eight members, apart from the governor, sometimes less. Usually the following officers were members of council : The chief administrator (*Hoofdadministrateur*), the *dissāva* of Colombo, the first warehouse keeper (*Packhuismeester*), the fiscal, the trade accountant (*Negotie Boekhouder*), the secretary, the pay accountant (*Soldij Boekhouder*) and the officer commanding the troops. The commanders of Galle and Jaffna were also members of the council and, if present in Colombo, were next in order of precedence to the governor. The exact constitutional relationship between the governor and the council and the extent of the latter's powers when in conflict with the former were not precisely defined. As Governor Imhoff observed, it was impossible to lay down strict rules on what subjects the governor could act on his own and what had necessarily to be referred to council. In 1651 a general instruction was issued from Batavia that no decision or action of importance was to be taken by the governor without the consent of the council [3]. At first, the governor had the right to appoint councillors but later this was taken over by the Batavian government. Vacancies could be filled by the governor provisionally but were subject to approval by Batavia. All decisions were to be taken by majority vote and the governor was generally bound by these decisions. If the governor wished to overrule the wishes of the majority he did so on his own responsibility and this was generally disagreeable to the Supreme Government. All letters had to be read in full council and all outgoing letters were to be signed collectively by all members of council.

It is doubtful how far these regulations were effective in strengthening the authority of the council against the powers of the governor. The governor with his vast powers of patronage and his overwhelming influence generally had his way over subordinate officers in council. Evidence of the later period suggests that council did not function as a check to the governor. Generally, councillors followed the lead given by the governor and governors saw that the support given by experienced and able councillors strengthened them in their relations with the authorities at Batavia. And, as Imhoff suggests, a governor would always be wise to take sole responsibility on himself as little as possible[4].

In Colombo, the chief administrator was next in importance to the governor. He was the governor's deputy in matters relating to the lands in the jurisdiction of the Colombo division. He was in charge of the trade accounts and had control of the commerce of the island. He had ultimate responsponsibility for the precise accounting of all goods that came in and went out of the island.He had also a supervisory control over all goods in stock on the island, though the actual task of administering the warehouse was outside his responsibility. This was the work of the warehouse keeper over whom he had no control. The trade accountant and a large staff of clerks and under merchants (*onderkoopmen*) worked under the chief administrator whose office was adjacent to that of the governor. The pay office was a separate department in itself and, because of the abuses likely to arise there, it was carefully supervised. This office kept accounts of salaries paid to the employees every month, provisions given to them from the Company's stores and the properties and effects of employees who may have died or left the Company's service. The fiscal represented the judicial side of the administration in Council. His office drew up plaints and sent cases for trial before one or the other of the Courts. After 1687, fiscals were appointed directly from Batavia in order to preserve their independence of the governments to which they were at attached. The secretary recorded the decisions of the council, furnished members with copies of relevant documents and preserved all papers in his offices. He was presumably a full member of council, participated in its deliberations and exercised his vote on decisions, though there was a ruling from Batavia in 1713 that secretaries should not be members of council. His office must have been a large one employing several clerks for all letters and papers had to be copied out in a clear hand. The amount of papers that passed through his office must have been phenomenal, judging from the extant Dutch records in archives today.

For administrative purposes, the country was divided into three divisions (*commandementen*), Colombo, Jaffna and Galle. The commandants of Jaffna and Galle, in that order, stood next to the governor in rank. Though the government of the whole country was centralised in the governor and council at Colombo, the administrations of Jaffna and Galle had rather wide powers in matters pertaining to the areas under their jurisdiction. Each commandant was assisted by a council of senior officers in the province, of whom the most important was the *dissāva* who was second in authority and acted for the commandant whon he was away on a tour of inspection. Generally, the council in its relation to the commandant functioned in the same way as the political council to the governer. The area of jurisdiction of the Jaffna command extended from north of Puttalam right round the north-western, northern and north-estern coast up to south of the fort of Batticaloa. A separate commandment for the east coast lands was set up in 1671 with Batticaloa as the capital and including Trincomalee but was abolished in a few years and the area was returned to the jurisdiction of Jaffna. The Galle command extended from the Bentota river southwards along the coast up to Hambantota and, after the acquisitions of 1766, was extended to south of Batticaloa. The remaining possessions were ruled from Colombo.

In places situated at a distance from the three main seats of administration, Colombo, Jaffna and Galle, and which were considered of strategic or commercial importance, an officer with the title of *opperhoofd* was appointed in immediate charge. He was of relative seniority in service and was assisted by a small council. Kalpitiya, Mannar, Trincomalee and Batticaloa were thus governed by an *opperhoofd* and council who received their instructions from the immediate superior authority, the governor in the case of Kalpitiya and the commandant of Jaffna for the other three places. Tuticorin was also the seat of an *opperhoofd* and council with jurisdiction over the Madura coast and answerable to the governor

In matters of internal administration, the office of *dissāva* was in many ways the keystone of the structure. It was through the office of the *Dissāva* that the rulers came into contact with the people of the land. It was an important office in the Sinhalese system of administration and was taken over by the Portuguese and, through them, by the Dutch. There were three *dissāvas* for the island, in Colombo, Jaffna and Matara. There were lieutenant *dissāvas* under them depending on the extent of the work. The *dissāva* combined in himself military, revenue, economic and judicial functions. All the military establishments and outposts in the area were under his charge. The maintenance of law and order by the use of the Dutch and native militia was his responsibility. He had especially to see to it that the *lascarine* force was maintained up to its strength and in good discipline. He supervised the collection of land rents and was in charge of the performance of obligatory services in the villages. He was the instrument for the achievement of the policy of promoting development of agriculture and plantations. *Dissāvas* were the main agents in the effort to expand rice cultivation and to introduce new crops such as coffee and cardamoms in the 18th century. He was the head of the native officialdom and was in constant touch with them. He was president of the landraad and disposed of cases along with other officials. In his capacity as *scolarch*, he was manager of the church schools in the entire *dissavany*. These manifold duties made him a very powerful individual in the eyes of the people. He and his deputies were constantly on the move in tours of inspection to all parts of his division. The office required qualities of tact and understanding, and the ability to get on with the people of the land. A proficiency in the languge of the area was a great asset It was with reference to these qualities that appointments were made. By the middle of the 18th century it was clear that the *dissāva* was made to shoulder too much responsibility and an attempt was made to take away some of his judicial functions.[5]

Beneath the superstructure of Dutch officialdom holding all the superior and responsible posts was the native administrative hierarchy, retained intact by the Portuguese and now taken over by the Dutch. These lower level functionaries were permitted to continue provided they remained loyal to the Dutch. Their cooperation was essential for a peaceful collection of land and other revenues and for the enjoyment by the state of the obligatory services of tenants. The native official nobility was further the natural leaders of the people who would have been an invaluable buffer between the alien rulers and a subject people. From the outset it was Dutch administrative policy to wean them over and make them props of the new regime.

The traditional division of each *dissavany* into *korale, pattu* and village was maintained with *mudaliyar, korale* and *attukorale* as the chief administrative officials. In each village there was a *vidāne* on whom rested the day to day management of village affairs. It was the duty of these native officers to furnish the dues from each village and to see that the service obligatory from each individual was performed in the manner required by the Dutch. They worked under the immediate supervision of the *dissāva* and his deputies to whom they were responsible. If the villagers were to be encouraged to cultivate a particular crop, the chain of command would seep down from the *dissāva* through his deputies to the *mudaliyar* who would in turn pass appropriate instructions through the *korale*, his deputy to the *vidāne*. Similarly, if labour was necessry for a construction work, the command was passed down to the village where the *vidāne* would see the provision of the required number of labourers. The *mudaliyar* sat on the landraad along with Dutch officials and advised on customary law and land tenure.

It was found necessary to rely on the advice and knowledge of the native-chiefs even in the higher rungs of administration. Thus, governors, from the inception befriended and consulted the most influential chiefs of the lowlands. The office of *maha mudaliyar* was instituted, the holder of which was constantly in attendance on the governors and advised him on Kandyan policy, land tenure problems and appointments of local officials. He was also called *mudaliyar* of the Governor's Gate. The first of these *maha mudaliyars* was Don Joao de Costa who served the Dutch faithfully for over thirty years. Generally they were Sinhalese Christians whose loyalty to the Dutch was beyond question. In the north, *mudaliyars* and *muhandirams* were appointed from wealthy Tamil Christian families.

Yet relations with the indigenous officialdom was always difficult. The Dutch were never sure of them and had to be constantly on guard. They were worried about the excessive influence and authority these officials wielded at local level. Almost every governor has advised his successor to be careful and try to curb their power. Over-powerful chiefs would oppress the people and indulge in corruption in respect of the collection of land revenue and the administration of justice. Imhoff laid down in 1740 that *dissāvas* should from time to time investigate the behaviour of native chiefs and look into the complaints of the people against them[6]. Schreuder complained in 1762 that *vidānes* made illegal exactions from the poor tenants and these were difficult to detect or root out [7].

Then, there was the question of loyalty of the chiefs, at a time when relations with the Kandyan kingdom were not good. Van Goens saw this when he was fighting a war with Rājasinha. Acts of sabotage in the administration were frequent and many districts had to be abandoned as ungovernable. Similar situations arose in the time of Schr uder and Van Eck in the 1750s and 1760s. Yet the Dutch relied on the chiefs a great deal and could not have ruled the country without them [8]. Their knowledge of the land tenure system, of the traditional agricultural potential and of the customs of the land made them necessary-allies in the tasks of administration. Throughout the period of Dutch rule there was there fore an uneasy relationship between them and the native officials.

The administration of the cinnamon department of *mahabadde* was a typical illustration of the policy of grafting a Dutch officialdom in supeivisory control over indigenous institutions. The functions of this depaitment were pivotal to Dutch rule in Ceylon as it organise thed peeling and delivery of cinnamon for export to Europe and Batavia. The Portuguese had made only slight changes to its functioning and the Dutch successors managed it in the same way but with greater efficiency. The captain of the cinnamon department was a Dutch officer. Under the captain there were four *vidānes* in whose charge the villages of cinnamon peelers or *chalias* were distributed according to geographic location. The *vidānes* were hereditary headmen of the *chalias* and under them were *duraiya*, divided into *mahaduraiya* and *sub-duraiya*. The chief function of the department was to provide the labour force for all the operations connected with peeling the cinnamon bark and making it ready for export. The position throughout this period was that the demand for cinnamon was increasing and there was a shortage of labour to meet this demand. So the entire energies of this department were directed towards mobilising all able-bedied *chalia* men who were obliged to peel cinnanon at the required time. The officers of the department, both Dutch and Sinhalese, were busy keeping the *chalia* labour force at maximum strength by keeping accurate lists of *chalia* population and by punishing absenteeism. These lists had to be constantly checked and revised with reference to deaths, births and those reaching adulthood. The work was very burdensone and made an excessive demand on the time of the peeler who had also to attend to his fields and work many miles away from his village out in the woods. He resorted to all kinds of devices to evade service and to secure exemption for his children. The officers of the department had to guard against this by keeping close watch on both the men and their chiefs [9].

It was also the responsibility of the captain of the cinnamon department to administer the very rigorous *plakaats* whose purpose was to preserve cinnamon as a Dutch monopoly. The destruction of a cinnamon tree, the unauthorised peeling of its bark, private trading in and transporting cinnamon were all offences punishable with death. To enforce these, the woods had to be patrolled. There were a *chalia lascarine* force under the command of the captain for this purpose. The captain had some judicial power over the *chalias*, to the extent of settling small disputes. Major cases went through the nornal legal processes. The captain was also responsible for the collection of other dues in the *chalia* villages.

Similar principles were applied in the organisation of the elephant hunt. Here Dutch control was even less because of the specialised and seasonal nature of the work. A Sinhalese *mudaliyar* was appointed *gajanāyake* or head of the elephant department and there was an *Ethandenerale* or master of the hunt, an officer with specialist knowledge of the operation and who took charge in the field when the hunt was on. The *gajanāyake* was in charge of the maintenance of the elephant stalls after the elephants were captured and tamed. Under these two officials were men who specialised in their respective spheres of work connected with capturing, taming, rearing and protecting the animals. The service of these people was obligatory for the land they held. The *dissāva* of the area where operations were held had a supervisory control over the personnel.

The native *lascarine* force was also organised in the same way under a hierarchy of native officials and the supervisory control of the Dutch. The force was constituted out of able-bodied members of families that were liable for such service in return for the land they enjoyed. The official hierarchy consisted, from the bottom of *vidāne, appuhāmy, ārachchi,* and *mudaliyar*. Each *vidāne* was responsible for summoning to service the stipulated number of *lascarines* in his charge. Careful rolls were maintained of persons liable to *lascarine* service. The *dissāva* of each district was in overall charge of the force. The force was deployed in outposts all over the country under a Dutch officer. They were taken on expeditions against the Kandyan kingdom and even outside the island in Madura, Tanjore and the Malabar coast. They supplemented the guard when cinnamon was peeled. While not engaged in active service they were used as messengers, interpreters and letter carriers. Their varied duties made them important to Dutch administration and they were given privileged treatment. Experience taught the Dutch, however, that they were of no great value as a fighting force. They could only be used effectively in defence. When it came to launching an attack, they would take to their heels at the slightest turn of fortunes. What was much more serious was that their loyalty was suspect and in engagements against the Kandyans entire detachments of *lascarines* with their officers were known to have defected to the king of Kandy.

There was a small establishment for religious and welfare administration. The Reformed Church, the established church on the island, was divided into three consistories at Colombo, Jaffna and Galle. A church assembly which met at Colombo had supervisory control and issued general instructions. The chief administrator was the head of this assembly. In such of the many churches that were spread through the country, there was a predikant in charge, assisted by a proponent or rector and native catechists. A scholarchal assembly, meeting in Colombo, was in charge of all matters relating to schools and registration of births and marriages. The *dissāva* presided at its meetings and it consisted of clerical as well as lay members. Once aar, some members of the assembly went on a tour of inspection of the schools. A board of deacons of the Reformed Church was established by regulation, consisting of clergymen and elders of the church. Funds were channelled into this body by the government for welfare work such as the maintenance of orphanages and poor houses. Then there was the *weeskamer*, a board consisting of four officers and two free burghers whose responsibility it was to look after the property and interests of miuors and those who died intestate. At first this was a solely Dutch institution but it was later extended to Sinhalese and Tamils as well. These were all bodies of a semi-official character with officials and non-officials participating in management.

The mode of payment of European officials differed widely from that of the native ranks. The European officials received a fixed monthly salary which varied from 9 guilders for the soldier of lowest rank to 2000 guilders for the governor. They were encouraged to receive as much of this as possible in Europe in order to lessen the need to transport much cash to the East. Besides the salary, they received a cost of living allowance and rations from the Company's stores. Rations took the form of rice, meat and wine or arrack. Besides this, officials of the lowest grade drew a small subsidy. The annual salary bill for European personnel in Ceylon amounted in the eighteenth century to around 500,000 guilders. In addition, the rations cost an average of 200,000 guilders. The total salary and allowance bill accounted for about two thirds the annual expenditure of the Dutch establishment on the island. In the eighteenth century, the strength of the European personnel in Ceylon varied from three to five thousand. All private trade in the East was strictly forbidden to them. It was the Company's position that they were fully recompensed for their services in the wages and rations they received.

The wages of the native officials was never more than 50,000 guilders per year. The reason why their salary bill was so low was that they were recompensed in the main by the traditional form of payment, namely through land. Native Ceylonese who performed administrative functions were granted the revenues of productive land in villages. These lands were called *accomodessan* and the system had been widely used by the Portuguese. Such lands were not heritable nor could they be sold by the recipient. Plots of land were attached to a particular office and reverted to the state when the holder vacated his office. But with the tendency of office to be hereditary, the enjoyment of lands attached to it had also become hereditary. The Dutch desired to put an end to the hereditary nature of appointment to offices which they wished to fill with the most efficient and most loyal men available.

This method of remuneration led to corruption and maladministration and paved the way for exploitation of tenants by powerful and unscrupulous officials. It also deprived the state of much revenue and increased the power and influence of the official nobility. Dutch policy, therefore, was to restict to a minimum the extent of land thus given away as *accomodessans*. In Governor Becker's time (1707–1716) the withdrawal of several *accomodessans* from *mudaliyars* resulted in an increase in revenue for the state [10]. Van Imhoff noted in his *Memoir* (1740) the wide enjoyment of *accomodessans* by native officers as one of the causes of corruption in administration. He recommended the regulating of these grants by fixing the exact extent of land to be attached to each office. Governor Schreuder (1757-1762) drew up a specific list of such entitlements and this was approved by Batavia. According to this scheme the *maha mudaliyar* of the Governor's Gate, as the highest native officer, was entitled to 20 *ammunams* of land, a *mudaliyar* to 14 *amunams*, a *gajanāyake* to 12 *amunams*, a *korale* to 10 *amunams*, a *vidāne* to 4 *amunams* and so on [11]. Parallel with this were also efforts to cut down the number of officials so employed. Governor Van Gollenesse (1743-1751) reduced the estabilshment drastically in his time [12]. In spite of these efforts the native establishment continued to be top-heavy. One of the very early British reports written in 1799 on the administration of the lowlands under the Dutch observed that there were too many native chiefs holding offiices and too much of the land's revenue was consumed by then [13].

Just as there was concern with the exercise of arbitrary power by native officialdom, there was even more concern with corruption and abuse of authority by Dutch officers. The practice of associating councils with administrative heads even in remote outposts was partly intended as a check to misrule. Periodically, commissioners were sent out from Batavia or from Holland to investigate maladministration and recommend remedies. In 1684 Adrien Van Rheede was sent out as special commissioner from Holland with wide powers to root out corruption in the South Asian *comptoirs*. He spent a few years in Ceylon sorting out many administrative and policy matters and instituting action against corrupt officials. There were other attempts at reorganization that concentrated on the island. In 1659 Rijkloff van Goens was appointed commissioner to reorganise the administration soon after the expulsion of the Portuguese. Governor Becker was held responsible for a major decline of administrative standards. Proceedings were instituted against him after he left the governorship. In the first three decades of the eighteenth century, administrative misrule continued and after the worst excesses of maladministration under Governor Petrus Vuyst (1726-50) a commissioner was sent in the person of Silphanus Versluys. His actions were not satisfactory and he was replaced by another commissioner, Pielat [14].

The administration of Petrus Vuyst struck a new low in abuse of authority. Even the judiciary was affected by this corruption and investigations revealed that a number of persons, including Dutch officials and free burghers, had been judicially murdered at the governor's instigation. News of these outrageous proceedings reached Batavia unofficially and in May 1729 the Supreme Government ordered his dismissal from governorship. He was summoned to Batavia where charges were instituted against him and the Court of Justice found him guilty and sentenced him to death in May 1732. The case attracted much contemporary notice and a pamphlet appeared at Rotterdam in 1735 giving an account of the entire happenings entitled : "The illegal justice executed by the Governor Petrus Vuyst in

Ceylon. And the lawful sentence and right done to the Governor by the Honourable Court of Justice of the Castle of Batavia." The whole proceedings are a vindication of the Dutch judicial system in the East but also show the weakness of administrative proceedings and the ease with which governments could become oppressive.

In the middle years of the eighteenth century a succession of able and dedicated governors retrieved the position somewhat. Van Imhoff brought about some necessary reforms in 1736-40 and restored respect for the office of governor. Likewise the succeeding administrations of Van Gollenesse (1743-1751), Jan Gideon Loten (1752–1757) and Jan Schreuder (1757–1762) provided sound leadership and effected many administrative reforms. Yet the weak area of the administrative system continued to be the relations with native chiefs and the regulation of customary land tenures. It was this that led to the biggest breakdown in Dutch adminisration of the lowlands in the 1760s when vast areas of the southwest and south were plunged in unrest and rebellion and large numbers of Sinhalese officials deserted to the king of Kandy. It was only the decisive defeat of the Kandyans after the expedition of 1766 that restored order in the coastal lowlands.

Corruption of Dutch officers and consequent loss of revenue was a major problem. It was not a problem peculiar to Ceylon and there is the observation of a late 18th century critic of the V.O.C. that it was destroyed by corruption. In Ceylon, there was ample scope for corruption in many avenues of economic life. In the alienation of unoccupied land and the assignment of land revenues the officers were known to have done themselves well. During the first decades after 1658, in the time of Van Goens, this practice was rife and the high officers assigned themselves the best land. It was then stipulated that no officer should be the lessee of land taxes and in Governor Pyl's time some of the land alienated to high-ranking officers was withdrawn. But the officers knew how to circumvent the former regulation by the use of frontmen among free burghers. In the eighteenth century it was widely known that many Dutch officers owned tax farms on a variety of licensed commodities such as textiles, arrack, arecanuts and other export produce.

A more serious problem, from the point of view of the directors was corruption in trade. It was an open secret that a large proportion of the trade of Ceylon was carried on in the private interests of Dutch officers. With a growing policy of restrictive controls, such illegal private trade increased. Every now and then scandals involving high officers were uncovered. These even extended to smuggling cinnamon out of the country, despite the strict regulations against this. Arecanut and textiles were more easy to smuggle in collaboration with the many private traders who came from India. The textile trade was particularly lucrative, in view of the Company's monopoly of the market in Ceylon, It was discovered by Governer Becker that in Galle the chief officers had formed a partnership which they called the 'Small Company' to carry on illegal private trade in textiles. Another common abuse was to freight goods privately on behalf of individual officers in the vessels of the Company. Innumerable regulations were issued against these practices but none of them appears to have been fully successful. A good number of officers who served in Ceylon retired from service with fortunes made largely by illicit means.

The total cost of the administrative establishment in Ceylon was uniformly high and was a constant source of worry to the directors and senior officials. Pieter Van - Dam, the Company's advocate who wrote a monumental history of its activities in the East, singles out Ceylon and Malabar as being expensive establishments and as responsible for bringing the Company, already in 1693, to a state of indebt dness. In the eighteenth century, economy in administration is recommended to every governor and some retrenchment was effected. As a consequence towards the middle of the century the annual budget deficit dropped to 200,000 to 300, 000 guilders from a high of about 500,000 guilders to which it had risen alarmingly. The Kandyan wars of 1762–66 worsened the posi ion again, necessitating a larger military establishment. At the same time European rivalries in the Indian Ocean intensified, also requiring the strengthening of the neglected naval facilities in the ports of Colombo, Galle and Trincomalee and the stationing of more regiments for external defence. Several mercenary regiments such as those of Wurtemburg, Luxemburg and De Meuron were maintained at great expense. All these had the effect of contributing to the ultimate bankruptcy of the Company.

## REFERENCES

1. For an overview of Dutch colonial administration *see* C. R. Boxer *The Dutch Seaborne Empire* 1600–1800 London 1965, Capter VII.

2. S. Arasaratnam *Dutch Power in Ceylon 1658–1687* Amsterdam, 1985, esp. pp. 132–143; S. Arasaratnam, The administrative organisation of the Dutch East India Company in Ceylon *The Ceylon Journal of Historical and Social Studies* VII, (Nos. 1&2), 1965, pp. 1–13.

K. W. Goonewardane *The Foundation of Dutch Power in Ceylon 1638–1688*, Amsterdam, 1958, p. 142.

4. *Memoir left by Baron von Imhoff to his successor Bruynink* 1740 translated by Sophia Anthonisz, Colombo 1911, p. 63.

5. *Ibid.* p. 19

6. *Ibid.* p. 25.

7. *Memior of Jan Schreuder, G vernor of Ceylon delivered to his succesor Lubbert Jan Baron van Eck,* translated by E. Reimers, Colombo, 1946, p. 48.

8. *Ibid.*

9. *See* Instructions for the Captain of the Cinnamon Peelers or Superintendent of the Cinnamon Department in *Instructions from the Governor General and Council of India to the Governor of Ceylon* 1656–1665, translated by Sophia Pieters, Colombo, 1908, pp. 43–54.

10. *Memoir of Hendrick Becker, Governor and Director of Ceylon for his successor Isaac Angustyn Rumf*, 1716 translated by Sophia Anthonisz, Colombo 1914, p. 23.

11. *Memoir of Julius Van Gollenesse, Governor of Ceylon 1743–1751 for his successor Gerrit Joan Vreeland*, 28 February 1751 translated and edited by S. Arasaratnam, Colombo, National Archives, 1974.

12. Administration of Justice and of Revenue on the island of Ceylon under the Dutch Government (The Cleghorn Minute) edited by R. Pieris, *Journal of the Ceylon Branch of the Royal Asiatic Society*, New Series, Vol. III (2), pp. 142–144.

14. See *Memoir left by Jacob Christiaan Pielat to his successor Diederick van Domburg*, 1734, translated by Sophia Pieters, Colombo, 1905 esp. pp. 1–14.

# 26

# Indian Town Government in Colonial Cuernavaca: Persistence, Adaptation, and Change

*Robert S. Haskett*

ONE notable aspect of the Spanish colonial system in central New Spain was the fact that native peoples often retained control of local town government. It has repeatedly been concluded, however, that the vicissitudes of conquest and a disruptive imposition of Hispanic political structures led to the virtual disappearance of earlier indigenous ruling organizations and methods, if not the rulers themselves. Moreover, historians such as Charles Gibson believe that after an era of vigor lasting little more than 70 years, indigenous cabildos (town councils) functioned "principally to collect tribute and to dispense minor punishments," probably owing to a "decay" in community pride and a growing reluctance to serve on town councils after 1590.[1] The matter would rest there without the efforts of a number of other historians and ethnohistorians who find this picture of growing decadence wanting. As they reexamine the dynamics of conquest and colonialism on both regional and local levels, some bring new and innovative methods to bear on Spanish-language documents, and some turn to records in native languages, principally Nahuatl.[2]

Nahuatl, on its way to becoming a true written language before the conquest, was the lingua franca of Mesoamerica. After the triumph of the Spaniards, indigenous notaries were apparently first taught to write

1. Charles Gibson, *The Aztecs under Spanish Rule* (Stanford, 1964), 141, 191, 193.

2. For persistence, see *Provinces of Early Mexico: Variants of Spanish American Regional Evolution*, Ida Altman and James Lockhart, eds. (Los Angeles, 1976); William B. Taylor, *Landlord and Peasant in Colonial Oaxaca* (Stanford, 1972); and Kevin Gosner, "Las elites indígenas en los altos de Chiapas (1524–1714)," *Historia Mexicana*, 33 (Apr.–June 1984), 405–423, among others. For important ethnohistorical works, see *Explorations in Ethnohistory: Indians of Central Mexico in the Sixteenth Century*, H. R. Harvey and Hanns J. Prem, eds. (Albuquerque, 1984); *The Inca and Aztec States*, George A. Collier, Renato I. Rosaldo, and John D. Wirth, eds. (New York, 1982); Lockhart, Frances Berdan, and Arthur J. O. Anderson, *The Tlaxcalan Actas: A Compendium of the Records of the Cabildo of Tlaxcala, 1545–1627* (Salt Lake City, 1986); and Ronald Spores, *The Mixtecs in Ancient and Colonial Times* (Norman, 1984).

Nahuatl in Latin script by ecclesiastics and later through some sort of apprentice system. Local notaries recorded most of the internal business of the Indian world in Nahuatl until the late eighteenth century. Literally thousands of these documents survive in the form of petitions, cabildo minutes, land rental and land sale documents, wills, and many others. Taken together, they provide the most immediate and certainly the richest descriptions of central New Spain's indigenous communities available. The use of Nahuatl originals, rather than the occasional Spanish translations, is also important because interpreters were not uniformly skillful, nor were some above misrepresenting the contents of documents in ways that would serve the interests of powerful non-Indians. This is not to say that the Nahuatl record itself is without distortion or bias, for documents are often formula-ridden, contain arguments couched in language intended to address what were perceived as Spanish concerns, and more often than not reflect the view of the indigenous elite. But by examining these formulas, by analyzing crucial terminology, and by carefully comparing factual content with the Spanish-language record, investigators can discover more effectively just what was new, how much adaptation took place, and how much remained unchanged inside New Spain's indigenous society.

When applied to the study of the many indigenous town councils of the Cuernavaca region, this methodology is extremely productive.[3] Analysis of a broad range of governmental activities can prove that the area's cabildos and its native ruling group retained both their vigor and a great amount of local autonomy until independence. Of equal importance is the realization that they successfully accommodated many aspects of preconquest government and society to intrusive Hispanic forms. In fact, it becomes increasingly clear that pre-Hispanic tradition remained a significant force underlying all but a very few cabildo functions.

### *Pre-Hispanic Cuauhanahuac and the Spanish Conquest*

The strong and complex traditions of the stratified society living in the preconquest Cuauhnahuac region ("near the forest," corrupted by Spaniards to Cuernavaca and now part of the state of Morelos) grew from the common cultural experience of pre-Hispanic central Mexico. The region was the site of six conquest states—Cuauhnahuac (center of the western province of Tlalhuic and probably the most significant power), Oaxtepec, Yautepec, Yecapixtlán, Totolapán, and Ocuituco (eastern and southern

3. Mexico's Archivo General de la Nación (hereafter AGN) was the major source for documents used in this study. The *ramo* Hospital de Jesús (hereafter HJ), partly in bound volumes and partly in unbound legajos, has been especially useful.

centers of Nahuatl Xochimilca settement)—made up of a dominant *altepetl* to which a total of 69 other *altepetl* owed political and economic services. The influential, largely independent *altepetl* of Tepoztlán, located to the northwest of Oaxtepec, was a seventh significant power in the region.[4]

*Altepetl* (a compound made up of *atl*, water, and *tepetl*, hill/mountain) were complex units made up of a number of equal parts, or districts, each with a ruling dynasty. In addition, *altepetl* status required the possession of deities and religious structures dedicated to them, a government palace, a jail, a market, and a land base. The various districts of a typical *altepetl* participated in government through a process of rotation which allowed uniform representation over time.[5] Governance of the Cuauhnahuac region's *altepetl* seems to have adhered to this model; Cuauhnahuac and Tepoztlán apparently had systems in which the dynasties of their internal subdivisions rotated in and out of the position of *tlatoani* (paramount ruler). Since *tlatogue* (plural of *tlatoani*) generally ruled for life, this rotation would have been slow, but other dynasties would have been represented on a general advisory council of the nobility. Lower levels of government were staffed by a heavily stratified network of lesser rulers or lords, the *tetecuhtín*, and other nobles, the *pipiltín*, drawn from each district.[6]

For much of its history, the Cuauhnahuac region maintained political independence of the Valley of Mexico states, and during the late fourteenth century actually enjoyed considerable influence there.[7] All this ended in 1438, when the aggressive Triple Alliance conquered this semitropical source of cotton, dividing it into two provinces whose administra-

4. Michael E. Smith, "The Role of Social Stratification in the Aztec Empire: A View from the Provinces" (unpublished paper, author's files), 11, defines conquest state. See also Robert Barlow, *The Extent of the Empire of the Culhua Mexica* (Berkeley, 1949), 76; Peter Gerhard, *A Guide to the Historical Geography of New Spain* (Cambridge, 1972), 94 and "Continuity and Change in Morelos, Mexico," *The Geographical Review*, 65:3 (1975), 338; Michael G. Riley, *Fernando Cortés and the Marquesado in Morelos, 1522–1547* (Albuquerque, 1973), 3–4; Smith, "Postclassic Culture Change in Western Morelos, Mexico: The Development and Correlation of Archaeological and Ethnohistorical Chronologies" (Ph.D. diss., University of Illinois at Urbana-Champaign, 1983), 121, 123–125, 128, and "Social Stratification," 18.

5. Lockhart, "Complex Municipalities: Tlaxcala and Tulancingo in the Sixteenth Century" (unpublished paper given at the VII Reunión de Historiadores Mexicanos y Norteamericanos, Oaxaca, 1985); Susan Parry Schroeder, "Chalco and Sociopolitical Concepts in Chimalpahín: Analysis of the Work of a Seventeenth-Century Nahuatl Historian of Mexico" (Ph.D. diss., University of California, Los Angeles, 1984), 140–145.

6. Rafael García Granados, *Diccionario biográfico de la historia antigua de Méjico* (Mexico City, 1953), 413 (Cuauhnahuac); Francisco del Paso y Troncoso, *Relaciones geográficas de México* (Mexico City, 1979), 241–243 (Tepoztlán).

7. Francisco Javier Clavijero, *Historia antigua de México* (Mexico City, 1979), 77; Riley, *Marquesado in Morelos*, 4; Smith, "The Archaeology and Ethnohistory of Triple Alliance Expansion: A Case Study from Morelos" (unpublished paper, author's files), 9; Fray Bernardino de Sahagún, *Historia general de las cosas de Nueva España* (Mexico City, 1979), 608.

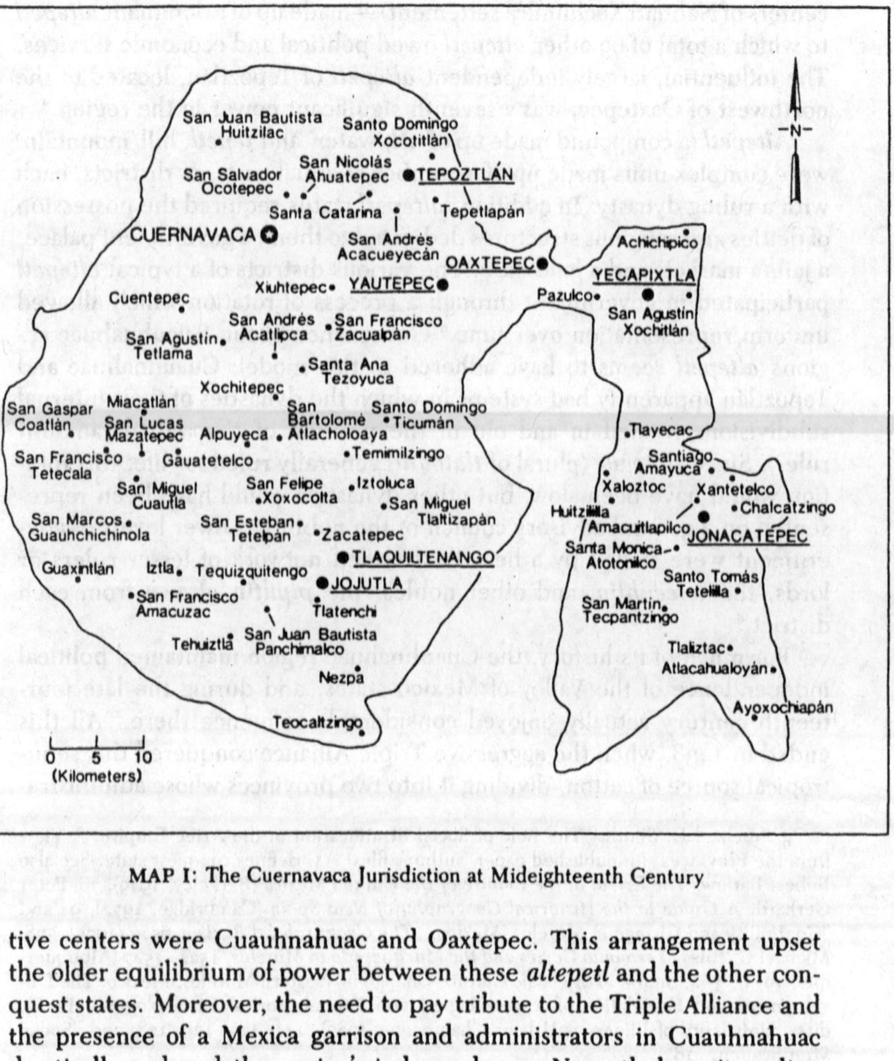


MAP I: The Cuernavaca Jurisdiction at Mideighteenth Century

tive centers were Cuauhnahuac and Oaxtepec. This arrangement upset the older equilibrium of power between these *altepetl* and the other conquest states. Moreover, the need to pay tribute to the Triple Alliance and the presence of a Mexica garrison and administrators in Cuauhnahuac drastically reduced the region's independence. Nevertheless, its ruling structure was left more or less intact and retained a significant degree of autonomy in local matters as well as representation on the council that elected the Mexica *tlatoani*.[8]

Just over 80 years later, the region experienced a second conquest,

8. Clavijero, *Historia antigua*, 105, 215; Fray Toribio de Motolinía, *Memoriales o libro de las cosas de la Nueva España y de los naturales de ella* (Mexico City, 1971), 396; Smith, "Archaeology and Ethnohistory," 13, "Social Stratification," 35, and "Postclassic Culture Change," 128.

this time at the hands of Cortés and his followers as they maneuvered toward the final defeat of Tenochtitlán.[9] Cortés recognized the importance of the region's rich agricultural lands, and granted himself its most significant parts. After a lengthy legal struggle, the area was made part of the newly created Marquesado del Valle in 1529. Repeated sequestrations of the estate that occurred from the sixteenth through the early nineteenth centuries had little direct effect on the indigenous people or their government, but did leave the Marquesado jurisdiction split nearly in two by a wedge-shaped section of royal territory administered from Cuautla Amilpas (see Map 1).[10]

The jurisdiction's special status kept its *altepetl* from being distributed among a multiplicity of encomenderos, a factor that retarded the intrusion of Spaniards. Contact with non-Indians was also potentially reduced because the sugar estates which came to dominate the region agriculturally relied on black slave labor for many aspects of production. Equally significant was the fact that no Spanish municipality was ever established in the area during the colonial period. Instead, the region's *altepetl* continued to be ruled by indigenous councils, and many were able to retain a good deal of agricultural land, especially those areas not suitable for sugar cane cultivation. Some towns retained even this sort of property, growing cane themselves.

To a limited extent, this early isolation may well have allowed the area's people and their rulers more time to come to terms with the conquest in comparison to citizens of the Valley of Mexico. But the Cuernavaca region was isolated only in very relative terms. From the beginning, its peoples were compelled to pay the same kinds of tribute to the marqués that other people had to deliver to encomenderos. They were soon liable for repartimiento service, sometimes as workers on estates, more commonly as laborers sent to the mines of Taxco and Cuautla, which took them away from their towns and brought them into contact with the non-Indian world. The region was actively evangelized by the Franciscans, somewhat later by the Dominicans and Augustinians, and finally by orders centered in Mexico City which, like the Jesuits, owned large estates in close proximity to Indian towns. By the late seventeenth century, if not sooner, it was rare to find a community without some resident non-Indians,

9. Hernando Cortés, *Cartas y documentos* (Mexico City, 1963), 141–143; Bernal Díaz del Castillo, *Historia de la conquista de Nueva España* (Mexico City, 1976), 315–316.

10. See Woodrow Borah, *Justice By Insurance: The General Indian Court of Colonial Mexico and the Legal Aides of the Half Real* (Berkeley, 1983), 330–351; Bernardo García Martínez, *El Marquesado del Valle, tres siglos de régimen señorial en Nueva España* (Mexico City, 1969); Gerhard, *Historical Geography* and "Continuity and Change"; Riley, "Land in Spanish Enterprise: Colonial Morelos, 1522–1547," *The Americas*, 27:3 (Jan. 1971), 233–251, and *Marquesado in Morelos*.

and Marquesado officers and Spanish estate owners enjoyed a tremendous amount of power in the region which more than compensated for their relatively small numbers.[11] Neither was the jurisdiction spared the nearly incalculable effects of population loss nor the physical consolidation of towns beginning soon after the conquest and culminating in the final seventeenth-century *congregación* process.

Cuauhnahuac/Cuernavaca was designated the administrative seat of the region presided over by a Spanish alcalde mayor. The Mexica jurisdiction of Oaxtepec was broken into four cabeceras (head towns), Oaxtepec, Tepoztlán, Yautepec, and Yecapixtla, which until the middle of the seventeenth century was cabecera to 14 *sujetos* (subordinate towns) known as "las Tlanahuas." All five cabeceras, along with Jonacatepec, Jojutla, and Tlaquiltenango, which served as seats for some of the area's *tenientes*, were designated villas to display their jurisdictional importance.[12] Further consolidation during the *congregación* process reduced the number of independent political entities in the area to what may have been an all-time low. Recovery was slow, but by the late eighteenth century over 70 independent towns existed in the region.[13]

Much of this new jurisdictional arrangement was alien to the region's inhabitants. The newcomers had misinterpreted the organization of the *altepetl* and the conquest states, assuming that their component parts had far less autonomy than was actually the case, and so designating them *sujetos*. As such, their ability to act on their own initiative was diminished, and it was on this level that the disruptive effects of colonial reorganization were felt most keenly. Yet certain *altepetl* may have encouraged the misunderstanding, exaggerating their own importance and receiving benefits by willingly acting as intermediaries for the outsiders.[14] It is probably no coincidence that the centers which retained the greatest amount of political power after the arrival of the Spanish were the same *altepetl* that had been able to make the most of the earlier Mexica conquest of the region: Cuauhnahuac, Yautepec, Oaxtepec, Yecapixtla, and Tepoztlán.

### *Cabildo Structure*

Whether the Spaniards seriously believed that they could recreate Iberian-style town councils in the jurisdiction's indigenous communities is uncertain, but by the 1530s it was in these favored towns, as well as a few

11. Cheryl E. Martin, *Rural Society in Colonial Morelos* (Albuquerque, 1985).
12. Gerhard, *Historical Geography*, 95–96; Riley, *Marquesado in Morelos*, 30.
13. Gerhard, "Continuity and Change," 343–345. Gibson, *Aztecs*, 57, notes an increase of independent towns in the Valley of Mexico during the same period.
14. Lockhart, "The Tlaxcalan Actas" (unpublished paper, author's files).

other populous centers, that cabildos staffed by officers bearing Spanish titles such as alcalde, regidor, and *escribano* (notary) were being established.[15] Over time, *sujetos* also developed their own hierarchies of town officers, but so long as they remained jurisdictionally subordinate, they were not fully independent of the cabecera's council. Officers were to be selected in annual elections, which were eventually recorded in Nahuatl by the communities' own notaries.[16]

But any parallels between the organization of the jurisdiction's indigenous cabildos and Spain's ended at this superficial level. In Spain, cabildos were staffed by regidores who represented family or economic interests and who held their positions for life and by alcaldes, subordinate judicial officers who were elected for limited terms of office. In central New Spain as a whole and in the Cuernavaca jurisdiction in particular, regidores and alcaldes represented geographic districts. Moreover, alcaldes had greater status in the official and social hierarchies than regidores; alcaldes were far more likely to have the honorific "don" than regidores. Another New World innovation was the office of *gobernador*, or chief administrative officer, which had been created to accommodate the indigenous ruling system.[17] Pre-Hispanic traditions of governmental organization that included an elite council and systems of noble functionaries were reflected in the jurisdiction's broader cabildo structure, which not only included a hierarchy of elected council members, but also a larger group of past officers, members of the local elite, and a variety of lesser officials, elected or otherwise, who were full members of a given town's ruling group. From this pool came the individuals who held the various civil and religious offices in town government.[18]

The specific shape of the jurisdiction's cabildos was determined by local needs and to a significant degree by its pre-Hispanic traditions, though the latter were more obvious in the early years. The structure of Cuernavaca's sixteenth-century cabildo strongly reflected the villa's pre-

15. This timing was common in many areas of New Spain. Regulations connected with the establishment of indigenous cabildos are cited in Gonzalo Aguirre Beltrán, *Formas de gobierno indígena* (Mexico City, 1953), 31–32; Luis Chávez Orozco, *Las instituciones democráticas de los indígenas mexicanos en la época colonial* (Mexico City, 1943), 5; *Recopilación de leyes* (Madrid, 1791), 209–211; and Silvio Zavala and José Miranda, "Instituciones indígenas en la colonia," *Memorias del Instituto Nacional Indigenista: Métodos y resultados de la política indigenista en México*, (Mexico City, 1954), VI, 79.

16. The jurisdiction's electoral process is discussed in Robert S. Haskett, "A Social History of Indian Town Government in the Colonial Cuernavaca Jurisdiction, Mexico" (Ph.D. diss., University of California, Los Angeles, 1985), 64–117.

17. Lockhart, "Complex Municipalities."

18. For another view see Pedro Carrasco, "The Civil-Religious Hierarchy in Mesoamerican Communities: Pre-Spanish Background and Colonial Development," *American Anthropologist*, 63:3 (1961), 483–497, who believes that elected officers and the more traditional group of elders were related, yet somewhat distinct.

conquest organization, a persistence encouraged (as was often the case) by Spaniards who installed Cuernavaca's heir to the conquest-era *tlatoani* as *gobernador*, an office he held into the 1540s. At that point, other high nobles began to attain the office as well, also a standard colonial pattern and in Cuernavaca's case perhaps the reassertion of an earlier rotational system of government. Moreover, a system in which subordinate governors ruled each of the villa's four major districts suggests that multiple *tlatoani*-level lineages were still being accommodated for some time after the conquest.[19] This particular arrangement had disappeared by the late sixteenth century, but in common with most of the jurisdiction's towns, the villa's traditional, multiple-district structure was reflected by a cabildo organization in which an alcalde, a regidor, and several other subordinate officers represented each barrio (ward or district). Over time, and especially in the eighteenth century, a greater variety of officer types was added to most of the jurisdiction's town councils, but the basic cabildo organization in place by the late sixteenth century persisted to independence.[20]

The specific functions and operational methods pursued by the region's councils were defined early and they remained important to the end of the colonial period.[21] Variations and embellishments appeared over time, but in general the jurisdiction's cabildos always carried out a surprising variety of specific tasks under the broad headings of community administration and responsibility to the local church. These normally included the collection of all types of tribute, management of repartimiento labor, fiscal administration, local market and trade regulation, the maintenance of public and religious buildings, land distribution, and police and judicial functions.

### *Tribute Collection and Delivery*

The whole question of tribute is one of the better studied aspects of the impact of colonialism on New Spain's Indian peoples. José Miranda's major synthesis, though concentrating only on the sixteenth century, established the legal basis and general organization of the system.[22] Later work, principally that of Charles Gibson, concentrated on the local reali-

19. This arrangement has not been fully delineated. A system of *tlatoani*/governor rotation existed in pre-Hispanic and early colonial Tlaxcala. Lockhart, Berdan, and Anderson, *The Cabildo of Tlaxcala*. Cabildo arrangements were reconstructed from numerous election documents in various legs. of AGN HJ.

20. Haskett, "Colonial Cuernavaca," 46–56.

21. For comparison, see translated cabildo minutes from Tlaxcala in Eustaquio Celestino Solís, Armando Valencia R., and Constantino Medina Lima, *Actas de cabildo de Tlaxcala, 1547–1567* (Mexico City, 1985) and Lockhart, Berdan, and Anderson, *The Cabildo of Tlaxcala*.

22. José Miranda, *El tributo indígena de la Nueva España durante el siglo XVI* (Mexico City, 1952).

ties of tribute collection in the Valley of Mexico. Though under the jurisdiction of the Marquesado del Valle, tribute and collection practices in the Cuernavaca region seem to have been similar to those described by these scholars.[23] There, in the decades immediately following the conquest, the tribute continued to be collected in the form of pre-Hispanic-style goods. Cuernavaca, Yautepec, and Tepoztlán sent the Marquesado a certain amount of awning cloth (*ropa de todillos*), mantas, shirts, and quilted cotton material at two 80-day and two 100-day intervals per year, clearly a survival of a pre-Hispanic vigesimal system. In addition, every two weeks in rotation the three communities were compelled to send the marqués a certain number of chickens, or, on meatless days, from 60 to 100 each of frogs, fish, and eggs. This exaction was quite similar to pre-Hispanic obligations to send foodstuffs to palaces and rulers, but other traditional goods not desired by Spaniards, such as the loin cloths and warriors' costumes mentioned in the *Matrícula de tributos*, were dropped.[24]

By the 1590s, though there are indications that regular contributions of foodstuffs and fodder were still expected by local Spanish officers and by indigenous town functionaries who continued to expect pre-Hispanic-style prerogatives, payment in goods had otherwise disappeared.[25] For the remainder of the colonial period, tribute consisted of a cash payment figured at the rate of one peso per whole tributary per year, and an additional half fanega of maize per whole tributary per year (commuted to a cash assessment of nine reales per fanega by 1615), both owed to the Marquesado. The jurisdiction's councils were also responsible for the collection of various royal assessments, such as the *medio real de ministros*, a tax which helped finance the General Indian Court and similar courts in the Marquesado, and the *servicio real*, originally promulgated in 1592 to pay for the 1588 armada sent against England.[26]

Collection practices, too, were modified before the turn of the century and would remain virtually unchanged until independence. A council was obliged to collect tribute at the end of each *tercio* period, which fell

23. For a jurisdiction-wide description of tribute, see AGN HJ leg. 312:11 (1615). See also Gibson, *Aztecs*, 194–211.

24. AGN HJ leg. 289, exp. 2, fols. 12r (Tepoztlán), 189r–190r (Yautepec), and exp. 4, fols. 11r–12v (Cuernavaca). Berdan, *The Aztecs of Central Mexico, an Imperial Society* (New York, 1982), 36–39, discusses pre-Hispanic tribute collection practices and the supply of foodstuffs to palaces.

25. Haskett, "Colonial Cuernavaca," 582–586. A cédula of May 25, 1596 set regulations standardizing tribute collection. See Borah, *Justice By Insurance*, 333.

26. AGN HJ vol. 84, exp. 16, fol. 12r (Cuernavaca, 1717), a Nahuatl document; leg. 312, exps. 11 and 12 (1615 and 1635); vol. 49, exp. 3 (maize tribute collected in cash, 1692–93). Borah, *Justice By Insurance*, 334, states that the entire *medio real* assessment was retained by the Marquesado following 1748. See also Lesley Byrd Simpson, *Many Mexicos* (Berkeley, 1974), 66.

in April, August, and December. In general, low-level officers bearing titles such as *tequitlato* or *mayordomo* carried out the collection of tribute at the neighborhood level. Yet the pressure to gather the required amount of tribute near the end of a *tercio* period could be so intense that they might be joined in the actual house-to-house process of collection by higher level district officers and even by the *gobernador* himself. This latter officer had the ultimate responsibility for the tribute's delivery to the proper Spanish authorities.[27] Difficulties of collection often arose because people constantly tried to evade payment or were simply unable to pay because of drought, bad harvest, or epidemic. Collectors were sometimes inept, and some were not above embezzling tribute funds. Town officers who failed to deliver the proper amount for these and other reasons could suffer financially, politically, and personally, and in extreme cases this suffering could be extended to the entire ruling group.[28]

It was also the responsibility of the jurisdiction's councils to provide domestic servants for local Spanish officers or workers for rotary labor tribute such as the repartimiento, which might entail service on Spanish-owned estates or, in the seventeenth century, the Valley of Mexico's *desagüe* project.[29] But until the middle of the eighteenth century, the most important form of repartimiento labor consisted of weekly levies of workers sent to the mines of Taxco or Cuautla. As in the case of the collection of monetary tribute, the repartimiento was a constant headache for the jurisdiction's cabildos, since there was a great deal of resistance to this often dangerous and unhealthy labor (tributaries generally worked in refineries, where they stirred a gluttonous mass of ground ore and mercury together by wading through it). Town officers often used force to gather the required number of workers, and their occasional excesses could lead to rioting, as happened several times in Tepoztlán during 1725.[30]

### *The "Caja" System and the Use of Municipal Treasuries*

A major cabildo function all over New Spain was the generation and maintenance of a municipal treasury, an activity that potentially was as fraught with difficulty and corruption as tribute collection. This became

27. See a 1581 Nahuatl description of tribute collection in Xiuhtepec, AGN Civil vol. 831, exp. 6, fols. 4r–6v.

28. See AGN Tierras vol. 1753, exp. 3 (Cuernavaca, 1694–95) and AGN Tributos vol. 52, exp. 17 (Cuernavaca, 1694–96).

29. AGN Civil vol. 2229, exp. 1 (provision of Jonacatepec's *teniente* with weekly levies of servants and messengers, 1740s).

30. AGN Indios vol. 12, part 2, exp. 27, fol. 177r; vol. 13, exp. 179, fols. 163v–165r; and vol. 13, exp. 345, fols. 286v–286r (Cuernavaca and Chalcatzingo petitioners complaining to viceroy about repartimiento labor and the *desagüe*, 1640–41); AGN HJ vol. 86, exp. 40 (resistance to Taxco repartimiento in Cuernavaca, 1716); and AGN Civil vol. 1608, exp. 10 (rioting against Taxco repartimiento in Tepoztlán, 1720s).

so obvious by the 1570s that a decree was issued ordering each full tributary to work a plot of ten square varas. The crops grown on these plots were to be collected and sold, and proceeds from the sale were to be put along with an account book in an *arca o caja de comunidad* (community chest) in a cabecera's municipal palace. Keys to the *arca*'s multiple locks (at least three) were to be held by three of the cabecera's elected officers, though local curates sometimes held one of the keys instead. *Caja* funds were intended for community expenses, but not for tribute payment. These regulations remained in force through the late eighteenth century, when they were renewed in article four of the *instrucciones de intendencias*.[31]

The *caja* system did not always work as planned in the Cuernavaca jurisdiction. Many towns had trouble maintaining their treasuries, corruption and embezzlement took their toll, and even when funds were available, they often failed to cover expenses. And in contravention of the law, councils routinely withdrew *caja* monies to help make up tribute arrears. Irregularities were probably encouraged by rather lax enforcement on the part of Spanish officers, apparently a problem all over New Spain. Yet it was not until the 1780s that a concerted effort was made to reform the system by forbidding the withdrawal of *caja* funds without a license from higher authorities, a law that was doomed from the beginning.[32] Few pueblos were willing or able to wait for the notoriously slow grindings of colonial bureaucracy for permission to meet the financial challenge of all manner of local emergencies. Lessons implicit in the struggles of Tlaquiltenango's council from 1796 to 1798 or of Xiuhtepec's cabildo during 1801 and 1802 to obtain such licenses when faced with financial ruin because of drought, crop failure, and pestilence were not lost on other municipalities.[33] For this reason, the jurisdiction's councils commonly spent treasury funds without obtaining the necessary license in the face of such emergencies. The Spanish authorities who had to enforce this cumbersome regulation often reprimanded offending cabildos, but did little else.[34]

The jurisdiction's cabildos used their treasuries to finance a wide variety of governmental and corporate activities. From the late sixteenth

31. AGN HJ leg. 312, exp. 12 (Cuernavaca, 1638). The order for the creation of *cajas* dated from 1554, and an *auto acordado* dated Sept. 3, 1577 included more details, Tierras vol. 2388, part 1 (Metepec and Malacatepec, 1770). AGN HJ leg. 309, exp. 5 cites law 31, title 4, book 6 of the *Recopilación de leyes*, which has additional information. See also Lockhart, Berdan, and Anderson, *The Cabildo of Tlaxcala* and Gibson, *Aztecs*, 213–214. Originally, towns had to rent land if they did not possess enough of their own, but by the 1780s the law was commuted to a flat 1½ real fee per tributary.

32. AGN HJ leg. 332, exp. 14.

33. AGN HJ vol. 82, exps. 5 and 20 (Xiuhtepec and Tlaquiltenango). See also leg. 304, exps. 40 and 56 (Huichilac and Coatlán, 1799–1802), requests to use *caja* funds to repair damage to church buildings.

34. See AGN HJ leg. 332, exp. 14 (Cuernavaca jurisdiction, 1793).

through the middle eighteenth centuries, Cuernavaca and other towns located along the main road that went from Mexico City to Acapulco had to provide bearers, horses, and pay for supplies given to travelers on their way to the Philippines. Building construction or the repair of public structures such as town halls and jails damaged by time, weather, or earthquakes was a continuous source of expenditure that could sometimes run into thousands of pesos. Moreover, possession of a town hall that could be described as "just a shack" brought dishonor and reflected badly on a town's political status.[35] Litigation was also a major expense for most towns, and *caja* funds were used to meet the cost of hiring lawyers, maintaining litigants in Mexico City, and paying fees for the generation of legal documents. If, as commonly occurred, a council pursued several cases over a course of years, its *caja* could be completely emptied.[36] This led many councils to charge their tributaries extralegal fees or to accept loans from Spanish estate owners. In 1712, factions contesting an election in Tepoztlán did both, failing, however, to raise the required amount to cover their debts, a situation which resulted in the temporary incarceration of two council members by the alcalde mayor.[37]

Other important governmental expenses that remained constant during the colonial period included the salaries of town officers, fees for the Marquesado's confirmation of municipal elections, and provisions supplied by the community during visits of Spanish officers. In 1754, for instance, Tepoztlán's council paid 101 pesos, 6 reales for its election confirmation; 63 pesos to cover tribute lost because town officers were personally exempt from this exaction; and 25 pesos for food, a cook, and a bugler during the alcalde mayor's yearly inspection tour.[38] Municipal treasuries were depleted in times of agricultural emergency, when maize or other foodstuffs had to be purchased from outsiders. Beginning in the eighteenth century, school construction and pay for the master who was at least supposed to teach Indian children to read and write Spanish required new withdrawals from the *caja*.[39]

Invariably coming in combination, such expenses could put a terrible strain on a town's treasury. *Sujetos* were faced with a double drain on their

35. AGN Indios vol. 12, part 2, exp. 27, fol. 177r and vol. 13, exp. 179, fols. 163v–165r (Cuernavaca to viceroy, 1640–41). Between 1740 and 1780, Cuernavaca paid 2,175.5 pesos for building construction and repair, AGN HJ leg. 358, exp. 1.

36. See lengthy court cases in AGN HJ vol. 86, exps. 36, 37, 55 (Cuernavaca vs. Spanish estates and an interpreter). Borah, *Justice By Insurance*, discusses courts and litigation expenses.

37. AGN Civil vol. 1118, exp. 5.

38. AGN HJ leg. 74, exp. 72 (Tepoztlán, 1754). See also AGN HJ leg. 345, exp. 42 (Jojutla and Tehuiztla, 1751), similar cases.

39. AGN HJ leg. 332, exp. 14 (Alpuyeca buys maize from outsiders, 1785). Teachers were apparently not present regularly before 1700. See AGN HJ vol. 82, exp. 3 (Jonacatepec, 1771); vol. 82, exp. 8 (Yautepec, 1771); leg. 74, exp. 72 (Tepoztlán, 1771).

own financial resources because they often had to contribute to cabecera construction projects and expenses that brought them little direct benefit. Their obligation to provide workers for cabecera lands, jailers, messengers, and what amounted to personal servants for cabecera cabildo officers represented an additional drain, if only because the services of their own tributaries were lost for significant lengths of time.[40]

### *Municipal Support for the Church*

The obligation to support the local Catholic church was another major source of community expense. To a certain extent, colonial authorities had discouraged municipal expenditures for the church during the sixteenth century, but by the seventeenth the jurisdiction's cabildos were customarily making so-called "voluntary" donations which were actually required by tradition and in some cases by law.[41] An important component of municipal expenditure for the church was sometimes called *teopantequitl* (church tribute), a term with strong links to pre-Hispanic obligations to finance the religious sphere. Easily transferred to the not dissimilar colonial requirement that communities provide a stipend for each resident curate amounting to 100 pesos and 100 fanegas of maize, the label persisted into the eighteenth century.[42] Special, short-term exactions were added from time to time, such as one collected during the sixteenth and early seventeenth centuries to help finance construction of the cathedral in Mexico City.[43] Cabildo members collected all of these assessments from each head of household, but officers and, by extension, the *caja* were held responsible for shortfalls.

Church construction and repair were a more direct drain on corporate treasuries, since time and the elements could be just as unkind to sacred edifices as they were to secular. In addition, a well-constructed and well-maintained church was a source of local pride and an indication of a community's status as an independent political entity.[44] When a church building was damaged in an earthquake, a common occurrence in the colonial

40. See the Nahuatl documents in AGN Civil vol. 2229, exp. 1, fols. 28r–31r and vol. 1513, exp. 13, fols. 9r–9v (Jonacatepec vs. *sujetos*, 1745). The *sujetos* had to provide workers and money for cabecera projects, probably one cause of *sujeto* separations.

41. Gibson, *Aztecs*, 215. Spores, *The Mixtecs*, 154–164, 174–175, finds an "unusually high proportion of expenditures on religious activity" in sixteenth-century Mixtecan Oaxaca.

42. AGN HJ leg. 402, exp. 54 (1749); leg. 443, exp. 1 (1707–53). Teopantequitl is mentioned in Cuernavaca's 1717 Nahuatl tribute list, AGN HJ vol. 84, exp. 16, fol. 12r. More details of monetary support for curates can be found in HJ vol. 50, exp. 6 (Cuernavaca jurisdiction, 1710–22) and leg. 443, exp. 1 (Cuernavaca jurisdiction, 1707–53).

43. AGN HJ leg. 312, exp. 12 (1638).

44. See Wood, "Corporate Adjustments," 188–190 for a detailed discussion of the importance of town churches. See also AGN HJ leg. 78, exp. 19 (Tetecala pays for repair of Franciscan monastery's roof, 1758); leg. 332, exp. 14 (Xochitlán uses all the money in its *caja* for church repair, 1785).

Cuernavaca jurisdiction, expenses could be even greater. If faced with such an emergency, councils would usually petition for a short-term exemption from all forms of money and labor tribute for the duration of reconstruction. This type of exemption was granted to Tetelpán, for example, after an earthquake caused 1,200 pesos of damage to its church.[45]

But the need to finance a panoply of festivals and the sacraments was the most common and probably most expensive aspect of community church support at any time in the colonial period. Councils often endowed a large number of masses, either general ones for the souls of the dead or others specifically said for the eternal peace of deceased town officers. In 1629, the council of Xiuhtepec paid 100 pesos for 30 high masses and another 100 pesos for the performance of a weekly mass in the local monastery for the souls of the dead, an obligation which continued to be financed by the council into the eighteenth century.[46] The celebration of festivals led to additional expenditures during the course of a year. In 1716, for instance, Cuernavaca's council paid 15 pesos for the purchase and transport of palm fronds used by the Marquesado during Easter week festivities in Mexico City, provided the Marquesado with 10 pesos for oranges and 8 pesos for the capital's royal hospital on Holy Monday, and spent over 300 pesos for the celebration of the villa's own calendar of festivals and masses.[47] This is not atypical in the jurisdiction, and the surviving record makes it clear that while individual or cofradía (lay brotherhood) support was important, community treasuries were the single largest source of money for the yearly round of church observances.[48]

*Sujetos* of a *cabecera de doctrina* (seat of the local parish) had an obligation to contribute to the cabecera's religious functions. This was doubly hard on these dependencies, since most of them had their own church buildings, masses, and fiestas to maintain. Some of them complained, and in so doing left a record of what was owed outside their own communities. In 1745, petitioners from one of Jonacatepec's *sujetos de doctrina* stated that on Maundy Thursday they were compelled to send five pesos to the cabecera's governor, two pesos to its fiscal, one mat, one gourd, and one shroud. On Corpus Christi, another *sujeto* had to provide the father

45. AGN HJ vol. 86, exp. 56. Similar requests were granted for San Andrés, AGN Tierras vol. 1714; exp. 8 (1689–93); Tepoztlán, AGN Civil vol. 1608, exp. 10 (1724–29); and Ticumán, AGN HJ leg. 208, exps. 210, 220 (1730s). The *ramo* AGN Indios has multiple records of earthquake damage to churches, but there is some evidence that certain towns exaggerated the extent of damage to avoid the hated Taxco mine repartimiento.

46. Biblioteca Nacional de México, Fondo Reservado (hereafter BNM/FR), Fondo Franciscano Caja 91, exp. 1389, nos. 14, 15, and 16 (1629–1757).

47. AGN HJ vol. 86, exp. 40, fols. 5r–6v.

48. A list written by Tepoztlán's curate in 1789 shows that the villa's council supplied nearly three-fourths of all support for masses, processions, fiestas, and the like, AGN Civil vol. 997, exp. 14, fols. 1r–1v.

guardian of Jonacatepec's monastery with two loads of firewood and two pesos for candles. Other *sujetos* were expected to give flowers, singers, and dancers for various *cabecera de doctrina* festivals.[49] But despite complaints and occasional litigation, exactions such as these continued to independence.

### *The Sources and Administration of Corporate Income*

The combination of secular and religious expenses draining away town revenues could therefore be great. Income from the ten-vara plots normally seems to have been inadequate, and councils relied on a variety of other sources of revenue to meet their financial responsibilities. As in many regions of New Spain, other significant sources of corporate income included the sale of cash crops grown on community lands, in this case usually maize or sugar cane, rental of livestock (cows or oxen) to towns lacking enough of their own, and the sale of firewood to local sugar refiners, voracious consumers of this fuel.[50]

Another pervasive (and often abused) source of corporate income was assessments collected from each tributary over and above the yearly individual tribute payment. Cuernavaca's council financed religious festivals by collecting a seven-real fee called the *ximilli* (*xihuitl*, grass, plus *milli*, field, or "pasture") from each tributary living in its districts and *sujetos*. The legality of the *ximilli*, which apparently had pre-Hispanic roots, was never entirely clear to Spaniards nor Indians, but despite several lawsuits involving this "immemorial custom," assessment continued into the eighteenth century. Similar to the *ximilli* were extralegal, short-term personal exactions known as *derramas* which were regularly collected in such towns as Cuernavaca, Yautepec, and Tepoztlán (especially notorious for this sort of thing) to meet various kinds of financial emergencies.[51] The Cuernavaca jurisdiction's cabildos were not innovative here; similar levies were routine in other parts of New Spain from the sixteenth century, as in Tlaxcala, where the council used them to finance fiestas and construction.[52]

From the middle of the sixteenth century at the latest, the most important source of corporate income was the rental of town lands, usually to

49. AGN Civil vol. 2229, exp. 2, fols. 29r and 30r, a series of Nahuatl documents.

50. AGN HJ leg. 78, exp. 19 (Tetecala earns income from the sale of sugar cane, 1758); Lockhart, Berdan, and Anderson, *The Cabildo of Tlaxcala* (sale of crops as income); AGN HJ leg. 345, exp. 23 (Tepoztlán's "immemorial" custom of renting out cows and oxen, mentioned 1755); vol. 86, exp. 53 (Tepoztlán's *sujeto* of Santo Domingo sells firewood, 1703).

51. AGN Tributos vol. 45, exp. 7 (1694); AGN HJ vol. 85, exp. 26 (1716); leg. 344, exp. 79 (fee raised to one peso per tributary, 1736); leg. 345, exp. 23 (similar fee is "immemorial custom" in Tepoztlán, mentioned 1755). Tepoztlán's record of election disputes is full of references to illegal fees of this sort, and see AGN HJ leg. 384, exp. 2 (Yautepec, 1806–1809).

52. Lockhart, Berdan, and Anderson, *The Cabildo of Tlaxcala*.

non-Indians and often to the Marquesado itself.[53] The generation of income from specific plots of corporate land cannot be seen as a colonial innovation, for though rental was not involved, it is well known that pre-Hispanic *altepetl* derived revenue from specially designated properties. Moreover, a variety of sources from the postconquest Cuernavaca jurisdiction, especially records of internal town property disputes, indicate that traditional land terminology remained important for much of the colonial period. Cabildo officers involved in a 1570 Cuernavacan dispute centered around the rental of a plot of corporate land were careful to refer to the property in question as *tierra de comunidad* (as it was rendered in a translation of a missing Nahuatl petition), land specifically designated for community support. Their opponents claimed that it was actually *tierra de repartimiento*, land to be distributed for individual use. The Nahuatl here would have been *altepetlalli* (town land) or perhaps *tecpantlalli* (land for the support of the palace) for the former, and probably *calpullalli* for the latter, designations that predate the conquest.[54] Conflicts over the status of such lands or other lands traditionally used to support pre-conquest temples, and their alleged usurpation by financially pressed town councils, can perhaps be blamed on the disruptive nature of conquest. But the basic concept that some land was to be used for community income, while other land was for individual support, was obviously still in force.[55]

Pre-Hispanic land terminology and concepts remained important in the seventeenth century, as notaries were still careful to refer to rented land as *altepetlalli*.[56] The production of income through land rental persisted, too, for the seventeenth century, like the preceding one, was a period of continuing population loss and relatively light internal pressure on the existing community urban and rural land base. At the same time, more and more Spaniards eager to obtain property were moving into the area. Taking advantage of this situation, Cuernavaca earned part of its income by renting non-Indians urban shops, houses, and lots, some of them on the main square, as well as a variety of rural parcels and ranchos. Much of the rent went to purchase such things as wax, flowers, incense,

53. AGN HJ leg. 277, exp. 9 (Cuernavaca rents sugar cane land to the Marquesado for 142 pesos a year, 1551).

54. Questions about the exact meaning of *calpullalli* in various localities remain. See Sue Louise Cline, "Culhuacán 1572–1599: An Investigation Through Mexican Indian Testaments" (Ph.D. diss., University of California, Los Angeles, 1981), 268–271, and Luis Reyes García, "El término *calpulli* en documentos del siglo xvi" (unpublished paper, 1979, author's files).

55. AGN Tierras vol. 1506, exp. 2 (1570).

56. AGN HJ vol. 48, part 2, exp. 9, cuad. 3.

and fireworks to be used during different fiestas.[57] With the permission of a town's greater council, barrios or *sujetos*, such as Cuernavaca's dependency of San Gaspar Tetela in 1625 or the villa's districts of Panchimalco and Tlanihuic in 1635, could sometimes handle the rental of their own corporate properties for the same purposes.[58]

The jurisdiction's municipal councils continued to arrange rentals in the eighteenth century even though the indigenous population was on the rise, putting renewed internal pressure on the town land base. Although land rental under these conditions could be considered detrimental to a community's interests, many cabildos seeking a steady source of corporate income had few alternatives. Further, towns such as Cuernavaca, Tepoztlán, and Yautepec seem to have retained enough surplus property to justify the continued rental of some of it to outsiders.[59] And notaries were still using Nahuatl land designations such as *altepetlalli* to describe rented land.[60] Even in the early nineteenth century, pueblos such as Zacualpán, Xiuhtepec, Tetecala, Mazatepec, Coatlán, and others were still able to raise a good part of their incomes from land rental.[61]

Within and outside of the Marquesado, Indian municipalities were obliged under law to obtain licenses before any town land was rented to outsiders. Councils complied with this regulation at times, but more often than not ignored the law for the same reasons that led many to withdraw *caja* funds without permission.[62] Councils saw themselves as sovereign entities able to dispose of their land as they saw fit without the intervention of intrusive authority. Yet the jurisdiction's councils knew that they had to protect themselves and their rented land, and most imposed legal restraint in two basic ways. Tradition required the unanimous consent of a council before a rental agreement could be finalized. Officers who acted on their own initiative, such as Cuernavaca's governor, don Antonio de Hinojosa, who in 1690 privately arranged the rental of town land to the Cortés sugar *ingenio* of Atlacomulco, could find themselves in serious difficulties with their councils, who only then might turn to the

57. Nahuatl rental documents can be found in AGN HJ vol. 80, exp. 1 (1620s), leg. 273, exp. 43 (1680s and '90s); vol. 48, part 2, exp. 9, cuad. 3, fols. 544r–554r (six Nahuatl leases); and AGN Tierras vol. 1724, exp. 1 (1628–50). Similar rentals by Xiuhtepec, BNM/FR Fondo Franciscano Caja 91, exp. 1389, no. 14 (1629) and AGN HJ vol. 80, exp. 1 (1624), and Tezoyuca, AGN HJ vol. 52, exp. 15, fols. 7r–13r (a series of nine Nahuatl rental receipts, 1691), are also representative.

58. AGN HJ vol. 52, exp. 18, fols. 3r, 5r.

59. AGN HJ vol. 86, exp. 44 (Tepoztlán, 1700–10), leg. 344, exp. 79 (Cuernavaca, 1736), vol. 67, exp. 18 and vol. 82, exp. 17 (Yautepec, 1731 and 1780).

60. AGN HJ vol. 48, part 2, exp. 9, cuad. 3.

61. AGN HJ vol. 82, exp. 17.

62. AGN HJ leg. 273, exp. 7 (license for Cuernavacan land rental, 1666).

Marquesado authorities for redress.[63] The second form of legal restraint was provided by Nahuatl rental documents, drawn up with scrupulous care by local notaries. Cabildos considered these records to be legal instruments which protected them from the loss of property at the hands of unprincipled non-Indians. There was some justification for this attitude, since many of them survive precisely because they were accepted as evidence by Marquesado and royal justices adjudicating the jurisdiction's land disputes. Moreover, Spanish renters commonly presented the authorities with Nahuatl lease agreements as proof of their legal tenure on a plot of land.

A Nahuatl rental agreement from the pueblo of Xochitepec dated February 19, 1631 is a good example of the standard procedures followed by most of the jurisdiction's Indian councils.[64] According to the notary, after a survey of the property had been conducted by council members, the land was voluntarily rented to the Spaniard don Alonso Gaitán. The rental was justified because the parcel was no longer being cultivated and, moreover, was *pillalli* (noble land, private property) that had devolved to the community on the death of its owner.[65] Since Gaitán was the legal holder of the land, the council vowed that no one would be able to evict him, and if a successful challenge to his tenure did occur, the challenger would be rented an equivalent plot at the same rate. The names of the witnesses, including several Spaniards, town council members, and the notary, were appended to the document to certify that it was a faithful record of the transaction. Two copies of such records were usually made, one kept by the council and the other presented to the renter as a title. Normally, the renter or an agent was required to pay the yearly rent to a town officer of high rank, usually a governor or alcalde.[66]

Despite these elaborate measures, rentals often had the unintended result of allowing outsiders to control significant blocks of prime corporate land. To make matters worse, Spaniards repeatedly claimed that rented land was their own private property. When the matter inevitably reached the notice of the Spanish courts, councils often found that their Nahuatl rental documents were outweighed by Spanish records introduced into evidence by well-connected adversaries, with the result that corporate

63. AGN Tierras vol. 1753, exp. 3.

64. AGN Civil vol. 1103, exp. 8, fols. 103r–103v.

65. See Haskett, "Colonial Cuernavaca," 493–499, for a discussion of Nahuatl land terminology.

66. For similar rental agreements see AGN HJ vol. 52, exp. 3, fols. 44r–44v, 48r (Tezoyuca, 1631); vol. 52, exp. 6, fols. 3r–4r (San Andrés Acatlicpac, 1637); vol. 52, exp. 2, fols. 4r–6r (Yautepec, 1641); leg. 442, exp. 6, fols. 154r–155v (Xochitepec, 1642); vol. 52, exp. 7, fols. 2r–2v (Tlaltizapán, 1643); and leg. 90, exp. 9, fol. 12r (Tezoyuca, 1668–69).

properties would be lost to the Hispanic world.[67] In addition, tradition and the strict adherence to standard rental procedure could not always keep dishonest town officers from embezzling rent money for their own gain. Yet the councils' documentary proofs and protections were vindicated just often enough to encourage a continuance of customary rental practices despite the risks.

Cabildos such as those governing San Francisco Tetecala and Yautepec in the mideighteenth century, for example, that could realize an income from a variety of enterprises—land rental, the sale of agricultural products, and special levies in addition to normal tribute assessments—at times achieved genuine financial solvency. But at other times, even relatively wealthy towns such as these could suffer economic reverses due to drought, sudden unforeseen expenses, or the like, and smaller communities with fewer resources could be left in dire financial straits indeed.[68] Several options were available to cabildos when this occurred. More community land could be rented out if there was any to spare, or, as happened more commonly, extra *derramas* could be exacted from the *macehuales*. Records also indicate that from the sixteenth century onward, towns rented land from nearby Spanish estates to gain additional agricultural plots for community support; from 1682 into the eighteenth century, for example, the council of Atlacholoaya leased land from the Marquesado for 70 pesos a year.[69]

But another alternative also existed, one which seemed easy, safe, and highly profitable. This was the outright sale of community land to Spaniards, mestizos, and even Indians, something that was as common as it was illegal.[70] As might be expected, most sales occurred during the seventeenth-century era of seemingly inexorable population decline. While there were certainly instances of private profiteering, sales under such conditions were generally part of a sincere and sometimes desperate effort to raise needed income. Most of the jurisdiction's cabildos relied on a system of internal checks to placate the local power structure and guard against abuse. Sales were considered to be valid only when undertaken with the approval of both elected members of the current council and

67. See Haskett, "Colonial Cuernavaca," 518–520 and Taylor, *Landlord and Peasant*.

68. See AGN HJ leg. 78, exp. 19 (Tetecala in financial difficulties, 1758); vol. 67, exp. 18 and vol. 82, exp. 14 (Yautepec, 1732 and 1780).

69. AGN HJ leg. 277, exp. 9 (sixteenth century), vol. 50, exp. 1 (Atlacholoaya); see also leg. 339, exp. 1, leg. 387, exp. 33, leg. 391, exps. 8, 18, and 20 (leases arranged by Atlacholoaya, Atlacahualoya, Achichipico, San Miguel Cuautla, and Yecapixtla, 1707-independence).

70. Both Gibson, *Aztecs*, 212, and Taylor, *Landlord and Peasant*, 78, mention sale of community land for this purpose.

other members of a town's ruling group. Those who acted on their own initiative could be exposed to the colonial authorities for "illegally" alienating town land.

Members of the jurisdiction's councils were aware that land sales were not always viewed in a favorable light by external Marquesado and royal authorities, so they were careful to make an alienation seem as justified, voluntary, and necessary as possible. Toward this end, the procedures used to carry out land sales, as well as the Nahuatl documents that recorded them, were clothed in the same kind of quasilegal terminology used in land rental. A land sale document written by one of Cuernavaca's notaries on October 8, 1608 is typical.[71] One criterion of legitimacy was established when a regidor and an elder from the calpulli (district) of Tianquiztenco sought the full cabildo's permission to sell four lots to a Spaniard. Next, it was determined that the plots could be sold because two were *calpullalli* said to have been abandoned because of population loss, and two were *pillalli* left vacant by the extinction of the owner's family. The sale of this second type of property was actually preferred since it had fewer detrimental effects on the integrity of corporate landholdings. In a rather typical additional statement, all four plots were characterized as being marginal land located at the edge of a ravine. But such descriptions were probably exaggerations for effect, since few buyers could have been found for authentically worthless property. More to the point, the council asserted its need for income to pay "much of the tribute that the calpulli owes, the tribute of our lord the marqués and our ruler the king," a statement clearly intended to satisfy tax-hungry colonial authorities. As far as the villa's council was concerned, the legality of the sale was now no longer in doubt, and following custom the land sale document, unaccompanied by a Spanish translation, was given to the buyer as a legitimate title of ownership.

### *A Cabildo's Judicial Functions*

The cabildos' jurisdiction as courts for the adjudication of petty crimes and cases of drunkenness is well attested, but their jurisdiction over the alienation or rental of corporate property meant that they also acted as land courts for most of the colonial period.[72] This authority extended to property sales and rentals by private individuals, which were customarily formalized in a council's presence. The procedure allowed town officers to

71. AGN Civil 1103, exp. 8, fol. 68r.

72. Haskett, "Colonial Cuernavaca," 235–241. See also Gibson, *Tlaxcala in the Sixteenth Century* (New Haven, 1952), 116, who mentions such activities.

make sure the rental or alienation in question met local criteria for legality and stood some chance of holding up in the colonial court system. Once again, Nahuatl documents are the best source of information for this local governmental activity, and two land sale receipts dating from 1603 reveal the procedure followed when a pair of Cuernavaca's ruling elite sought to alienate three contiguous parcels to a Spaniard. The sales were carried out in the presence of the villa's governor, members of its council, and several other indigenous and non-Indian witnesses. The council was told the size of each plot, and the interested parties had to prove that the land was actually their property before the sale was allowed.[73]

The jurisdiction's indigenous cabildos also acted as land courts when they distributed ten-vara plots or other communal property, such as parcels given to individuals entering full tributary status at marriage, and redistributed plots if the current usufruct holder died without heirs.[74] Internal land ownership disputes, common throughout the colonial period, were likewise adjudicated by the cabildos. In 1572, for instance, two noblewomen appeared before Cuernavaca's governor, a notary, and other unnamed council members alleging that a commoner had usurped some of their property by unjustly claiming it as *calpullalli*. In the course of the governor's investigation, he conferred with the elders of the affected district and dispatched a minor officer to survey the property. All agreed that the land belonged to the two women, and the governor confirmed their ownership.[75]

The fact that pre-Hispanic central Mexico already had a well-developed judicial system seems to have helped colonial cabildos cope with the postconquest legal situation. That hierarchy, described by such early ethnographers as Fray Bernardino de Sahagún and his indigenous informants, went from a court headed by a *huey tlatoani* (supreme ruler) and included members of the highest nobility to a series of lower courts staffed by members of the lesser nobility. On the district level, members of the local nobility also acted as judges, and had staffs of officers bearing the titles *topilli* and *tequitlato*, designations which survived into the eighteenth century in the Cuernavaca jurisdiction. All of these courts and officers heard both civil and criminal cases, examined witnesses, and kept

73. AGN Civil vol. 1103, exp. 8, fols. 74r–74v. Similar were the rental of a noble couple's town lot to a Spaniard in June 1586, AGN Civil 1103, exp. 8, fol. 67r, and rentals recorded in Nahuatl documents dating from 1685, AGN HJ vol. 48, exp. 1, fols. 43r–44r.

74. For example, land was given to newly married tributaries in eighteenth-century Tecpantzinco, AGN HJ leg. 344, exp. 50.

75. AGN Tierras vol. 1962, exp. 8, fol. 23r, a Nahuatl document. It is possible, of course, that the elite-dominated local government was siding with their own kind; the merits of the commoner's claim were not recorded.

written records.[76] There was presumably some local variation of this system in the Cuernavaca region, but whatever the exact pre-Hispanic structure may have been, the judicial activities of the postconquest indigenous cabildos were part of a continued, if modified, evolutionary process. Governors served as chief judges, members of the ruling group sat in judgment with them, and lesser officials carried out judicial duties of various sorts at the district or subdistrict level.

### *The Cabildo and Litigation*

Yet it was also clear to the jurisdiction's ruling group that the Marquesado and royal governments maintained a very real authority over their actions. In response, many cabildo members attained a real mastery of the Spanish legal system and sought to use it for their own benefit whenever possible. It has already been seen that would-be miscreants could be kept in line by threatening them with exposure to the external legal system. Further, when consensus in a local matter could not be reached, or if the community was suffering at the hands of non-Indians, council members customarily turned to the Marquesado or viceregal courts for redress.[77] Even then, few cabildos would have seen this as surrendering their basic authority in such matters; Spanish officials were expected to acknowledge the legitimacy of the local power structure.

From the sixteenth century on, suits involving corruption of the tribute collection process, including alleged incompetence or malfeasance on the part of Spanish or indigenous officers, were especially common. Tribute litigation also embraced attempts to win exemption from payment or mine repartimiento duty. From the early years of the colonial era there were frequent disputes revolving around churchly matters and concerned with such things as the alleged corruption of curates, friars, and priests, some of whom were accused of exceeding limits imposed by the *arancel*, a schedule of costs for the administration of sacraments and the like.

Other forms of litigation became more common as the region's non-Indian population increased. When Spanish livestock destroyed indigenous crops, cabildo officers drew up accounts of the damage, pressed the Marquesado authorities for redress, and if a favorable decision was forthcoming, distributed money received as restitution to the affected Indian

76. Sahagún, *General History of the Things of New Spain: The Florentine Codex, Book Eight* (Santa Fe, 1954), 41–42, speaks of a high court, the *tlacxitlán*, headed by the ruler, and lower courts called *tecalli*. Clavijero, *Historia antigua*, 216–217, claims that the *cihuacóatl* (second to the *tlatoani*) was the supreme judge. Pre-Hispanic judicial titles, such as *tlacatecatl* and *tlailotlac*, sometimes appear as surnames of members of Cuernavaca's ruling group in the sixteenth century.

77. In 1607, Cuernavaca turned to the Marquesado when a solution for a local land dispute could not be found. AGN HJ leg. 210, exp. 23, fol. 1r (a Nahuatl petition).

citizens.[78] Though various types of land disputes were always present, mounting pressure on the corporate land base over time meant that disputes between communities and Spaniards or between two or more indigenous communities, questions surrounding the rental or sale of community land to outsiders, and conflicts over water rights broke out more and more often. Attempts to recover land lost in the *congregación* process and efforts to gain a 600-vara townsite became common in the eighteenth century for this same reason.[79]

From the sixteenth century onward, indigenous councils all over central New Spain in general, and in the Cuernavaca jurisdiction in particular, hired *procuradores*, or untitled lawyers, during the course of all types of litigation.[80] *Procuradores* specializing in cases dealing with the Indian world worked closely with council members, some of whom traveled to the viceregal capital and resided there until the matter was settled. *Procuradores* helped councils devise litigation strategies and kept council members apprised of important developments. Such advice was sometimes relayed to councils in the form of Nahuatl documents, and some *procuradores* were themselves bilingual.[81]

Even before a *procurador* was retained, the Spanish authorities were usually alerted to a problem by Nahuatl petitions, a form used by the jurisdiction's cabildos from the sixteenth century through the middle eighteenth century.[82] Written with great sensitivity to the colonial legal system, they were not a completely colonial innovation, in a very real sense being firmly rooted in pre-Hispanic tradition. Bernal Díaz del Castillo witnessed members of the Aztec nobility and rulers of subject states bringing what were basically written petitions to Moctezuma. The chronicler often mentions the reverence shown to such documents, which he realized were vitally important in the Aztec imperial system.[83] Hispanic and indigenous customs were skillfully reconciled when high colonial functionaries were addressed in such reverential terms as "[O]h, honored ruler, . . . We your poor *macehualtín* [vassals or commoners] are appearing before you. We kiss your rulerly hands and feet. . . ."[84] This markedly subservient salutation, in which the petitioners (who were members of the

78. AGN HJ leg. 262, exp. 1, fols. 30r, 47r–v (Nahuatl documents, Xiuhtepec, Apr. 1585).

79. AGN HJ, Tierras, and other *ramos* are full of such litigation. See also Borah, *Justice By Insurance*, who presents a gazetteer of New Spain's common litigation types.

80. Borah, *Justice By Insurance*, 235, 275–278.

81. AGN HJ leg. 90, exp. 7, fol. 31r (*procurador* Bartolomé de la Torre to the council of Cuentepec, 1731).

82. A collection of over 40 Nahuatl petitions can be found in AGN HJ leg. 210, and this and other *ramos* of the AGN contain numerous and varied examples of a similar type.

83. Díaz del Castillo, *Historia de la conquista*, 183–184.

84. AGN HJ leg. 210, exp. 45 (council of Tezoyuca to the *gobernador del estado*, 1607).

high indigenous nobility) humbled themselves before an exalted authority figure would have been equally acceptable in the pre-Hispanic court of a *tlatoani*, where nobles, barefoot and dressed in plain garments, did not dare look directly at their ruler.

The texts of Nahuatl petitions also reveal the extent to which the jurisdiction's indigenous ruling group understood the Spanish legal processes and the options available to them. A cabildo contesting a grant of land to a Spaniard might first assert the Indians' ancient and continued ownership of the plot in question by stating that "our fathers and elders left [the land] to us. . . . [W]e do not verify the document which you bring [the offending grant]." Such legalistic arguments could be strengthened by threats that the matter would be taken out of the hands of the Marquesado "to Mexico City to the rulerly house, the Audiencia," for until 1771 litigation could be pursued either in Marquesado or royal courts. The former were normally chosen, but the Audiencia and even the viceroy served cabildos as courts of appeal if Marquesado decisions were unfavorable.[85]

Petitioners were also adept at playing on what they believed to be typical Spanish fears. If threatened with the loss of land to an outsider, litigants such as the councils of Jojutla and Tlaquiltenango might claim that the property in question was an important source of corporate revenue and tribute. Moreover, the standard litany went, loss would mean that "all the commoners will run away. Who will pay all the tribute. . . ? And who will take care of the Taxco duty [*tlachcotequitl*, the mine repartimiento] when the commoners have run away. . . ? And who will pay all the community [funds]. . . ?"[86] This is not to trivialize the matter of land usurpation and its adverse effects on the community as so much legalistic formula, for the problems involved were very real. Other, more individualistic complaints were harder for Spanish officials to dismiss out of hand, and while some petitions were ignored, most served to initiate full-blown court cases.

Nahuatl petitions were usually translated orally, in written form, or both. Subtle shades of meaning were sometimes lost in the process. Further, a certain amount of fraud and misrepresentation was possible in this system, since through ineptness or hostility interpreters could easily distort a petition's contents. For instance, one major factor leading to the failure of litigation initiated by Tlaquiltenango in 1619 arose from an interpreter's willful omission of a key passage in the cabildo's petition charging

85. AGN HJ leg. 96, libro 4, fol. 43r (a Nahuatl petition, Xochitepec, 1624). A viceregal decree in 1771 restricting the jurisdiction of the Audiencia in the Marquesado removed a good deal of flexibility from the system. Borah, *Justice By Insurance*, 334, 338.

86. AGN HJ leg. 266, exp. 6, fols. 40r–41r (Tlaquiltenango to the *gobernador del estado*, 1619).

a local curate with fraud.[87] Indigenous councils also used petitions fraudulently themselves, deliberately using vague or misleading terms intended to fool their Hispanic audiences. Some cabeceras involved in litigation with *sujetos* presented the Marquesado with fabricated documents which falsely recorded their dependencies' capitulation. Some of these frauds were detected, others were not.[88] But, for the most part, the Nahuatl petitions were genuine, and the translations, when present, as accurate as the skill of individual interpreters allowed.

Indigenous litigants stood little chance of winning without skillfully written petitions and the assistance of an able *procurador*. The careful selection of favorable witness panels was a third important ingredient in litigation. They were organized by the council with the help of their *procurador*, and testimony was taken either in the particular pueblo involved, in Cuernavaca as the seat of the alcalde mayor, or in Mexico City. An indigenous council which was able to present friendly testimony by prominent Spaniards, and, secondarily, by members of the local indigenous elite, stood a much better chance of victory than one which could not. When a cabildo's witnesses made a good impression; when their case was presented in compelling terms; when their claims were obviously true; when Hispanic officers were persons of integrity; and when opposing litigants lacked enough influence in the right places, the jurisdiction's cabildos stood some chance of prevailing. If a council was victorious, the documentary proof of the court's decision was guarded closely, since it could be used as precedent in later litigation or might be necessary if an abuse continued or was repeated.

### *The Nature of the Ruling Body*

The tendency of litigation to continue for years without any definitive solution is of course well known, and the court cases of the Cuernavaca jurisdiction were no exception to this rule.[89] Because new cabildos were elected each year, in theory if not always in practice, officers who were familiar with a specific dispute did not necessarily remain in office. Therefore, since expertise and experience were more important than momentary official status, litigation tended to involve current council members, former officers, and even members of the greater ruling group listed only as *huehuetque* or *principales*. This goes some way toward explaining the tendency of land rentals, sales, and other internal cabildo functions to be

87. Ibid.

88. AGN Civil vol. 1513, exp. 13, fol. 9r–9v (misrepresentation by Jojutla and Tlaquiltenango vs. their *sujetos* concerning obligations to the cabeceras' churches, 1745).

89. AGN Tierras vol. 1496, exp. 6 and vol. 1501, exp. 2 (Cuernavaca vs. Ahuatepec, 1690–1720s); AGN Civil vol. 1608, exp. 10 (Tepoztlán, late seventeenth century to 1720s).

carried out by officers and elite nonofficers as a group. But the propensity for any council action to involve more than just a town's elected officers had other causes as well.

The colonial legal system was in some way responsible, since current and former officers were liable for tribute debts accrued during past and present council service. When tribute shortfalls occurred, everyone had to work for a solution or face the confiscation of their property and jail terms.[90] Further, Marquesado authorities gave official recognition to the power and authority of those called *principales* for most of the colonial period. A good case in point was the use of a number of the jurisdiction's *principales* during the *congregación* process from 1604 to 1606 to make house-to-house censuses of their communities and to generate lists of the number of chickens and the amount of food possessed by each household, but members of the ruling group continued to be accepted as legitimate municipal spokespersons into the eighteenth century regardless of their official status.[91] Local political alignments also played a part. Partisan factions were present in most of the jurisdiction's towns, and when these fought for control of a cabildo in Spanish courts the litigation was pursued by all of their prominent members, whether elected officers or not. Whatever their official status, members of these same groups were likely to engage in other forms of litigation that touched on their common interests.[92]

Most important, however, were the restricted size of the jurisdiction's ruling group and its inherited social rank. Few towns had a ruling elite that exceeded 15 percent of the male tributary population. Continuous documentary references to their elevated social status make it clear that ruling legitimacy rested on links, real or imagined, to the preconquest nobility (even when some of the colonial officers were biologically mestizo) and to early colonial rulers whose legitimacy had been recognized by

90. See tribute disputes in AGN Tributos vol. 52, exp. 17 (Cuernavaca, 1690s), AGN HJ leg. 323, exp. 1 (Guaxintlán, 1735), and HJ vol. 86, exp. 14 (Yautepec, 1780).

91. AGN HJ vol. 49, exp. 8 (none of the censuses have been located). For other references to the activities of nonofficers see AGN HJ leg. 210, exps. 46 and 47 (*telpopochtín* [nobles] of Cuernavaca's Tlapallán and Analco districts complain of Taxco repartimiento, 1607); leg. 210, exp. 56 (*huehuetque* of Cuernavaca's Ollac district complain of Franciscan land usurpation, 1607); and vol. 52, exp. 18, fol. 5r (*huehuetque* of Tetecala arrange house rental to Spaniard, 1625) (all Nahuatl documents); AGN HJ leg. 90, exp. 4 (Tlaltizapán, 1722), leg. 323, exp. 1 (Huichilac, Yautepec, and Zacualpán, 1734), and leg. 345, exp. 23 (Tepoztlán, 1755). Haskett, "Colonial Cuernavaca," 283–287, discusses the functions of various officer types.

92. AGN Civil vol. 2224, exp. 4 (Cuernavaca, 1673) is a good example of a factional election dispute. See Haskett, "Colonial Cuernavaca," 132–196 for a discussion of election disputes. Factional strife in other litigation can be seen in AGN Tierras vol. 1753, exp. 3 (dispute over land rental, Cuernavaca, 1694–95); AGN HJ leg. 323, exp. 1 (Tepoztlán factional alignments in litigation, 1735 and 1747). See also AGN HJ leg. 344, exp. 49 (tribute dispute, Tetecala, 1738) and AGN Tierras vol. 1499, exp. 10 (land dispute, Ayoxochiapa, 1780).

Spaniards.[93] Because of this, the differentiation within the ruling group between those actually serving on the council and those who were not was quite weak. Every member of a town's ruling group, whether an elected officer or not, had the right and obligation to act in all matters affecting the community's interests. Further, since a single person could hold positions in both the civil and religious spheres over time, a certain overlap of officer function was encouraged. *Gobernadores*, alcaldes, and regidores were expected to collect and deliver tribute to the proper authorities, had judicial functions, police duties, and obligations to oversee the smooth operation of the local church. In turn, officials who were primarily concerned with the local religious establishment, such as *fiscales* (chief secular aids to priests), also acted with their colleagues in purely secular matters.

This is not to say that the jurisdiction's indigenous ruling group was not internally stratified, for members of the highest elite tended to dominate whatever their electoral status, while other individuals never rose above the lowest officer levels. Governors, in many ways the social and political heirs of the pre-Hispanic *tlatoque*, usually enjoyed much more power than their fellow council members. There was also a slight tendency for cabildos to rely more heavily on elected officers in their dealings with external authorities as the colonial period lengthened. By the middle of the seventeenth century, the region's ruling elite was careful to make distinctions between *actual* (present) officers and *pasado* (former) officers in all forms of documentation directed toward the outside world. This was at least partially a result of the Spanish tendency to assume that elected officials, and especially current governors, had more authority than those out of office. But there is much less evidence that these distinctions had any real importance within the indigenous cabildos themselves. There, an elected officer such as an alcalde had little more claim to power than a past officer of the same type and, if elected to political office for the first time, may actually have been a sort of junior member of the group.

Less immediately apparent are the mechanisms which sometimes allowed noblewomen to participate actively in a pueblo's political life. Noble wives, widows, or other female relatives of governors or other high-level officers had the best opportunity to do so, perhaps because their status gave them greater credibility in the official male circles. It was not completely unknown for a governor's widow to continue litigation

93. References to status can be found in or inferred from much of the documentation from the sixteenth century. See Cuernavacan litigation records, AGN Tierras 1506:2 (1570); Zavala, *Tributos y servicios personales de indios para Hernán Cortés y su familia: Extracto de documentos del siglo XVI* (Mexico City, 1984), 147–169; and most of the cases cited in this article. The question of mestizaje is discussed in Haskett, "Colonial Cuernavaca," 168–171, 388–390, 407–427.

initiated by her husband, or to be a valuable ally in cases arising after her spouse's death.[94]

A few even gained true political power in their own right. A *cacica y principala* named doña Josefa María Francisca was an important leader of one of Tepoztlán's political factions from before 1700 through the 1720s. Marquesado officers, who were far more uncomfortable with such a blatant and continued exercise of power by a woman than was Tepoztlán's own ruling group, unsuccessfully tried to neutralize doña Josefa by attacking her virtue and femininity. She was arrested in 1712 for allegedly carrying on an affair with a married town officer (not surprisingly, another member of her political faction), and more than one official judged that she was "a discredit to her sex" without ever addressing the validity of her political actions.[95] The important topic of female participation in the local ruling body has yet to be given the attention it deserves, but perhaps a pre-Hispanic precedent allowed women such as doña Josefa, elite widows, and the wives and sisters of town notables to become allies of the jurisdiction's male-dominated ruling group.[96]

It is thus clear that indigenous councils pursued a wide range of activities dictated by both Spanish law and pre-Hispanic custom. The blend of these two ingredients crystallized early in the colonial period, and there is no evidence that cabildo functions had been reduced to tribute collection and petty crime control by independence. Even in the early nineteenth century, the Cuernavaca jurisdiction's many indigenous cabildos were involved in a diverse set of pursuits which included tribute collection, the administration and rental of community lands, significant fiscal responsibilities in both the secular and churchly worlds, and the vigorous protection of community interests through active, and sometimes endless, litigation.

Neither did community pride nor the will to serve on the region's cabildos disappear. Municipal and church buildings, physical symbols of a town's importance and independence, were continually repaired and rebuilt. Members of local ruling groups actively sought elected office into at least the first decade of the nineteenth century. A traditional elite, their

94. AGN HJ leg. 96, libro 1 (wife and sister of Xiuhtepec governor active in town matters, 1650); AGN HJ leg. 387, exp. 37 (*tlatoani*'s widow and Cuernavaca cabildo vs. the Cortés Tlaltenango sugar estate, 1568); leg. 208, exp. 218 (widow of an alcalde and Achichipico cabildo vs. a former governor, 1732).

95. See AGN HJ vol. 86, exps. 44 and 50 (1711 and 1705); vol. 85, exp. 21; AGN Civil vol. 1118, exp. 5 (1712–13) and vol. 1608, exp. 10 (1725) for mention of doña Josefa.

96. Evidence from Toluca indicates that indigenous women were politically active. In 1704, a governor's widow, known as the "*governadora*," attempted to become an elector, but Spanish officials ruled against her; AGN Indios vol. 36, exp. 211 (citation provided by Stephanie Wood).

status and their dominance of municipal government was rarely questioned by their own people and usually recognized by outsiders in search of willing intermediaries. The elite always regarded themselves as a chosen few, with full powers to administer their towns without recourse to or interference from Spanish authorities. These factors, combined with the basic inability or unwillingness of the colonial authorities to intervene in every aspect of indigenous municipal government, allowed the cabildos to retain a significant amount of local autonomy.

Conquest and foreign domination brought many changes, to be sure. The familiar pre-Hispanic imperial system was shattered, replaced by one that often had very different goals and which reduced New Spain's native peoples to a distinctly inferior status. This new legal system had to be mastered, and though the jurisdiction's indigenous leaders quickly learned to manipulate it, they could never be certain of prevailing when opposed by powerful non-Indian interests. At the local level, the ruling group was forced to contend with such innovations as the yearly election of town officers, the imposition of an array of Iberian officer types, a variety of obligations to the Catholic church, and the disruption or rearrangement of preconquest jurisdictional alignments.

But the Cuernavaca region's ruling elite had entered the new colonial era armed with experience in a sophisticated governmental system which included a distinct officer hierarchy, a well-developed judicial system, mechanisms of tribute collection and delivery, corporate land management, and even the periodic elevation of rulers. Pre-Hispanic government service had also involved many obligations to the religious establishment. And the jurisdiction's peoples had already begun to learn how to cope with foreign invasion and domination thanks to the recent triumph of the Mexica in the area. Time and again, when the operation of the jurisdiction's many postconquest indigenous cabildos is examined carefully, it is clear that the ruling group was able to blend tradition and intrusive procedures, many of which were not completely alien or irreconcilable. This was the underlying force which gave resiliency to the region's ruling group and allowed it to retain a good measure of local autonomy under potentially disastrous conditions.

# 27
# The Growth of Political Institutions in Virginia, 1634–1676

*Warren M. Billings*

RECENT investigations into the texture of colonial America's political culture and the resurgence of scholarly interest in local records suggest the need for a fresh approach to the study of the growth of political institutions in seventeenth-century Virginia.[1] To provide a framework for reexamining those institutions between 1634 and 1676 is the purpose of this essay.

Central to this objective is the thesis that the General Assembly's creation of the county court system of local government in 1634 set in train changes which profoundly affected the character of Virginia's political institutions. Creation of the county courts divided the functions and powers of government between the newly erected local jurisdictions and those governmental organs already in existence at Jamestown. Over a thirty-year period after 1634 that division was greatly enlarged by statutory additions to the county courts' responsibilities, by customs, and by local conditions. As the courts' competence in local matters expanded, the General Assembly began to assume a more purely legislative function; the Assembly's development, however, did not keep abreast of the county courts. Furthermore, the governor's broad powers to direct the colony's political life were eroded by custom and the willing acquiescence of governors.

As the county courts became important centers of power, some Vir-

[1] Jack P. Greene, "Changing Interpretations of Early American Politics," in Ray Allen Billington, ed., *The Reinterpretation of Early American Politics: Essays in Honor of John Edwin Pomfret* (San Marino, Calif., 1966), 159–176; J. R. Pole, *The Seventeenth Century: The Sources of Legislative Power* (Charlottesville, Va., 1969), 1-73. Although they have no direct bearing on Virginia, the recent studies of Massachusetts's local institutions by John Demos, Kenneth A. Lockridge, and Philip J. Greven, Jr., have revived interest in the use of local archives.

ginians began to view membership on the bench as a means to satisfy their rather large political, social, and economic ambitions. The court system therefore became the institutional mechanism whereby grasping men used the tools of kinship, patronage, deference, and money to lay the foundations of a ruling elite that possessed the attributes of the traditional English ruling classes. This process was played out in a political arena full of petty disputes, constant bickering, vicious infighting, and occasional violence. The tumultuous character of politics, which Bernard Bailyn has aptly designated "chaotic factionalism," combined with rapid changes in the structure of Virginia society to produce the chronic instability that marked the Old Dominion before 1676.

When it adopted the county court system of local government,[2] the Assembly was responding to a growing colony's need for greater efficiency in the disposition of its affairs. Between 1607 and 1634 Virginia's colonized area had expanded from the original settlement at Jamestown. Plantations had sprung up along the James River from its falls to its mouth; colonists had seated much of the York-James Peninsula east of what is now Williamsburg, and some had already settled across the Chesapeake Bay on the Eastern Shore.[3] While Virginia's population remained small and the area of settlement lay close to Jamestown, the governor and his council could adequately perform the tasks of managing the infant colony. As early as the 1620s, however, necessity had caused some of these duties to devolve upon the proprietors of particular plantations and the judges of the several monthly courts that the Assembly had created in 1624.[4]

These changes pointed toward the statutory differentiation enacted in 1634 between the provincial and the local governments of Virginia. Reliance upon the proprietors and the monthly courts proved ineffective because it led to an irregular patchwork of jurisdictions that increased delays in obtaining justice while it added to the burdens of those men whose responsibility was local administration. In creating the county courts the Assembly not only devised a more efficacious method of governing Virginia but also anticipated extension of a uniform system of justice and government throughout the Old Dominion.

[2] There is no known extant text of the statute which established the county courts in 1634, but a précis of the act is printed in William Waller Hening, ed., *The Statutes at Large; Being a Collection of all the Laws of Virginia* . . . (Richmond, Va., 1809-1823), I, 224.

[3] Morgan P. Robinson, "Virginia Counties: Those Resulting from Virginia Legislation," *Bulletin of the Virginia State Library*, IX (1916), plate 6.

[4] Wesley Frank Craven, *The Southern Colonies in the Seventeenth Century, 1607-1689* (Baton Rouge, La., 1949), 166-169, and Hening, ed., *Statutes at Large*, I, 125.

In 1634 the Assembly divided Virginia into eight counties, each of which was governed by a court composed of justices of the peace,[5] a sheriff, a clerk, and several lesser officials. The functions of the justices of the peace were similar to those of their counterparts in England, but the scope of their authority was initially somewhat narrower.[6] Individually the justices served as magistrates who took depositions and settled minor disputes; collectively they disposed of civil causes below £10 and petty criminal offenses. Their more general obligation, as the title *justice of the peace* implies, was to maintain what a contemporary English jurist called "the Amity, Confidence and Quiet that is between men."[7] Although they were probably analogous to those of an English sheriff, the original duties of the colonial sheriff are obscure.[8] The office of clerk had no equivalent in English local government, although its prototype seems to have resulted from a mixture of the record-keeping functions of the *custos rotulorum* and his deputy, the clerk of the peace.[9] Clerks discharged one of the court's primary responsibilities by providing a place of record for the business of court and colonist.[10]

The emergence of these courts coincided with a major increase of Virginia's population and expansion of its settled area. Beginning in 1634, if not earlier, the Old Dominion experienced its own "great migration," and in thirty years' time the number of inhabitants swelled from five thousand to forty thousand.[11] During those years the colonists rolled

[5] The new judges were designated "commissioners of monthly courts" or "commissioners of the peace" until an act of Assembly adopted in Mar. 1662. See Hening, ed., *Statutes at Large*, II, 70. To avoid confusion, I have used the designation "justice of the peace" throughout this essay.

[6] Cf. Hening, ed., *Statues at Large*, I, 224, with William Lambarde, *Eirenarcha: Or, the Office of Justices of Peace* . . . (London, 1581), Book 2, chap. iv, on the competence of a Virginia justice of the peace in 1634 and his English counterpart.

[7] Michael Dalton, *The Countrey Justice: Containing the Practice of Justices of the Peace out of their Sessions*, 12th ed. (London, 1677), 9.

[8] A not very useful comparison of the office in its respective settings is Cyrus Harreld Karraker, *The Seventeenth-Century Sheriff: A Comparative Study of the Sheriff in England and the Chesapeake Colonies, 1607-1689* (Chapel Hill, N. C., 1930).

[9] In England the *custos rotulorum* was a senior justice of the peace who kept the court's rolls safe from destruction. The clerk of the peace was a scrivener who enrolled indictments, convictions, etc. From the beginning the clerk of court in Virginia never was a member of the commission of the peace. See Lambarde, *Eirenarcha*, 371-375; Dalton, *Countrey Justice*, 64; *The Compleat Justice. Being an Exact and Compendious Collection out of such as have treated of the Office of Justices of the Peace* . . ., 7th ed. (London, 1661), 69.

[10] Early records indicate that the colonists first used the courts mainly as a place of registry for such things as land titles and business accounts. See Northampton County Order Book, 1632-1640, *passim*. All citations to Virginia county records are to microfilm copies at the Virginia State Library, Richmond.

[11] These population figures come from contemporary sources. The number 5,000

back the wilderness, settling all of present-day Virginia east of the fall line. Indicative of this growth was an increase in the number of counties. By 1648 two counties had been added to the original eight; within twenty more years the number had doubled. County building ceased for a time only when immigration slackened after 1668.[12]

As the Old Dominion grew, the Assembly turned over to the county courts increasing responsibility for local affairs. What began in 1634 as agencies of regional administration with narrowly prescribed powers emerged by 1662 as the units of government whose wide authority touched the colonists' lives far more immediately than did that of the Assembly or the governor. An explanation of this phenomenon is to be found in the problems of adjusting to an economic and social pattern marked by a progressively greater dispersal of settlement. An ever-broadening circle of colonization created communications difficulties with the capital, so that the settler who lived in remote parts of Virginia might have to wait days or weeks for a distant governor or assembly to take action that in some instances meant the difference between life and death. More immigrants increased the number of deeds, indentures, runaways, disputes, and other matters which required legal attention. Assigning such problems to local authority not only alleviated the burdens on the governor and council but put power into the hands of men who had the closest acquaintance with local affairs, the residents of the communities themselves. In short, the General Assembly, using statute, fashioned the courts

is drawn from a census taken sometime after the erection of the county court system; that of 40,000 is an estimate made by Sir William Berkeley in 1671. See "A List of the Nomber of men women and Children Inhabitinge in the severall Counties within the Colonie of Virginia, Anno Domini *1634*," C.O. 1/8, fol. 155, Public Record Office, and "Enquiries to the Governor of Virginia" (1670), in Hening, ed., *Statutes at Large*, II, 515. Recently the size and character of Virginia's 17th-century immigration has become a subject of renewed interest and debate among scholars. See, for example, Wesley Frank Craven, *White, Red, and Black: The Seventeenth-Century Virginian* (Charlottesville, Va., 1971), 1-39, and Edmund S. Morgan, "Headrights and Head Counts: A Review Article," *Virginia Magazine of History and Biography*, LXXX (1972), 361-372.

[12] New Norfolk was created in 1636. The following year the General Assembly divided it into Upper and Lower Norfolk counties. In 1642 the Assembly renamed four counties: Upper Norfolk became Nansemond, Accomack became Northampton, Warwick River became Warwick, and Charles River became York. From 1648 ten new counties were erected: Northumberland (1648), Gloucester (1651), Surry (1652), Lancaster (1653), Westmoreland (1653), New Kent (1654), Old Rappahannock (1656), Accomack (1663), Stafford (1664), and Middlesex (1668). The Assembly established no new counties until 1691. See Robinson, "Virginia Counties," *Bulletin of the Va. State Lib.*, IX (1916), 90-93; Lancaster County Order Book, 1666-1675, fol. 128; Martha W. Hiden, *How Justice Grew. Virginia Counties: An Abstract of their Formation* (Williamsburg, Va., 1957), 15.

into an institutional instrument capable of serving the needs of a fast-growing colony.

Even a casual reading of Virginia's laws enacted between 1634 and 1676 reveals the Assembly's preoccupation with local government, as well as its inclination to give the county courts control of local affairs and many of the processes of justice. During the first eighteen years of their existence the county courts gained extensive additions to their jurisdictions. As early as 1640 they were empowered to punish such moral lapses as bastard-bearing and fornication—offenses which the English traditionally tried in church courts.[13] When it rewrote Virginia's legal code in 1643, the Assembly assigned to the courts the responsibility for maintaining bridges and ferries within a county's boundaries[14] and ordered the recording of mortgages in the courts' records.[15] Besides giving sheriffs power to distrain a man's goods for satisfaction of his debts,[16] the code of 1643 authorized the justices to hear civil cases below a value of sixteen hundred pounds of tobacco[17] and to oversee the estates of orphaned minors.[18] In 1644 the courts acquired limited control over tavernkeepers as well as the power to issue local orders which did not "enjoyne any obedience contrary to an act of Assembly."[19] At its February 1645 sitting the Assembly extended the courts' authority over the church by requiring the justices to punish churchwardens who were derelict in the performance of their office.[20] A significant addition to their authority came in November 1645 when the Assembly granted the justices of the peace power to hear all cases in common law and in equity. Before this change, the governor and his councillors, sitting in quarterly sessions, had tried all civil causes above £10, but "the great distance of many parts of the collony from James Citty" and an increased case load had rendered that practice ineffectual. Necessity thus forced the provincial government to surrender much of its control over local government to county officials. After 1645 the General Court gradually took on the role of an appellate court. Although the 1645 act would be refined by later assemblies, the county courts had now gained original jurisdiction in most civil cases.[21]

The widening of the courts' judicial competence was paralleled by a broadening of their administrative duties. Typical was the Assembly's

[13] Hening, ed., *Statutes at Large*, I, 227.
[14] *Ibid.*, 269.
[15] *Ibid.*, 248-249.
[16] *Ibid.*, 266.
[17] *Ibid.*, 272-273.
[18] *Ibid.*, 260-261.
[19] *Ibid.*, 287, 264.
[20] *Ibid.*, 291.
[21] *Ibid.*, 303-304.

assignment of the power to probate wills.[22] Extending this authority to the courts was a radical departure from English practice, whereby that power belonged to ecclesiastical courts. Since the Anglican hierarchy had not been transferred to Virginia, the governor and the council inherited many of its responsibilities. Assigning the probation of wills to the county courts relieved the governor of a burdensome chore while it spared the remotely situated colonist an arduous trip to Jamestown. To the courts also fell responsibility for enforcing the colony's laws, which grew in complexity with each passing year.[23] Tax collection was another of the courts' duties.[24] In addition to serving as militia officers, the justices of the peace were required to secure sufficient arms and ammunition for defense.[25] Poor relief, the regulation of prices and wages, and the maintenance of roads were among the other concerns which came within the courts' administrative purview.

By 1652 the Assembly had thus transferred an appreciable degree of control over local affairs from the provincial government to the county courts. Although the surrender of the Old Dominion to Oliver Cromwell's rule in March 1652 raised the possibility of an alteration in Virginia's institutional arrangements, Cromwell proved to be more interested in bringing Virginia to heel than in social or political engineering.[26] Consequently, when the Assembly convened six weeks after the surrender to conform the colony's law to the changed situation in England, it did nothing to impair the county courts' powers.[27] In fact, it added to their powers by assigning them an admiralty jurisdiction together with the right to appoint surveyors of the highways and to judge capital offenses.[28]

Over the next ten years, the Assembly continued to enlarge the courts'

[22] *Ibid.*, 302-303.

[23] *Ibid.*, 244-246.

[24] *Ibid.*, 267, 280-283; Philip Alexander Bruce, *Institutional History of Virginia in the Seventeenth Century: An Inquiry into the Religious, Moral, Educational, Legal, Military, and Political Condition of the People, Based on Original and Contemporaneous Records* (New York, 1910), II, 570-574; Martha Woodroof Hiden, "Virginia County Court Records: Their Background and Scope," *VMHB*, LIV (1946), 1-15.

[25] Hening, ed., *Statutes at Large*, I, 277, 292-293, 315.

[26] Craven, *Southern Colonies*, 253-257, and Hening, ed., *Statutes at Large*, I, 363-365.

[27] The revised code of Apr. 1652 does not appear in Hening's *Statutes at Large*. The only known copy is in Surry County Deeds and Wills, Book I, 1652-1657, following p. 405. This manuscript also contains the acts of Assembly for Nov. 1652 and July 1653, which were unknown to Hening at the time he edited the *Statutes at Large*. I have transcribed and edited the Surry manuscript, and a published version of the laws will appear in a forthcoming issue of the *VMHB*.

[28] Acts X, XIX, and XXI of Apr. 1652, Surry MS. In 1656 the Assembly repealed the courts' power to try capital crimes. Hening, ed., *Statutes at Large*, I, 397-398.

competence. At its November 1652 sitting, for example, it authorized the justices to enforce an act that imposed a ten-shilling duty on tobacco exported in Dutch vessels. It also charged them with laying out parish boundaries within newly formed counties.[29] Four years later, in another effort to reduce appeals to the General Court, the Assembly made the justices the final arbiters of civil suits below £16.[30] And when the entire legal code was revised again in 1658, the courts gained still wider powers.[31]

The restoration of royal authority in Virginia brought the county courts' statutory control over local government to its zenith. Restoration of old forms and practices required alterations in existing Virginia law. Hence in March 1661/2 the Assembly undertook what proved to be its last revision of the statutes during the seventeenth century.[32] As Wesley Frank Craven has observed, the primary concern of the revisal's architects was local government.[33] They left untouched the courts' expanded jurisdiction, for now the justices of the peace were empowered "to act, and doe all such things as by the laws of England are done by Justices of the peace there." In practical terms, this meant that the county courts combined various criminal, civil, ecclesiastical, admiralty, and administrative jurisdictions which in England belonged to separate courts or political subdivisions. Additionally, those revised laws which touched the church gave the county magistrates control over parish vestries. As if to seal their complete domination over local matters, the Assembly gave the justices power to enact bylaws.[34] Save for incidentals or refinements, the division of responsibilities between provincial and local government, as legitimized by the 1662 revision, remained unchanged until 1676.

Since 1634 the Assembly had, in effect, transmuted the county court into the focal point of much of colonial life. Planters turned to the courts to record wills, deeds, or cattle brands. They depended upon local magistrates for settlement of most of their debts and other personal problems that required legal attention. Courts probated wills, collected taxes, fixed prices, and conducted elections. Collectively, they had become the linchpin of Virginia's entire legal and administrative structure. The result was decentralization of the political system, for the courts represented an intervening authority between governor and colonist. No longer was the power to govern the colony concentrated in one place; that power was

[29] Acts III and IV of Nov. 1652, Surry MS.

[30] Hening, ed., *Statutes at Large*, I, 398.

[31] *Ibid.*, I, 398, 429-493.

[32] See *ibid.*, II, 41-148, for the revision.

[33] Craven, *Southern Colonies*, 292.

[34] Hening, ed., *Statutes at Large*, II, 44-45, 70, 171-172; Bruce, *Institutional History*, I, 540-550; Craven, *Southern Colonies*, 293.

now dispersed. Because most of government's concerns in seventeenth-century Virginia were private or local in nature, the justices of the peace were the agents of government with whom the planters dealt most directly and often. As the courts' powers grew, the settler turned more to the justices of the peace and less to the provincial authorities for solutions to his problems.

These developments had two gradual effects upon the growth of the colony's political institutions after 1634. The influence of the governor, the Council of State, and the General Assembly in local matters declined as the justices' statutory competence increased. In turn, the justices used their expanding power to translate themselves into Virginia's ruling elite.

Over the years after 1634 the governor's control of local politics through his power to influence the justices diminished significantly. A single example illustrates the point. The power to appoint justices and other court officers had always belonged to the governor, but by 1662 usage and necessity had reduced that power to a mere formality.[35] For appointments to the benches of the eight original counties, Sir John Harvey had been able to draw from a reservoir of talent that included the councillors, the militia officers, and judges of the defunct monthly courts. Under the old system these men had gained some practical experience in local government. But the practice of naming councillors as senior justices did not continue much beyond the 1640s.[36] After 1648 the number of counties doubled, and there were not enough councillors to go around.[37] Moreover, a majority of the council had usually been selected from the three counties closest to Jamestown—Charles City, James City, and York.[38]

[35] Instructions to Sir William Berkeley, Aug. 1641, C.O. 5/1354, fols. 224-241.

[36] The initial employment of councillors on the courts probably contributed to the later distinction between senior and junior justices, a distinction which became formalized when the governors began to designate justices-in-the-quorum in the commission of the peace. For an example of a commission of the peace, see Northumberland County Order Book, 1650-1652, fol. 76.

[37] Down to 1676 councillors occasionally sat in on the deliberations of county courts, as was their prerogative. Indeed, for a time in the early 1660s they were required to act as circuit judges, but as the requirement proved unworkable it was discontinued. Hening, ed., *Statutes at Large*, II, 64-65, 179.

[38] Between 1634 and 1676, 73 men sat on the Council of State. Sixteen resided in York County, 15 in James City County, and 10 in Charles City County. The remaining 32 councillors' residences were as follows: 5 men lived in Warwick County; 4 in Gloucester County; 3 each in the counties of Lancaster, Lower Norfolk, and Northampton; 2 each in the counties of Elizabeth City, Isle of Wight, and Nansemond; 1 each in Henrico, New Kent, Northumberland, Old Rappahannock, Surry, and Westmoreland counties. Accomack, Middlesex, and Stafford counties were unrepresented on the Council before 1676, and residence for four Council members could not be established. This group of councillors was compiled from county records; Hening's *Statutes at Large;* Annie Lash Jester, *Adventurers of Purse and Person: Virginia 1607-1625*, 2d ed. (n.p., 1964); Lyon G. Tyler, *Encyclopedia of Virginia Biography* (New York, 1915).

For the new county courts the governors had to turn to men who had little or no judicial experience. An insight into how the problem of staffing a new court was solved during the 1650s is afforded by the circumstances leading to the formation of Old Rappahannock County.[39] In 1656, at the request of the inhabitants, the Assembly partitioned the then Lancaster County into two smaller counties, Lancaster and Old Rappahannock. The bench of the parent county was similarly divided, with half of the justices going to each of the new courts. To bring the two counties' benches up to their statutory limits Governor Edward Digges then appointed men who had had no previous service on the parent court.[40]

Then, too, as the number of counties grew the distances from court to capital rendered it impractical to seek advice from the governor, and as the Assembly reduced the chief executive's direction of local affairs his familiarity with local government diminished. The net effect of all these developments was to give the justices of the peace effective control over appointments to their courts. Increasingly after 1648 the judges recommended to the governor new members of the bench, sheriffs, and clerks, and he complied with their recommendations. Evidence of the practice can be found as early as the 1630s; by the 1650s it was a customary procedure; and during the 1660s it became virtually inviolable.[41]

After 1634 the duties of the Council of State became more specialized. Its role as a court of original and appellate jurisdiction evolved into that of a high court of appeals. The Council retained original jurisdiction in all cases of felony and civil suits above £16.[42] Since the number of such cases was comparatively small, much of the Council's time was taken up in hearing appeals from the county courts. The growing competence of the local courts reduced the Council's concern for routine local affairs and administrative detail. Released from the task of solving local problems, the councillors could devote more time to their roles as advisors to

[39] The Rappahannock County of the 17th century ceased to exist in 1692 when it was divided into Essex and Richmond counties. But use of the name was revived in 1833 when the General Assembly created the county that presently bears the name. So to avoid any confusion, the use of the word *old* has been employed here to distinguish between the two counties.

[40] Lancaster County Order Book, 1657-1666, fol. 319.

[41] Northampton County Order Book, 1632-1640, fol. 77, 1651-1664, fol. 108, 1664-1674, fols. 65-66, 229, 1674-1679, fol. 50; Lower Norfolk County Order Book, 1656-1666, fols. 124, 312-313, 435, 1666-1675, fols. 116, 132, 162; Lower Norfolk County Deed Book No. 4, 1675-1686, fol. 16; Accomack County Order Book, 1673-1676, fol. 19; Old Rappahannock County Deeds and Wills No. 3, 1663-1668, fol. 307; York County Records No. 5, 1672-1694, fol. 89. During the 1650s the Assembly wrote the practice into law, but its statutory basis was eliminated in later revisals of the colony's legal code. See Hening, ed., *Statutes at Large*, I, 392, 402.

[42] Bruce, *Institutional History*, I, 665-690.

the governor and legislators.[43]

Owing to the destruction of most of the Council journals, it is difficult to trace the evolution of the Council's advisory and legislative roles after 1634. In their capacity as advisors, the councillors assisted the governor in arriving at decisions affecting his administration of public affairs. Apparently some councillors also worked with the burgesses as floor managers and assisted in the drafting of legislation. The Council's assent was of course necessary for a bill to pass into law. Generally, the councillors' close relationship with the governors, together with their wide experience and superior knowledge of the law, made the Council the dominant component of the General Assembly before 1676.

Throughout the period of the county courts' expansion the House of Burgesses underwent no comparable transformation. Indeed, not until after Bacon's Rebellion did the House begin to emerge as a counterpoise to the powers exercised by the courts or the Council. The Assembly met annually before 1676,[44] but the House probably did not sit as a body separate from the Council until the 1680s.[45] Although the prerogatives of the House were ill defined, it is evident that by 1676 the House had won some control over legislation and taxation. Together with the governor and the councillors the burgesses performed the important task of enacting statute law. Still, for much of the period the impetus for such legislation came from the governor. Gradually, as the Assembly's concerns became more local in nature, some of the initiative shifted to the burgesses. One of the earliest clear examples of this shift occured in 1663 when Edmund Scarburgh, burgess for Northampton County, moved adoption of some legislation desired by his constituents. The Assembly's passage of Scarburgh's motion indicates that by the 1660s the burgesses had already acquired a degree of freedom in drafting and enacting laws not initiated by the colony's chief executive.[46] The power of the purse had first been claimed by the burgesses in 1624, when the Assembly prevented the governor from imposing taxes. Thereafter House members gained some control over drafting budgets, fixing salaries, and requiring county courts to collect the taxes that were levied at each Assembly session. By 1666 the right to raise public revenues was recognized as an exclusive

[43] *Ibid.*, II, 374-376.

[44] The one piece of evidence which demonstrates annual sessions of the Assembly is found in the records of Lower Norfolk County. From 1637 to 1676 the county's tax lists always included a line item for burgess salaries.

[45] Wesley Frank Craven, "'. . . And So the Form of Government Became Perfect,'" *VMHB,* LXXVII (1969), 131-145.

[46] Hening, ed., *Statutes at Large,* II, 201–203, 185.

prerogative of the House of Burgesses.[47]

Despite the slow growth of clearly defined powers, a significant alteration in the basis of House membership had occurred by 1662. At the time the Assembly had established the county court system, church parishes constituted the legislative districts from which burgesses were elected, and a parish could elect as many burgesses as its parishioners chose to pay. The introduction of the county form of local government induced a new basis of representation, and for a while both parochial and county burgesses sat in the House. In time, however, the justices succeeded in supplanting the parochial burgesses by tying membership in the House to court membership. During the 1640s and 1650s, for example, members of local courts usually managed to insure the election of one of their number.[48] By 1660 it had become customary to regard the county as the sole unit of representation in most parts of the colony,[49] and an act of Assembly of March 1661/2 finally eliminated the parish as an electoral district.[50] Thereafter until June 1676 no man sat in the House of Burgesses who was not simultaneously a justice of the peace.[51]

This monopoly on House membership points to the emergence of the county courts as the base for Virginia's ruling elite. Greater reliance upon these courts had enhanced the office of justice of the peace. Not only was it a badge of success and a source of power, but it was the instrument with which successful colonists fashioned political domains for themselves and their progeny. The enhancement of the office led also to the formation of a variety of competing interests. In turn, the competition for county offices invested politics with its distinctively chaotic quality.

Trebling the number of counties in the decades after 1634 generated an unanticipated need for men to fill county offices. The demand soon outstripped the supply of qualified residents and opened the way to ad-

[47] *Ibid.*, I, 124, and H. R. McIlwaine, ed., *Journals of the House of Burgesses of Virginia, 1659/60-1693* (Richmond, Va., 1914), 43. On the matter of the growth of the Assembly's power, see Bruce, *Institutional History*, II, 403-521; Michael Kammen, *Deputyes and Libertyes: The Origins of Representative Government in Colonial America* (New York, 1969), 13-19, 52-68; Pole, *Sources of Legislative Authority*, 1-73.

[48] Hening, ed., *Statutes at Large*, I, 267, 299, 520-521.

[49] Craven, *Southern Colonies*, 266n-268n. Cf. the burgesses for Lower Norfolk in the 1650s given by William G. and Mary Newton Stanard in *Colonial Virginia Register: A List of Governors, Councillors and Other Higher Officials* . . . (Albany, N. Y., 1902), with the justices of the peace who attended the Lower Norfolk County Court. Lower Norfolk County Order Book, 1646-1651, *passim*, 1651-1656, *passim*, 1656-1666, *passim*.

[50] Hening, ed., *Statutes at Large*, II, 106.

[51] Warren M. Billings, "'Virginia's Deploured Condition,' 1660-1676: The Coming of Bacon's Rebellion" (Ph.D. diss., Northern Illinois University, 1968), 103-106.

vancement for talented immigrants. For the ambitious immigrant membership on a county court offered certain advantages. It was useful in obtaining land. It also gave a man the opportunity to use whatever business connections he had to acquire economic influence in his county. A strategic marriage could connect him with established colonial families, assuring a rise in status. Moreover, a court system whose power grew with each ensuing year afforded the chance to shape and direct the entire colony's political affairs. A place on the court opened the door to membership in the House of Burgesses and possibly even in the Council of State. These reasons for seeking office were of vital importance to colonists whose desire for social betterment was a compelling motive for moving to Virginia.

Having acquired the power and social prestige of political office, the successful immigrant sought to consolidate his gain and to transfer it to succeeding generations of his family. While he may not have sprung from the English ruling classes, he was in his "social origins just close enough to establishment in gentility to feel the pangs of deprivation most acutely."[52] He recognized an intimate nexus between social position and political authority, for he knew that the English squire who enjoyed high social standing was the same man who enforced the law and the king's decrees.[53] That knowledge led him to use the office of justice of the peace to duplicate the familiar relationship in the Old Dominion. In short, by 1662 the office had been transformed into the cement between the layers of society and government in Virginia.

How this transformation occurred may be illustrated by examining two sets of men who held political office between 1634 and 1676—the justices of the peace, 215 in all, in Lancaster, Lower Norfolk, Northumberland, and York counties,[54] and the members of the Council of State.

[52] Bernard Bailyn, "Politics and Social Structure in Virginia," in James Morton Smith, ed., *Seventeenth-Century America: Essays in Colonial History* (Chapel Hill, N. C., 1959), 100.

[53] *Ibid.*, 91.

[54] These four counties were chosen because they satisfied three conditions: first, they had to be counties whose records spanned all or a major part of the period under investigation in unbroken or nearly unbroken runs. The Lancaster records are virtually complete from the county's inception in 1652. Likewise the records of Lower Norfolk are all but intact from 1637 on. Only the first two years of the Northumberland order books are missing. The York records are broken between 1648 and 1657 and between 1662 and 1665. Second, since relationships between service on the courts and House membership were sought, the counties chosen had to have surviving tax records from which House membership could be determined. All four of these counties met this requirement. Third, in order to view the growth of the county courts over as much of the period from 1634 to 1676 as the sources allowed, the records of the oldest counties had to be examined. York is the only one of the original eight with surviving records. Lower Norfolk was established in 1637, Northumberland in 1648, and Lancaster in 1652.

The justices shared certain traits. Most were substantial landowners whose holdings ranged from five hundred to fifteen thousand acres.[55] Some were the major economic forces in their communities.[56] Frequently these men monopolized the important county offices, served in the House of Burgesses, and acquired seats on the Council. Their families were closely interrelated by kinship and personal affiliation. Yet the justices lacked an important attribute—a sense of social and political responsibility—probably because of their lack of previous experience in government.

In their backgrounds and origins the justices had much in common. For example, of the eighty-nine men whose English occupations can be determined, over 60 percent were merchants. Twelve were gentlemen, two were yeomen, and the remainder practiced a variety of professions or skilled crafts ranging from baker to surgeon. Many of the justices had migrated from England's urban areas. Original residences for seventy-five men can be established; excluding six who are known to have been born in Virginia, nearly half came from London and Bristol, while the remainder lived in smaller cities and towns or in the country.[57]

[55] Since the 17th-century deed books for the four counties have not survived intact, I have used Nell M. Nugent, comp., *Cavaliers and Pioneers: Abstracts of Virginia Land Patents and Grants, 1623-1666* (Richmond, Va., 1934), and her "Abstracts of Virginia Land Patents and Grants, 1666-1714" (MS, Va. State Library) in computing the landholdings for both justices and councillors. There is an inherent error in this method since it reveals only the land which a man patented, and not the ultimate disposition of a tract. It is also useless for determining land which an immigrant purchased. By this method of computing landholdings, land ownership for 153 justices could be established. The size of the average tract was nearly 1,100 acres. Unfortunately it is not possible to say how that holding compares with landholdings for Virginians in general, because no one has yet made a systematic analysis of Virginia's land records.

[56] The point is based upon data which were compiled from local records on each justice of the peace.

[57] The justices' occupations and residences were identified through the county records; such genealogical sources as the *VMHB*, the *WMQ*, 1st and 2d Series, Jester, *Adventurers of Purse and Person*, Tyler, *Virginia Biography*, the London guild records housed in the Guildhall Library, London, and the records which are deposited in the Bristol Archives Office, Bristol. As noted in the text, the most frequent occupation was "merchant." That designation carried a double meaning in the 17th century. It was applied loosely to anyone who engaged in trade, but it also carried a specific meaning, as in the case of a man who belonged to the London Company of Merchant-Venturers. Unfortunately, the surviving evidence is not precise enough to allow one always to distinguish between the two uses of the word. The breakdown of the 89 according to occupation is as follows: 55 were merchants, 12 were gentlemen, 3 each were grocers and ship captains, and 2 each were coopers, doctors, innkeepers, merchant-tailors, and yeomen. A baker, a bookbinder, a carpenter, a mariner, a salter, and a surgeon rounded out the total number. Of the 75 men whose residences may be fixed, 25 came from London, 8 from Bristol, 5 from Yorkshire, 3 from Kent, 3 from Rotterdam, 2 from Kilkenny, Ireland, 2 from Norfolk, 1 each from 21 other cities, towns, or counties in England, and 6 were probably born in Virginia.

Often those justices who had followed commercial pursuits had come to Virginia seeking trade outlets for themselves, their families, or their friends. In the Old Dominion they became tobacco planters and used their business acumen to establish themselves as intermediaries between their neighbors and English-based merchants. Their links to England's commercial centers drew their fellow planters to them for credit and easier access to the tobacco markets. Gradually, as their acquaintance with the other colonists grew, these men enlarged the range of their activity and influence. Often they extended their business dealings over several counties and numbered among their customers other justices of the peace, burgesses, councillors, and even governors. Using this newly acquired economic role, as well as any other connections they might have gained through marriage or political alliances, they pushed their way onto the county courts.

The immigrant justices of the peace attained their positions fairly rapidly, and having won office they retained it until they died, retired, or were elevated to higher office. It is possible to fix the dates of appointment, length of service, time of arrival, and time of death for 133 of the 215 justices who served in the four counties.[58] Of that number, 72 (54 percent) were appointed to office within a decade of their arrival in Virginia. Another 34 (26 percent) had lived in the colony no more than fifteen years before securing their appointments. None of the remaining 27 (20 percent) had been a resident for more than twenty-five years before his nomination to the bench.[59] Some of these men held office for as

[58] The arrival and appointment dates were compiled from Tyler, *Virginia Biography;* Nugent, comp., *Cavaliers and Pioneers;* Nugent, "Abstracts of Va. Land Patents and Grants," and the county records. It should be noted that arrival and appointment dates are often approximations of reality. Seldom does one find documentary evidence that precisely establishes when an individual came to Virginia. In the absence of such documentation the individual's first appearance in local records or the date when he sued out his first land patent has to suffice. There is, of course, an inherent error in such a method of fixing arrival dates. As anyone who works with 17th-century Virginia land records quickly learns, a lag of several years often obtained between the time someone took up a tract of land and when he had his patent recorded in the Secretary of the Colony's office. Dates of appointment may be fixed with considerably more precision, however. Usually copies of individual justices' commissions are preserved in the records of the four counties. In those cases where such commissions exist, the date of issue has been taken for the date of appointment. Where the commissions do not exist two other methods of fixing the time of appointment were used. Often a clerk recorded that at a regular meeting of the court a particular individual appeared and was by order of the governor sworn a justice of the peace. Lacking even that kind of documentation, the date of first appearance on a court has been used as time of appointment.

[59] A number of explanations may account for the longer lapse of time between the coming of these 27 men to Virginia and their appointments to office. Nine of

little as a year, while others served for more than forty; the median length of service was approximately twelve years, the average length approximately seventeen.

Of these 133 justices a bare majority, 67 individuals, emigrated to the Old Dominion between 1645 and 1660. Another 60 settled in the colony before 1645, and the 6 remaining men went there during the interval from 1660 to 1676. As significant as the time of their establishment in Virginia was the longevity of the justices. Of the 133 for whom such information is available, 44 died between 1634 and 1660, only four of these before 1645. Another 42 were deceased by 1676, but 47 survived after that date.[60] In effect, there does not appear to have been a sharp break between an old and a new elite caused by the deaths of the pre-1645 immigrants. Rather, the gradual passing of these men indicates a slow transfer of power from their hands to those of later arrivals. Furthermore, the justices who had settled prior to 1645 gave to their successors an entrée into the power structure by providing the familial and political connections that were necessary for advancement.[61]

These data suggest a high degree of continuity of political control by the men who became justices of the peace. That suggestion is reinforced by three other pieces of evidence. First, 22 of the immigrants' sons succeeded to seats on the county courts. Second, there is in the careers of all 215 justices a discernible pattern of multiple officeholding and succession to higher political positions. At least 64 justices held the shrievalty one or more years. Another 50 were burgesses, and 16 others held seats in the Council of State. Third, there is a nexus between membership on the Council and prior service on the county courts. Thus the seventy-three councillors who held office between 1634 and 1676 had similar backgrounds.[62] Most Council members had been long-term residents of Vir-

them had emigrated to the colony between 1610 and 1634, and they came to their respective benches shortly after the courts were erected. At least two were small children at the time they are known to have settled. Conceivably some of the others likewise were quite young at the time of their arrival. Two men had lived in counties other than the four studied in this essay. The absence of records for those particular counties prevents a determination of whether or not these individuals had previously been justices. Another man had been brought to Virginia as an indentured servant and had served out his indenture before entering into the colony's political life. For the remaining 13 no other explanation is possible than that they lacked the ability, luck, or connections needed for more rapid advancement.

[60] Dates of death were derived from the court records; Clayton Torrence, comp., *Virginia Wills and Administrations, 1632-1800* (Richmond, Va., 1931); the *VMHB;* the *WMQ,* 1st and 2d Series.

[61] Bailyn, "Politics and Social Structure," in Smith, ed., *Seventeenth-Century America,* 94-98.

[62] See n. 41.

ginia, living there from ten to twenty-five years before their appointments. During that interval they had served on the county courts, been sheriffs, and sat in the House of Burgesses. Their wide experience in local government was invaluable preparation for discharging the duties of the office of councillor. Indeed, following the creation of the county courts, governors soon came to realize the importance of prior service at the local level in making their appointments to the Council. After 1650 virtually all of the men named councillors had had some previous experience in Virginia's politics. Just as there was a gradual turnover of officeholders at the county level, there was no sudden introduction of outsiders to membership on the Council. While fifty-five councillors died or retired before 1676, membership on the Council did not open up to later immigrants.[63] Replacements came instead from the county courts.

Another link between county and provincial officeholders is revealed in the second generation of conciliar families. Nearly one-third of the seventy-three councillors had sons who followed in their fathers' footsteps to seats on the county benches and in the House. Five sons eventually reached the Council itself. One of these sons even became governor of the colony.[64]

Continuity in leadership did not insure political stability. Indeed, the reverse may have been true, for the power of the established justices limited the opportunities for advancement in older counties like Lower Norfolk and York. In these counties the ambitious newcomer had to compete for minor offices, family connections, and influence with men already in political control. He could move to counties like Lancaster and Northumberland and try to parlay his talents into a position of power, but even in these newer counties he still faced competition from established settlers.[65] This intense rivalry for place and preferment provided one basis for the chaotic factionalism which characterized Virginia politics before 1676.[66] County building, however, tended to relieve some of the pressure by providing an outlet through the multiplication of local offices.

[63] The precise breakdown of deaths from 1634 to 1676 is as follows:

| | |
|---|---|
| 1634-1645: 8 | 1660-1676: 30 |
| 1645-1660: 17 | post-1676: 16 |

[64] Samuel Mathews, Jr., was governor between 1656 and 1660.

[65] At least a dozen of the justices in Lancaster and Northumberland counties lived elsewhere in the colony prior to their settlement in those counties. Some of these men had been burgesses, and probably justices of the peace, but the records of their previous service are difficult to obtain because the men emigrated from counties whose records are now destroyed.

[66] J. Mills Thornton III, "The Thrusting Out of Governor Harvey: A Seventeenth-Century Rebellion," *VMHB*, LXXVI (1968), 11-26; Accomack County Order Book, 1663-1666, fol. 120, 1660-1670, fols. 176-181; Susie M. Ames, "The Reunion of Two Virginia Counties," *Journal of Southern History*, VIII (1942),

During the years of rapid county expansion there were opportunities to fill new offices, but after 1660 a significant alteration occurred in the pattern of acquiring political office. The earlier easy access to office was now cut off. Between 1660 and 1676 the General Assembly erected only three new counties, and men who had been on the parent courts or men who had migrated to Virginia before 1660 filled the positions on the new courts. The effect of the slowdown in the availability of offices for well-to-do immigrants was dramatic. Between March 1660 and June 1676, Sir William Berkeley appointed eighty-two justices of the peace and thirty-two councillors. Only six of the appointments went to men who had arrived after 1660.[67]

County building was an artificial stimulus to advancement. As long as it continued at the rate of the 1650s, the well-placed newcomer who demonstrated an ability to wring material gain from the wilderness could expect to obtain a justice's commission. The office served to distinguish him as a person of exceptional ability and skill, but not necessarily as a person of the best family. Once the artificial stimulus had all but disappeared, opportunity declined. The key to political success became less a matter of outdoing one's peers and more of gaining the sponsorship of someone already in a county ruling elite. Such sponsorship had always existed—the quickest way for a man to gain acceptance into a local elite before 1660 was to be ushered into it by a strategic connection—but as more offices tended to be passed down to sons, and as the county courts became the exclusive domains of a few families, sponsorship assumed increased importance.[68]

This change in the means of attaining office was unsettling. Competition for social position continued as in the past, but economic success no longer assured a person of office. As a result, the struggle for offices probably intensified after 1660. Thus the narrowing, or closing off entirely, of the avenues to political office induced tension in Virginia's social system. As long as there was a limited number of available offices, few men's aspirations for these positions would be realized. This situation laid a second foundation for political factionalism. Factions could form around those men who controlled the offices and those who desired to control them.[69]

---

536-548; Hening, ed., *Statutes at Large*, II, 364-365; Charles City County Order Book, 1655-1666, fols. 555-561; "Charles City Grievances 1676," *VMHB*, III (1895-1896), 132-147; "Defense of Col. Edward Hill," *ibid.*, 249-252.

[67] Billings, "'Virginia's Deploured Condition,'" 142n.

[68] *Ibid.*, 134-136.

[69] *Ibid.*, 68-79, 90-92.

Factionalism was also inherent in a system of government where a small group of men exercised as much unrestrained power as the county courts had acquired before 1676. Moreover, Virginia society lacked the means of controlling a tendency toward fragmentation, because no institutions existed that could give it coherence. Widely scattered settlements prevented any discernible interaction between counties, except in extreme emergencies. Since it was still in a transitional phase of development, local government could not provide much stability. The House of Burgesses reflected disparate county interests, while the Council displayed no particular concern for local affairs. Failure to comprehend the evolving nature of the colony's institutions prevented the governors from moving resolutely to check rampant political factionalism. Continually proroguing the General Assembly, distributing patronage to the councillors, or trying to tie stability to economic diversification were not effective solutions because these devices depended for success upon the very men who were the sources of turbulence.[70]

In effect, Virginia society was extremely fragile. There was little in its institutions to give the colonists a sense that change was occurring within an orderly and gradually evolving framework. The uncertainties bred by competition and the novelty of institutional arrangements carried the potential for violent upheavals. Prior to 1676 there was no effective mechanism to dissipate social tensions. Bacon's Rebellion was the result.

In the end the hope for understanding the unstable quality of seventeenth-century Virginia politics lies in the investigation of local institutions and the men who ran them. What happened in 1676 becomes much clearer in light of the train of events set in motion by the establishment of the original county courts in 1634. That single step, taken in response to the necessities imposed by Virginia's novel environment, fragmented political power in the Old Dominion and determined the character of the colony's political life for the next forty years.

[70] *Ibid.*, 181-230; Bailyn, "Politics and Social Structure," in Smith, ed., *Seventeenth-Century America*, 101-102; John C. Rainbolt, "The Alteration in the Relationship between Leadership and Constituents in Virginia, 1660-1720," *WMQ*, 3d Ser., XXVII (1970), 414-415.

# 28

# English-Born and Creole Elites in Turn-of-the-Century Virginia

*Carole Shammas*

American colonial historians have always been more concerned with the American than with the colonial. It has been the Englishman in the process of becoming an American, not the Englishman in the process of becoming a colonial, that has preoccupied most scholars. Admittedly, certain problems arise when one attempts to discuss the effects of colonialism on whites in America. In the colonizer versus colonized framework of Third World historical literature, Anglo-Americans clearly fall into the colonizer category,[1] and research during the last fifteen years or so, first on blacks and more recently on Indians, has brought out some of the ramifications of that role. There is, however, another side to consider. Having practically destroyed the aboriginal population and enslaved the Africans, the white inhabitants of English America began to conceive of themselves as the victims, not the agents, of Old World colonialism. Although expressed most strongly at the time of the Revolution, this consciousness of colonial status had actually evolved slowly over the generations.

In tracing the evolution of this colonial consciousness, the point at which English settlements became controlled by native-born inhabitants appears to be of some significance. The available studies on the emergence of a creole ruling class in the various colonies have been concerned primarily with the relationship of that emergence to social mobility, but scholars are beginning to note as well other dimensions of this change from immigrant to native. For example, John Rainbolt has suggested that the rise of a creole elite in Virginia was an important cause of what he perceived as an alteration in the political style of the colony's leaders between 1660 and 1720. I would like to pursue

I would like to thank Reginald Horsman, John M. Murrin, and Alison G. Olson for their comments and criticisms.

1. For an example of how these terms are used in Third World literature, see Albert Memmi, *The Colonizer and the Colonized* (Boston, 1967).

this line of inquiry a bit further and compare the general experiences and responses of the English-born generation that still controlled Virginia in the 1680s with those of the native group that came to power at the end of the century.[2]

Although Virginia was founded in 1607, Englishmen tended to think of it as a colony of Old World emigrants—and properly so—until almost the end of the seventeenth century. Their view of those emigrants was not particularly flattering. Emigration to Virginia connoted social inferiority: at best it meant one could not compete in English society and had to leave the country to be a success; at worst it meant one had to leave the country—period. Believing the colony to be the habitat of convicts, whores, poorhouse veterans, and bankrupt citizens, people at home considered it especially fitting that such base creatures chose to cultivate a base crop like tobacco. The passage of years and the establishment of a viable economy produced only one discernible change in attitude. Instead of conceiving of the emigrants as worthless idlers, Englishmen characterized them as worthless moneygrubbers who neglected societal amenities and thought only of trade. Far from excepting the colony's leadership from this general indictment, English critics often heaped special abuse on those in places of authority and laughed at their social pretensions.[3]

2. On dating the rise of native elites and on the relationship of that rise to social mobility see Martin Herbert Quitt, "The Virginia House of Burgesses, 1660–1706: The Social, Educational and Economic Bases of Political Power" (Ph.D. diss., Washington University, 1970), and David Jordan, "Political Stability and the Emergence of a Native Elite in Maryland" in this volume. Rainbolt's article, "The Alteration in the Relationship between Leadership and Constituents in Virginia, 1660 to 1720," appeared in the *William and Mary Quarterly*, 3d Ser., XXVII (1970), 411–434. See also John C. Rainbolt, *From Prescription to Persuasion: Manipulation of the Seventeenth Century Virginia Economy* (Port Washington, N.Y., 1974); Bernard Bailyn, "Politics and Social Structure in Virginia," in James Morton Smith, ed., *Seventeenth-Century America: Essays in Colonial History* (Chapel Hill, N.C., 1959), 90–115; and David Alan Williams, "Anglo-Virginia Politics, 1690–1735," in Alison Gilbert Olson and Richard Maxwell Brown, eds., *Anglo-American Political Relations, 1675–1775* (New Brunswick, N.J., 1970), 79–91. Works that have dealt with some aspects of the problems of being an English colonial in America include John Clive and Bernard Bailyn, "England's Cultural Provinces: Scotland and America," *WMQ*, 3d Ser., XI (1954), 200–213; Jack P. Greene, "Search for Identity: An Interpretation of the Meaning of Selected Patterns of Social Response in Eighteenth-Century America," *Journal of Social History*, III (1969–1970), 189–220; Kenneth Lynn, *Mark Twain and the Southwestern Humor* (Boston, 1959), 3–22; and Ronald Syme, *Colonial Elites: Rome, Spain, and the Americas* (London, 1958), 54–64. There is no study on the cultural maturation of the white colonial population comparable to that of Gerald W. Mullin's *Flight and Rebellion: Slave Resistance in Eighteenth-Century Virginia* (New York, 1972) for Afro-Americans.

3. Morgan Godwin, *The Negro's and Indian's Advocate, suing for their Admission into*

The rather curious treatment Bacon's Rebellion received in the Restoration press well illustrates the persistence and depth of these assumptions about the Virginian social order. Considering that in post-Civil War England armed rebels generally ranked just above the plague in popularity, the sympathy accorded Virginia's disturber of the peace was rather remarkable. The newsletter written about the event devoted more space to a description of Bacon's "extraordinary parts" than to a condemnation of the uprising. It told of his good family background, put the best construction possible on his reasons for emigrating to Virginia, and then described those accomplishments that had immediately singled him out for a council seat when he arrived in the colony. Whatever the writer's intentions might have been, the pamphlet left the distinct impression that Bacon, though misdirected, was a giant among pygmies and that Virginia simply could not absorb a man of his high birth, superior abilities, and "large soul."[4]

Several years later, Aphra Behn, an English playwright with Tory leanings, decided Bacon's Rebellion furnished proper material for a play demonstrating the Stuart principle that the public interest was sometimes best served by those who dispensed with legal niceties. Although Behn had spent some time in English Surinam, there is no indication that she had any special knowledge or interest in the colony of Virginia; she seems rather to have derived her information about the plantation from the streets of Restoration London. Going much further than the newsletter account, her play *The Widdow Ranter, or, the History of Bacon in Virginia* presented the rebel as a genuine hero and the leaders of the colony as rogues whose low social origins

---

*the Church* . . . (London, 1680), 98–99, 168, and Morgan Godwin, *Trade Preferr'd before Religion, and Christ made to give place to Mammon* . . . (London, 1685), 6. Virginia's vestries according to Godwin were "Plebian Juntos." Promotional tracts such as John Hammond's "Leah and Rachel, or, the Two Fruitfull Sisters Virginia and Mary-land [1656]," in Clayton Colman Hall, ed., *Narratives of Early Maryland, 1633–1684* (New York, 1910), 281–308, which sought to correct the impression that Virginia was still populated by the dregs of society, appear to have made little impact.

4. *Strange News from Virginia; Being a Full and True Account of the Life and Death of Nathanael Bacon* . . . (London, 1677), in Harry Finestone, ed., *Bacon's Rebellion: The Contemporary News Sheets* (Williamsburg, Va., 1956), 5–18. Another news sheet followed, *More News from Virginia* (London, 1677), which reported the fate of those involved in the rebellion, and it is also reprinted in Finestone. Bertha Monica Stearns, "The Literary Treatment of Bacon's Rebellion in Virginia," *Virginia Magazine of History and Biography*, LII (1944), 163–179, discusses the newsletters and fictional pieces written on Bacon's Rebellion from 1677 to modern times.

rendered them unfit for office.[5] Behn's council was made up of former criminals and "broken" tradesmen who had migrated to Virginia and acquired large estates. While they put on gentlemanly airs, their illiteracy, ignorance of the law, and cowardice bubbled to the surface when they had to administer justice or to defend the colony from its enemies. Furthermore, they lacked all sense of their own inadequacy and imagined themselves to be better governors than the statesmen of England. Bacon, an "honest gentleman," possessed certain high ideals about service to the country that the base councillors could not begin to comprehend, and thus when he went to fight the Indians without a commission, they attempted to destroy him. In the final act Behn rewrote history. Bacon committed suicide, but his forces prevailed. The buffoonish councillors, finally admitting they had no talent for governance, retired, as one put it, "to bask under the shade of my own Tobacco, and drink my punch in Peace." The rest of the colony looked ahead to the arrival of the new governor from England and a hoped-for reformation in their affairs.

This tendency to sympathize with Bacon stemmed from deep skepticism about the legitimacy of the Virginia elite.[6] The idea of emigrants growing rich and then passing themselves off as gentlemen and governors seemed to offend Englishmen's hierarchical sensibilities. Behn's low-life councillors, even allowing for the distortions produced by parody, bore little resemblance to the solid sorts with good middling class backgrounds who held office in Virginia in the 1670s. Nevertheless, Englishmen, certain that the colonials would not have left if they

5. Aphra Behn, "The Widow Ranter," Montague Summers, ed., *The Works of Aphra Behn*, IV (New York, 1915), 215–310. For information on Behn's life and a summary of the plays see Frederick M. Link, *Aphra Behn* (New York, 1968).

6. Even the report issued by the commissioners sent to investigate the rebellion for the crown, "A True Narrative of the Rise, Progresse, and Cessation of the Late Rebellion in Virginia," in Charles M. Andrews, ed., *Narratives of the Insurrections 1675–1690* (New York, 1915), 105–141, while condemnatory of the uprising, noted Bacon's good family background and lashed out at the "Cowardize and Basenesse of the Generality of Sir William Berkeley's Party," 110–135. Wilcomb E. Washburn, *The Governor and the Rebel: A History of Bacon's Rebellion in Virginia* (Chapel Hill, N.C., 1957), 2–3, attributes the commissioners' unfavorable comments about the colony's leadership to their postrebellion conflicts with Berkeley. Their criticisms are, however, not so much directed at the governor personally as at the colonists in general. Bacon, William Byrd I, and the other alleged coconspirators, according to the report, had been drinking when they decided to strike out against the Indians, and their followers, "freemen but lately crept out of the condition of Servants," also became stirred up through the use of liquor. *Ibid.*, 110–113. On the other hand, Berkeley's supporters, as quoted above, were considered base and cowardly. The commissioners' assessment of the level of politics in Virginia at that time bears a striking resemblance to Behn's.

could have become leaders at home, stubbornly persisted in presenting the most extreme examples of colonial social mobility as the norm.[7] Regardless of what might transpire in the New World, the social status of the colonial, in English eyes, remained what it was before migration. Even promotional tracts, the most sanguine writings on the colonies, tacitly recognized this fact. Such pamphlets promised land, economic security, and even riches, but never gentility.

Bernard Bailyn has described the actual immigrants who dominated Virginia in the Rebellion era. Frequently the younger sons of merchant families, they came to the colony in mid-century just at the time when the appallingly high mortality rate for Englishmen in the colony was probably beginning its decline. Through commercial and political connections as well as by marriages with widows and heiresses of dead planters, these immigrants managed to obtain large estates and to supplant the previous ruling group. If their letters and papers—a meager output to be sure—are any indication, then these men understood quite well that the benefits of the New World were primarily economic. The attraction of Virginia was not climate, high culture, political glory, or military conquest. In the middle of the seventeenth century, Virginia was not even the first choice among the plantation colonies; rather it had the reputation of being the place to go if you did not have the resources to set up a West Indies sugar establishment. Virginia no longer had a boom-town atmosphere, but ambitious immigrants still married eleven-year-old girls or forty-five-year-old women for their pigs, cows, and household furnishings, competed vigorously with fellow planters for a share of the labor supply, and sought out troublesome offices that would aid in the building of their fortunes.[8]

7. Behn, "Widow Ranter," 254, has one of the councillors declare: "Well gad zoors, 'tis a fine thing to be a good Statesman"—to which a newly arrived planter replies, "Ay Cornet, which you had never been had you staid in Old England."

8. Bailyn, "Politics and Social Structure," in Smith, ed., *Seventeenth-Century America*, 98–102. Also see Edmund S. Morgan, *American Slavery, American Freedom: The Ordeal of Colonial Virginia* (New York, 1975), 180–184. Colonel [Henry] Norwood, "A Voyage to Virginia (1649)," in Peter Force, comp., *Tracts and other papers relating principally to the origin, settlement, and progress of the Colonies in North America, from the discovery of the country to the year 1776*, III (Washington, D.C., 1844), 4, notes the contemporary attitudes about the West Indies and Virginia. The two best sources for information on the preoccupation of this generation remain Richard Beale Davis, ed., *William Fitzhugh and His Chesapeake World, 1676–1701* (Chapel Hill, N.C., 1963) and the William Byrd I letterbooks published in the *VMHB*, XXIV–XXVIII (1916–1920). The Ludwell Papers in the Virginia Historical Society in Richmond mainly pertain to the next generation,

The low opinion of Virginia at "home" and the motives behind most planters' migration seemed to militate against the majority of the immigrant elite taking the colony's institutions, honors, or anything besides their own estates too seriously. The general attitude toward colonial offices is revealed in the terms these men used to refer to them: "public business," "profitable employments," and "share of the government."[9] Colonists sought offices primarily to protect their interests. Of course, they must have enjoyed being set above the crowd. But no one really pursued a political career as such. Moreover, it was the English public world that mattered. Significantly, Virginia's first political organization, the Loyal Society, was formed not for any colonial cause but to defend James II. The society even used London nativity as the basis for membership. (While the governor, Lord Howard of Effingham, had encouraged the group, his request that the English authorities at home publish a sermon delivered to the society and send back copies so that "they may see I have formed theyr desire" indicates considerable grassroots enthusiasm.[10]) In this period when one might well imagine that the alignments provoked by Bacon's Rebellion would still inform the structure of politics, the colonists instead were flinging the epithets of "Whig" and "Papist" at one another and using these mother country labels to define their own local disputes.[11]

The general attitude of the immigrant elite toward their colony's inadequacies can best be described as stoic, with lapses. When the time arrived to write a will, Nicholas Spencer, a mid-century immigrant whose kinship ties to the Culpeper family enabled him to become secretary of the colony, could not resist taking a few parting shots at the society he had helped govern for almost thirty years. He

---

although there are some interesting letters on Philip Ludwell's retirement in England. Almost all the rest of the correspondence for these years is between colonists and crown officials.

9. William Byrd I to Warham Horsmanden, July 25, 1690, *VMHB*, XXVI (1918), 128; William Fitzhugh to Lord Culpeper, Jan. 8, 1682/83, Davis, ed., *Fitzhugh*, 134; Fitzhugh to Robert Fitzhugh, Jan. 30, 1686/87, *ibid.*, 200.

10. Lord Howard of Effingham to William Blathwayt, May 10, 1686, Blathwayt Papers, XIV, Colonial Williamsburg, Williamsburg, Va. [microfilm in the State Historical Society of Wisconsin]. The sermon was printed with an introduction by Richard Beale Davis. See Deuel Pead, "A Sermon Preached at James City in Virginia," *WMQ*, 3d Ser., XVII (1960), 371–394. Davis quotes from the Effingham letter but leaves out the last lines, which referred to the printing arrangements.

11. See Nicholas Spencer to William Blathwayt, Apr. 27, 1689, Blathwayt Papers, XVI, and Davis, ed., *Fitzhugh*, 37–38, 296–299.

opened the document with the request that his body "be buried simply according to the Church's use, and without the indecencies of funerals in this country," and closed it with the order that his debts be paid in money and not in commodities, as the "unequal and dishonourable law of Virginia" permitted. William Fitzhugh was less sharp but still far from sentimental about his adopted home. In 1686, about a decade and a half after his own arrival, he invited his sister to come to Virginia, but only "if she cannot otherwise better her self." Virginia was a "fertile country," he told another correspondent, which unfortunately had poor religious and educational facilities and where good society was "seldom to come at except in books."[12] What is most revealing about these immigrant critiques is their brevity: no tortured analyses of Virginia's cultural shortcomings or clever satires designed to disassociate elite members from colonial provincialism, such as those later composed by native sons; they were instead passing remarks uttered by men who apparently considered promotional tracts the proper vehicle, and superior economic opportunities the proper grounds, for any apologia that might be made for the colony.[13]

As with past generations, this immigrant elite still looked almost entirely to England for solutions to the two basic problems of colonials —the dependence of their estates on what they called "contingencies" and the primitiveness of their surroundings. European wars that cut off trade and threatened to bring foreign fleets to their shores, fluctua-

12. Will of Nicholas Spencer signed Apr. 25, 1688, and probated in London, Jan. 15, 1698/99, Virginia Colonial Records Project Survey Report 5021, typescript copy in the Virginia State Library, Richmond; Fitzhugh to Henry Fitzhugh, Apr. 22, 1686, Davis, ed., *Fitzhugh*, 171; and Fitzhugh to Nicholas Hayward, Jan. 30, 1686/87, *ibid.*, 203.

13. Fitzhugh prepared a short summary discourse of Virginia and a digest of its laws, but it is no longer extant. His approach to such a work, however, is revealed in a letter he wrote to Nicholas Hayward on May 13, 1687, stating his intentions: "Sr., I have had it in my thoughts to write a small treatise, or History of Virginia, describing its Scituation, Temperature, and fertility, nature of present inhabitants, with their method and manner of living, the plenty of Iron Mines, almost everywhere in the Country, and probable conjectures of the Discovery of others . . . together with the prodigious quantity of wood to manage the same, the plenty of all sorts of provision the easie and profitable living of the people therein. It's regular easie and even Government in its severall Courts of Justice, together with their respective powers and methods of proceeding, with divers other heads too many to be enumerated. . . . I have only mentioned this to you Sir to desire your opinion, whether a business of this nature might be of any advantage for the persuading Inhabitants hither, and might not be prejudicial to me in my particular Concerns. . . . " *Ibid.*, 224.

tions in tobacco prices, governmental changes in England, and the political and economic intrusions of a new court favorite into the colony's business kept most planters in a constant state of anxiety. Seldom, however, did they respond collectively to these threats through their local institutions or unite to present a common front. Instead each man preferred to work through individuals in England whom he felt could produce beneficial results, and when completely frustrated, he sometimes resorted to violence. Probably the early experience of these men in the colony, when kinship with a governor or proprietor gave them immediate access to places, made them believe that direct appeal to some "person of quality" in England was the only effective way to proceed, even when, as was usually the case, their contacts were neither highly placed nor effective. Despite continual setbacks, they retained the belief that magical things might happen—new offices be created or policies reversed—if only one could whisper in the right ear or cross the right palm with silver. Every man or family tended to act alone and trusted English correspondents before their fellow colonials, who often were sending rival petitions. In the late 1680s Philip Ludwell went to England to try to oust Governor Effingham from office. Effingham had pursued policies on quitrents and on the setting of fees that hurt almost every interest in the colony; yet, while Ludwell managed to get a petition of support from the Burgesses, most of the substantial planters, anxious to keep on Effingham's good side and suspicious of Ludwell's motives, chose to keep out of the fray. William Fitzhugh carefully instructed his brother-in-law, then in London, to be sure to let Effingham know that, even though Ludwell had stayed at his house for some time, he knew nothing about "his affairs." William Byrd made the same disclaimers and considered the mission to be "his [Ludwell's] cause." Byrd told his contacts in England that Ludwell might use his London visit to take from Byrd a lucrative office to which the latter lacked a clear title. When Ludwell assured him that he had no such design, Byrd began to suspect that Ludwell's son-in-law, Daniel Parke, Jr., might go after the position. These colonial leaders showed little responsiveness not only to "the people" but to one another as well. "Friends at court" would settle all their difficulties. In situations where influence failed or seemed inappropriate, the large planter turned rebel, using the dissatisfaction of Virginia's large unpropertied class for his own ends.

Citing uprisings such as Bacon's Rebellion and the plant-cutting riots as examples, Edmund Morgan has labeled the Virginia of this period "the volatile society."[14]

Whenever this generation felt the need for certain commodities—clothing, furniture, books—or skilled persons, such as apprentices or ministers—they ordered it from England. One of Nicholas Spencer's letters demonstrates the degree to which these later seventeenth-century immigrants still relied on English goods and services. Having felt ill for some time, Spencer carefully described his symptoms to his brother who was living in England, and then asked him to consult a physician and to write back the diagnosis.[15] Some items, of course, could not be relayed in a letter or packaged and sent. A constant stream of colonial consumers flowed into the mother country seeking to satisfy their wants.

The ultimate solution to the problem of colonial primitiveness was to return permanently to England, and there are indications that this very solution was not infrequently attempted. Of the twenty male correspondents in William Fitzhugh's letterbook who at one time resided in Virginia and whose later history can be ascertained, one fifth re-emigrated, and several others had sons or fathers who went back while the correspondents stayed and managed the family estate.[16] Colonists who tried to make their Virginia holdings support a gentleman's life in the English countryside ran into many problems. Liquidating the estate and simply moving to England were almost out of

14. H. R. McIlwaine, ed., *Executive Journals of the Council of Colonial Virginia* (Richmond, Va., 1925), I, 472–473; Fitzhugh to Roger Jones, May 18, 1685, Davis, ed., *Fitzhugh*, 168–169; Fitzhugh to George Luke, Oct. 27, 1690, *ibid*., 287; and Byrd letters in *VMHB*, XXV (1917), 263, XXVI (1918), 252–253, 255, 390. H. R. McIlwaine, ed., *Legislative Journals of the Council of Colonial Virginia* (Richmond, Va., 1918), I, 147. John Rainbolt, "Leadership and Constituents in Virginia," *WMQ*, 3d Ser., XXVII (1970), 412, discusses the lack of responsiveness to popular desires. William Berkeley's plan for commercial development in Virginia and the way it was handled is another outstanding illustration of this tendency to look to England. See Sister Joan de Lourdes Leonard, "Operation Checkmate: The Birth and Death of a Virginia Blueprint for Progress 1660–1676," *WMQ*, 3d Ser., XXIV (1967), 44–74. Morgan, *American Slavery*, 213–292.

15. Nicholas Spencer to Brother Spencer, June 13, 1672, Sloane Manuscripts, 3511, fol. 134, British Library [Museum].

16. The returnees were Henry Hartwell, Thomas Mathews, Lord Culpeper, and Roger Jones. Nicholas Spencer's son William returned to England as did William Hardidge's father. The father of William Lee and Richard Lee II, Richard Lee I, tried to reestablish the family in England, but his early death made it impossible to retain his English estate. The information is in Ludwell Lee Montague, "Richard Lee, the Emigrant 1613(?)–1664," *VMHB*, LXII (1954), 3–49, although the author gives a different interpretation to the re-emigration than I have here.

the question due to the poor prices received for Virginia acreage. Efforts to trade plantations for land in the British Isles seldom succeeded. In the 1680s William Fitzhugh thought he might be able to find a disgruntled English Whig who would be interested in such an exchange, but the Glorious Revolution came and went without any offers. Next, he informed his English agent that he would even be willing to accept an estate in Ireland or Scotland if no trade could be made with an Englishman, but still there were no takers. In the early eighteenth century, Lord Fairfax, heir to the enormous Northern Neck proprietary, attempted to barter his Virginia estate for crown lands in Derby. Despite Fairfax's attestations that the quitrents for the Northern Neck amounted to almost £500 per annum and that the revenues from the Derby lands provided little more than £150, the queen would agree only to a lease, not a sale, of her holdings. Unable to accept such a disadvantageous proposal, Fairfax eventually emigrated to Virginia.[17] The few planters who did return permanently to England usually retained ownership of their land and left kin in charge of management. Hired overseers seldom worked out. This arrangement, of course, required a substantial estate and competent, healthy relatives. Even then, as Philip Ludwell (who returned to England at the end of the seventeenth century) discovered, there were innumerable problems involved in being separated from close family members and in trying to live off bills of exchange from Virginia tobacco shipments.[18]

Finding reintegration into the home society and identification with Virginia equally difficult, this immigrant elite in their New World society seemed to derive their main pleasure from their estates. In letters home these founders of family fortunes reported with an air of great satisfaction the construction of buildings and the acquisition of acreage and luxury items. They compared their current circumstances with what they had in the beginning. Although the "extraordinary

17. Davis, ed., *Fitzhugh*, 175–176, 178, 189–190, 203–204, 218, 270. On the Fairfax exchange see Fairfax Memorial and Blathwayt Report, Mar. 12, 1708/09 and Jan. 22, 1708/09, Brock Collection, Box 227, Huntington Library, San Marino, Cal., and Blathwayt Journal, T. 64/89, 401–405, Public Record Office. Gov. Francis Nicholson noted in 1699 that "when the Virginia Estates come to be appraised or sold, it is not so much above half the value." C.O. 5/1310, 17, P.R.O.

18. See for example Philip Ludwell I to Philip Ludwell II, Dec. 20, 1707, and Stephen Fouace to Philip Ludwell II, Apr. 22, 1711, Lee-Ludwell Papers, Virginia Historical Society, Richmond; and Stephen Fouace to Philip Ludwell II, Aug. 8, 1710, *VMHB*, V (1897–1898), 44–45.

*Ambition* to be *thought well of*" in England, which one contemporary observer noted as characteristic of these planters, might not always be realized, their colonial accomplishments did enable them to give handouts and advice on how to make one's way in the world to their less prosperous English kin.[19] Their culture had told them one migrated to Virginia primarily for material advancement. By becoming great planters, they had achieved as much success as was thought possible in a colonial environment.

Creole consciousness did not surface in America until almost the end of the century. Beginning in the 1680s English officials, foreign visitors, and even immigrant colonists started to take special note of those inhabitants born in the New World, calling them "natives," "creoles," "countrie-born" or using the name of their colony —"Bermudians," "Barbadians," and so forth.[20] In Virginia, where these distinctions did not become common before the 1690s, the appellations "native" and "Virginians" were most often bestowed upon the American-born. Yet these terms continued to cause some confusion because they had originally been used to describe the Indians. "Creole" appeared occasionally in reference to both native whites and blacks.[21] It is no coincidence that this singling out of natives as a group occurred at about the time they began to outnumber

19. M. G. [Morgan Godwin], *A Supplement to the Negro's and Indian's Advocate* . . . (London, 1681), 8. There are many instances in both the Byrd and Fitzhugh letters of pride in material achievements. "I have a long time in a strange land, struggled hard with fortune's adverse hand, but thank God in the end, by God Almighty's blessing upon my mean endeavours, (having no friend or relation to lend a supporting hand) have overcome, and I praise God live very contentedly and well." So wrote Fitzhugh to one relative and made similar statements to other kin. Davis, ed., *Fitzhugh*, 169–174. Both Byrd and Fitzhugh stressed that they were well fixed but not vastly wealthy, *ibid*., 200 and 361; and William Byrd to Warham Horsmanden, July 25, 1690, *VMHB*, XXVI (1918), 128. On aid and advice to English kin see William Byrd I to Thomas Byrd, Apr. 16, 1688, *ibid*., XXV (1917), 254; and Davis, ed., *Fitzhugh*, 186–187, 219.

20. W. Noel Sainsbury *et al*., eds., *Calendar of State Papers, Colonial Series* (London, 1860– ), XI (*America and West Indies, 1681–1685*), no. 1093, XII (*1685–1688*), nos. 396, 552, 617, 852, XIII (*1689–1692*), nos. 1484, 2787 (*1702–1703*), nos. 200, 230, 737, XXIII (*1706–1708*), no. 975, hereafter cited as *Cal. State Papers, Col*. Governor William Beeston to William Blathwayt, Aug. 26, 1694, Blathwayt Papers, XXI.

21. John Clayton notes the mix-up in terms in 1687. See Edmund Berkeley and Dorothy Smith Berkeley, eds., *The Reverend John Clayton. A Parson with a Scientific Mind: His Scientific Writings and Other Related Papers* (Charlottesville, Va., 1965), 21. For use of terms "native" and "Virginia" to refer to those born in the colony see Berkeley, *John Clayton*, 25 (1687); Memorial, Blathwayt Journal, [July] 1692, T. 64/88, 360, P.R.O.; Governor Edmund Andros to William Blathwayt, Mar. 3, 1692/93, Blathwayt Papers; Henry Hartwell, James Blair, and Edward Chilton, *The Present State of Virginia and the College*, ed. Hunter Dickinson Farish (Charlottesville, Va., 1940), 14; H. R. McIlwaine, ed., *Journals of the House of Burgesses, 1695–1702* (Richmond, Va., 1913), 131; C.O.

the English-born in the House of Burgesses and to take over more and more Council positions.[22]

What made the native-born colonist appear distinctive? First, Englishmen noted the biological differences between themselves and the creoles. Evidently some in the mother country had assumed that the conditions of the New World would severely alter those born there; commentators thought it necessary to state that white native settlers had flaxen hair and "delicate parts" just like people at home. Still, these observers believed the native-born were biologically different in the sense that they, like the Indians, allegedly lived shorter lives and suffered from certain types of diseases. The clergyman John Clayton described to a fellow of the Royal Society a number of maladies he had observed in Virginia, listing them under the heading "distempers among the English-Natives" as though they were peculiar to creoles. The belief also sprang up that those born in the New World reacted more violently to smallpox and consequently took their lives in their hands when they journeyed back to England.[23]

Second, Englishmen found white natives of America, including the elite, culturally inferior. In this period they did not yet attribute their deficiencies to environmental degeneration, but rather to isolation

---

5/1310, fol. 17; C.O. 5/1312, nos. 19, 21. Thomas Reade, an English visitor, referred to them as "American Brittains," "The Life of Tho. Reade Rector of Moreton, In the County of Dorset Written by His Hand," 1692, 27, Alderman Library, University of Virginia, Charlottesville. For "creole" see C.O. 5/1318, fol. 286V, and Journal of William Hugh Grove, 1692–1732, item 3850, 115, Alderman Library, University of Virginia, Charlottesville. The only instance I have found of a native Virginian using the term creole is William Byrd II, and he used it in an ironic manner. Offering unsolicited advice on foreign affairs to Sir Charles Wager, he wrote, "You will pardon me Sir for presuming to obtrude my Creolean Notions in Affairs so high above my humble sphere . . . ," Feb. 17, 1740/41, Byrd Letterbook, VI, 240, Virginia Historical Society.

22. Martin Quitt, "Virginia House of Burgesses," has numbers in ten-year blocks for native-born and immigrant Burgesses from 1676. For the years 1697–1706, he notes that 48 natives and 47 immigrants entered the House. This is compared to 39 natives and 58 immigrants in 1688–1696 and 29 natives and 64 immigrants in 1677–1686.

23. Edmund Berkeley and Dorothy S. Berkeley, "Another 'Account of Virginia' by the Reverend John Clayton," *VMHB*, LXXVI (1968), 434; "The Life of Tho. Reade," 27; Stanley Pargellis, "An Account of the Indians in Virginia [1689]," *WMQ*, 3d Ser., XVI (1959), 230; Berkeley and Berkeley, eds., *John Clayton*, 25–27, 39; and Wm. J. Hinke, trans. and ed., "Report of the Journey of Francis Louis Michel from Berne, Switzerland to Virginia, October 2, 1701–December 1, 1702," *VMHB*, XXIV (1916), 26. West Indian creoles also were assumed to have a shorter life-span due to a more rapid rate of physical degeneration. Richard S. Dunn, *Sugar and Slaves: The Rise of the Planter Class in the English West Indies* (Chapel Hill, N.C., 1972), 332–333. Historical demographers working on the Chesapeake have found the changeover to a native population brought significant changes in mortality and fertility. See Russell Menard, "The Demography of Somerset County Maryland: Preliminary Report" (paper presented to the Stony Brook Conference on Social History, June 1975).

and lack of education.[24] Visitors commented upon the ignorance of Virginians in practical arts and good husbandry, while the colony's royal officials, like their counterparts in other colonies, questioned the ability of the natives to manage public affairs and to act responsibly.[25] In 1693 Governor Edmund Andros blamed the inclination of the Burgesses "to effect popularity" on the "new members and Virginians." His successor, Francis Nicholson, felt that concrete measures should be taken to deal with the emerging creole problem. Because native leaders were too "self-interested," practice should become policy, and only men sent from England should occupy the positions of governor and lieutenant governor. After the colonists refused to obey a royal request that they send military aid to New York, Nicholson grew more sharply critical. "The country consists now mostly of Natives," he wrote to the Board of Trade, "few of which either have read much or been abroad in the world, so that they cannot form to themselves any Idea or Notion of those things," meaning defense of the empire. "Tho in point of Trade and of Plantation Affairs," he added drily, "they are knowing." He then requested an attorney general from England because the natives lacked the necessary qualifications for this office. As officials became more conscious of creoles, the formerly maligned English-born colonists acquired new virtues. Nicholson admitted that during the Civil War "several Gentlemen of Quality had emigrated and others of good parts," but no more would come because all the best land and "widows or maids of any good fortune" had been co-opted by the natives. When Nicholson sent an emissary back to the mother country to correct any erroneous notions about affairs in Virginia that the home authorities might have picked up from colonial agent William Byrd II, the governor emphasized that his courier was an "old Englander" and thus could be trusted.[26]

24. For 18th-century theories about degeneration, see Antonello Gerbi, *The Dispute of the New World: The History of a Polemic, 1750–1900*, trans. Jeremy Moyle (Pittsburgh, Pa., 1973); Henry Steele Commager and Elmo Giordanetti, *Was America a Mistake?: An Eighteenth-Century Controversy* (New York, 1967).

25. On ignorance of Virginians see Joseph Ewan and Nesta Ewan, *John Banister and His Natural History of Virginia* (Urbana, Ill., 1970), 361 and other citations in note 26 below. As the 17th century was coming to a close, governors in the West Indies and Bermuda complained constantly that the natives' biases, ignorance, and loose morals made them unsuitable for office. Sainsbury *et al.*, eds., *Cal. State Papers, Col.*, XI *(1681–1685)*, no. 357; Headlam, ed., *ibid. (1702)*, nos. 294, 872; and Governor William Beeston to William Blathwayt, Aug. 26, 1694, Blathwayt Papers, XXI.

26. Governor Edmund Andros to William Blathwayt, Mar. 3, 1692/93, Blathwayt Papers, III; C.O. 5/1310, fols. 17–19, C.O. 5/1312, nos. 19, 21.

Though perhaps less antagonistic toward creoles than Nicholson, English-born inhabitants of Virginia assessed the situation similarly. In their report on the colony to the Board of Trade in 1697, Henry Hartwell, James Blair, and Edward Chilton blamed the lack of towns on the native majority in the House of Burgesses, whom they believed never had seen one and, therefore, could not imagine the advantages of urban development. In their view the level of administration had been higher "while the first Stock of *Virginia* Gentlemen lasted, who having had their Education in *England*, were a great deal better accomplish'd in the Law, and Knowledge of the World, that [sic] their Children and Grand-children who have been born in *Virginia*, and have had generally no Opportunity of Improvement by good Education, further than that they learned to read, write, and cast Accompts, and that but very indifferently."[27] The tone was gentler but the message just as damaging.

English society had questioned the social origins of the immigrant elite; in the case of the native elite they questioned its Englishness. The aspersions cast on native abilities, however, did not automatically create a uniform body of patriotic Virginians. Some wealthy young creoles had ambivalent feelings about being so permanently identified with their colony. Unlike the immigrants, they had not chosen colonial status; rather, it had been thrust upon them. Thus they sometimes spoke with bitterness of "this country where fortune hast cast my lot" and of being "condemned to Virginia." Kenneth Lynn has described the way in which William Byrd II, who had spent most of his childhood and youth in England, continued throughout his life to play to an English audience and tried to disassociate himself from ordinary American inhabitants.[28] Nevertheless, no matter how exasperated creoles might become with conditions in Virginia, they naturally refused to recognize the view of outsiders, and of some English-born colonists, that American nativity made them culturally inferior. Instead they gave other, sometimes critical, but definitely more palatable, explanations for what appeared to be colonial shortcomings. In doing so they did not single out creoles but spoke of the inhabitants in general. The coldly objective air of the immigrant leaders toward

27. Hartwell *et al.*, *Present State of Virginia*, ed. Farish, 14, 45 (quoted).

28. William Byrd II to Sir Hans Sloane, Apr. 20, 1706, *WMQ*, 2d Ser., I (1921), 186; Ruth Bourne, "John Evelyn, the Diarist, and his Cousin Daniel Parke II," *VMHB*, LXXVIII (1970), 18; and Lynn, *Mark Twain*, 3–22.

the advantages and disadvantages of colonial life slowly disappeared and was replaced by the necessarily more committed stance of the natives.

One method of protecting the colony and themselves was to attack the English way of life. From Massachusetts to Georgia, the standard colonial defense against the greater sophistication of the mother country was praise for "the virtues of simplicity." Virginians' first use of this argument appeared in 1699, when they endeavored to drum up support for the College of William and Mary. A speaker at an event promoting the school contended that after journeying to England for an education, the colonial child might return filled with more of "the Luxury then with the Learning of England" and not know how "to brook our more simple and Less Costly way of Living in Virginia." Allegations about the debilitating effects of the mother country's refined habits were a way of countering charges that a colony and its inhabitants lacked civility.[29]

Natives seemed to recognize, however, that the cultural weaknesses of a plantation society could not be entirely explained away in this manner. They too bemoaned some features of colonial life and even reproached themselves for Virginia's primitiveness, but they chose different grounds than those of their detractors. One historian has noted that in the early eighteenth century Virginians like William Byrd II and Robert Beverley II constantly harped on the laziness of themselves and their fellow colonials. He has pointed out that what made these men perceive laziness as a problem was the absence of the traditional signposts of industry, such as towns, in the colony. One might go on to say that laziness also provided Virginians with a line of defense, for it was certainly better to be thought lazy than just plain inferior; better to be thought too lazy to erect towns than to be thought too ignorant to know what one was; and better to be thought too lazy to follow the principles of good husbandry or to compose great literature than to admit that one's colonial backwardness prevented achievements of this kind. Laziness was not an attractive

29. "Speeches of Students of the College of William and Mary Delivered May 1, 1699," *WMQ*, 2d Ser., X (1930), 328. Earlier, one finds individuals of native birth claiming their simple upbringing in Virginia made them less disingenuous than those who had been exposed to a more cosmopolitan milieu; see "Defense of Col. Edward Hill," *VMHB*, III (1895–1896), 240. But to the best of my knowledge the "virtues of simplicity" argument was first employed in defense of the colony as a whole in the college speech.

quality, but it was preferable to English explanations for colonial deficiencies.[30]

Native Virginians had to come to terms with the circumstances of their birth in another respect as well. Social mobility in the colony was limited, and the natives who became leaders usually were the sons of immigrant elite members. Their ample patrimonies placed them in a different position from their fathers, who had been founders of the family fortune. They could not derive the same satisfaction from strictly material achievements. But what new goals were available to privileged natives? The English ruling class could not absorb them. Creoles found it no easier than those before them to remove permanently to England. Immigrant fathers lacked the clout to obtain places for enterprising sons, even in the plantation office, and adult colonials who left America for an extended period of time risked losing their Virginia posts. Englishmen alone could be absentee officials. Out of one whole generation of native-born Virginians, only the adventive Daniel Parke II (1669–1710) managed to enter the English political arena, and he bequeathed a heavily mortgaged estate to his heirs as proof.[31] On the other hand, colonial offices and perquisites stayed open to Englishmen; indeed governorships were literally reserved for them. As long as the colony continued to be dominated by the English-born, it seemed normal enough that the governor should be sent from England also. But when natives whose fathers' wealth had provided them with the education, leisure time, and money needed to purchase an office found themselves continually

30. David Bertelson, *The Lazy South* (New York, 1967), 61–84. Bertelson gives numerous examples of cases in which Virginians blamed their failures on laziness and lack of direction.

31. After many humble entreaties to William Blathwayt, Nicholas Spencer finally managed to obtain a place for his son, but William Byrd I was not as lucky. Blathwayt wrote the latter that it was "not in my power to find a suitable Employmt" for his heir, William Byrd II. See Byrd I to Blathwayt, Nov. 1, 1692 and Blathwayt to Byrd I, Feb. 20, 1692/93, Blathwayt Papers, XIII; Spencer to Blathwayt, May 9, 1686, *ibid.*, XIV, and Dec. 22, 1686, Mar. 29, 1687, and Feb. 15, 1687/88, *ibid.*, XVI. On extended absence from the colony counting as grounds for removal from Council, see W. L. Grant and James Munro, eds., *Acts of the Privy Council of England, Colonial Series, 1680–1720* (London, 1910), II, 762–763, which deals with Governor Spotswood's attempt to get rid of Byrd II because the latter had been in England for three years. On Parke see Bourne, "Evelyn and Parke," *VMHB*, LXXVIII (1970), 3–33. The story of Parke's encumbered estate is a long one, but it seems that his debts began to mount after he went to England, bought property, ran for Parliament, and went to the wars with Marlborough. The Custis Papers and several other collections in the Virginia Historical Society, Richmond, have a number of items pertaining to the problems with which his heirs, the Byrds and the Custises, were plagued.

passed over in favor of old English soldiers whose backgrounds were no more glorious than their own, then the second-class status of colonials could not be denied nor could the fact that the English patronage system benefited them even less than it had their predecessors.[32]

It is not surprising, therefore, that as the creoles came to dominate Virginia society, they exhibited a new receptivity toward building up colonial institutions and a decreasing dependence on English ones. Although this receptivity became more pronounced as the eighteenth century progressed, it manifested itself in several ways almost immediately.

Sometime in 1699 an anonymous Virginian sat down and composed a rather sophisticated and knowledgeable essay on the government of the English colonies. Despite the subject and the author's identification of himself as "An American," the tract did not exude intercolonial goodwill. It attacked the favorable picture of the northern colonies, particularly Pennsylvania, contained in a recent book by Charles Davenant, the English political economist, and defended Virginia against certain criticisms leveled in the same work. Although the essay cannot be taken as evidence of incipient nationalism, neither was it a thinly disguised promotional tract or simply a special plea from the tobacco interest. "The Design of these Papers is not to treat of the Trade, but the Government of the Plantations," declared the author, "not how to make them great, and rich, by an open free Traffick, but happy, by a Just and Equal Government; that they may enjoy their Obscurity, and the poor way of living which Nature is pleased to afford them out of the Earth, in Peace, and be protected in the Possession thereof, by their lawful Mother England."[33] The sug-

32. Louis B. Wright and Marion Tinling, eds., *The Secret Diary of William Byrd of Westover, 1709–1712* (Richmond, Va., 1941), 84–85, 159, records Byrd's efforts to obtain the governorships of Maryland and Virginia. He was told Marlborough had declared "that no one but soldiers should have the government of a plantation." Earlier, Byrd II and William Spencer, the son of Nicholas, had both lost out to Edmund Jennings, an English-born colonial, for the secretaryship of the colony. Jennings, one of the few non-natives on the Council in the early 18th century, was highly unpopular. Philip Ludwell II connived to displace him in 1710 but was unsuccessful. Nathaniel Blakiston to Philip Ludwell II, July 20, 1710 and Stephen Fouace to Nathaniel Blakiston, Apr. 22, 1711, Lee-Ludwell Papers.

33. Louis B. Wright, ed., *An Essay Upon the Government of the English Plantations on the Continent of America* [*1701*] (San Marino, Cal., 1945), 15–16. I have identified the author as Benjamin Harrison III. See Carole Shammas, "Benjamin Harrison III and the Authorship of 'An Essay upon the Government,'" *VMHB*, LXXXIV (1976), but also see Wright's introduction to *Essay Upon the Government*, and Virginia White Fitz, "Ralph Wormeley: Anonymous Essayist," *WMQ*, 3d Ser., XXVI (1969), 586–595.

gestions he went on to make for the achievement of this modest goal, however, would, if implemented, have resulted in anything but obscurity for the colonies and their inhabitants. For one thing, the author wanted the king to define clearly the limits of his powers and those of the colonial governing bodies. Then, taking up on an idea of Davenant's, but making his own improvements to insure that England's "eldest" and most "profitable" colony received more representation, he advocated a general assembly for all the provinces. Not only would colonial representatives attend, but "the better sort of People would look upon it as a piece of Gentile Education, to let their Sons go in Company of the Deputies of the Province to these conventions," which would be held in a different colony each time. Finally, he suggested that a commissioner be appointed to travel from plantation to plantation and make reports to the English government that could be compared with the accounts of governors, colonial agents, and assemblies. In short, the author, perhaps inspired by the English nation in 1689, called for a "Regular Settlement" in the colonies.[34]

Among other things, this slim volume represented an effort on the part of Virginians to endow their institutions and themselves with a new dignity beyond that of just tobacco producers. The comparatively broad nature of the essay and the elaborate plans contained in it for mechanisms and structures to be added to the system marked a new commitment to colonial politics that was echoed in the actions of the planter elite. The so-called rise of the Council beginning in the 1690s, the emergence of the assembly two decades later, and the growing responsiveness of the elite to their constituents reflected this new interest in creating a richer public life in Virginia.[35] Native-born colonials owed their places more to inheritance than to English connections. When they tried to gain favors through patrons in the mother country, their efforts were seldom successful. Consequently the elite resorted more and more to internal institutions to achieve their ends and jealously guarded their prerogatives. Hostility toward "strangers" grew as the assembly passed bills against non-inhabitants

34. Wright, ed., *Essay Upon the Government*, 24, 48, 49.

35. Jack P. Greene, *The Quest for Power: The Lower Houses of Assembly in the Southern Royal Colonies, 1689–1776* (Chapel Hill, N.C., 1963), 21–31; and Rainbolt, "Leadership and Constituents in Virginia," *WMQ*, 3d Ser., XXVII (1970), 411–434. My chronology differs somewhat from Rainbolt's. He dates the emergence of a new political style from the early 1680s when Robert Beverley I led the agitation for a one-year cessation of tobacco planting. I consider Beverley's rather desperate actions more typical of the old politics than the new.

holding colonial offices and as leaders complained that the crown was using the plantation to solve the Scottish patronage problem.[36] In contrast to the previous period, councillors now presented a fairly unified front when a governor challenged their authority or the integrity of their institutions. It was with sins of this type, rather than with any direct threat to their estates, that the mainly native council charged Francis Nicholson in 1703. The complaints they made against him essentially pertained to assaults on their honor and to attempts "to render the Council [an] insignificant Cypher." At the same time, leaders assiduously courted the people at election time and tried to use them to bolster their own positions.[37] Gradually the native elite abandoned the tactics of armed rebels and took on the trappings of professional politicians.

The 1690s also witnessed, after a series of false starts dating back to the days of the Virginia Company, the successful establishment of a college in the colony. The contributions of the crown to the project helped considerably, but the school could not have prospered without support from the inhabitants. The speeches given at the aforementioned 1699 fête for William and Mary not only defended colonial institutions but also stressed the importance of developing them. According to the student speakers, Virginia should not "be beholding to foreign parts for a thing of soe greate Importance." Subsequently the school, if anything, suffered from too much internal attention. Virginians fought with royal officials, the school's Scottish president, James Blair, and among themselves over appropriations, salaries, and policy. As with other institutions, the elite became quite possessive and refused to allow newcomers to sit on the board of governors. Moreover, the planters sent their sons to the college. Figures on the educational backgrounds of later generations of colonial leaders indi-

36. On exclusionism see Byrd I to Ludwell I, June 8, 1691, *VMHB*, XXVIII (1920), 15–16; C.O. 5/1362, fols. 275–278; and McIlwaine, ed., *Journal of Burgesses, 1702–1712*, 281. On anti-Scottish feeling see Nicholas Moreau to Bishop of Litchfield and Coventry, Apr. 12, 1697, Fulham Palace Papers, XIV, nos. 59, 187, Lambeth Palace Library, London.

37. "Charges Against Governor Nicholson," *VMHB*, III (1895–1896), 375. Nicholson thought it significant that of the six councillors who had signed a memorial against him "only Coll. Lightfoot was born in England . . . ," C.O. 5/1314, no. 43 iii g. Relations between Nicholson and the Council had taken a turn for the worse after he had failed in his efforts to marry into the Burwell family. Polly Cary Legg, "The Governor's 'Extacy of Trouble,'" *WMQ*, 2d Ser., XXII (1942), 389–398. On use of the electorate see Rainbolt, "Leadership and Constituents in Virginia," *WMQ*, 3d Ser., XXVII (1970), 418–422; and Quitt, "Virginia House of Burgesses," 278.

cate it succeeded in replacing English schools as the primary dispenser of higher learning to Virginians.[38]

There is no better indicator of the strong sentiments for institutional development during this period than the renewed efforts in the last years of the seventeenth and the first years of the eighteenth century to build towns in the colony. Previous discussions concerning cohabitation had generally been prompted by a desire for tobacco regulation and had come to nothing.[39] Behind the 1691 act for the erection of towns, however, was, as John Rainbolt has noted, a new motive—self-sufficiency Increasingly Virginians expressed resentment over being at the mercy of imperial commercial policy and what they perceived as the avarice of London merchants. Towns, it was believed, would encourage cloth manufacture and other industries and relieve Virginia's heavy dependence on English products then rendered highly expensive by the reduction in tobacco prices. Opposition to this act came not from ignorant white natives who allegedly did not know what a town was but from crown officials and English merchants who considered colonial manufacturing a threat to the economy of the mother country and who caused the legislation to be suspended. Towns on the scale and of the quantity envisioned by the 1691 law did not materialize, but neither was this century-end push for urban centers the total failure it has sometimes been portrayed as. What became the Tidewater's three most important colonial towns—Norfolk, Yorktown, and Williamsburg—were all developed at this time. Norfolk was nothing more than a few houses until the mid-nineties, when a substantial number of lots were sold and a church, courthouse, and jail were erected. The creation of Yorktown was a direct consequence of the 1691 act. Plans for Williamsburg began in 1699 after the Burgesses passed the necessary legislation in response to Governor Nicholson's desire for a new capital. Virginians had begun to require a level of community interaction above and beyond that afforded by the crossroads pub and the plantation wharf.[40]

38. "Speeches of Students," *WMQ*, 2d Ser., X (1930), 327; Wright and Tinling, eds., *Byrd Diary, 1709–1712*, 335; and Jack P. Greene, "Foundations of Political Power in the Virginia House of Burgesses, 1720–1776," *WMQ*, 3d Ser., XVI (1959), 490. Parke Rouse, Jr., *James Blair of Virginia* (Chapel Hill, N.C., 1971), details the battles over the college.

39. Leonard, "Operation Checkmate," *WMQ*, 3d Ser., XXIV (1967), 44–74; and Nicholas Spencer to Secretary Coventry, Dec. 9, 1680, *VMHB*, XXV (1917), 147.

40. John Rainbolt, "The Absence of Towns in Seventeenth-Century Virginia," *Journal of Southern History*, XXXV (1969), 343–360; C.O. 5/1313, no. 16; Louis Wright,

In 1705 Virginia acquired a history, and in any society that development is always one of significance. Before the appearance of Robert Beverley's *History and Present State of Virginia*, there had been writings about Virginia called "histories," composed by Englishmen or English-born colonists, but they had been tales of personal adventure, promotional tracts, or discussions of particular problems within the colony. Beverley's book, while including the latter two elements, also featured at the beginning an extensive, rather Whiggish, account of political events from 1607 to the present. It was the type of history that was written about nation-states, but in this narrative Virginia governors took the place of kings. That Beverley thought the tale of Virginia's past struggles with English officials and activities of its former colonial leaders worth researching and putting into printed form, though such information had no immediate utilitarian purpose, indicated a new interest in the colony's institutions and traditions. Moreover, Beverley was not alone in his desire to record the colony's past. At about the same time, William Byrd II composed an account that is no longer extant, and Benjamin Harrison III announced his plans to write a history based on the colony's documents and papers. Unfortunately Harrison died a few years later, and his work never appeared.[41] Colonials, because they were colonials, never completely internalized their settlement's past or took it as their entire history. Even the pamphlets of the Revolutionary generation relied heavily on examples from English rather than colonial history to illustrate political heroism or the effects of tyranny and to argue the rightness of their cause.[42] Nonetheless, by setting down the major events in Virginia's past, Beverley gave a sense of permanence and legitimacy to the society that it had never before possessed.

Creole dominance in Virginia made a difference. Englishmen, like the plantation's inhabitants, made few distinctions between those

"William Byrd's Opposition to Governor Francis Nicholson," *Journal of Southern History*, XI (1945), 77; Beverley's letter and narrative, Feb. 12, 1703/04 in McIlwaine, ed., *Executive Journals of the Council*, II, 392–393; and, especially, John W. Reps, *Tidewater Towns: City Planning in Colonial Virginia and Maryland* (Charlottesville, Va., 1972), 65–91, 141–193.

41. Robert Beverley, *The History and Present State of Virginia*, ed. Louis B. Wright (Chapel Hill, N.C., 1947); John Oldmixon, *The British Empire in America* (London, 1741), x–xi; and McIlwaine, ed., *Executive Journals of the Council*, III, 149.

42. Note for example the allusions and historical examples in the tracts collected by Bernard Bailyn, ed., *Pamphlets of the American Revolution, 1750–1776*, I (Cambridge, Mass., 1965).

born in the Old World and those born in the New until natives began to take control of the colony. When the home culture started to perceive the Virginia creoles as an extra-English group, this New World elite was encouraged to reassess its colonial situation. The material achievements of their fathers, which allowed them to direct their attention to other concerns, tended to promote such a reassessment. Consequently, at the end of the century there emerged new kinds of responses to the problems that arose from living far from the national center of authority and of culture. Virginia's leaders grew more concerned about their colony's deficiencies and more committed to the development of indigenous social institutions. This consciousness was demonstrated by their interest in political activity, education, economic self-sufficiency, and the colony's past. The model for politics, colleges, history, and so forth, however, emanated from the mother country. Thus the founding of new institutions, although it eventually might facilitate political independence, did not make Virginia more American, if by that one means different from England. The process was actually one of replication, and as such it signified an acknowledgment of colonial status rather than an enunciation of American identity.[43]

It remains a matter of conjecture, of course, how significant the emergence of a native elite was in the psychological and institutional development of other colonies. New England began its existence estranged from the mainstream of English life and, therefore, possessed an element of alienation and a strong impulse for institutional development long before natives came to power. In the West Indies, as in the Third World generally, fear of the aboriginal or pseudo-aboriginal (black) population probably retarded or even stifled white creole identification with the colonial environment. Indeed, if slaves had become an overwhelming majority in Virginia or if, on the other hand, the mass of the white population had remained bound servants, the situation undoubtedly would have been different.[44] Finally,

43. On the replication theme see John M. Murrin, "The Legal Transformation: The Bench and Bar of Eighteenth-Century Massachusetts," in Stanley N. Katz, ed., *Colonial America: Essays in Politics and Social Development* (Boston, 1971), 415–449; and Jack P. Greene, "Political Mimesis: A Consideration of the Historical and Cultural Roots of Legislative Behavior in the British Colonies in the Eighteenth Century," *American Historical Review*, LXXV (1969–1970), 337–360.

44. See Morgan, *American Slavery*, 338–362; T. H. Breen, "A Changing Labor Force and Race Relations in Virginia, 1660–1710," *Journal of Social History*, VII (1973–1974), 3–25; and Rainbolt, "Leadership and Constituents in Virginia," *WMQ*, 3d Ser., XXVII (1970), 428–429.

settlements founded after 1660 quite possibly did not experience the transition from immigrant to native in the way discussed here since so many of their inhabitants came not from England but from other colonies. We do know, however, that English officials in a number of older colonies began singling out creoles for special comment during the late seventeenth and early eighteenth centuries, that colonists themselves referred to the creole phenomenon, and that the demographic characteristics of the English and the native-born varied considerably.[45] Consequently it seems likely that the transition to native dominance in other colonies brought with it significant changes, although the changes might not have been exactly the same as those in Virginia.

45. See note 20; Cotton Mather, *Magnalia Christi Americana: or, the ecclesiastical history of New-England, from its first planting in the year 1620, unto the year of Our Lord, 1698* (Hartford, Conn., 1853–1855; reprinted New York, 1967 [orig. publ. London, 1702]), I, 13 and 25; Bernard Bailyn, *Education in the Forming of American Society: Needs and Opportunities for Study* (Chapel Hill, N.C., 1960), 79; and Menard, "Demography of Somerset County."

# 29

# Creoles and Government: The Cabildo of Popayán

*Peter Marzahl*

Cities were one of the building blocks of empire in Spanish America. Their construction mirrored the Iberian past and the ordering ideals of the Castilian state. They also were the place where the aspirations of men and the demands of the American environment met. Ultimately, cities were the locus of political and social power that organized town and countryside alike for its purposes. Whose power was that? Was it the Crown's and that of its local agents? Or did it belong to a local aristocracy secure in its control of local affairs? This article attempts to answer these questions, not comprehensively but by looking at one town alone. Over the course of several generations, who were the members of this town's upper stratum, and what positions did they hold? Did they run local affairs, or were they subject to outside control? Was continuity or mobility the hallmark of this stratum; i.e., was it more an aristocracy than an elite?

The particular combination of formal construction and complex reality manifest in the Spanish colonial city has not quite received the attention it deserves. The reasons for this comparative neglect lie in the pronounced limitations of the conventional city records, in the disregard shown until recently for the Creole elite and the disproportionate attention paid to the countryside—disproportionate only when compared with the neglect of the cities. The *actas de cabildo*, the best known town records, are a highly formalized kind of source. To derive from them a formalistic pattern of politics approaching decadence would be as misleading as to deduce from the formulae of land tenure the operational character of farming. While it is true that Spanish settlers were prone to follow Hispanic patterns in politics, they were also likely to manipulate them and, if needs be, to modify them for their own ends. The actual configuration of politics was usually the result of local conditions and, except insofar as such conditions recur, is not easily subsumed under general categories. The countryside is a constituent part of a Latin American town and does not exist independently of it. This fact may explain why studies focused on the countryside—on the Indians, for instance—frequently seem to leave a gap in one's understanding of the actual forces shaping rural development. Estates and Indian communities were usually projections of the city dominated by Spanish settlers organizing or reorganizing the countryside for their purposes.

Recently, the political role of the Creole elite in colonial Latin America has become the object of pronounced attention.[1] Now we know, as some had suspected earlier, that Creoles not only had a hand in governing New Spain or Peru, but even dominated government at times during the eighteenth century. Bourbon reform thus appears a consequence rather than the cause of Creole assertion. But can we limit this discussion to the eighteenth century? Reforms, after all, were a response to a state of affairs that had its roots in previous centuries. This state of affairs has been viewed in contradictory fashion. One school of thought has perceived the Creoles as the ancestors of today's oligarchy, while others, following nineteenth-century liberal interpretations, have seen them as the victims of Hapsburg absolutism.[2] The reassessment of the role of the Creoles may help to reconcile the opposing views concerning their position. Chinchilla Aguilar, in his valuable study of the Ayuntamiento of Guatemala, called its members the *clase capitular*, a veritable urban partriciate, but he adduced little evidence for the existence of such a patriciate.[3] In similar fashion Julio Alemparte, in his study of the cabildo of Santiago, called the Spanish settlers, in particular the members of the cabildo, the true masters of the Indies, but his evidence was limited to the turbulent period of settlement.[4]

1. See D. A. Brading, "Government and Elite in Late Colonial Mexico," *HAHR*, 53:3 (Aug. 1973), 391-414, especially the literature discussed on pp. 400-402.

2. Two polemical and influential works that develop these themes for the history of Colombia and Chile respectively are Indalecio Liévano Aguirre, *Los grandes conflictos sociales y económicos de nuestra historia* (Bogotá, n.d.) 4 vols., and Alberto Edwards, *La fronda aristocrática* (Santiago, 1928). For more judicious and positive interpretations of the role of the colonial elite in Chile see Jaime Eyzaguirre, *Ideario y ruta de la emancipación chilena* (Santiago, 1957) and Nestor Meza Villalobos, *La conciencia política chilena durante la Monarquía* (Santiago, 1958); also John Preston Moore, *The Cabildo in Peru under the Hapsburgs* (Durham, N.C., 1954), pp. 282-284.

3. Ernesto Chinchilla Aguilar, *El ayuntamiento colonial de la ciudad de Guatemala* (Guatemala, 1961).

4. Julio Alemparte, *El cabildo en Chile colonial*, 2nd ed. (Santiago, 1966).

Even if one takes the existence of a dominant local stratum for granted, empirical investigation is still needed for the questions of how it emerged, what elements of continuity it possessed, and what its dominance was based upon. An older theory tied together the problem of origin, continuity, and control, by postulating a nexus over time between encomienda and hacienda.[5] The constituent element of this aristocracy, in all but name, was disposition over labor and control of land. Its character and predominant interests were thus rural, although its members customarily resided in towns.[6] More recent investigations have emphasized discontinuity, as regards institutions, positions of control, and recruitment.[7] This appearance of discontinuity may have contributed to an alternate perception of the Creoles as essentially powerless. Their political experience was seen as limited, given the restricted role of the cabildos, the consequent lack of interest in holding local office, and, in addition, the small chance for holding higher office in church or state. Ultimately the hiatus between their possession of economic power and the absence of political responsibility was thought to have produced among the Creoles a psychological structure that emphasized ceremonial and formalism and was content with the appearance of things rather than with their substance.[8] It may be, however, that the later observer is taken in, as much as were the imperial authorities in their time, since Creole assertion in this context took the form of manipulating the apparatus of government while leaving its appearance intact. Or perhaps the only one deceived is the historian who takes at face value a charade that both parties knew to be such. Whether imperial authority can be described as the thesis in this context—and colonial society, with its pressures, as the antithesis —is perhaps less important than the fact that the resulting synthesis owed more to local conditions than to distant prescriptions.

What were those local conditions? Our setting is the province of Popayán in the seventeenth century, a marginal area of the empire.[9]

5. See James Lockhart, "Encomienda and Hacienda: the Evolution of the Great Estate in the Spanish Indies," *HAHR*, 49:3 (Aug. 1969), 411-429 for a strong argument in favor of functional continuity.

6. François Chevalier, *Land and Society in Colonial Mexico: The Great Hacienda* (Berkeley, 1963) is the classic statement. See especially pp. 220-226, 299-307.

7. For a recent and vigorous statement see Brading, "Government and Elite," especially pp. 392-399.

8. For this view see C. H. Haring, *The Spanish Empire in America* (1947; New York, 1963), pp. 195-198; also Irving A. Leonard, *Baroque Times in Old Mexico* (1959; Ann Arbor, 1966), pp. 32-33.

9. For a discussion of materials on the history of Popayán see Peter Marzahl, "The Cabildo of Popayán in the Seventeenth Century: the Emergence of a Creole Elite," Diss. University of Wisconsin, 1970.

In the initial period of Spanish settlement the province had been characterized by a profusion of towns, founded mainly to take advantage of the Indian population—in order to put it to work in mining—but founded also in response to the disparate groups of Spaniards who were involved in the conquest of the area. Most of these settlements became mere shells of towns as the native populations dwindled. Their inhabitants preferred to live in the countryside and had to be exhorted to *hacer vecindad*, i.e., to maintain house and residence (*casa poblada*) in the town. The importance of living in the town was stressed, for instance, when the alcalde of Cartago noted in an exhortation that their king was not a king over fields and pastures but over towns.[10]

While most settlements declined, the town of Popayán rose to be the administrative and commercial center of the province, replacing Cali as central market place and seat of government. This development had not been automatic. It owed something to a shift in trade routes and gold mining areas and to the consequent decision to locate smelter and the treasury officials in Popayán, but the fact that the town maintained its dominant regional position when the focal areas of mining shifted towards the distant Pacific regions of Barbacoas and the Chocó shows that geography was not the decisive factor in the emergence of Popayán.[11] By the end of the seventeenth century a fairly well-defined upper stratum, with strong entrepreneurial elements, had come to the fore in the town. Its claims to consideration in church and state were buttressed by economic strength, notably the possession of slave gangs, which were easily shifted to more promising mining areas.

Each town of the province had initially been dominated by a group of encomenderos and first settlers, who were allotted Indian tributes and services, were given preferred locations to settle near the center of towns, and commonly laid claim to municipal preeminence. They and their descendants were, in a manner of speaking, dependents of the Crown, eager for privileges, grants, favors, and handouts. At the same time they regarded what Crown and Church had to offer as part of their patrimony, something that was owed them.

In Popayán the Velasco family offers an example of continuity between the founding generation and the stratum dominant in the town around 1700.[12] Its progenitor, Pedro de Velasco, was a first settler

10. Visitas del Cauca, Archivo Nacional de Colombia, Bogotá, tomo 2, fol. 904.

11. Robert C. West, *Colonial Placer Mining in Colombia* (Baton Rouge, 1952), pp. 7-20 gives an account of these changes.

12. Peter Marzahl, "Documentos papa la historia social de Popayán en el siglo XVIII," *Anuario Colombiano de la Historia Social y de la Cultura*, 5 (1970), 143; 179-184. The documents, in fact, refer to the seventeenth century. See also Juan

(*primer poblador*) of Cartago in 1541. In 1559 we encounter him as a vecino of Popayán, in possession of the large encomienda of Coconuco, which was to remain in the hands of the family for five generations. His son, also named Pedro de Velasco, owned two encomiendas, served as governor of the province of Timaná to the east of Popayán, and in 1598 he bought for his son the office of *alférez real* of Popayán, the most prestigious position on the cabildo. At the same time members of this by now more-extended family obtained positions in the cathedral chapter of Popayán so that for a generation the power of the Zúñigas—the name adopted by the whole clan, after Catalina Moreno de Zúñiga, wife of the first Velasco—became a byword in the town. The *alferazgo* of Popayán remained in the hands of the family until 1707 when don Diego Joseph de Velasco died as the last of the line there. The family's estates, among them Coconuco, ultimately passed from the widow into the hands of the Jesuit order.

The case of the Velasco family is atypical. Most of the families dominant in the town of Popayán at the beginning of the eighteenth century descended from later immigrants, at least in the male line. A main reason for this instability was the precarious nature of status and wealth dependent upon encomienda possession, which served less and less as a device to generate income and which at any rate could legally remain in one family only for three generations although extensions through payment of a fee (*indulto*) were not uncommon.[13] In Popayán the fragility of the founding generation was made evident by the arrival of newcomers who, in entrepreneurial fashion, took hold of the opportunities offered in the region. A common pattern was a beginning in commerce, followed or complemented by a switch to gold mining, and crowned by marriage into the established upper stratum and, if possible, the acquisition of an encomienda. The existence of this pattern of mobility can be illustrated in general and specific fashion. The panorama of names and figures that follows does not pretend to statistical precision, but it should exemplify the phenomenon of relative discontinuity and mobility characteristic of the town's society.

The dominant stratum of Popayán at the beginning of the eighteenth century consisted of approximately twenty families, to whom we must add several newcomers who had not as yet established a secure position in the town. The criteria of belonging to this group

---

Friede, *Vida y luchas de Don Juan del Valle, primer obispo de Popayán y protector de Indios* (Popayán, 1961), pp. 228-229.

13. Signaturas 1530, 1871, Archivo Central del Cauca, Popayán (hereinafter cited as ACC), are examples of such extensions.

include, singly or in conjunction, the possession of an encomienda, the operation of mining enterprises, positions in the local hierarchy of the Church, and the qualification for holding office, in particular that of *alcalde ordinario*, as judge and magistrate. If we somewhat arbitrarily divide the period from around 1540 (settlement) and 1700 into five generations, with the dividing lines approximately 1570, 1600, 1630, 1660, and 1690, we find that in each generation several newcomers joined the upper stratum, while some of those families belonging to it dropped out, for whatever reason.[14]

Of the twenty families only one (Velasco) derived in clear and unequivocal fashion from the founding generation, taking as criteria descent in the male line, continuity of encomienda and estate possession, and officeholding. Three families still prominent at the turn of the eighteenth century descended from immigrants who had arrived in the second generation (Cobo Figueroa, Campo Salazar, Mosquera), six families descended from immigrants who had joined in the third generation (Hurtado del Aguila, Daza Ladrón de Guevara, Arboleda, Victoria, Mera Paz Maldonado, Gaviria y Gamboa), and seven descended from newcomers of the fourth generation (Pérez Ubillus, Bonilla Delgado, Fernández de Belalcázar, Prieto de Tóvar, Salazar Betancur, Nieto Polo, Saa, and Morales Fravega). By 1700 two newcomers of the fifth generation (Correa and Torijano) had clearly established positions in the town. A listing of 1706 detailing the names of persons qualified to exercise the function of *alcalde ordinario* includes members of most of these families; in addition, it names fifteen individuals, of whom all but two are linked through marriage to the established families.[15] From the ranks of these fifteen newcomers must have come the contingent of upper-stratum joiners of the fifth and sixth generation.

A few examples may help to characterize the figure of the newcomer. Diego de Victoria—a third generation immigrant—was a merchant from Zamora in Castile, who had fought in the frontier wars of

14. The main source of data for these statements is the *libros capitulares* (LC) and the *protocolos notariales* (PN) in the ACC; the *libros* are identified sequentially while the *protocolos* are identified by year (cited hereinafter as ACC, LC and ACC, PN). Listings of particular segments of the town's population are found in ACC, signaturas 1386, 2221, 2443, 8529; in ACC, LC I, fols. 233r-233v, LC III, fols. 40r-44v; Archivo General de Indias, Seville (hereafter cited as AGI), Audiencia de Quito, leg. 9, visita Armenteros y Henao; Contaduría, leg. 1371, ramo 3, no. 7. A useful source, although not always reliable in detail, is Gustavo Arboleda, *Diccionario biográfico y genealógico del antiguo departamento del Cauca*, rev. ed. (Bogotá, 1962).

15. "Memoria de las personas aptas y idóneas . . . ," ACC, LC VII, fol. 36.

the Pijaos and had obtained an encomienda in Anserma, in the northern part of the province.[16] In the late 1610s he settled in Popayán, where he married the daughter of Diego Delgado, doña Luisa Salazar, a widow with two children. Victoria's marriage linked him to the first- and second-generation families of Delgado and Campo Salazar. His fortune at the time of his marriage amounted to 18,000 gold pesos, one-half of which were the contents of his store. In fact Victoria ran two stores in Popayán, one of foodstuffs (*mantenimientos*) and another one of merchandise (*mercaderías*). These pursuits created the appearance of conflict of interest in a later residencia, since in 1624 he had bought from the Crown, for 3,000 silver pesos, the office of *fiel ejecutor*, with membership in the cabildo. After establishing his permanent residence in the town, Victoria continued to trade between Popayán and Cartagena, while at the same time investing in land, mines, and slaves. During his frequent absences the office of *fiel ejecutor* was served by substitutes whom he appointed but who held no membership in the cabildo. At the time of his death in 1660 neither he nor his son took care to observe the formalities of renunciation, which in return for a fee would have preserved the office as part of the inheritance. Victoria's estate included mines, which he had developed in cooperation with don Jacinto de Arboleda, another third-generation newcomer, a sugar mill, forty slaves, and corn and wheat estancias. His son, somewhat of a spendthrift as the father complained in his testament, inherited most of the fortune. Of the four daughters three entered the local convent, and one married Juan Nieto Polo, a newcomer of the fourth generation.

Other newcomers of the third generation included Alonso Hurtado del Aguila from Toledo and his son-in-law, Diego Daza, from Medina del Campo. Like Diego de Victoria they were long-distance traders who settled in Popayán, where they acquired a fortune and obtained encomiendas. Their sons abandoned commerce and became full-fledged members of the town's upper stratum. Hurtado twice in succession married cousins, first the niece and then the daughter of Francisco de Figueroa, head of the Cobo Figueroa clan. He also served twice as a governor's deputy in Popayán, once as *corregidor de naturales* and several times as *alcalde ordinario*.[17]

Not all successful immigrants were merchants. Diego Daza had been a soldier in Callao. The captain Juan de Mera had served as a

16. ACC, PN 1620, fols. 13-27; PN 1660, fols. 48-66. Gustavo Arboleda, *Diccionario*, pp. 94, 170.

17. Marzahl, "Documentos," pp. 157-159; Gustavo Arboleda, *Diccionario*, pp. 217-219.

soldier in Chile before coming to Popayán, where he married the heiress of the encomienda and estate of Ambaló.[18] The widowed don Jacinto de Arboleda, who had married doña Teodora de Salazar, a stepdaughter of Diego de Victoria, joined the church after an active life as a mining entrepreneur. He rose to become vicar general of the bishopric and archdeacon in Popayán.[19] Don Fernando de Salazar Betancur, who had come to Popayán from Bogotá as treasurer of the cathedral chapter, renounced this benefice when he married doña Elena de Mosquera. In the 1640s he served as a governor's deputy in the town.[20] Common to both men, and perhaps not quite fortuitous, was the fact that many of their descendants chose ecclesiastical careers. Two sons of don Fernando were members of the cathedral chapter at the turn of the eighteenth century, while altogether six Arboledas were then serving the Church in Popayán in various capacities.[21]

Not all immigrants were successful. Death could always terminate a successful career prematurely. Merchants were in the habit of making their testament before trips to Cartagena. The merchant Juan Germán de Roa, a native of Madrid, who had already served as corregidor and deputy in Almaguer, a neighboring town, left to his eight children an inheritance of only nine hundred pesos, although at his marriage he had declared a capital of 15,000 pesos and his wife a dowry of 5,000 pesos.[22] Only two of his daughters were provided for; one of them was married to a merchant whom the father-in-law had set up in trade with merchandise and mules. Two other daughters had entered a convent, one whose dowry was nearly paid up, the other still a novice with her dowry unpaid. After all belongings had been auctioned, debts collected and paid, and expenses deducted, the oldest daughter received 623 pesos—all that remained of her father's estate—and was awarded custody of the minor children at the same time.

The treasury officials were another group among the immigrants who joined the local upper stratum. Don Bernardino Pérez de Ubillus, a Basque from Guipúzcoa, whose father had come to Cali as treasurer in 1615, served the same post in Popayán until his retirement in 1695. The six children of his marriage to doña Manuela de Velasco (of the Velasco clan) were all well provided for. Two sons rose in the Church, becoming members of the cathedral chapters of Popayán and Quito.

18. ACC, PN 1619, fols. 18-21; ACC, signatura 2211.
19. ACC, PN 1671, fols. 30-41; Gustavo Arboleda, *Diccionario*, pp. 11-12, 24.
20. ACC, PN 1670, fols. 54-65.
21. The personnel and the economic position of the Church in Popayán are detailed in listings of a subsidy in 1701 and a donation (*donativo*) in 1706, in AGI, Audiencia de Quito, leg. 185.
22. ACC, signatura 8718.

Another son established a branch of the family in Quito, while two daughters were married respectively to don Sebastián Torijano (from La Mancha) and to don Sebastián Correa (a Catalan), both fifth-generation immigrants who had made their fortune as merchants in Popayán.[23] In somewhat analagous fashion don Bernardino's colleague, the *contador* Juan Leandro de Bonilla, married into a local family and became the progenitor of the Bonilla Delgado clan.[24]

The examples could be multiplied, but it may be more profitable to offer some general observations and conjectures on the basis of this and other evidence and, in particular, to look at the concrete underpinnings of social status in Popayán. While the founding aristocracy of Popayán was quite fragile, it did transmit a tradition to later generations. Taking descent in both the male and female line one finds multiple ties between the first and succeeding generations of the town's upper stratum. Links based on descent, and also those established on the basis of marriage, served the practical purpose of supporting claims for rewards such as encomiendas or benefices. For the newcomer they also established a subjective bond with the distant past of conquest and settlement. This vicarious identification may well have had the result of bridging the gap between Spanish immigrants and Creole descendants of earlier settlers.[25] For the members of any given generation blood ties may also have served to establish a sense of solidarity and equality on the basis of a shared past. Perhaps the nearly universal adoption of the title of "don" among members of this group after 1650 is an indication of this feeling. For the newcomer marriage involved co-optation not only into an existing framework of families but admission to that past as well. That past was in many ways a subjective affair, consisting frequently more of claims than of realities but useful nevertheless, especially when the material foundations of upper-class status were crumbling.

The region's poverty and the fragile and unformed character of its upper stratum is nowhere more in evidence than in the town's appearance. Construction of the cathedral was interrupted for more than two generations for lack of funds. Not until 1681 could it be completed.[26] The town had no *casas reales* to serve as the governor's residence. He usually took lodging with one of the town's better citizens. There were no permanent quarters for the cabildo nor was there a secure jail.

23. ACC, signaturas 8282, 8477.

24. ACC, PN 1633, fols. 326-329; Gustavo Arboleda, *Diccionario*, pp. 46-47.

25. Despite the importance of immigration from the peninsula, I have encountered no evidence for the proverbial antagonism between Creoles and Spaniards.

26. Santiago Sebastián, *Arquitectura colonial en Popayán y Valle del Cauca* (Cali, 1965), pp. 25-28.

Instead, a merchant's *tienda* had to serve as prison. Stone-built houses with tile roofs were the exception to the rule of simple one-floor construction. *Casas principales* of two floors, like Alonso Hurtado's and that of his partner, Diego Daza, were conspicuous affairs.[27] In one governor's view, the town had only four streets worth the name.[28] By the standard, then, that buildings and monuments express aristocratic pretensions and achievement, the town was backward. A look at ecclesiastical endowments confirms this view. The convent of nuns, established on a substantial basis in 1591, had fallen on bad times by the middle of the following century. The mortgages (censos) it held on rural and urban properties were by then yielding only a pittance.[29] Yet, by the end of the century its fortunes had been reversed; and by then it even had to ask the cabildo for space to expand in order to accommodate its increasing population. This and the rise in *capellanías* (chantries) may serve as an index of economic improvement translated into status claims.[30] The Church offered a unique and unbeatable combination: salvation, a life or career suitable to one's rank, and reasonable safety of investment.

Poverty was neither a permanent nor a universal condition in the region. Yet how to escape it must have been the greatest preoccupation of Spaniards. When encomienda ceased to be the vehicle to mobilize wealth, its place was not taken by an institution but rather by a series of separate economic activities. While the operation of estates, mining and commerce—alone or in combination—generated the wealth necessary to acquire or maintain social status, none of these activities conferred it automatically, as encomienda had done earlier. This explains why the possession of encomienda continued to be prized, especially since access to it remained limited.

Encomiendas were not pulverized in Popayán as happened in central Chile, an otherwise comparable region.[31] Rather, in 1685 the town counted nineteen encomenderos, compared to twenty-three in 1607.[32]

27. Marzahl, "Documentos," pp. 165-168 for such a *casa principal*.

28. Governor Gabriel Díaz de la Cuesta to Crown, Popayán, August 1, 1669, AGI, Quito, leg. 16.

29. Prioress to Crown, Popayán, September 25, 1662, AGI, Audiencia de Quito, leg. 75; ACC, LC V, fols. 6, 14-15; see also José María Arboleda Llorente, *Popayán a través del arte y de la historia* (Popayán, 1966), I, 263-270.

30. Chevalier, *Land and Society*, pp. 253-258, still gives the best exposition of this topic in its social dimension; for the actual situation in Popayán see the evidence indicated in note 21.

31. Mario Góngora, *Encomenderos y estancieros. Estudios acerca de la Constitución social aristocrática de Chile después de la Conquista, 1580-1660* (Santiago, 1970), pp. 74, 102-112.

32. The encomenderos are listed in ACC, signaturas 1386, 2221.

But the encomienda's role as the major economic underpinning of aristocratic status was played out when it stopped supplying labor for mining. After 1660, practically no native miners were utilized any more. Their place was taken by imported African labor. In a minor fashion the encomienda remained useful. It could yield a small income, provide labor for agriculture or to operate other enterprises. Its continued utility and the prestige it conferred could produce at times acrimonious competition; for instance, in 1706 when the encomienda of Ambaló was at stake. The governor finally made the award to the captain Juan Alvarez de Uria, a Catalan immigrant, as "benemérito competente." He had married doña Isabel de Torijano y Ubillus, daughter of don Sebastián Torijano, granddaughter of the treasurer, don Bernardino Pérez de Ubillus.[33]

The large scale use of imported slaves marks an epoch in the town's history. It may have begun in the 1580s when bishop Agustín de la Coruña invested in slaves, which he later bequeathed to the convent of nuns.[34] Other churchmen also owned slaves in large numbers, for instance, don Francisco Vélez de Zúñiga, dean of the cathedral chapter whose gang was run in partnership with a professional miner.[35] This slave gang later became the basis for the mining operations of the Jesuits. At the moment of transition from native to imported labor, encomenderos rarely seem to have had the capital to make the switch. Their ability to accumulate funds was affected by the decrease in the number of Indian tributaries.[36] They were frequently in debt to merchants or to their own majordomos.[37] Squeezed by debts and declining incomes they appealed to the Crown for credit to enable them to buy slaves. To an extent the Crown obliged, by reducing the mining tax from twenty to ultimately five percent. But since it was the merchants who frequently paid this tax, the measure did not save the encomenderos, although it made the purchase of slaves more attractive. Most of the capital that went into the purchase of slaves seems to have come from the profits of trade. As gold mining became a capital intensive operation, the number of operators dwindled. Litigation about mining claims and water rights also added to the outlays of a mine operator. Only fourteen mine operators were left in Popayán at the end of the

33. Captain Juan Alvarez de Uria to Crown, Popayán, September 23, 1706, AGI, Audiencia de Quito, leg. 148.

34. José María Arboleda Llorente, *Popayán*, pp. 263-270.

35. Marzahl, "Documentos," pp. 185-188. The dean was a cousin of don Yñigo de Velasco, at the time head of the Velasco clan.

36. See Marzahl, "The Cabildo," pp. 27-29 for a discussion of the evidence.

37. For an example in which an encomienda with its attached operations was, in effect, pawned, see Marzahl, "Documentos," pp. 171-178.

seventeenth century, whereas earlier all encomenderos had engaged in mining. By the 1690s the Jesuits, citing its risks and uncertainties, abandoned mining, henceforth to concentrate on agriculture and ranching.[38]

In theory rural estates should have been a safer and more stable operation than mines. With a reasonable income, a well-defined territorial core, control over the rural population approaching jurisdiction, and expressed in habits of deference, estates could have provided the basis for an aristocracy.[39] But only Coconuco of the Velascos seems to have approached these criteria. On the whole, the formation of compact estates in the region was a slow affair. No entails were established that would link a family's name and fortune to a particular property. Estate buildings substantial enough to have survived date only from the late eighteenth century. It is no accident that solely the Jesuits had advanced by the turn of the eighteenth century towards development in the region of compact and fairly specialized estates, a large sugar plantation, and a sizable cattle ranch, which supplied a market as far away as Quito.[40] It was far less common to own such compact estates than scattered units of harvest and grazing land in various locations, with an estate owner or hacendado holding several while a smaller operator would only have one or two units. The unity of these holdings was entrepreneurial, and their owners could hardly develop a steady relationship with the land and its inhabitants. Whether one should call the various rural properties of Diego de Victoria, alluded to above, an estate thus seems doubtful, although Victoria was clearly a landlord. The same consideration would seem to apply to the case of don Ambrosio del Campo Salazar, to give yet another example.[41] He owned wheatland and cornfields in different locations, cattle herds and sheep flocks, a flour mill, and a tannery. He also ran a fairly large mining operation with more than thirty slaves, operated a toll road with Indians from his encomienda, owned two town houses, with stores rented out to merchants to whom he also loaned considerable sums.

38. Juan Manuel Pacheco, S. J., *Los Jesuitas en Colombia*, 2 vols. (Bogotá, 1959-1962), II, 178-179. Pacheco quotes a visitador that mining was "un género de granjería poco decente a nuestro modo y nada favorable al bien espiritual de los esclavos."

39. For a discussion of a flexible definition, see William B. Taylor, *Landlord and Peasant in Colonial Oaxaca* (Stanford, 1972), pp. 121-126. For a fully developed estate in the Cauca region in the nineteenth century, see J. León Helguera, "Coconuco: Datos y documentos para la historia de una gran hacienda caucana," *Anuario Colombiano de Historia Social y de la Cultura*, V (1970), pp. 189-203.

40. Archivo de la antigua Provincia de Quito de la Compañía de Jesús, Quito, leg. 8, no. 748.

41. ACC, signatura 8715.

Rural properties in this case simply formed a part of a large fortune that was held together in entrepreneurial fashion.

Commerce was a vital and permanent feature which connected the town's life with the outside world. As a regional center the town was at the intersection of long distance and local networks of trade. The framework of trade into which merchants fitted their activities remained basically unchanged during the century, although some change of emphasis in trade flows and trade items occurred. Yet the cast of people who ran trade had at any one time little in common, except their function, with those who had managed it a generation earlier. If there was some continuity, through sons, sons-in-law or nephews, it escapes detection. Commerce in Popayán did not provide the basis for a continuing urban patriciate. There were no mercantile dynasties in town. As we have seen, the merchants contributed their share, and more, to upward mobility into the upper stratum. No son of a successful merchant engaged in his father's profession. To succeed in commerce meant to abandon it.[42] How are we to explain this phenomenon, particularly since trade bore no taint as long as no selling over the counter was involved? Success meant settling down, acquiring a stake in the town, a house, a wife, and branching out into local enterprises, not necessarily in that order. There were always merchants who did not settle down, at least not more than absolutely necessary, and whose resources were the cash they carried, the credit they could expect from partners, and the intervention of saints whom they implored and whose veneration they might endow in their will. Long-distance trade also involved considerable expertise, quite aside from the network of connections one had built up and could rely on. Such expertise was not easily handed on to the next generation. How were sons to be trained, except by sending them back along the route whence their fathers had come? In effect, it turned out to be a one-way street. Despite the importance of merchants then, they had little permanence or cohesion. At times they appear as a group, in making a contribution or handling an assessment. The town's commercial opportunities were good enough to attract immigrants in each generation, but not strong enough to lead to the development of corporate solidarity and its institutions. When contemplating the future of their children, the choice before merchants was to rise above or to fall beneath their station. Simply remaining there was not an available option.[43]

42. See D. A. Brading, *Miners and Merchants in Bourbon Mexico, 1763-1810* (Cambridge, 1971), pp. 211-212.

43. This interpretation is derived from a reading of wills, inventories, and contracts, many catalogued under *sucesiones* in the ACC; see also James Lockhart,

Enough has been said to indicate the weakness of any particular kind of enterprise as a foundation of social status in Popayán. The wealth generated by enterprise at any rate was only a necessary, not a sufficient, condition for social ascent. Two other elements of status were a name indicating illustrious descent and the holding of office, or at least eligibility for it. As status determinants they were as much a matter of esteem as of objective content. Newcomers advanced as they rebuilt the crumbling economic structure of the region. They were allowed to join the existing framework, but they did not join on their own terms. The continuity maintained in this fashion is manifest in the region's social patterns and its institutions of government.

Continuity that results in the formation of an aristocracy also may involve the development of patterns of allegiance that join a patriarchal attitude from above with habits of deference from below. In the countryside this development could only take place after the rural population was stabilized and removed from the vagaries of mining and its responsibilities vis-à-vis the estate owners were fixed and ultimately turned into custom. Social consolidation of this kind barely had its beginning before the second half of the seventeenth century. It coincided with the arrival of slaves in large numbers who carried the burden of the expansion of mining, and who gave the region its Janus-faced social reality, which still persists: patriarchal and benevolent on the one hand, exploitative and repressive on the other. The emergence of analogous attitudes in the town depended, among other things, upon its institutions of government and their management by an upper stratum eager to hold office and conscious of its privileges and responsibilities.

Formal institutions of government in Popayán were the cabildo, the governorship, the treasury, and also the Church. The cabildo, in theory designed to represent the interests of the town's upper stratum in corporate fashion, actually did so only fitfully. It never quite developed the permanence of membership and purpose to serve such a function, and in this way reflected a relative absence of coherence among the town's upper stratum. Yet this picture is somewhat misleading since it neglects other opportunities possessed by the town's upper stratum to bring its influence to bear. Either the deputyship, the treasury offices, and the cathedral chapter were held by settlers or their descendants, or these institutions fell under local control in the course of the seventeenth century. Also, in terms of recruitment and perfor-

---

*Spanish Peru, 1532-1560; a colonial society* (Madison, Wisconsin, 1968), pp. 77-95 for a discussion of merchants.

mance the cabildo's contours might have been more clearly delineated if the politics of the region had not been characterized by a tendency to resolve conflicts by arrangement, a propensity reinforced by the dependence of outside appointees on local collaborators.

The cabildo of Popayán was composed of members who purchased a seat on the corporation from the Crown, of three elected officials, the *alcaldes ordinarios*, and the *procurador general*—elected annually by the proprietary members and the outgoing officials—and of the governor's deputy, who usually presided over meetings. During the century under study, the cabildo's membership had its ups and downs.[44] For long periods many elective positions went unfilled, while at other times there was considerable local interest in purchasing office. Also the social characteristics of members changed considerably during this period. In the first decades of the century, its cast was distinctly plebeian. When local offices had been put up for sale in the 1590s, only the *alferazgo* remained as a bastion of the town's traditional upper stratum. Most other members of the cabildo then were notable only for their inconsequence in local affairs. By the 1630s, this situation had changed, and the town's leading families were in command of the cabildo. Yet we note that by then a second generation of newcomers already had been absorbed into local society. Consolidation was neither followed by stability of membership nor by offices remaining in the hands of a family over generations, despite the fact that inheritance of office was easily arranged under the provisions governing the sale and renunciation of office.[45] Even the *alferazgo*, tied to the Velascos for three generations, fell vacant once when the incumbent died. The son bought it back from the Crown after a lapse of years. For a few years elections and other business were handled by a single caretaker regidor, with everybody seemingly content to leave matters in the hands of this superannuated hack.

An assessment of the benefits and burdens involved in membership may provide some explanation for the vagaries of demand for office. The rewards of a seat on the cabildo were mainly honorific, such as prominent participation at public functions. Pecuniary benefits were limited. Some members exercising the specific functions (*cargos*) of *alguacil mayor* or *depositario general* charged fees, according to a set schedule, for the performance of their services. Income of this kind, which had attracted bidders for office earlier, seemed insufficient to

44. The source for these statements are the *libros capitulares* between 1611 and 1707.

45. J. H. Parry, *The Sale of Public Office in the Spanish Indies under the Hapsburgs* (Berkeley and Los Angeles, 1953), pp. 28, 44-45.

elicit interest in later decades of the century. Also, the *alcaldes ordinarios* frequently had to perform the notary's functions, apparently for want of sufficient business and fees to attract a proprietor.

The greatest sacrifice members had to make was probably the time they had to devote to cabildo business. In theory the cabildo met twice a week, but insistence on this point was extremely rare. The alcaldes were supposed to be available every day of the week at a determinate place and hour. Since this duty was of limited duration and involved visible public recognition, it was nonetheless not as burdensome as permanent membership. Long-distance traders were excluded in practice because of their extended absences from town.[46] Landowners also proclaimed the need to attend to their affairs. The rural dimension of the town made sessions during the summer and harvest season a rarity. A governor or his deputy could put pressure on members, for instance by simply insisting on frequent meetings. Compared with these burdens the price of office was perhaps not a major consideration in the latter half of the century, when the price of a *regimiento* had fallen to 300 silver pesos, less than the price of a slave. The procedure surrounding confirmation could increase this outlay, sometimes considerably. The price in itself had little to do with determining local interest in office-holding, which depended more on the cabildo's functions in the context of local society.

The functions of the cabildo of Popayán were quite restricted. One of its main tasks, the provision of good government (*policía*), coincided with the duty of the governor and of his deputy. The alcalde's office, too, included administrative functions. The supervision of stores and markets, the care of supplies, the maintenance of roads and bridges, and the provision of labor for public purposes was handled by the governor, his deputy, and the alcaldes, sometimes jointly.[47] The cabildo's function of articulating local interests through advice, petition, or appeal was frequently short-circuited, either through the direct nexus between officials and leading families or through the preference for accommodation over conflict. Bishop, governor, and treasury officials, for instance, agreed before the Council of the Indies in Spain in supporting the labor regime existing in the region.[48] Another possible

46. Diego de Victoria's function as *fiel ejecutor* was taken care of by deputies during his frequent absences on business; ultimately this deputizing led to the practical demise of the office as its functions were abandoned; for a complaint without practical results see ACC, LC IV, fols. 158-159.

47. Residencia questionnaires provide clues in this matter; for instance the residencia of the governor Antonio Guzmán y Toledo in AGI, Escribanía de Cámara, legs. 647, A, B; 648 A, B, C.

48. At two critical junctures, point advocacy of the settlers interests by gov-

type of conflict, between merchants on the one hand and miners and estate owners on the other hand, did not reach the level of politics, although the frequent election of merchants as alcaldes denotes a recognition of their special interests. The merchants were in a strong position as creditors, but frequent kinship ties between them and other members of the upper stratum, and the fact that merchants quite often were also miners and estate owners, precluded any consistent articulation of opposing interests.

The cabildo's most important function was to determine which officials could serve in the town. It elected the alcaldes, selected some other minor functionaries, and received and accredited all officials with business in the town. Without this reception, which included the registration of credentials, no official could legally do any business in the town and its district. The cabildo's duty also included the review of the bond posted by officials. Election and reception were elaborate affairs surrounded by formalities, an indication of the importance of the occasion. Sometimes the formalities could not hide a clash of interests or wills. Usually elections were decided at the nominating level, somewhat analogous to the practice of professional organizations today. The governor also might take a hand in indicating his preference. If this did not work, he might hold up confirmation of an elected slate of alcaldes and have the incumbents continue in office for awhile. Hitches might also develop over accepting a new member, as when a former innkeeper bought a *regimiento*. The cabildo balked at first, but after lengthy representations, the new member was seated. The review of bond also might give rise to objections. On one occasion, the cabildo —with only three regidores at the time—and the two alcaldes, refused to accept the bond posted by the new *contador*, holding up his possession for more than three years. The reason, as the *contador* alleged, was simply the interim *contador's* eagerness to continue serving in the post; of course he also happened to be well connected locally.[49]

The governors were both the cabildo's partners and competitors in governing the town; their functions comprised the entire province. Their local duties they often delegated to a deputy. No clear-cut

ernor, bishop, treasury officials, and cabildo kept the practice of *servicio personal* intact; it appears that the governors coordinated the campaign designed to defend these interests. "Memorial de la ciudad de Popayán y otras de la gobernación" (1634); governor Lorenzo de Villaquirán to Crown, Popayán, April 30, 1634; governor Gabriel Díaz de la Cuesta to Crown, Popayán, April 12, 1669; Bishop Melchor Liñán de Cisneros to Crown, Popayán, April 4, 1669, AGI, Quito, leg. 18. Contador Juan Leandro de Bonilla to Crown, Popayán, June 28, 1634, AGI, Quito, leg. 32.

49. ACC, LC I, fols. 152-155; LC II, fols. 137-141; LC III, fols. 123-144.

demarcation of responsibilities between governor and cabildo existed. Residencia records reveal that ultimate responsibility in matters of administration and governance lay with the governors. The treasury officials also intervened in local affairs, whether directly as tax collectors or through adjudication of tax farms and long-term contracts. The cabildo, for instance, handled the sales tax by commutation. Treasury officials possessed considerable local leverage since tax delinquency was a permanent and prominent local phenomenon.[50]

While the treasury officials merged into the local scene over their long period of service, the governors, who usually served only for five years, tended to remain outsiders. Hence the governor's most important act was probably the selection of a deputy in each of the towns of the province, to serve as an astute intermediary between him and the local establishment. Aside from appointments the arrangements between governor and town included the search for *fiadores* willing to vouch for him, grants of land and encomiendas, "advice," and pressures during elections. Later in the century it was customary for a consortium of citizens to split the risk to which a governor's performance might expose them.[51] The most extreme aspect of these arrangements was collusion, which occurred towards the end of the century when governors and miners combined to defraud the Crown. The governor's inspection of mines and mining settlements offered especially favorable conditions to do this, with the miners pleading to have visitations limited to one only per term.[52]

The strength of countervailing factors to halt the tendency toward accommodation was minimal. The treasury officials married locally or were even recruited from the town. While they were subject to audit, the procedure used was neither swift nor sufficiently comprehensive. The governor's shorter term meant that he had less time to recoup the

50. ACC, signatura 1448. At one occasion, three members of the cabildo, the *alférez real*, the *fiel ejecutor* and one regidor, were imprisoned at the behest of the treasury officials, ostensibly since they were held responsible for the cabildo's failure to collect the alcabala, the collection of which the cabildo had compounded with the treasury. The imprisoned members gave another version, alleging that the debt served only as a pretext for a political ploy hatched by the governor's deputy and designed to control the cabildo. The truth, probably, does not lie in the middle but with the members' allegation.

51. ACC, LC IV, fols. 172-176. Governor Miguel de García, for example, had ten bondsmen, each of whom provided a guarantee of 1000 pesos.

52. The Crown implicitly sanctioned the practice, for instance, when it accepted 2000 doblones from don Gerónimo de Berrío for the reversion of the governorship and agreed to his stipulation of unlimited inspection rights in the mines, in return for which he would draw only one-half of his salary, the other half to come from increased payments of mining tax. See decreto, June 1, 1677, AGI, Quito, leg. 5; Gerónimo de Berrío to Crown, Popayán, November 30, 1682, AGI, Quito, leg. 7.

investment made in the acquisition of office, which had become considerable towards the end of the seventeenth century. Since neither of these offices had a permanent staff, no continuity existed beyond the term of an officeholder, except perhaps in a negative sense.

In this situation, described by the relative absence of institutional safeguards of probity and disinterestedness, the residencia was designed to serve as a recurring inquest into an officeholder's performance at the end of his term. It also covered the cabildo. But in Popayán this device, which was intended to maintain standards of performance, was in fact turned against its purpose. As a rule, a governor's successor administered the residencia, which in this way acquainted him not only with the frailties of his predecessor and of the officials serving him, but also with the opportunities awaiting the successor. The regular and recurring accusation proffered against residencia judges, of having accepted bribes in return for showing leniency in their proceedings, would seem to show that this was an expected result of the residencia, even if not always a reality.[53]

Interest in the cabildo revived only at two occasions during the latter part of the century, since government was handled by the governors, the alcaldes, and the deputies on a routine basis. In 1671, it became an arena for status competition when five positions vacant for many years were purchased by local worthies. A political crisis which involved the breakdown of the usual arrangements could also serve to stimulate interest in the institution. This occurred, for example, at the beginning of the eighteenth century when two local factions were pitted against each other, polarized around the town's two leading families, first in support or rejection of an incumbent governor and then in support of two rival contenders for the governorship. At such a juncture, the cabildo could play a crucial role in either refusing or granting recognition to rival claimants. After both of these had been removed by the Audiencia of Quito, the cabildo, in fact, governed the town for a period on its own authority. Yet the cabildo did not stand above the battle; at first it had been dominated by one of the local factions, and later it was run by their opponents, who obtained control with the help of the Audiencia of Quito.[54]

The cabildo of Popayán was an extension of an imperial system of government; it was also a corporation which reflected the special

53. At the end of the century residencias were piling up; at one time four were pending in Popayán. AGI, Escribanía de Cámara, leg. 951 C, pieza 1, fols. 19-33.

54. This virtual civil war which engulfed the region was not finally settled until 1707 when a new governor arrived. See Antonio Olano, *Popayán en la colonia: bosquejo histórico de la gobernación y de la ciudad de Popayán en los siglos XVII y XVIII* (Popayán, 1910), appendix no. 2.

position of Spaniards settled in towns within that empire. Ideally, it was both an institution of local self-government (a political subject) and an administrative agency of empire (a political object). The intrinsic difficulty of combining these two roles was compounded in the case of Popayán by two facts: the unfinished and incomplete character of the town's society and institutions, and the weak position of the Crown's representatives in the province. While the latter point has already been discussed, it can bear some amplification.

A weak governorship did not necessarily imply a strong cabildo. Given their mercenary expectations and the absence of bureaucratic support and supervision, the governors could hardly make the cabildo into an effective administrative agency. One can go a step further and assert that weak as the office of governor and its incumbents were, they represented an area staked out for state action that the cabildo could not easily invade. While the state lacked the power to substantiate all its pretensions, it nevertheless maintained them. The resulting discrepancy was not overcome by institutional decentralization, widening the sphere of local self-government (the cabildo, for example, could not authorize taxes above 3,000 *maravedís*, i.e., 12 pesos), but rather by a process that adjusted the rigor of legislation to local conditions. This process combined a series of accepted practices (*suplicación, indulto, composición, disimulación*), with the accommodation practiced by officeholders, and worked well enough to take care of local interests.[55]

While the cabildo as a formal institution depended upon its place within a scheme of empire, in a political sense its functioning depended upon its relationship to a local society. The main facts are quickly reiterated. The fluid character of the town's upper stratum made a consistent identification with the cabildo difficult. No clearly delineated system of stratification existed. Corporate forms of organization remained underdeveloped, among them the cabildo. Sets of families, rather than institutions and corporations, served as the integrating clamp of this society, with such family combinations possessing vertical and lateral dimensions. The former are visible only occasionally, in their effects, as when the Hurtados and Velascos managed to mobilize

55. One such *indulto* was granted to the encomenderos, miners, and dealers of Popayán in 1658. In return for a payment of over 8000 pesos prorated among fifty inhabitants by the cabildo, the Crown dropped all its claims to *quintos* (mining tax) as yet unpaid. AGI, Escribanía de Cámara, leg. 647 A, pieza 2a, fols. 533-548. See also the discussion of these formulae and their function in Mario Góngora, *El estado en el derecho indiano. Época de fundación 1492-1570* (Santiago, 1951), pp. 282-285 and in J. M. Ots Capdequí, *España en América. El régimen de tierras en la época colonial* (México, 1959), pp. 37-38.

their respective adherents in the struggle about the governorship in 1701. Lateral extensions were designed to secure positions of power and influence. Towards the end of the century the rivalry between Velascos and Hurtados exemplified this clearly, for instance in the alternation in the office of deputy and in a virtual condominium over the treasury. Co-optation of newcomers, in fact, added a third dimension extending over time designed to preempt the future. The continuing contour of this society in its upper echelons was represented by a changeable congeries of families, around which everything else was arranged, at times in symmetrical fashion.[56] The cabildo, in this context, played only a minor role. Although it could handle routine management, its ability to integrate opposed interests would break down in a crisis, as it did in 1701 when the opposed factions were alternately in exclusive control.

While the medieval European town had not been based on an assumption of equality among inhabitants, it did depend on a formally elaborated balance between conflict and solidarity. The oligarchies that dominated most European towns in the early modern period lived off a political capital accumulated in an earlier age. In America the capital had never been accumulated. While the institutional elements of the Castilian town were transferred to the American town, albeit simplified, its corporate organization and social structure were not moved so easily. Whether they would be rebuilt there depended on local conditions. In Popayán these were not favorable to the undertaking.

56. For an analogous situation elsewhere see Jorge Comadrán Ruiz, "Las tres casas reinantes de Cuyo," *Revista Chilena de Historia y Geografía*, no. 126 (1958), 77-127. The extreme formalism that characterized elections was designed to minimize the consequences of latent rivalry between families which, if not checked, could easily develop into a struggle of opposed *bandos*, endemic in many towns. For a Spanish example, see Eloy Benito Ruano, *Toledo en el siglo XV. Vida política* (Madrid, 1961) pp. 150-151; see also Meza Villalobos, *La conciencia*, p. 143. In Valladolid the rivalry itself was formalized since all claimants were incorporated into two lineages that allocated offices and dignities, Bartolomé Bennassar, *Valladolid au siècle d'or* (Paris, 1967), pp. 407-411.

30

# El Cabildo y Regimiento de la Ciudad de México en el Siglo XVII: Un Ejemplo de Oligarquía Criolla

*Manuel Alvarado Morales*

En 1635 Felipe IV nombró virrey de Nueva España al experimentado marino don Lope Diez de Armendáriz, marqués de Cadereita, con la importante misión de fundar esa fuerza naval. Este notable funcionario, en varias ocasiones general de las flotas y galeones de Tierra Firme y México,[1] tendría a su cargo la responsabilidad de cristalizar uno de los proyectos defensivos más ambiciosos del imperio hispánico en los dominios ultramarinos: mantener la seguridad y hegemonía ibérica en las líneas de comercio y navegación del Atlántico americano mediante el establecimiento de la citada armada.

El monarca dio a Cadereita instrucciones precisas para que negociara con el cabildo de la ciudad de México y con el gobierno de otras provincias y ciudades del reino el recaudo anual de parte del dinero necesario para garantizar la fabricación y funcionamiento de la armada. La Junta de

[1] Lope Diez de Armendáriz fue general de la flota de Nueva España en 1608 y general de la flota o galeones de Tierra Firme en 1622. *Cf. Los virreyes,* 1977, III, pp. 30, 247-248. Véanse las explicaciones sobre siglas y referencias al final de este artículo.

Guerra del Consejo Real y Supremo de Indias había calculado los gastos iniciales en un millón doscientos mil pesos. Los costos de mantenimiento alcanzarían la extraordinaria suma de seiscientos mil pesos anuales. Dichas cantidades serían ofrecidas por la real hacienda, principalmente por la real caja de México y por los ricos vasallos de algunas provincias de ultramar, pero ante todo por los súbditos mexicanos:

> Y porque todos los medios que hasta aquí os he propuesto, aunque de ellos se cree que procederán muy considerables cantidades..., no bastarán para formar fábricas y sustentar esta armada, será necesario que tratéis con la ciudad de México, y dispongáis sus ánimos a que se ejecute en aquella ciudad y en las demas provincias y ciudades los medios mas platicables, suaves y exequibles que puedan ofrecerse para suplir la cantidad que fuere necesaria para este efecto, poniéndoles en consideración la utilidad grande que de esto les resulta a aquellas provincias en la seguridad de sus costas, de su plata, frutos y mercaderías, en lo que irá creciendo por esta vía su comercio y riquezas...[2]

Como se ve, el monarca justificaba la creación de la armada en la necesidad de proteger los intereses económicos de los sectores mercantiles de la ciudad de México y de otras provincias y ciudades.

Conforme a las órdenes del rey, el 15 de septiembre de 1635 Lope Diez de Armendáriz sucedió al virrey Rodrigo Pacheco y Osorio, marqués de Cerralvo, quien gobernaba Nueva España desde 1624. Al poco tiempo de haber iniciado sus tareas de gobierno, el marqués de Cadereita comenzó a gestionar ante el cabildo de la ciudad de México, considerado el más rico y cabeza del reino, el servicio que exigía la corona. En ese entonces el ayuntamiento estaba presidido por el general Fernando de Sousa Suárez, caballero de la Orden de

[2] Real Cédula dada en Madrid el 4 de mayo de 1635, en UT/*WBS*, Documentos relativos a la Armada de Barlovento, 389.

Santiago, quien tuvo a su cargo la flota de Nueva España en 1622 [3] y había tomado posesión del oficio de corregidor de la ciudad de México el 21 de marzo de 1630 por nombramiento directo del rey. Otros miembros del cabildo eran Fernando Alfonso Carrillo, escribano mayor perpetuo ya con treinta y tres años de servicio, y los concejales Marcos Rodríguez de Guevara, Alonso de Rivera y Avendaño, Fernando de la Barrera, Andrés de Balmaseda, Cristóbal de Molina, Juan Suárez de Figueroa, Juan Francisco de Vértiz, Juan de Orduña, capitán Roque Chávez Osorio, Felipe Morán de la Cerda, Juan de Macaya, Diego Mardóñez Barahona, Antonio Monroy de Figueroa, Cristóbal Valero, Baltazar de Guevara, Juan de Alcocer, Juan Lorenzo de Vera y Rafael de Trejo Carvajal.[4]

Para esta época el oficio de regidor se podía adquirir por vía de compra a la corona, a perpetuidad y con derecho de renunciarlo en la persona que su poseedor o dueño designara. Al momento de la renunciación había que pagar a la real hacienda la tercia parte del valor en que fuera tasado el cargo y satisfacer el gravamen de la media anata. Aunque la disposición de cobrar el derecho de la media anata era de 1631 —"de qualesquier oficios, y cargos que no fuesen

[3] *Los virreyes,* 1977, III, p. 247. Gutierre Suárez de Deca, alcalde mayor de la provincia de Coatzacoalcos, era sobrino del general Souza Suárez. ANDF/*PS* (1632), f. 129.

[4] En las leyes de Indias se ordenaba que en las principales ciudades de Indias sólo se eligieran doce regidores. Pero había seis oficiales reales que podían participar con voz y voto en las sesiones: el correo mayor, el tesorero de la Santa Cruzada y el de la Casa de la Moneda, además de un contador, un veedor y un factor de la real hacienda. Algunos de los regidores mencionados adquirieron varios de esos oficios reales por compra, renunciación o mayorazgo. Juan Lorenzo de Vera heredó el puesto de tesorero de la Casa de la Moneda de su hermano Melchor por vía de mayorazgo, y Pedro Diez de la Barrera obtuvo de su padre don Alonso el puesto de correo mayor. Juan de Alcocer era tesorero de la Santa Cruzada. *Cf. Recopilación,* libro IV, título X, ley II; documentos de los años de 1635 al 1643, en *Actas antiguas,* 1893-1910; FLORES OLEA, 1970, p. 149.

eclesiásticos... pagándose de cada oficio y merced la mitad de la renta del primer año"—[5] aparentemente en Nueva España no se aplicó sino hasta 1634. El 18 de febrero de ese año los regidores de la capital virreinal Francisco de Solís y Barraza, caballero de la Orden de Calatrava, Juan Suárez de Figueroa, Diego Moreno de Monroy, Diego López de Zárate, Rafael de Trejo Carvajal, Juan L. de Vera, y Felipe Morán de la Cerda, en su nombre y en el de los demás caballeros y regidores, comparecieron ante el escribano Pedro Santillán para otorgar un amplio poder de apelación al escribano real Pedro López de la Bastida. Éste debía solicitar del marqués de Cerralvo que no se cobrara el derecho de la media anata, apoyado en la tesis de que los oficios de regidores habían sido comprados antes de la nueva imposición con la prerrogativa de gozar ciertos emolumentos en otros cargos propios de la corporación municipal.[6] Pero los trámites de apelación no dieron resultado: "pretendió la ciudad de México, en nombre de todo el reino, suplicar... que yo suspen-

[5] *Recopilación,* libro VIII, título XIX, ley IV.

[6] Conforme al procedimiento legal, el poder de apelación decía: "...que dan su poder cumplido y cuan bastante de derecho se requiere y es necesario a Pedro López de la Bastida, escribano real, vecino de esta dicha ciudad, especialmente para que en nombre de todos en general y particular pueda parecer y paresca ante el exmo. marqués de Cerralvo, virrey de esta Nueva España, y donde convenga y pida se declare no deben pagar el derecho de la media anata que se pretende cobrar de los susodichos, así de los oficios que el cabildo y ayuntamiento desta ciudad les da y para en que son nombrados así por el estanco como por... carnicerías fieles executorias y otros agregados a los dichos oficios para comisiones y en otras maneras, a ser como son emolumentos y derechos con que compraron los dichos oficios de regidores, y entera dan a su magestad la parte que dellos les pertenecen como por haberlos comprado antes de la imposición del dicho derecho de la media anata y por las demas causas y raciones [sic] que tienen que alegar, las cuales en su nombre ha de pedir dicho Pedro de la Bastida..." Este trámite demuestra cómo el ayuntamiento guardaba las leyes, usos y costumbres con el propósito de mantener su poder e importancia histórica. Así los regidores usaban los procedimientos legales que consagraban la tradición y leyes de su época. ANDF/*PS* (18 feb. 1634), ff. 30-32.

diese su ejecución, de que la disuadí con razones jurídicas y consejos amorosos".[7] A pesar de ese gravamen, el puesto de regidor continuó siendo apetecido por los vecinos ricos o más acomodados de la ciudad de México.

## *Cambios en la composición del cabildo*

En el periodo administrativo del virrey Lope Diez de Armendáriz ocurrieron cambios en la composición del ayuntamiento de la capital. En los protocolos notariales de Pedro Santillán —también teniente escribano de Fernando Alfonso Carrillo— quedó registrado el 21 de junio de 1636 que el concejal Baltazar de Guevara renunció su oficio de regidor en Leandro de Gatica por la suma de seis mil pesos de oro común, "que por las dos tercias partes de esta renunciación le pertenecen y demás de él lo ha de enterar y pagar y satisfacer a su majestad en su real caja".[8] Esta transacción requería confirmación del rey. El nuevo miembro del concejo era un importante comerciante y "familiar" del Tribunal del Santo Oficio de la Inquisición. Ser familiar de esa institución era una distinción deseada por muchos miembros de la sociedad mexicana del siglo XVII. Ampliar el número de familiares de dicho Tribunal fue una de las mercedes solicitadas por el ayuntamiento mexicano en 1636 a cambio de la renta de doscientos mil pesos que se comprometió a ofrecer anualmente para el mantenimiento de la Armada de Barlovento.[9]

[7] "Relación del estado en que dejó el gobierno del marqués de Cerralvo" (17 mar. 1636), en *Los virreyes*, 1977, III, p. 280.

[8] ANDF/*PS* (21 jun. 1636), ff. 173-174.

[9] Vicente Riva Palacio dice sobre los familiares que "porque no vivían en convento, sino en familia, fueron llamados por el público, y después oficialmente, familiares". Riva Palacio en MEDINA, 1952, p. 9. Louisa Schell Hoberman explica la actividad del Santo Oficio de la Inquisición en la primera mitad del siglo XVII como una reacción ante posibles moriscos, cristianos nuevos o judaizantes de origen portugués, varios de ellos comerciantes, y como una medida de seguridad frente a

El 18 de noviembre de 1639 los capitulares se enteraron de que el regidor capitán Roque de Chávez Osorio había muerto en alta mar, rumbo a España. Éste había sido nombrado procurador mayor de la ciudad de México ante las cortes de Castilla por un término de dos años con el propósito de que abogara a favor del memorial de mercedes que el cabildo acordó presentar a Felipe IV a raíz de las negociaciones sobre el servicio de la renta que el rey exigía para la Armada de Barlovento.[10]

Entre 1636 y 1644 varios vecinos de la ciudad de México asistieron a las asambleas municipales en calidad de nuevos regidores. Según se desprende de las actas de cabildo, parece ser que las siguientes personas comparecieron por primera vez en dicho periodo: Antonio de Mansilla, Antonio Fernández, Francisco de Cervantes Carvajal, Francisco del Castillo, Nicolás de Barahona Moscoso, y Diego de Orejón Osorio. Otros concejales asistían ocasionalmente, entre ellos Pedro Diez de la Barrera, Francisco de Solís y Barraza, y Rafael de Trejo Carvajal. Fernando de Angulo Reinoso, que también era regidor, no intervino en los cabildos celebrados por el gobierno de la ciudad de México entre 1635 y 1644. Aparentemente éste tenía dispensa para desempeñar el oficio de receptor de penas de cámara, estrados y gastos de justicia de la Gobernación de Nueva España, cargo que sus padres habían adquirido para honra suya y de su linaje.

A partir de agosto de 1638, por designación del marqués

la separación de España y Portugal en 1640. Se puede pensar que ciertas personas inseguras de su "limpieza de sangre" y de las prácticas religiosas de sus antepasados o con la intención de mantener ritos prohibidos se casaban entre sí o se emparentaban con familias de absoluta solvencia moral y económica con el propósito de ampararse frente a cualquier sospecha. Un comerciante que a la vez fuera regidor y familiar del citado Tribunal sin duda quedaba protegido por los fueros de esas instituciones y robustecía su presitgio social. HOBERMAN, 1977, pp. 494-503.

10 Cabildo del 18 de noviembre de 1639, en *Actas antiguas*, 1893-1910, XXXI, pp. 386-388.

de Cadereita, el capitán Francisco del Castillo sustituyó temporalmente al regidor Leandro de Gatica en el cargo de "diputado de los efectos de la Armada de Barlovento". Gatica se encontraba preso por deudas al fisco real e iba a ser enviado a España para que respondiera a los cargos que se le hacían.[11]

Por otro lado, en 1638 el cabildo inauguró una segunda época de gobierno con alcaldes ordinarios. Así se había gobernado desde su creación hasta 1573, cuando Felipe II nombró el primer corregidor del organismo municipal de la ciudad de México en sustitución de los dos alcaldes ordinarios que anualmente elegían los capitulares.

Don Lope Diez de Armendáriz negoció con el ayuntamiento eliminar el puesto de corregidor vendiéndoselo en doscientos mil pesos. Dentro de la corporación, el corregidor era el representante oficial de la corona que fiscalizaba y presidía el gobierno del municipio.[12] Con la compra de ese importante cargo los capitulares podrían gobernarse por alcaldes ordinarios. El dinero obtenido por la venta de ese oficio se emplearía en la fábrica de bajeles para la Armada de Barlovento. De ese modo, el general Fernando de Sousa Suárez entregó la "vara de la real justicia" de corregidor a los nuevos alcaldes ordinarios electos por el cabildo el primero de enero de 1638. Anualmente los regidores elegirían dos funcionarios, uno entre ellos y otro entre los vecinos de la ciudad no miembros del consejo. Esta nueva situación era resultado de las diligencias que el ayuntamiento venía haciendo para recobrar ese fuero perdido.

Los alcaldes ordinarios, no concejales, que gobernaron

[11] Cabildos del 16 de octubre de 1637, del 6 de julio y del 3 de agosto de 1638, en *Actas antiguas,* 1893-1910, XXXI, pp. 95-97, 236-237, 257-259.

[12] El corregidor tenía la responsabilidad de amparar a los indios que vivían dentro de su jurisdicción municipal y de velar por que las disposiciones reales relacionadas con el buen tratamiento de ellos fueran cumplidas. *Cf.* "Instrucción a los alcaldes y corregidores de Nueva España" (1571), en *Documentos inéditos,* 1975, pp. 246-250.

desde 1638 hasta 1643 fueron Juan de Cervantes Carvajal (1638 y 1640), Felipe Sámano (1639), Francisco Monroy (1641), Cristóbal de la Mota y Osorio (1642), y el capitán Gabriel José Rojas Mercado (1643).

Un hecho lamentable para el cabildo fue la muerte del escribano mayor Fernando Alfonso Carrillo acaecida el 23 de febrero de 1641. Los capitulares acordaron suplicar al virrey que el licenciado Pedro Santillán, teniente de escribano del difunto funcionario, ocupara el oficio vacante. Sin embargo, el 2 de marzo el marqués de Villena (1640-1642), sucesor del virrey Lope Diez de Armendáriz, nombró temporalmente a Antonio Álvarez de Castro como escribano del ayuntamiento hasta que el rey vendiera o dispusiera lo más conveniente sobre dicho cargo.[13] A partir de entonces encontramos a Santillán y a Álvarez de Castro ejerciendo alternadamente el puesto de escribano mayor. Parece ser que finalmente Santillán logró obtener el ejercicio definitivo del oficio.[14]

## *Familia, bienes y cargos oficiales de algunos miembros del cabildo*

En el primer tercio del siglo XVII la ciudad de México no sólo constituía el centro de poder político y económico más importante de Nueva España, sino que además para muchas provincias españolas del Atlántico y del Pacífico era la metrópoli y sede del gobierno virreinal que suministraba la mayor parte de los recursos necesarios para mantener la unidad geopolítica y hegemonía ibérica en el Caribe, Seno Mexicano y archipiélago de Filipinas. La comunicación entre el virrey novohispano, superintendente general de la Armada de Barlovento, y los capitanes generales de los "antemurales"

[13] Cabildos del 23 de febrero y del 2 de marzo de 1641, en *Actas antiguas*, 1893-1910, XXXII, pp. 179-180, 182-184.

[14] Así se desprende de los cabildos celebrados entre 1641 y 1643. *Vid. Actas antiguas*, 1893-1910; Actas del cabildo del ayuntamiento de la ciudad de México, en AAM (1635-1643), *passim*.

defensivos del Nuevo Mundo fue muy intensa durante la época colonial.[15]

En el periodo de 1635 a 1643 los miembros del cabildo de la ciudad de México formaban un grupo poderoso e influyente.[16] Varios pertenecían a familias acaudaladas, poseedoras de encomiendas y fundadoras de mayorazgos: Jerónimo López de Peralta (1603), Juan de Orduña, Juan Lorenzo de Vera, Fernando de Angulo Reinoso, Diego Moreno de Monroy, y Marcos Rodríguez de Guevara y Sámano.[17] Otros eran propietarios de haciendas y molinos cuyas actividades productivas se entremezclaban con la ganadería, el comercio y la minería: Fernando A. Carrillo, Juan de Alcocer, Alonso Galván (1630), Gonzalo de Córdova y Prado (1630), Juan Caballero (1631) y los comerciantes Juan Francisco de Vértiz, Leandro de Gatica, y Francisco del Castillo.[18]

Como se demuestra en los estudios de Fernández de Recas y de Flores Olea, muchos de los familiares de estos regidores estaban emparentados unos con otros y tanto los oficios como sus actividades económicas eran heredadas por sus descendien-

[15] El sistema de defensa de las Islas de Barlovento, construido y mantenido con dinero —llamado *situado*— de la real caja de México, dio lugar a un intercambio frecuente de correspondencia entre los virreyes de Nueva España y los gobernadores de esas provincias ultramarinas. *Vid.* "Defensas del sistema imperial español de comunicaciones", en VELÁZQUEZ, 1950, pp. 13-29.

[16] Las siguientes investigaciones dejan ver cómo los servicios prestados a la corona por los primeros conquistadores y pobladores de Nueva España elevaron a muchos de ellos y a sus herederos a una posición social privilegiada y de prestigio: ZAVALA, 1933; "Los premios finales", en ZAVALA, 1971, pp. 549-556; ZAVALA, 1973, en particular la adición "Nueva España", pp. 320-659; FERNÁNDEZ DE RECAS, 1965; FLORES OLEA, 1970, pp. 149-172.

[17] FERNÁNDEZ DE RECAS, 1965, pp. 23-25, 76-77, 111-122, 229-234, 261-271, 317-326; FLORES OLEA, 1970, pp. 163-172.

[18] HOBERMAN (1977, pp. 481-482) encontró que Vértiz, Gatica y Castillo eran regidores y comerciantes, hecho aparentemente excepcional en la historia capitular de 1620 a 1643. Según su estudio, entre 1621 y 1645 por lo menos cuatro regidores eran hijos o familiares de comerciantes.

tes u otros miembros de la familia. Por ejemplo, a mediados de 1635 don Felipe Morán de la Cerda otorgó una carta ante Pedro Santillán en la que afirmaba que desde el fallecimiento de su tío, el padre Tomás Morán de la Cerda, ejercía el oficio de escribano mayor de la gobernación de Nueva España, cargo que el sacerdote renunció en su nombre. Don Felipe añadió que deseaba acomodar a su primo Pedro Morán de la Cerda en el oficio de regidor mediante renunciación.[19]

Los regidores constituían un sector social compacto y cerrado, cuyos bienes en ocasiones pasaban de padres a hijos por vía de mayorazgos para perpetuar el linaje, apellidos y propiedades de la familia.[20] Muestra de ello es el caso de la familia Vera Ureña. En 1606 el secretario Pedro de la Torre remató el oficio de tesorero de la Casa de la Moneda en doscientos cincuenta mil pesos, con la cláusula de poder nombrar y señalar a otra persona en el cargo. De la Torre nombró al regidor don Melchor de Vera Ureña, quien pagó el valor del oficio con dinero de los bienes comunes de sus padres, Diego Matías de Vera y Ana de Ureña. El 15 de noviembre de 1610 doña Ana y don Diego Matías —con el consentimiento de su hijo mayor Melchor— instituyeron un mayorazgo sobre el puesto de tesorero de la Casa de la Moneda y sobre el tercio y quinto de sus bienes remanentes, beneficiando a Melchor y

[19] ANDF/*PS* (1635), ff. 120-121.

[20] Fernández de Recas apunta que los mayorazgos eran una vinculación civil de carácter perpetuo en la posesión y disfrute de una tercera o quinta parte de las propiedades o títulos del fundador del mayorazgo. Los bienes vinculados a un heredero eran inalienables e indivisibles entre otros herederos. Como se necesitaba licencia real para instituir un mayorazgo había que ofrecer y tener mucho dinero para su obtención. Ya fundado, el llamamiento para la sucesión del mayorazgo debía apegarse a la voluntad de su fundador. Generalmente se beneficiaba al primer hijo legítimo y a sus sucesores, pero en su defecto la hija o heredera mayor legítima podía ser beneficiada. Las propiedades o títulos vinculados no podían ser hipotecados ni ser objeto de negociación. El fundador establecía las condiciones que deseaba. La posesión de mayorazgos facilitaba la obtención de títulos nobiliarios. *Vid.* Fernández de Recas, 1965, pp. xii-xvii.

a sus sucesores legítimos o, en ausencia de éstos, a su otro hijo Juan Lorenzo de Vera Ureña. El 16 de septiembre de 1612 Felipe III confirmó a don Melchor y a sus posibles herederos en el oficio:

> ...la majestad católica del rey don Felipe nuestro señor se sirvió hacer merced al dicho don Melchor de Vera y a los demás que después sucediesen perpetuamente en el dicho oficio del tesorero de la Casa de la Moneda, que le tuviesen y poseyesen como los demás bienes libres sin cargo ni obligación de renunciarle ni vivir los veinte días que están dispuestos por su real cédula de renunciaciones, sino que pasase libremente con los demás bienes libres del poseedor del dicho oficio a cualquier heredero universal.[21]

El 13 de marzo de 1619 Melchor de Vera otorgó una escritura ante el escribano real Diego Rubio en la que llamaba y nombraba para la sucesión del cargo de tesorero de la Casa de la Moneda a "los hijos de que Dios nuestro Señor fuese servido darle de su matrimonio y de doña María de Paredes su mujer, y en su falta en el dicho don Juan su hermano".[22] Pero en 1629 don Melchor murió sin descendencia, dejando como legítima y universal heredera a su esposa María de Paredes. En ausencia de hijos, el mayorazgo Vera Ureña pasó a Juan Lorenzo de Vera. Éste estaba casado con Francisca de Paredes, hermana de la esposa de don Melchor.

El 21 de mayo de 1629 María de Paredes dio suficiente poder legal a su cuñado Juan Lorenzo para que en su nombre tuviera, recibiera y cobrara de los acreedores de su difunto esposo cualesquier cantidades de pesos de oro común, plata, joyas, esclavos, mercaderías y otros géneros adeudados.[23] Juan Lorenzo de Vera vendió a los carmelitas, en catorce mil pesos, unas casas de alquiler que doña María tenía en la calle de

[21] ANDF/*PS* (18 abr. 1636), ff. 36-38.
[22] *Idem.*
[23] ANDF/*PS* (1633), f. 181.

San Francisco de la ciudad de México. El primero de enero de 1630 Juan Lorenzo de Vera estableció que en ausencia de hijos legítimos llamaba para la sucesión del mayorazgo instituido por sus padres a su primo hermano Pedro de la Cueba y Vera —vecino de la ciudad de Sevilla, hijo legítimo de Pedro de la Cueba y de Inés de Vera, hermana legítima de Diego Matías de Vera—, que era el pariente más cercano que tenía.[24]

Unos años después don Juan Lorenzo tuvo un pleito en el Real Consejo de Indias. Su hermano Melchor había adquirido el mencionado puesto de tesorero con ciertas calidades, entre ellas la de nombrar acuñadores, braceadores, capataces y otros oficios menores de la Casa de la Moneda. Esa condición había sido mantenida por mucho tiempo, y don Juan, como sucesor, ya había hecho dichos nombramientos. Sin embargo, las autoridades reales pretendieron vender esos oficios, "contra lo asentado... y en mi perjuicio y de mis sucesores". El 6 de febrero de 1634 Juan Lorenzo de Vera se comprometió a pagar dos mil pesos de oro común en reales de contado y otros gastos al doctor Mursia de la Llana, residente en la Villa de Madrid, a fin de que le consiguiera una real prohibición que dejara sin efecto la venta de los citados oficios.[25]

El 18 de dicembre de 1634 María de Paredes —hija legítima de Isabel Vázquez Dávila y de Bernardino de Paredes— nombró heredera universal de sus bienes a su hermana Francisca, esposa de Juan de Vera, y como herederos testamentarios a su dicho cuñado y a su hermano Pedro de Paredes. Benefició a su hermano Pedro con quinientos pesos en reales y con tres jóvenes esclavos llamados Baltasar, Melchor y Diego. Entre otras cosas, legó a doña Francisca el derecho de cobrar a Juan Bautista Ibarra —ex-teniente de tesorero de don Melchor— cincuenta y dos mil pesos que adeudaba a su difunto esposo. Ibarra sólo había satisfecho mil doscientos pe-

[24] ANDF/*PS* (18 abr. 1636), ff. 36-38.
[25] ANDF/*PS* (6 feb. 1634), f. 28.

sos, faltándole aún por pagar cincuenta y un mil ochocientos pesos, incluidos los réditos.[26]

Más tarde, Juan Lorenzo de Vera Ureña tuvo que alterar el llamamiento que había hecho en Pedro de la Cueba para que le sucediera en el mayorazgo, debido a que este pariente falleció. Otorgó otra escritura en la que dispuso que, si al momento de su muerte tenía descendencia, serían llamados a sucederle su hijo mayor de legítimo matrimonio y los hijos de éste; en ausencia de varón heredaría la hija mayor. Si su hijo o hija no pudieran servir en el oficio de tesorero de la Casa de la Moneda por su "tierna edad" ni la hembra pudiera casarse por la misma razón, resolvió que la persona nombrada tutor y curador de los bienes de su hijo o hija mayor o sus descendientes administraría el oficio y gozaría de sus preeminencias y prerrogativas, con tal de que los aprovechamientos económicos del cargo pertenecieran a su hijo o hija, en el ínterin que uno de éstos tuviera edad para usar y administrar el puesto. Asimismo señaló que, en caso de que no dejara descendencia, Luisa de la Cueba y Vera le sucedería en el mayorazgo. Ésta era esposa legítima del jurado Luis Reyes de Vera y hermana del fallecido don Pedro, los tres vecinos de la ciudad de Sevilla.[27]

Don Juan Lorenzo de Vera, criollo, caballero de la Orden de Santiago, desempeñó además del oficio de tesorero de la Real Casa de la Moneda los cargos de sargento mayor, de alcalde ordinario (1654) y de regidor de la ciudad de México. El mayorazgo Vera-Ureña y el enlace de don Juan y su hermano Melchor con las hijas de la familia Paredes-Vázquez significó la concentración de una gran fortuna.[28]

[26] ANDF/*PS* (18 dic. 1634), ff. 65-69.

[27] ANDF/*PS* (18 abr. 1636), ff. 36-38.

[28] Las casas principales de la morada de Juan L. de Vera tenían un valor aproximado de más de sesenta mil pesos de oro común. Sobre ellas tenía un censo de veinte mil pesos a favor de su cuñado el capitán Cristóbal de Zuleta, casado con su hermana doña Ana de Vera. ANDF/*PS* (1634), f. 72. Don Juan era dueño del molino y hacienda de Miraflores, bienes vinculados al mayorazgo Vera-Ureña. En 1663 el

Otro caso interesante es el de Juan de Alcocer, quien en 1629 era prior del Consulado de la ciudad de México y poseía los títulos de contador del Tribunal del Santo Oficio de la Inquisición, tesorero del Tribunal de la Santa Cruzada, y regidor.[29] Era hijo de Alonso de Alcocer y de María de Semena. Estaba casado con Guiomar de Abalos y Bocanegra. Su hermana, Beatriz de Alcocer, era esposa de otro importante funcionario real, Martín de Rivera, contador del Tribunal Mayor de Cuentas de Nueva España.

En el bosque de Chapultepec, jurisdicción de la ciudad de México, Juan de Alcocer poseía una hacienda de labor de pan y unos molinos con cuatro "piedras molientes" que había heredado de su padre, quien las adquirió de Cristóbal Gudiel y éste de su majestad. Colindante con esa propiedad tenía una huerta y heredad con dos piedras de molino que su padre había adquirido del regidor Ruiz González. Era poseedor de varios molinos con cuatro piedras en la jurisdicción del pueblo de Santa Fe, unos heredados de su padre y que antes fueron de los indios de dicho pueblo y otros que él había construido. Además era dueño de huertas y heredades junto al bosque de Papuljepeque [sic, seguramente por Chapultepec] en la jurisdicción de Tacubaya, por el rumbo de los llanos del pueblo de Sanctorum. En la provincia de Michoacán, villa de León, también poseía unas haciendas con nueve mil cabezas de ganado mayor y sesenta mil de ganado menor. En este lugar tenía casas, esclavos, aperos y otros ganados no especificados, todo heredado de su padre Alonso de Alcocer. Estas haciendas habían pertenecido a Mariana In-

oficio de tesorero de la Casa de la Moneda fue rematado en Juan Vázquez de Medina por trescientos mil pesos. Pero en 1664 este remate fue revocado por el Consejo de Indias beneficiando a un sobrino del ya difunto don Juan L. de Vera. Acerca del mayorazgo Vera-Ureña, *Vid.* FERNÁNDEZ DE RECAS, 1965, pp. 23-25; GUIJO, 1952, II, pp. 189, 219-220.

[29] ANDF/*PS* (1630), ff. 247-248; (1634), f. 181.

fante Samariego, a Bartolomé Núñez Hidalgo y a los herederos de Francisco Samariego y Francisca Infante.[30]

Don Juan de Alcocer y su esposa doña Guiomar tomaron varios censos al 5% de interés anual, afianzados en sus propiedades, bienes dotales y hereditarios. Según el libro de censos de la ciudad de México a cargo de Fernando Alfonso Carrillo y de su teniente Pedro Santillán, el 6 de febrero de 1627 Alcocer tomó un censo de tres mil pesos de la capellanía de Pedro de Velasco que iba a ser fundada en la iglesia de Santo Domingo del pueblo de Tacubaya.[31] El 7 de junio de 1635 doña Guiomar fue autorizada por su marido para tomar otro censo, esta vez de sesenta mil pesos de oro común, de la obra pía de Juan Márquez de Orozco, quien dejó suficientes bienes a cargo del arzobispo Francisco Manso y Zúñiga para que se fundara un convento de monjas de la orden de San Bernardo en la ciudad de México.[32] Ese mismo día Martín de Rivera otorgó licencia y expreso consentimiento a su esposa Beatriz de Alcocer para que sirviera de fiadora a su hermano y cuñada, de manera que éstos pudieran tomar y recibir hasta treinta mil pesos de oro común a censo redimible de la mencionada obra pía.[33] Finalmente, el

[30] ANDF/*PS* (1635), ff. 124-130, 107-209.

[31] ANDF/*PS* (1635), ff. 207-208. En 1570 el arzobispo de México fray Alonso de Montúfar hizo notar a Felipe II que en Nueva España no había moneda suficiente para las contrataciones que se practicaban en el reino: "Por se sacar tanta a cada flota y ésta nunca es contratada." *Vid. Documentos inéditos*, 1975, pp. 289-291. Los documentos estudiados para este artículo sugieren que la escasez de numerario aún continuaba afectando a algunos comerciantes, hacendados y a otros propietarios del siglo XVII. Este grupo, frecuentemente necesitado de grandes sumas de pesos de plata u oro común, se veía obligado a tomar censos redimibles a personas adineradas (quizás funcionarios reales y aviadores) o a la iglesia —gran prestamista de la época— para poder llevar a cabo transacciones comerciales u otros negocios. De acuerdo con una pragmática real citada en varios contratos de censo, no se podía cobrar más de 5% de rédito anual.

[32] ANDF/*PS* (1635), ff. 124-126.

[33] Los esposos Rivera-Alcocer obligaron todos sus bienes muebles y raíces: ganado, molinos, tierras, estancias, huertas, heredades, esclavos,

arzobispo Manso y Zúñiga concedió treinta mil pesos de oro común sobre el censo solicitado.[34]

Juan de Alcocer murió el 8 de julio de 1649 y fue sepultado en el convento de los religiosos de San Diego. A su entierro sólo asistieron tres o cuatro personas deudos suyos y el cura. No se le hizo novenario "por respeto de haberlo alcanzado el Tribunal de la Cruzada en 20 a 30 000 pesos del tiempo [en] que administró sus bulas". Tan pronto las autoridades reales decidieron embargar sus bienes, Martín de Rivera —contador mayor del Tribunal de Cuentas del reino— y su esposa Beatriz Alcocer, que eran fiadores del difunto don Juan, acordaron con el visitador general del Tribunal de Cuentas satisfacer a la corona la cantidad desfalcada en un plazo de veinte años con los réditos de rigor.[35] El compromiso contraído por el matrimonio Rivera-Alcocer aparentemente no evitó el embargo.[36]

En el caso de los Vera, como en el de los Alcocer, encontramos que los matrimonios y relaciones de parentesco favorecían la creación y concentración de grandes capitales y haciendas en un mismo tronco familiar. La posesión perpetua de títulos y cargos no sólo significaba aumentar los fueros o privilegios, el prestigio social y "calidad" del poseedor, sino que además —en algunos casos— se tenía acceso a más ingresos y a mayores oportunidades de acrecentar los intereses económicos. Vemos que los padres de estos funcio-

aperos, potreros y las casas principales de su morada ubicadas en la calle de Oidores de la ciudad de México. En ese entonces don Martín y doña Beatriz también otorgaron una carta de pago a Juan de Alcocer, quien adeudaba a su hermana Beatriz veinte mil pesos de oro común por el derecho que ella tenía a los bienes legítimos y herencias de sus padres don Alonso y doña María. ANDF/*PS* (1635), ff. 126-130.

34 ANDF/*PS* (1635), f. 209.

35 GUIJO, 1952, I, pp. 59-60.

36 Guijo refiere que el 29 de julio de 1654 el inquisidor apostólico doctor don Pedro Rico entró a la ciudad de México y tomó para su morada las casas que fueron de Juan de Alcocer en la calle de la Palma. GUIJO, 1952, I, p. 257.

narios eran ricos hacendados, cuya posición socioeconómica permitió a sus descendientes obtener puestos de gran importancia en la burocracia virreinal. En el caso de Juan de Alcocer su riqueza provenía de herencias suyas y de su mujer, de la dote de su esposa y de una variedad de actividades: del comercio, de la agricultura, de la ganadería, del acceso que tenía a cuantiosos censos o préstamos, y de los altos cargos que llegó a desempeñar.[37] Pero también se demuestra que, si bien estos funcionarios quedaban amparados por los fueros de las corporaciones a las que pertenecían, habían de observar las leyes, usos y costumbres de aquella sociedad, pues cualquier violación podía conllevar la pérdida absoluta de los bienes y posición lograda, como le ocurrió a Juan de Alcocer.

La creación de mayorazgos, la adquisición de altos cargos y las consabidas renunciaciones en los descendientes o familiares más allegados, además de los enlaces matrimoniales entre familas de abolengo del sector criollo y español, dejan ver la antigua aspiración señorial de los primeros conquistadores y pobladores de México de crear un centro de poder con fuerza propia y anexo a la confederación de reinos de la corona española. En cierta manera, estas prácticas o costumbres eran un modo de afianzar el poder y la autonomía de los criollos frente a las tendencias regalistas de la monarquía ibérica.

[37] A la luz de un estudio de María del Carmen Velázquez, la acumulación de riqueza de los Sánchez de Tagle en el siglo XVIII siguió un patrón de desarrollo parecido al de los Alcocer en el siglo XVII: "Si originalmente los Sánchez de Tagle se enriquecieron con el comercio transoceánico, una vez en Nueva España se hicieron hacendados y obtuvieron altos puestos en la administración, por lo que se puede decir que su riqueza les venía del comercio, la agricultura, la ganadería y las finanzas, pues también tomaban censos del Juzgado de Capellanías que afianzaban con sus grandes propiedades rurales y urbanas. Su influencia económica y social, por tanto, era de importancia, ya que además de riqueza tenían apoyos en el Consulado de México, en el ayuntamiento de la capital y en la curia civil y eclesiástica." VELÁZQUEZ, 1976, p. 19.

En 1636 el ayuntamiento de la ciudad de México, ejemplo del patriciado urbano de la Nueva España, aún tenía pretensiones nobiliarias. En las discusiones y negociaciones que precedieron a la capitulación de la renta de doscientos mil pesos anuales para el mantenimiento de la Armada de Barlovento, ofrecida por el organismo capitular por sí y por todo reino, los regidores aprovecharon la ocasión para resaltar que como descendientes de los beneméritos del reino y en virtud del servicio que prestarían al rey, merecían que éste les concediera mercedes, como darles encomiendas a perpetuidad, premiar a los vecinos novohispanos con la mitad de las plazas eclesiásticas y de los oficios de oidores, alcaldes y fiscales de las audiencias de México y Perú, honrar a los mexicanos con la mitad de las plazas de capitanes y otros puestos que generara la fundación de la Armada de Barlovento, aumentar el número de familiares vecinos de la ciudad de México en el Santo Oficio de la Inquisición, prohibir la "jurisdicción privativa" de algunos tribunales como el de la Santa Cruzada, administrar los fondos destinados al desagüe de la ciudad de México, cobrar y administrar la renta que habían ofrecido para el mantenimiento anual de la armada, adquirir en Nueva España todos los géneros necesarios para dicha marina y, entre otros puntos, no empezar el servicio de la renta hasta que la corona enviara su resolución final sobre el memorial de mercedes. Sin duda, estas peticiones entrañaban fortalecer la posición político-económica de los criollos, consolidar su autoridad y riqueza, ampliar su participación en el gobierno virreinal y permitirles gobernarse conforme a las necesidades e intereses de los vecinos del reino, siempre fieles y leales vasallos del rey.[38]

[38] Sobre las pretensiones nobiliarias de los conquistadores de México en el siglo XVI, Silvio A. Zavala ha demostrado que el encuentro de las posiciones señorial y monárquica centralista se produjo con mayor fuerza cuando los fundadores del reino novohispano pidieron que las encomiendas fueran perpetuas en la sucesión con derecho a administrar justicia. La corona resistió esa tendencia. *Vid.* "La encomienda como institución política", en ZAVALA, 1978, pp. 93-105.

Estas aspiraciones son evidentes en los costosos trámites que varias familias de la época —ligadas a funcionarios municipales— emprendieron ante el rey para obtener oficios honorarios o que conllevaban suficientes ingresos para vivir con decoro y según su calidad.

Por ejemplo, el 17 de abril de 1636 el capitán Diego Sánchez de Orduña sometió una información a la corona por medio de procuradores con el fin de que el monarca le concediera unas mercedes. Sánchez de Orduña otorgó poder al alférez Andrés Ponce de León y a Juan de Salazar, agentes del Consejo Real de las Indias, al presidente en la villa de Madrid, Juan Gran de Monfalcón, y a Alonso de Llanos para que —cada uno y cualquiera de ellos insolidum— en su nombre comparecieran ante el rey y en sus reales Consejos de Castilla, Indias, Gracia y Guerra presentaran los papeles, informaciones y demás recaudos sobre los méritos de su persona y los servicios que había hecho a su majestad en los reinos de Nueva España. Solicitaba mercedes de oficios de justicia y guerra u otros que el monarca le ofreciera. Sus agentes también debían comparecer ante el Consejo Supremo de la Santa y General Inquisición y pedir para él y sus hijos, don Juan —regidor de la ciudad de México y familiar de la Inquisición— y don Diego de Orduña, otras mercedes, "así en oficios de secretario del secreto del dicho Santo Oficio de esta ciudad o en otros de los mayores de él, haciendo en lo uno y en lo otro las diligencias que convengan y sean necesarias hasta que tengan efecto las mercedes". Sus procuradores debían solicitar facultad para que Sánchez Orduña pudiera renunciar "sus servicios en los dichos sus hijos y acepte las [mercedes] que se les hicieren y de ellas saquen títulos y provisiones reales y se las envíen y remitan por duplicado".[39]

En ese entonces, el regidor capitán Juan de Orduña poseía una hacienda y estancia conocida como el Valle de la Sauceda

[39] ANDF/*PS* (1636), ff. 35-36.

en el Reino de Nueva Vizcaya.[40] Su hermano Diego tenía una causa pendiente contra el capitular Juan Francisco de Vértiz, afianzador del caballero de la Orden de Santiago Melchor Pérez de Veráez, en una deuda que éste contrajo con el rey. Vencido el periodo de pago concedido a Pérez de Veráez el oficio de regidor de Vértiz fue rematado en seis mil pesos al concejal Juan de Orduña a favor de su hermano Diego, "cuyo precio y valor el dicho hermano don Juan por él enteró y satisfizo en la real caja de su majestad". Como el pleito aún no había sido resuelto, Vértiz continuaba haciendo uso de su cargo.[41]

Los trámites llevados a cabo por los Sánchez Orduña confirman cómo las familias patricias, apoyadas en los servicios que hacían y habían hecho al rey, procedían para obtener de éste prerrogativas de carácter señorial. De ese modo esperaban robustecer su posición y categoría en una sociedad cuyo signo fundamental era la ordenación jerárquica. De ahí, pues, el interés de algunos en adquirir títulos o privilegios por vía de merced cuando el peticionario tenía suficientes méritos, o por vía de compra cuando los servicios prestados a la corona eran escasos o de poco valor.

[40] El 12 de febrero de 1634 Juan de Orduña adquirió y compró esa propiedad al convento y monjas de Nuestra Señora de la Encarnación de la ciudad de México, con todas las caballerías de tierras y sitios para ganado mayor y menor, estancias, solares, sitios de molinos, mercedes y ojos de agua, pastos, jacales, ranchos, un negro llamado Juan Ramos y una mulata, Clara, con sus crías. El 27 de noviembre de 1635 don Juan otorgó poder al licenciado Miguel de la Barcena Balmaseda —clérigo presbítero, vecino de la villa de Guadiana— para que en su nombre tomara posesión de esa hacienda. No se señala el precio de la propiedad. ANDF/*PS* (27 nov. 1635), ff. 227-228.

[41] El pleito se ventiló por primera vez ante el oidor más antiguo de la Real Audiencia, licenciado Juan de Álvarez Serrano, quien luego pasó el caso al gobierno del virrey, de donde se remitió al Real Consejo de Indias para que dicho remate fuera aprobado y confirmado. Don Diego encargó a su hermano Juan para que él u otra persona compareciera ante el rey y su Real Consejo de Indias con el fin de que la causa contra Vértiz fuera resuelta a su favor. ANDF/*PS* (23 abr. 1636), ff. 194-195.

El 27 de marzo de 1623 la familia Medina Angulo fundó un mayorazgo para perpetuar sus linajes y apellidos. Francisco de Medina Reinoso —hijo legítimo de Alonso de Reinoso, natural de la villa de Boadilla de Río Seco, y de Clara Luis, natural de la ciudad de Biseo, ambos lugares en los reinos de Portugal donde nació don Francisco— y Juana de Angulo y Ortega, los dos vecinos de la ciudad de México, compraron y vincularon los oficios de regidor y de receptor de penas de cámara, estrados y gastos de justicia de la gobernación de Nueva España a favor de su hijo mayor el regidor Fernando de Angulo Reinoso y de los descendientes de éste. Don Francisco y doña Juana tenían otros hijos: fray Diego de Medina Reinoso, hermano fraile profeso y sacerdote de la orden de San Francisco, Mariana de Angulo Reinoso, e Isabel de Reinoso.[42] La adquisición de estos importantes oficios por una familia cuyo tronco paterno era de origen portugués ejemplifica lo que pudo ser una práctica entre vecinos del reino de ascendencia no española, ante todo portugueses, para resguardar sus bienes y su prestigio social.

Ciertamente, la designación y confirmación real de algunos vasallos criollos en altos cargos burocráticos, por vía de merced o compra, denotaba la confianza de la corona con respecto a la fidelidad de estos funcionarios.

Uno de los miembros más distinguidos de la burocracia municipal de la ciudad de México fue Fernando Alfonso Carrillo. Éste desempeñó el cargo de escribano mayor de cabildo por treinta y ocho años consecutivos, desde 1602 hasta 1641, cuando falleció. Dada su larga experiencia administrativa en el gobierno de la capital virreinal varios virreyes lo incluyeron en comisiones dedicadas a estudiar problemas fundamentales de la ciudad de México y de todo el reino, como fueron el desagüe de Huehuetoca, los medios y arbitrios para costear la renta de mantenimiento anual para la Armada de Barlovento, la escasez de mano de obra indígena, la crisis minera, y los precios del trigo. La junta del desagüe

[42] ANDF/*PS* (1636), ff. 228-249, 256-257.

había sido creada por el marqués de Cerralvo en 1630.[43] El marqués de Cadereita la reorganizó en 1636 y creó las demás comisiones. En todas ellas Carrillo intervino con facultad expresa de los virreyes de participar con voz y voto. Fue coautor de la *Relación universal,* obra relativa a la historia del desagüe de la ciudad de México y a las propuestas para continuar dicha obra, impresa en la capital virreinal en 1637.[44] Carrillo estaba casado con Inés Maldonado y habían procreado un hijo, Sebastián Carrillo Maldonado. Hay pocas noticias sobre la familia de don Fernando. No sabemos nada de su línea paterna. Su madre, Tomasina de la Cerda, ordenó en su testamento instituir y fundar una capellanía. Dejó como patrón y capellán del Santuario de Nuestra Señora de los Remedios a su otro hijo, el licenciado presbítero Gonzalo Carrillo de la Cerda. En 1648 don Gonzalo ejercía el cargo de "abogado de presa" del Santo Oficio y fue electo abad de San Pedro.[45]

Con relación a los bienes muebles e inmuebles del escribano mayor, sabemos que por el rumbo de Tacuba, junto al río de los Remedios, poseía unos molinos de pan con cuatro piedras de moler, diez trojes, casas, corrales, esclavos, mulas de recua, yeguas, bueyes, una hacienda de labor de riego y otra de temporal, heredades, huertas y batanes para enfurtir lana en agua caliente ubicados junto a la ermita de Nuestra Señora de los Remedios.[46] En el monte de Texme-

[43] A raíz de la gran inundación de 1629, el marqués de Cerralvo organizó el 25 de septiembre de 1630 la Junta del Desagüe de la ciudad de México. Carrillo participó en esa junta y tuvo a su cargo toda la documentación relacionada con el problema del desagüe. *Cf.* Boyer, 1975, *passim.*

[44] Cepeda, Carrillo y Álvarez Serrano, 1976.

[45] ANDF/*PS* (1634), 252; Guijo, 1952, I, p. 3.

[46] El batán era una máquina compuesta de gruesos mazos de madera para desengrasar y enfurtir paños. El 20 de noviembre de 1634 Carrillo acordó con el dueño de un obraje, Baltazar Martínez, abatanar y enfurtir en agua caliente los paños que fueran tejidos en el taller de Martínez. Don Fernando se comprometió a buscar y devolver los paños "después de batanados e insurtidos a su costa". El contrato sería desde

lucan, junto a Río Frío, tenía una venta nueva de piedra, cal y arena con dos caballerías de tierra y dos sitios de estancia para ganado menor. Entre otras propiedades, era dueño de una caballería y media de tierra junto al pueblo de San Bartolomé (el documento no especifica cuál) y de una panadería con su avío junto a la ermita de Nuestra Señora de Guadalupe. Asimismo, tenía una tienda arrendada a Nicolás de Cabrera y llevaba negocios con mineros de San Luis Potosí.[47] Apoyados en esos bienes, Carrillo y su esposa tomaron varios censos redimibles a capellanías y conventos.[48]

Antes de morir, el regidor Alonso de Galván nombró en 1633 a Fernando Carrillo tutor y curador de los bienes de sus hijos menores. Galván había fundado una compañía, a pérdida y ganancia, con Gerónimo de Villaseca para la administración de las haciendas de ganado mayor de Oloapa, Buena Vista, Calasvasepeque [sic] y Derrotero Viejo en la jurisdicción de Guaspaltepec (misma que después se incorporó a Cosamaloapan). Estas haciendas pertenecían a los fundadores de la compañía, "por mitad", y desde 1620 eran administradas por Villaseca.[49]

Conocedor de la importancia de los títulos y cargos de gobierno, Fernando A. Carrillo adquirió en 1633 para su hijo Sebastián de ocho años de edad el título de ensayador y fundidor mayor de la Casa de la Moneda, con la condición de que don Fernando, como legítimo administrador de su hijo, pudiera nombrar un teniente hasta que Sebastián tuviera edad para ejercer el cargo. Ese puesto había pertenecido a Melchor de Cuéllar, patrón del convento del Santo

---

el primero de diciembre de 1634 por tiempo de un año. Don Baltazar pagaría a Carrillo novecientos pesos de oro común por todo el servicio. ANDF/*PS* (1634), ff. 268-270.

[47] ANDF/*PS* (1627), ff. 252-253; (1634), ff. 167-168, 192-193; (1635), f. 180.

[48] ANDF/*PS* (1627), ff. 252-253; (13 sep. 1634), f. 252; (29 jun. 1635), f. 180.

[49] ANDF/*PS* (1630), ff 226-230; (3 ago. 1633), f. 178. Acerca de la ubicación de estos lugares, *vid.* GERHARD, 1972, pp. 86-87.

Desierto de los carmelitas descalzos. Cuéllar nombró herederos de sus bienes a su esposa Mariana de Aguilar Niño y al citado convento. El oficio de ensayador y fundidor pasó a ser propiedad de esos monjes. Don Fernando acordó con ellos que los títulos del oficio pasarían a su hijo Sebastián. Éste no cobraría emolumentos y estaría obligado a entregar a dichos religiosos las rentas que produjera el desempeño del puesto.[50]

Para esta época, los regidores habían logrado consolidar una gran riqueza y prestigio social. En función de ese poder aspiraban a un verdadero orden señorial que les permitiera mantener cierta autonomía frente a las tendencias centralizadoras de la corona. Por ello, en el momento en que Felipe IV solicitó el servicio de la renta para la Armada de Barlovento afloraron las apetencias del sector criollo: demandaron una mayor participación en el gobierno de la tierra conquistada por sus antepasados.

## SIGLAS Y REFERENCIAS

| | |
|---|---|
| AAM | Archivo del Ayuntamiento de la Ciudad de México. |
| ANDF/*PS* | Archivo General de Notarías del Departamento del Distrito Federal, México. *Protocolos de Pedro de Santillán.* |
| UT/*WBS* | University of Texas, Austin. *Latin American Collection, Fondo W. B. Stephens.* |

[50] Don Fernando nombró a Diego de Godoy como teniente o representante de su hijo Sebastián. El 16 de abril de 1633 el escribano mayor comenzó a hacer los trámites para lograr que el rey confirmara a su hijo en los títulos de ensayador y fundidor mayor de la Casa de la Moneda. ANDF/*PS* (1633), ff. 40-43, 59-61, 105-106, 137.

*Actas antiguas*

1893-1910 *Actas antiguas del cabildo de México — 1635-1643,* México, Imprenta y Librería de Aguilar e Hijos, e Imprenta de A. Carranza e Hijos.

BOYER, Richard E.

1975 *La gran inundación — Vida y sociedad en la ciudad de México — 1629-1638,* México, Secretaría de Educación Pública. «SepSetentas, 218.»

CEPEDA, Fernando de, Fernando Alfonso CARRILLO, y Juan de ÁLVAREZ SERRANO

1976 *Relación universal — 1637,* Tercera edición, México, Secretaría de Obras Públicas.

*Documentos inéditos*

1975 *Documentos inéditos del siglo xvi para la historia de México,* colegidos y anotados por Mariano Cuevas, segunda edición, México, Editorial Porrúa.

FERNÁNDEZ DE RECAS, Guillermo S.

1965 *Mayorazgos de la Nueva España,* México, Universidad Nacional Autónoma de México.

FLORES OLEA, Aurora

1970 "Los regidores de la ciudad de México en la primera mitad del siglo XVII", en *Estudios de historia novohispana,* III, pp. 149-172.

GERHARD, Peter

1972 *A guide to the historical geography of New Spain,* Cambridge, Cambridge University Press. «Cambridge Latin American Studies, 14.»

GUIJO, Gregorio M. de

1952 *Diario — 1648-1664,* México, Editorial Porrúa, 2 vols.

HOBERMAN, Louisa Schell

1977 "Merchants in seventeenth-century Mexico City — A preliminary portrait", en *Hispanic American Historical Review,* LVII:3 (sep.), pp. 479-503.

MEDINA, José Toribio

1952 *Historia del Tribunal del Santo Oficio de la Inquisición en México,* segunda edición ampliada por Julio Jiménez Rueda, México, Ediciones Fuente Cultural.

*Recopilación*

1973 *Recopilación de leyes de los reynos de Indias,* edición facsimilar, Madrid, Ediciones Cultura Hispánica, 4 vols.

VELÁZQUEZ, María del Carmen

1950 *El estado de guerra en Nueva España — 1760-1808,* México, El Colegio de México.

1976 *El marqués de Altamira y las provincias internas de Nueva España,* México, El Colegio de México.

*Los virreyes*

1977 *Los virreyes españoles en América durante el gobierno de la Casa de Austria — México,* ed. de Lewis Hanke y Celso Rodríguez, Madrid, Editorial Atlas. «Biblioteca de Autores Españoles, CCLXXIII-CCLXXVII.»

ZAVALA, Silvio A.

1933 *Los intereses particulares en la conquista de la Nueva España,* Madrid, Imprenta Palomeque.

1971 *Las instituciones jurídicas en la conquista de América,* segunda edición revisada y aumentada, México, Editorial Porrúa.

1973 *La encomienda indiana,* segunda edición revisada y aumentada, México, Editorial Porrúa.

1978 *Ensayos sobre la colonización española en América,* tercera edición, México, Editorial Porrúa.

# 31
# The Social Context of Democracy in Massachusetts

*Michael Zuckerman*

FOR at least a decade now, a debate has passed through these pages on the extent of democracy in the old New England town. It began, of course, with Robert E. Brown, and it did not begin badly: Brown's work was a breath of fresh air in a stale discussion, substituting statistics for cynicism and adding figures to filiopietism. But what was begun decently has degenerated since, and findings that should have provoked larger questions have only produced quibbles and counter-quibbles over methodology and quantification. The discussion has not been entirely futile—few would now maintain the old claim that the franchise was very closely confined in provincial Massachusetts—but neither has its apparent potential been realized. We are, ultimately, as far from agreement as we ever were about whether eighteenth-century Massachusetts was democratic. Somehow, the discussion has stalled at the starting point; a promising avenue of inquiry has not developed beyond its initial promise.

Perhaps a part of that failure was implicit in Brown's initial formulation of the problem; but one man cannot do everything, and Brown did advance our consideration of the New England town as far as any one man ever has. If he did not answer, or even ask, all the questions which might have been raised, other students could have done so. Brown's work made that possible. But since *Middle-Class Democracy and the Revolution in Massachusetts* (Ithaca, 1955) no comparable advances have been made. Indeed, the discussion seems to have stopped conceptually where Brown stopped, and one is forced to wonder not merely whether the right questions are being asked but whether any significant questions at all are being asked, other than those of how better to compute voting percentages. Certainly the terms of the debate have been, and are, inadequate to its resolution. Most obviously, figures on the franchise simply cannot serve to establish democracy. In our own time we have seen too many travesties on universal suffrage in too many non-democratic regimes to continue to take seriously in and of itself such an abstract calculus. Yet on both sides the discussion of New England town-meeting democracy has often assumed that the franchise is a satisfactory index of democracy, and the recourse to the seeming solidity of the voting statistics has depended, if only implicitly, upon that dubious premise.

Even those few critics who have challenged the contention that the issue of eighteenth-century democracy could be settled by counting heads have generally acquiesced in the far more fundamental assumption that in one way or another the issue of the eighteenth century was what the Browns have declared it to be: "democracy or aristocracy?" But democracy and aristocracy are probably false alternatives in any case for provincial Massachusetts; and in this case they are surely so, because they have been made initial tools of inquiry instead of end terms.

Of course, the Browns have hardly been alone in their strategy of frontal assault. On the contrary, it is indicative of how thoroughly their work established the contours of subsequent study that others have also rushed right into the issue of democracy without even a pause to ponder whether that issue was quite so readily accessible. Yet it would be admitted on most sides that democracy was hardly a value of such supreme salience to the men of provincial Massachusetts that it governed their conscious motives and aspirations; nor, after all, did it provide the framework for social structure in the towns of the province. In application to such a society, then, a concept such as democracy must always be recognized for just that: a concept of our own devising. It is not a datum that can be directly apprehended in all its immediacy; it is an abstraction —a rather elevated abstraction—which represents a covering judgment of the general tenor or tendency of social relations and institutions. As such, it can carry its own assurance of validity only if it proceeds out of, rather than precedes, analysis of the society to which it is applied. To rip it out of its social context is to risk exactly the disembodied discussion of democracy we have witnessed over the past decade.

If we would study democracy in provincial Massachusetts, we cannot plunge headlong into that issue without sacrificing the context which conferred meaning on whatever degree of democracy did exist. Since democracy was incidental to the prime purposes of provincial society, we must first confront that society. Democracy, to the extent that it existed, was no isolated element in the organization of the political community, and problems of political participation and inclusion cannot be considered apart from the entire question of the nature of the provincial community. Even if most men in eighteenth-century Massachusetts could vote, that is only the beginning, not the end, of inquiry. What, then, was the *function* of a widely extended suffrage, and what was the function of voting itself in the conduct of the community? Who specifically was admitted to the franchise, and who was denied that privilege, and on what grounds? For ultimately, if we are to understand the towns that made the Revolution in Massachusetts, we must find out not only *whether* most men could vote but also *why*.

It is particularly imperative that we place provincial democracy in its social context because nothing else can plausibly account for its development. The founders of the settlement at Massachusetts Bay came with neither an inclusive ethos nor any larger notions of middle-class democracy. In 1630 a band of true believers had entered upon the wilderness, possessed of a conviction of absolute and invincible righteousness. Their leaders, in that first generation, proudly proclaimed that they "abhorred democracy," and, as Perry Miller maintained, "theirs was not an idle boast."[1] The spirit of the founders was set firmly against inclusion, with the very meaning of the migration dependent for many on an extension of the sphere of ecclesiastical exclusivity. The right of every church to keep out the unworthy was precisely the point of the Congregationalists' difference with the established church, and it was a right which could not be realized in England.[2] Yet, without any English prodding and within about a decade of the first settlements, the original ideals of exclusion had begun to break down at the local level. Until 1692 the colonial suffrage extended only to freemen, but by that time non-freemen had been voting in town affairs for almost half a century.[3] The ability of the settlers to sustain suffrage restrictions at the colonial level so long after they were abandoned in the towns not only indicates the incomplete coincidence of intellectual currents and local conduct in early New England but also contradicts any contention that the pres-

[1] Perry Miller, *Orthodoxy in Massachusetts* (Boston, 1959), 37.

[2] Edmund S. Morgan, *Visible Saints* (New York, 1963), esp. 10-12, 21.

[3] The first break occurred in 1641 when the Body of Liberties made all men free to attend town meetings; an enactment of 1647 allowed them to vote. On the other hand, some restrictions on non-freemen did remain. See Joel Parker, "The Origin, Organization, and Influence of the Towns of New England," Massachusetts Historical Society, *Proceedings*, IX (Boston, 1866), 46.

sures for democratic participation derived from Puritan theology or thought. The New England Puritans were pressed to the popularization of political authority only in grudging adjustment to the exigencies of their situation.

Their situation, quite simply, was one that left them stripped of any *other* sanctions than those of the group. The sea passage had cut the new settlement off from the full force of traditional authority, so that even the maintenance of law and order had to be managed in the absence of any customarily accepted agencies for its establishment or enforcement. Furthermore, as the seventeenth century waned and settlement dispersed, the preservation of public order devolved increasingly upon the local community. What was reluctantly admitted in the seventeenth century was openly acknowledged in the eighteenth, after the arrival of the new charter: the public peace could not be entrusted to Boston, but would have to be separately secured in each town in the province. And though this devolution of effective authority to the local level resolved other difficulties, it only aggravated the problem of order, because the towns even more than the central government were without institutions and authorities sanctioned by tradition. Moreover, the towns had relatively limited instruments of enforcement, and they were demonstrably loath to use the coercive power they did possess.[4]

Nonetheless, order was obtained in the eighteenth-century town, and it was obtained by concord far more than by compulsion. Consensus governed the communities of provincial Massachusetts, and harmony and homogeneity were the regular—and required—realities of local life. Effective action necessitated a public opinion approaching if not attaining unanimity, and public policy was accordingly bent toward securing such unanimity. The result was, to be sure, a kind of government by common consent, but government by consent in eighteenth-century Massachusetts did not imply democracy in any more modern sense because it required far more than mere majoritarianism. Such majoritarianism implied a

[4] Difficulties of enforcement are not easy to demonstrate in a few sentences, but they can be suggested, perhaps, by the ease of mob mobilization and by the extensive evasion of the office of constable, especially by the middling and upper classes of the community, which was both symptomatic of and contributory to the structural weakness of the constabulary. There was, in other words, a formal legal system in the province without an autonomous instrument for its own enforcement. A more elaborate development of the general theme is in Michael Zuckerman, The Massachusetts Town in the Eighteenth Century (unpubl. Ph.D. diss., Harvard University, 1967), esp. 118-126.

minority, and the towns could no more condone a competing minority by their norms and values than they could have constrained it by their police power. Neither conflict, dissent, nor any other structured pluralism ever obtained legitimacy in the towns of the Bay before the Revolution.[5]

Thus, authority found another form in provincial Massachusetts. Its instrument was the town meeting, which was no mere forum but the essential element in the delicate equipoise of peace and propriety which governed the New England town. In the absence of any satisfactory means of traditional or institutional coercion, the recalcitrant could not be compelled to adhere to the common course of action. Therefore, the common course of action had to be so shaped as to leave none recalcitrant—that was the vital function of the New England town meeting. To oversimplify perhaps, the town meeting solved the problem of enforcement by evading it. The meeting gave institutional expression to the imperatives of peace. In the meetings consensus was reached, and individual consent and group opinion were placed in the service of social conformity. There the men of the province established their agreements on policies and places, and there they legitimized those agreements so that subsequent deviation from those accords became socially illegitimate and personally immoral as well, meaning as it did the violation of a covenant or the breaking of a promise. In the town meetings men talked of politics, but ultimately they sought to establish moral community.

In the context of such a community, the significance of an extended franchise becomes quite clear: governance by concord and concurrence required inclusiveness. In communities in which effective enforcement depended on the moral binding of decisions upon the men who made

[5] The import of the argument sketched here and developed below must be understood. No full-scale defense of the consensus hypothesis will be attempted here, nor would one be possible in such a piece as this: an examination of such a narrow matter as electoral eligibility can hardly *prove* a set of propositions about so substantial a subject as the social organization of the New England town. A full-scale defense of the hypothesis assumed here is found in Zuckerman, Massachusetts Town in the Eighteenth Century. What is in fact claimed here is, first, that this hypothesis in particular does illuminate many aspects of political "democracy" in the Massachusetts town of the eighteenth century and, second, that whatever failings may be found in this particular hypothesis, *some* kind of hypothesis is surely necessary to ground the discussion of democracy in the colony and establish it in a social context.

them, it was essential that most men be parties to such decisions. Not the principled notions of the New Englanders but the stern necessities of enforcement sustained town-meeting democracy in Massachusetts. The politics of consensus made a degree of democracy functional, even made it a functional imperative. Men were allowed to vote not out of any overweening attachment to democratic principles *per se* but simply because a wide canvass was convenient, if not indeed critical, in consolidating a consensus in the community.

Under this incentive to inclusion, most towns did set their suffrage almost as liberally as Brown claimed. To seek the social context of the suffrage, then, necessitates no major quarrel with Brown's figures on franchise democracy; what it may provide is an explanation for them. It also offers the possibility of accounting for more than just the figures. As soon as we see that the high degree of participation permitted in the politics of the provincial town was not an isolated phenomenon but rather an integral aspect of the conduct of the community, we are in a position to go beyond a disembodied study of electoral eligibility and a simple celebration of middle-class democracy in Massachusetts. We are in a position to convert polemics into problems, and to press for answers.

In many communities, for example, a substantial and sometimes an overwhelming proportion of the people were *not* technically entitled to vote. Brown did not discuss some of these places, and the ones he did discuss were added to his evidence only with the special explanation that sometimes even the ineligible were admitted to the ballot box. But in the context of community such lapses would not necessarily invalidate his larger conclusions, nor would such *ad hoc* expedients be required; for the same imperatives impinged on towns where few were legally qualified as on the others, and the same results of wide political participation obtained because of the same sense that inclusiveness promoted peace while more rigorous methods threatened it. The town of Douglas, with only five qualified voters in its first years, flatly refused to be bound by a determination confined to those five, declaring its conviction "that the intent of no law can bind them to such ill consequences." Mendon, in its "infant state" in 1742, voted "to permit a considerable number of persons not qualified by law to vote . . . being induced thereto by an apprehension that it would be a means of preserving peace and unity amongst ourselves." Princeton, incorporated in

1760 with forty-three settlers but only fourteen eligible to vote according to provincial regulations, established a formal "agreement among themselves to overlook" those regulations, and the General Court upheld that agreement. "The poor freeholders" in the early days of Upton were also "allowed liberty to vote in town meeting," and it had produced "an encouraging harmony" in local affairs until 1746, when a few of the qualified voters, momentarily possessed of a majority of the ten in town, sought to upset the customary arrangements and limit the franchise as the law required. The rest of the town at once protested that "such a strenuous method of proceeding would endanger the peace of the town" and begged the General Court "to prevent the dismal damages that may follow" therefrom. The Court did exactly as it was asked, and at the new meeting the town reverted to its old form: "everyone was admitted to vote, qualified or not."[6]

The principle which governed such universalism was not deliberate democracy; it was merely a recognition that the community could not be governed solely by the qualified voters if they were too few in number. Such a situation was most likely to occur in new communities, but it was not limited to them. Middleton had been established for almost a quarter of a century when it was conceded that in the local elections of 1752 "there was double the number of votes to the lawful voters." In a variety of towns and at other times, requirements for the franchise were also ignored and admission of the unqualified acknowledged explicitly.[7] Thomas Hutchinson's wry lament that "anything with the appearance of a man" was allowed the vote may have been excessive, but it was not wholly fabricated.[8] And even towns whose political procedures were more regular resorted to universalism in cases of conflict or of major issues. Fitchburg, for instance, voted in 1767 that "every freholder be a votter in Chusing of a minestr," while twenty years earlier, in a bitterly contested election in Haverhill, "there was not any list of valuation read nor any list of non-voters nor any weighting

[6] Massachusetts Archives, CXV, 168, 169, 316-317, 319-320, 469-471, 864-865; CXVII, 647-649, 652; CXVIII, 734-735a, 762, State House, Boston; Francis E. Blake, *History of the Town of Princeton* (Princeton, Mass., 1915), I, 76-77.

[7] Mass. Archives, VIII, 279, for others see *ibid.*, 278; XLIX, 398-400; L, 20-22, 25-26, 85-88, 89-90; CXIII, 270; CXV, 36-37, 291; CXVI, 373-374; CXVII, 291-293, 302-305; CLXXXI, 23-24a.

[8] Brown, *Middle-Class Democracy*, 60.

of what name or nature whatsoever by which the selectmen did pretend to show who was qualified to vote in town affairs."[9]

The question of inclusiveness itself sometimes came before a town, not always without challenge but generally with a democratic outcome. Dudley, more than a decade after the incorporation of the town, voted "that all the freeholder of sd town should be voters by a graet majorytie and all agreed to it." In Needham in 1750 it was also "put to vote whether it be the mind of the town to allow all freeholders in town to vote for a moderator," and there too the vote carried in the affirmative. And that verdict for inclusion was not even as revealing as the method by which that verdict was reached, for in voting *whether* to include all in the election, Needham *did* include all in the procedural issue. Every man did vote on the question of whether every man was to be allowed to vote.[10]

Of course, absolute inclusiveness never prevailed in provincial Massachusetts—women could not vote at all, and neither could anyone under 21—and property and residence qualifications, introduced in 1692, were probably adhered to as often as they were ignored, so that even the participation of adult males was something less than universal. It was an important part of Brown's achievement to show that, in general, it was not *very much* less than universal, but, by the nature of his research strategy, he could go no further than that. If we are to penetrate to particulars—if we are to ask who was excluded, and why, and why the suffrage standards were what they were—we must consider not only numbers but also the conditions of community.

The men who were not allowed legitimately to vote with their fellow townsmen were commonly tenants or the sons of voters; as Brown discovered, it was these two groups against which the property requirement primarily operated. But where the controversialists seek to *excuse* these exclusions, or to magnify them, a broader perspective allows one to *explain* them, for against these two groups sanctions were available that were far more effective than those of the generalized community. Stringent property qualifications were clearly self-defeating in a society where consensus was the engine of enforcement, but overly

[9] Walter A. Davis, comp., *The Old Records of the Town of Fitchburg Massachusetts 1764-1789* (Fitchburg, Mass., 1898), 39; Mass. Archives, VIII, 273.

[10] *Town Records of Dudley, Massachusetts, 1732-1754*, I (Pawtucket, R. I., 1893), 106; Mass. Archives, CXV, 616-617.

generous qualifications were equally unnecessary. Where some men, such as tenants and dependent sons, could be privately coerced, liberality on their behalf, from the standpoint of social control, would have meant the commission of a sin of superfluity.

Similarly, almost nothing but disadvantage could have accrued from a loose residence requirement enabling men not truly members of the community to participate in its decision-making process, since voting qualifications in provincial Massachusetts were connected to the concept of community, not the concept of democracy. The extensions and contractions of the franchise were significant to the townsmen of the eighteenth century primarily as a means of consolidating communal consensus. All those whose acquiescence in public action was necessary were included, and all those whose concurrence could be compelled otherwise or dispensed with were excluded, often very emphatically. Sixty-six citizens of Watertown, for example, petitioned against the allowance of a single unqualified voter in a 1757 election because he was "well known to belong to the town of Lincoln." In many towns such as Sudbury the town clerk "very carefully warned those that were not legally qualified not to vote and prayed the selectmen to be very careful and watchful that nobody voted that was not legally qualified."[11] Even in disputes over specific qualifications, both sides often agreed on the principle of exclusion of the unqualified; contention occurred only over the application of that principle.[12]

Consciousness of voting qualifications colored the conduct of other town affairs as well as elections, as indeed was natural since the meaning of the franchise went so far beyond mere electoral democracy. Protests by men recently arrived in a town could be discredited, as they were in Haverhill in 1748, without any reference to the justice of the protest itself, simply by stating that "many of their petitioners are not qualified to vote in town affairs as may be seen by the selectmen's list of voters, and some of them were never known to reside in town or did we ever hear of them before we saw their petition." Similarly, in the creation of new communities qualification for the franchise could be crucial. Inhabitants of Bridgewater resisted their own inclusion in a

[11] Mass. Archives, CXVII, 302-305; XLIX, 361-362; see also *ibid.*, CXVII, 300, 306-307, 647-649; Jeremiah L. Hanaford, *History of Princeton* (Worcester, Mass., 1852), 23.

[12] See for example, Mass. Archives, CXV, 412-413, 463.

precinct proposed by thirty-seven men dwelling in their vicinity by pointing out that "there is not above eleven or twelve that are qualified to vote in town meetings as the law directs." Many towns in their corporate capacity made much the same plea when confronted with an appeal for separation from the community. As Worcester once noted in such a case, more than half the petitioners were "not voters and one is a single Indian."[13]

Such consciousness of qualifications sometimes appeared to be nothing more than an insistence on a "stake in society" in order to participate in the society's deliberations and decisions, but the stake-in-society concept, despite its popularity in the West and its convergence with certain conditions of public life in the province, was not precisely the notion which controlled those restrictions of the franchise which did persist after 1692. It was not out of any intrinsic attachment to that concept, but simply out of a fear that those without property were overly amenable to bribery or other such suasion, that the men of Massachusetts clung to their voting qualifications. As the Essex Result was to state the principle in 1778, "all the members of the state are qualified to make the election, unless they have not sufficient discretion, or are so situated as to have no wills of their own."[14] Participation in community decisions was the prerogative of independent men, of *all* a town's independent men, but, ideally, *only* of those. Indeed, it was precisely because of their independence that they had to be accorded a vote, since only by their participation did they bind themselves to concur in the community's chosen course of action. The town meeting was an instrument for enforcement, not—at least not intentionally—a school for democracy.

This logic of competence governed the exclusion of women and children and also accounted for the antipathy to voting by tenants. The basis of the prohibitions which were insisted upon was never so much an objection to poverty *per se*—the stake-in-society argument—as to the tenant's concomitant status of dependence, the pervasive assumption of which emerged clearly in a contested election in Haverhill in 1748. There the petitioners charged that a man had been "refused as a

[13] *Ibid.*, 305-308, 144; "Early Records of the Town of Worcester," Worcester Society of Antiquity, *Collections* (Worcester, 1881-1882), II, no. 8, 42-43. See also, Mass. Archives, CXV, 392.

[14] [Theophilus Parsons], *Result of the Convention of Delegates Holden at Ipswich . . .* (Newburyport, 1778), 28-29.

voter under pretense that he was a tenant and so not qualified, when the full reason was that he was a tenant to one of their [the selectmen's] opposers and so at all hazards to be suppressed," while another man, a tenant to one of the selectmen themselves, had been received as a voter though "rated at much less in the last year's taxes than he whom they refused." The protest was thus directed primarily against the abuses of the selectmen: that tenants would do as their landlords desired was simply taken for granted.[15] And naturally the same sort of assumption controlled the exclusion of sons still living with their parents. The voting age of twenty-one was the most rudimentary expression of this requirement of a will of one's own, but the legal age was not very firm at the edges. Like other laws of the province, it could not stand when it came up against local desires, and the age qualifications were often abrogated when unusual dependence or independence was demonstrable, as in the case of the eighteen-year-old who voted in a Sheffield election of 1751 because his father had died and he had become head of his family. As the town's elected representative could declare on that occasion, quite ignoring the legal age requirement, the lad "had a good right to vote, for his estate rested in him and that he was a town-born child and so was an inhabitant."[16]

Of course, the townsmen of the eighteenth century placed no premium on independence as such. Massachusetts townsmen were expected to be independent but not too independent; ultimately, they were supposed on their own to arrive at the same actions and commitments as their neighbors. Any *genuine* independence, excessive *or* insufficient, was denigrated if not altogether denied a place in the community. Thus, when a number of inhabitants of a gore of land near Charlton faced the threat of incorporation with the town, they submitted "one word of information" about the townsmen who had asked for that incorporation. The note said only:

| | |
|---|---|
| Baptist signers | — 7 |
| Churchmen | — 3 |
| Tenants | — 4 |

[15] Mass. Archives, CXV, 330-334, 412-413; CXVI, 276-277; CXVII, 84-86, 306-307; "Early Records of Worcester," Worc. Soc. Ant., *Coll.*, II, no. 6, 63.

[16] Mass. Archives, VIII, 278; for a comparable case in the opposite direction see *ibid.*, CXVI, 668-669. Another basis for exclusion was insanity. For a revealing contretemps see *ibid.*, L, 85-88; CXVII, 295-297, 302-305.

Neither tenants nor freeholders but intruders upon other men's property —15
The whole of the petitioners in Charlton consisting of 35 in number.

In other words, tenants were tainted, but so too were all others who were their own men, such as squatters and those who dared to differ in religion. In denigrating them, the inhabitants of the gore drew no distinctions: tenant and Baptist were equally offensive because equally outside of orthodoxy, beyond the confines of consensus.[17]

Ultimately almost *any* taint on membership in the homogeneous community was a potential basis for derogation. Some inhabitants of Rutland once even attempted to deny the validity of a town decision merely because many of its supporters were "such as were and are dissenters from the public worship of God in the old meeting-house." And though Rutland's religious orthodoxy was a bit exquisite even for eighteenth-century New England, it was so only in degree. For example, when Sutton opposed the erection of a new district out of parts of itself and several other towns in 1772, the town actually deducted the Anabaptists from the number of signatories to the application—Baptists simply did not count as full citizens. Worcester did the same thing and indeed went even further. Several of the signers of the petition for separation were not heads of families but mere "single persons, some of them transient ones," and so, said the town, were not to be "accounted as part of the number of families the petitioners say are within the limits of the proposed district." Whereas excessively reliable bonds confined the tenant, no reliable bonds at all attached a single man to the community, and either alternative evoked suspicion.[18]

Ultimately, however, the insistence on orthodoxy did not directly exclude any excessive number, and neither did the property and residence requirements disqualify any great proportion of the province's adult males. In the perspective of the English villages from which the New Englanders came, these very dimensions of disqualification may be better seen, in fact, as defining a broader qualification than had previously prevailed in English practice. Far more fundamentally, the cri-

[17] *Ibid.*, CXVII, 86, and see 84-85.

[18] *Ibid.*, CXV, 741-742; CXVIII, 613-616, 619; see also *ibid.*, CXVI, 276-277. And others found more reasons to discredit any who stood outside communal orthodoxy. See *ibid.*, CXV, 393-396, 412-413, 596.

teria of exclusion were measures of the inclusiveness of the communities of early Massachusetts.

The most fundamental shift that had occurred was the one from property to residence as the irreducible basis of town citizenship. In England, several classes of property-holders were "technically termed inhabitants even though they dwelt in another town"; property defined political citizenship, and only those who held the requisite property in the community directed its affairs. In provincial Massachusetts such stake-in-society notions never prevailed for reasons that had little to do with any abstract attachment to democracy or antipathy to absentee ownership. They never prevailed because the point of the town meeting was not so much the raising of a revenue as it was political government, especially the maintenance of law and order. In Massachusetts it was necessary to act only on the individuals living in each town, and it was imperative to act upon all of them. Of course, taxation as well as residence provided the basis for the ballot in Massachusetts, but that was of a piece with the residence requirement. As early as 1638 "every inhabitant of a town was declared liable for his proportion of the town's charges," in sharp contrast to the towns of England where only a few were so taxed.[19]

The democracy of the Massachusetts towns was, then, a democracy despite itself, a democracy without democrats. But it was still, so far as anything yet said is concerned, a democracy, at least in the simple sense of a widely diffused franchise. Such democracy is admitted—indeed, required—in the analysis advanced above; the objection urged against the defenders of that democracy is not that they are wrong but that they are right for the wrong reasons, or for no reasons at all. When they examine electoral eligibility apart from its social setting and when they place franchise democracy at the center of provincial social organization instead of in the peripheral position it actually occupied, they do not condemn their findings to invalidity, only to sterility. They may be correct about the degree of diffusion of the vote, but they can go no further. Within their original terms, they cannot systematically study the purposes of participation, the relative impor-

[19] Edward Channing, "Town and County Government in the English Colonies of North America," *Johns Hopkins University Studies in Historical and Political Science*, 2d Ser., II, no. 10 (1884), 12, 32.

tance of inclusiveness when it confronted competing values, the limits of eligibility and the reasons for them, or, more broadly, the particular texture of the electorate as against abstract statistics.

But if the analysis urged thus far has basically buttressed Brown's position by extending and explaining his statistics, that analysis also has another side. For when we see franchise democracy as a mere incident in the central quest for concord and concurrence among neighbors, we must also observe that the same concern for consensus which promoted wide participation also imposed very significant limitations on the democracy of the provincial community, limitations sufficiently serious to suggest that the democratic appellation itself may be anachronistic when applied to such a society.

For one thing, the ideal of "townsmen together"[20] implied the power of each town to control its own affairs, and that control not only extended to but also depended upon communal control of its membership. From the founding of the first towns communities retained the right to accept only those whom they wished, and that right persisted without challenge to the time of the Revolution. "Such whose dispositions do not suit us, whose society will be hurtful to us," were simply refused admission as enemies of harmony and homogeneity. Dedham's first covenant, "to keepe of from us all such, as ar contrarye minded. And receave onely such unto us as be such as may be probably of one harte," was typical. For inhabitancy was a matter of public rather than private concern, and among the original settlers it scarcely had to be argued that "if the place of our cohabitation be our own, then no man hath right to come in to us without our consent."[21] Consent meant the formal vote of the town or its selectmen, and none were admitted without one or the other. Not even inhabitants themselves could entertain outsiders—"strangers," they were called—without

[20] The phrase is from Conrad M. Arensberg, "American Communities," *American Anthropologist*, LVII (1955), 1150. For affirmations of that ideal as a consummatory value see Mass. Archives, CXIII, 616-617; CIV, 645; CXV, 282-283; CXVI, 527-528; CXVII, 563-565; CLXXXI, 122b-122d.

[21] Sumner C. Powell, *Puritan Village* (Middletown, Conn., 1963), xviii; George L. Haskins, *Law and Authority in Early Massachusetts* (New York, 1960), 70; Josiah Benton, *Warning Out in New England* (Boston, 1911), 8. The early towns also forbade inhabitants to "sell or let their land or houses to strangers without the consent of the town"; see *ibid.*, 18, 19, 23, 87, and William Weeden, *Economic and Social History of New England, 1620-1789* (Boston, 1891), 57.

the permission of the town, and any who violated the rule were subject to penalties.[22] And of course the original thrust of congregational Puritanism to lodge disciplinary powers with the individual churches rather than with bishops also aimed at more local control of the membership of the local community.[23]

Most of these practices continued unabated into the eighteenth century. Swansea's "foundation settlement" of 1667 provided that "if any person denied any particular in the said agreement they should not be admitted an inhabitant in said town," and half a century later seventy-eight townsmen reaffirmed their commitment to the ancestral covenant. Cotton Mather's manual of 1726, *Ratio Disciplinae Fratrum Nov-Anglorum* (Boston, 1726), described a process of "mutual Conferences" by which men came to "a good understanding" which might be subscribed to by any applicant. And even in the crisis of the dissolution of a church, as at Bellingham in 1747, the congregation could not simply disperse to the nearest convenient towns. Each of the congregants, for all that he had already met the tests of church membership and partaken of communion, had to be accepted anew into the nearby churches and approved by their towns, and in 1754 Sunderland claimed that this right of prior approval was "always customary."[24]

Another customary instrument for the stringent control of access to the town which was also sustained throughout the provincial era was the practice of "warning out." Under this aegis, anyone who did secure entry to the town and was then deemed undesirable could be warned and, if necessary, lawfully ejected from the community. Such a policy was, in some part, a device to escape undue expenses in the support of paupers, but it was also, and more importantly, the product of the powerful communitarian assumptions of the early settlers, and those assumptions did not decline in the eighteenth century. William Weeden found the invocation of warning procedures so common that "the actual occurrences hardly need particular mention," and he concluded that "the

[22] Benton, *Warning Out,* 18, 33. And the fines were indeed established and enforced in the towns. See Myron Allen, *The History of Wenham* (Boston, 1860), 26, and Weeden, *Economic and Social History,* 79-80.

[23] Morgan, *Visible Saints,* 10-12, 21.

[24] Mass. Archives, CXIII, 613-615; CXV, 268, 272, 276; XLIX, 380-383; Mather, *Ratio Disciplinae,* Pt. iii, 2. See also Mass. Archives, CXVI, 392-393; CXVII, 15-16. In one case, that of Medway, *ibid.,* XLIX, 380-383, such consideration was not accorded.

old restrictions on the admission of freemen to the municipality, and on the sale of land to outsiders, do not appear to have been relaxed generally" as late as the era immediately preceding the imperial crisis. Town records such as Worcester's were studded with such warnings, from the time of the town's founding to the time of the Revolution itself. In other towns, too, penalties were still imposed for violation of the rules of inhabitancy.[25]

The result was that fundamental differences in values were rarely admitted within a town, while differences of race, nationality, or culture scarcely appeared east of the Hudson River before the Revolution. Massachusetts was more nearly restricted to white Anglo-Saxon Protestants than any other province in English America, with the possible exception of its New England neighbors, Connecticut and New Hampshire. Less than 1 per cent of the quarter of a million Germans who came to the English colonies between 1690 and 1770 came to New England, and the proportion of Irish, Scotch, and Scotch-Irish was little larger. There was no welcome whatsoever for French Catholics and very little encouragement, according to Governor Bellomont, even for the Huguenots.[26] Negroes never attained significant numbers at the Bay—by 1780 they accounted for only 2 per cent of the population of the province and a bare 1 per cent of all the Negroes in the Confederation—and the Indians, who once were significant, were on their way to extinction well before the Revolution broke out.[27] Committed to a conception of the social order that precluded pluralism, the townsmen of Massachusetts never made a place for those who were not of their own kind. The community they desired was an enclave of common believers, and to the best of their ability they secured

[25] Weeden, *Economic and Social History*, 519, 673; "Early Records of Worcester," Worc. Soc. Ant., *Coll.*, II, no. 6, 22-23, 102, 122-123; II, no. 8, 19, 27, 57-58, 128; IV, 28, 47, 67, 85, 99, 137, 147, 148, 202, 223. For penalties in other towns, see *Town of Weston: Records of the First Precinct, 1746-1754 and of the Town, 1754-1803* (Boston, 1893), 61, 101, 108, 115, 126; Herman Mann, *Historical Annals of Dedham, from its Settlement in 1635 to 1847* (Dedham, Mass., 1847), 23, 25; Allen, *History of Wenham*, 26.

[26] On the Germans and Scotch-Irish see Clarence Ver Steeg, *The Formative Years, 1607-1763* (New York, 1964), 167-168. On the Huguenots see Charles W. Baird, *History of the Huguenot Emigration to America* (New York, 1885), II, 251-253; G. Elmore Reaman, *The Trail of the Huguenots . . .* (London, 1964), 129.

[27] On the Negro, Marvin Harris, *Patterns of Race in the Americas* (New York, 1964), 84. For some of the story of the extinction of the last Indian town in the province see Mass. Archives, CXVII, 690-691, 733-735.

such a society, rooted not only in ethnic and cultural homogeneity but also in common moral and economic ideas and practices. Thus, the character of the community became a critical—and non-democratic—condition of provincial democracy; for a wide franchise could be ventured only after a society that sought harmony had been made safe for such democracy. In that society it was possible to let men vote precisely because so many men were not allowed entry in the first place.

Thus we can maintain the appearance of democracy only so long as we dwell on elections and elections alone, instead of the entire electoral process. As soon as we depart from that focus, the town meetings of Massachusetts fall short of any decent democratic standard. Wide participation did obtain, but it was premised on stringently controlled access to eligibility, so that open elections presupposed anterior constriction of the electorate. Similarly, most men could vote, but their voting was not designed to contribute to a decision among meaningful alternatives. The town meeting had one prime purpose, and it was not the provision of a neutral battleground for the clash of contending parties or interest groups. In fact, nothing could have been more remote from the minds of men who repeatedly affirmed, to the very end of the provincial period, that "harmony and unanimity" were what "they most heartily wish to enjoy in all their public concerns." Conflict occurred only rarely in these communities, where "prudent and amicable composition and agreement" were urged as preventives for "great and sharp disputes and contentions." When it did appear it was seen as an unnatural and undesirable deviation from the norm. Protests and contested elections almost invariably appealed to unity and concord as the values which had been violated; and in the absence of any socially sanctioned role for dissent, contention was generally surreptitious and scarcely ever sustained for long. The town meeting accordingly aimed at unanimity. Its function was the arrangement of agreement or, more often, the endorsement of agreements already arranged, and it existed for accommodation, not disputation.[28]

Yet democracy devoid of legitimate difference, dissent, and conflict is something less than democracy; and men who are finally to vote

[28] Mass. Archives, CXVIII, 707-712, 715-717. The theme is omnipresent in the records of the towns and of such conflicts as did occur. See Zuckerman, Massachusetts Town in the Eighteenth Century, especially chap. 3.

only as their neighbors vote have something less than the full range of democratic options. Government by mutual consent may have been a step in the direction of a deeper-going democracy, but it should not be confused with the real article. Democratic consent is predicated upon legitimate choice, while the town meetings of Massachusetts in the provincial era, called as they were to reach and register accords, were still in transition from assent to such consent. The evidence for such a conclusion exists in an abundance of votes from all over the province on all manner of matters "by the free and united consent of the whole" or "by a full and Unanimous Vote that they are Easie and satisfied With What they have Done."[29] Most men may have been eligible to vote, but their voting did not settle differences unless most men voted together. In fact, differences had no defined place in the society that voting could have settled, for that was not in the nature of town politics. Unanimity was expected ethically as well as empirically. Indeed, it was demanded as a matter of social decency, so that even the occasional cases of conflict were shaped by the canons of concord and consensus, with towns pleading for the preservation of "peace and unanimity" as "the only occasion of our petitioning."[30]

This demand for unanimity found its ultimate expression in rather frequent denials of one of the most elementary axioms of democratic theory, the principle of majority rule. A mere majority often commanded scant authority at the local level and scarcely even certified decisions as legitimate. In communities which provided no regular place for minorities a simple majority was not necessarily sufficient to dictate social policy, and many men such as the petitioners from the old part of Berwick were prepared to say so quite explicitly. Since its settlement some eighty or ninety years earlier, that town had grown until by 1748 the inhabitants of the newer parts easily outnumbered the "ancient settlers" and wished to establish a new meetinghouse in a place which the inhabitants of the older parts conceived injurious to their interest. Those who lived in the newer parts of town had the votes, but the "ancient settlers" were icily unimpressed nonetheless. Injury could not be justified "merely because a major vote of the town is or may be

[29] Mass. Archives, CXVIII, 388-390; *Weston Records*, 11. See also Mass. Archives, CXVI, 446-447; CXVIII, 715-717; "Records of Worcester," Worc. Soc. Ant., *Coll.*, II, no. 8, 43, 75; IV, 18, 173, 264-266.

[30] Mass. Archives, L, 30-31; CXV, 479-480; CXVI, 709-710.

obtained to do it," the petitioners protested. They would suffer "great hurt and grievance," and "for no other reason than this: a major vote to do it, which is all the reason they have for the same." Equity, on the other hand, required a "just regard" for the old part of town and its inhabitants. They "ought" to retain their privileges despite their loss of numerical preponderance. And that principle was no mere moral fabrication of a desperate minority. Six years earlier the Massachusetts General Court had endorsed exactly the same position in a similar challenge to the prerogatives of numerical power by the "ancient part" of another town, and in the Berwick controversy the town majority itself tacitly conceded the principle upon which the old quarter depended. Accusing the old quarter of "gross mis-representation," the rest of the town now maintained that there had been a disingenuous confusion of geography and population. There could be no question as to the physical location of the old town, but, as to its inhabitants, "the greatest part of the ancient settlers and maintainers of the ministry do live to the northward of the old meetinghouse and have always kept the same in times of difficulty and danger." The newer townsmen, then, did not deny that ancient settlers were entitled to special consideration; they simply denied that the inhabitants of the old quarter were in fact the ancient settlers.[81]

Antiquity restricted majoritarianism elsewhere as well in demands of old settlers and in determinations of the General Court. In Lancaster as in Berwick, for example, a "standing part" could cite efforts to disrupt the old order which had been rejected by the Court as unreasonable, "and now though they have obtained a vote from the town the case still remains equally unreasonable." In other towns, too, a majority changed nothing.[82] Consensus comprehended justice and history as well as the counting of a vote. In such a society a case could not be considered solely in its present aspects, as the original inhabitants of Lunenburg made quite clear. "What great discouragement must it needs give to any new settler," those old ones inquired,

> to begin a settlement and go through the difficulties thereof, which are well known to such as have ever engaged in such service, if when, so soon as ever they shall through the blessing of heaven upon their diligence and industry have arrived to live in some measure peaceably and comfortably,

[81] *Ibid.*, CXV, 368-375, 377-378, 393-396.
[82] *Ibid.*, CXIV, 613-614; CXIII, 275-276; CXVI, 736-738.

if then, after all fatigues and hardships undergone, to be cut to pieces and deprived of charter privileges and rights, and instead of peace and good harmony, contention and confusion introduced, there will be no telling what to trust to.[33]

Nor was history the only resort for the repudiation of a majority. Other men offered other arguments, and some scarcely deigned to argue at all. In a contested election in Haverhill, for example, one side simply denied any authority at all to a majority of the moment. It was, they said, nothing but the creature of "a few designing men who have artfully drawn in the multitude and engaged them in their own cause." That, they argued, was simply "oppression." The merchants of Salem similarly refused to accept the hazards of populistic politics, though their refusal was rather more articulate. The town meeting had enacted a tax schedule more advantageous to the farmers than to themselves, and the merchants answered that they felt no force in that action, because "the major part of those who were present were [farmers], and the vote then passed was properly their vote and not the vote of the whole body of the town." That legitimacy and obligation attached only to a vote of the whole community was simply assumed by the merchants, as they sought a subtle separation of a town ballot—sheer majoritarianism—from a "vote of the whole body of the town"—a notion akin to the general will—for which the consent of every part of the population was requisite.[34]

Disdain for direct democracy emerged even more explicitly and sweepingly in a petition from the west precinct of Bridgewater in 1738. The precinct faced the prospect of the loss of its northern part due to a town vote authorizing the northern inhabitants to seek separation as an independent town, and the precinct feared that the loss would be fatal. Accordingly, the parishioners prayed the General Court's intervention, and after briefly disputing the majority itself, the precinct allowed that, whether or not a majority in the town *had* been obtained, such a majority *could* be contrived. "We own it is easy for the two neighboring parishes joining with the petitioners to vote away our just rights and privileges and to lay heavy burdens upon us, which they

[33] *Ibid.*, CXVII, 165-169. In this case, nonetheless, the General Court declined to accept the argument and thus afforded no special safeguard to the original settlers. For similar cases without the adverse action of the Court see *ibid.*, CXIV, 286-288; CXV, 729-730.

[34] *Ibid.*, 330-334, 596.

would not be willing to touch with the ends of their fingers." Yet for all the formal validity of such a vote, the precinct would not have assented to it or felt it to be legitimate, "for we trust that your Excellency and Honors will not be governed by numbers but by reason and justice." Other men elsewhere urged the same argument; perhaps none caught the provincial paradox of legality without legitimacy any better than the precinct of Salem Village, soon to become the independent town of Danvers. After a recitation of the imposition it had suffered from the town of Salem for no reason but superior numbers, the village came to its indictment of the town: "we don't say but you have had a legal right to treat us so, but all judgment without mercy is tedious to the flesh."[85]

Typically in such cases, the defense against this indictment was not an invocation of majority rights but rather a denial of having employed them oppressively. Both sides, therefore, operated upon an identical assumption. One accused the other of taking advantage of its majority, the other retorted that it had done no such thing, but neither disputed the principle that majority disregard of a minority was indefensible.[86]

This principle was no mere pious protestation. In Kittery, for instance, the parent parish complained that the men who later became the third parish had "long kept us in very unhappy circumstances . . . counter-acting us in all our proceedings" until finally "we were obliged to come into an agreement with them for dividing the then-lower parish of Kittery into two separate parishes," yet it was conceded on both sides that the old inhabitants enjoyed an easy numerical supremacy. Had they been disposed to employ it, almost any amount of "counter-acting" could have been contained and ultimately quashed, so far as votes in public meeting were concerned. But the parish clearly did not rely upon simple majoritarian procedures. It was more than morality that made consensus imperative; it was also the incapacity for coercion without widespread consent. It was the same incapacity which shaped a hundred other accommodations and abnegations across the province, which enabled some "aggrieved brethern" in Rehoboth to force the resignation of a minister, which paralyzed the town of Upton in the relocation of its meetinghouse. "All are agreed that it should be removed or a new one built," a town petition explained, "but cannot

[85] *Ibid.*, CXIV, 244-246, 244a, 786-788; also CXVII, 463-465.
[86] *Ibid.*, CXV, 866, 872-875; CXVIII, 388-390; CLXXXI, 133-134, 139.

agree upon the place." In the absence of agreement they could see no way to act at all on their own account; there was never any thought of constructing a coalition within the town or contending for a majority.[37]

Ultimately almost every community in the province shared Upton's determination "to unite the people." Disputes, when they arose at all, were commonly concluded by "a full and amicable agreement" in which all parties "were in peace and fully satisfied," and the conflicts that did occur evoked no efforts at resolution in a majoritarian manner. "Mutual and general advantage" was the condition of town continuance in "one entire corporate body."[38] But that corporate ethos was something distant indeed from democracy, and electoral eligibility is, therefore, an unsatisfactory index even of political participation, let alone of any more meaningful democracy. Most men may have been able to vote in the eighteenth-century town, but the town's true politics were not transacted at the ballot box so much as at the tavern and all the other places, including the meeting itself, where men met and negotiated so that the vote might be a mere ratification, rather than a decision among significant alternatives. Alternatives were antithetical to the safe conduct of the community as it was conceived at the Bay, and so to cast a vote was only to participate in the consolidation of the community, not to make a choice among competing interests or ideals.

Accordingly, the claim for middle-class democracy in provincial Massachusetts simply cannot be sustained from the figures on electoral eligibility; relevant participation resided elsewhere than in the final, formal vote. And yet, ironically, local politics may have been democratic indeed, at least in the limited terms of political participation, since a politics of consensus required consultation with most of the inhabitants in order to assure accord. In little towns of two or three hundred adult males living in close, continuing contact, men may very well have shared widely a sense of the amenability of the political process to their own actions and attitudes, and the feeling of involvement may well have been quite general. But to find out we will have to go beyond counting heads or tallying the town treasurers' lists.

[37] *Ibid.*, CXV, 872-875; CXVI, 276-277; CXVIII, 207; George H. Tilton, *A History of Rehoboth, Massachusetts* (Boston, 1918), 106-107, 102.

[38] Mass. Archives, CXV, 461-462; CXVIII, 526, 707-712; see also Samuel A. Bates, ed., *Records of the Town of Braintree, 1640 to 1793* (Randolph, Mass., 1886), 69-70.

# 32
# Large Town Officeholding in Eighteenth-Century Connecticut: The Growth of Oligarchy

*Bruce C. Daniels*

## I

The Colonial New England town has always intrigued American historians but, paradoxically, few historians until recently have placed the colonial town under a microscope and studied it in detail. Most, instead, like George Bancroft and Herbert Baxter Adams, simply heaped accolades upon it. Even the Progressive historians, writing in an age of scientific history and seeking to debunk the myth of town meeting democracy, still did not apply a close scrutiny to the actual sources but instead also talked in generalities. The only real exceptions to this pattern and the only persons to delve deeply into local sources were Charles Andrews in his *River Towns of Connecticut* and G. E. Howard in his *Introduction to the Local Constitutional History of the United States*, both published in 1889. The next serious professional local study did not appear until 1961.[1] In the intervening seventy-two years hundreds of local histories were written, but by antiquarians who frequently wrote with intelligence and felicity but seldom asked the significant questions that a professional historian would. Indeed, to be involved in local history implied, to people living in this time period, that a person was an antiquarian and not a true historian. However, since 1961 a number of historians have attempted to put the New England town under a microscope and ascertain some specifics to replace the generalities.

Among the new town studies, historians are showing an increasing amount of interest in patterns of local officeholding. Most of the recently published works dealing with officeholding concentrate on Massachusetts, while Connecticut has been treated in one book and a number of doctoral dissertations that all focus on specific towns.[2] Broadly speaking, the question most of

[1] Charles Grant, *Democracy in the Connecticut Frontier Town of Kent* (New York, 1961).

[2] The most important books that deal with local officeholding in Massachusetts are: Michael Zuckerman, *Peaceable Kingdoms : New England Towns in the Eighteenth Century* (New York, 1970), Kenneth Lockridge, *A New England Town : The First Hundred Years* (New York, 1970), and John Demos, *A Little Commonwealth : Family Life in Plymouth Colony*

these studies evaluate is whether the officeholding patterns of localities were oligarchical, dominated by a few men and families and closed to men of moderate circumstances, or whether the patterns were democratic and consensual, widely rotated among members of the community and open to most men of average fortunes and good reputations. Answers to the problem have varied among historians depending upon both the model they have used to measure the variables and which community has been studied. Edward Cook, in a recent study based on over three dozen towns drawn from all four New England colonies, demonstrated forcefully that there were five basic types of town in New England and that each had its own particular officeholding patterns.[3] Hence he concluded that it was useless to write or talk about the officeholding patterns of a town without specifying what type of town was meant. Among the five types of towns, he found three general patterns of officeholding: (1) a stratified large town pattern; (2) an egalitarian small town pattern; and (3) an erratic frontier town pattern.[4]

Cook's published work is valuable for the large amount of evidence it amasses and the new ground that it breaks, but there are two problems that his model does not treat. First, it lumps all major offices (both elected and appointed) together in one category for the purposes of analysis and disregards the possibility that each different office may have its own pattern of officeholding. Secondly, Cook treats the period 1700 to 1785 as one unit and ignores the possibility that changes occurred in the patterns over the eighty-five-year period. This present essay will examine officeholding in Connecticut's largest towns and will specifically examine differences among different town offices and changes that occurred over time between 1700 and 1790.

The major town offices that will be considered are the clerks, treasurers, moderators of town meetings, selectmen and deputies to the General Assembly. The clerk, treasurer and selectmen were elected annually at the December town meeting and the moderator was elected at each separate meeting. Two deputies from each town were elected twice a year, in April

(New York, 1970). In Connecticut, Grant, *Democracy in the Frontier Town of Kent* is the main published work. Doctoral dissertations are: Bruce Stark, 'Lebanon, Connecticut: A Study of Society and Politics in the Eighteenth Century' (University of Connecticut, 1970); Bruce Daniels, 'Large Town Power Structures in Eighteenth Century Connecticut' (University of Connecticut, 1970); and William Willingham, 'Windham, Connecticut: A Profile of a Revolutionary Community, 1755–1818' (Northwestern University, 1972). Both Daniels and Willingham have published articles on the subject: Daniels, 'Family Dynasties in Connecticut's Largest Towns, 1700–1760' *Canadian Journal of History* (September, 1973), 99–111 and Willingham, 'Deference Democracy and Town Government in Windham, Connecticut, 1776–1786', *William and Mary Quarterly*, **30** (July, 1973), 401–423.

[3] Edward Cook, 'Local Leadership and a Typology of New England Towns, 1700–1785', *Political Science Quarterly*, **86** (December, 1971), 586–608.

[4] *Ibid.*, p. 591.

and September. Clerks and selectmen were first elected in the founding years of Connecticut and by 1700, the start of this study, all towns elected them. The clerk was the record-keeping workhorse of the town and the selectmen were the key administrators. Over the course of Connecticut's colonial history selectmen varied from three to seven in number. Treasurers were first elected by Connecticut towns in differing years. In the towns studied here, the first to elect a treasurer did so in 1706 and the last in 1749. Moderators of town meetings were first elected in the seventeenth century but all towns did not consistently elect them until the 1720s. All of the large towns did elect two deputies to each session of the General Assembly normally, but occasionally would only elect one in order to save the expense of sending two men to the capital.

For the purposes of analysis the period 1700–80 will be divided into four twenty-year blocks: 1701–20, 1721–40, 1741–60, and 1761–80. The last two periods, 1741–60 and 1761–80, correspond roughly to the periods of the Great Awakening and its aftermath and the American Revolutionary struggles. The period from 1701 through 1740 is a period of relative tranquillity in Connecticut politics that was ended by the Great Awakening and the Revolution. It represents mature Connecticut colonial society before it was seriously disrupted by the Awakening and the Revolution. To facilitate comparisons, however, 1701–40 is also divided into two twenty-year periods. Three large towns, Hartford, Norwich and Fairfield, will be used for sources for the town meeting elections and six large towns, Hartford, Norwich, Fairfield, New Haven, Farmington and Wallingford, will be used for sources for the elections of deputies to the General Assembly. All six towns had populations of over 4,000 in the 1774 census. Hartford, Norwich and New Haven were classified as urban centres by Carl Bridenbaugh, and Fairfield, Farmington and Wallingford were large towns of importance that were secondary only when placed alongside one of the urban centres.[5] A number of different quantitative measurements will be used in the analysis: (1) the average numbers of terms served per officeholder; (2) the turnover rate among each type of officer for each time period (this will be calculated by dividing the total number of terms into the total number of men who were not re-elected. Thus, if 90 terms of selectmen were the total terms served and no man was re-elected, 90 turnovers would be divided by 90 terms for a turnover rate of 100 per cent. Similarly, if 30 men were not re-elected for the same time period, the turnover rate would be 30/90 or 33 per cent, and if all men were always re-elected the turnover rate would be 0/90 or 0 per cent. The closer to 100 per cent the higher the turnover rate, and the closer to 0 per

[5] Carl Bridenbaugh, *Cities in Revolt* (Oxford University ed., 1971), p. 216.

cent the lower the turnover rate); (3) the longest number of consecutive terms served by any man in a time period and correspondingly the largest total number of terms served by any man in a given time period.

The four twenty-year blocks of time can reveal overall trends well, but twenty-year averages might obscure some sharp internal fluctuations within the four periods. Hence, the power of the microscope will be intensified for the years after 1740. Previous to 1740 few external events affected all of the towns at the same time, and correlations of yearly officeholding patterns to outside events might be difficult to establish. However, after 1740, during the Awakening and particularly during the Revolutionary struggles, most towns were affected by the same stimuli at the same time and went through common experiences. The deputies' and selectmen's turnover rates for each of the towns will be plotted by the year on graphs for the period 1741–90 which surrounds the Awakening and Revolutionary dislocations. This will allow us to see if the officeholding patterns themselves create their own distinct periods.

## II

Hartford, Norwich and Fairfield each elected five selectmen annually at the December town meetings in the early part of the eighteenth century, but by 1730 each of the three towns elected seven selectmen annually. For reasons which are unknown today, the number dropped to five or six again occasionally after 1730. The turnover rate in these three towns was extraordinary for its diversity between towns and time periods. Hartford and Norwich practised almost complete rotation in office for selectmen prior to

TABLE I

*Selectmen Turnover Rates* *

| | 1701–20 | 1721–40 | 1741–60 | 1761–80 |
|---|---|---|---|---|
| Hartford | 100% | 98% | 81% | 34% |
| Norwich | 94% | 98% | 99% | 74% |
| Fairfield | 37% | 26% | 23% | 18% |

* All figures for selectmen, clerks, treasurers and moderators are from the town meeting minutes of each town, housed in Hartford and Norwich City Halls and Fairfield Town Hall.

1760.[6] Indeed, in one twenty-year period, 1701–20, not one selectman was re-elected; not one man served two consecutive terms. In Norwich between

[6] I have discussed the selectmen's election patterns in 'Deference and the Rotation of Selectmen's Offices in Eighteenth Century Connecticut', *Bulletin of the Connecticut Historical Society* (July, 1972), 92–7.

1701 and 1760 only six men served two consecutive terms and in both towns prior to 1760 only one man served three consecutive terms. Clearly the pattern was one of constantly moving new men into the selectmen's offices and was almost as far from being oligarchical as was statistically possible. In Fairfield the pattern was drastically different. Only 37 per cent of Fairfield's selectmen failed to be re-elected in 1701–20 and this figure dropped to 26 per cent in 1721–40. One man, Moses Dimon, served fifteen consecutive terms in 1701–20 and fourteen more consecutive terms in 1721–40. Hence both the extremely open model of selectmen's officeholding and the extremely closed model can be supported by differing large towns. However, one principle that consistently applies to all three towns is that in the last twenty-year period the turnover rate dropped massively and the rotation in office came to an end in the Revolutionary years. The three towns dropped from rates of 100 per cent, 94 per cent, and 37 per cent in 1701–20 to rates of 34 per cent, 74 per cent and 18 per cent in 1761–80. This represents a change of major proportions and a severe narrowing of the openness of the office.

This conclusion is generally reinforced when the average number of terms per officeholder is examined. While the trends are erratic up until 1760, in the 1761–80 period all three towns significantly raised the average number of terms over the figures for the preceding period. Hartford more than doubled the figures for any preceding period. While the average number of terms per selectman was low in Hartford and Norwich prior to 1760, it was not as low as the turnover rates might have suggested. Thus, while Hartford did not directly re-elect a single selectman in the period 1701–20, the average per term rate was 1·7 which indicates that a large number of men were elected again to the office after being out of it for a few years. However, no man was elected to more than seven total terms in Hartford prior to 1760 and only one man was in Norwich; in neither town prior to 1760 could a man make a career of being a selectman.

TABLE II

*Average Number of Terms per Selectman*

| | 1701–20 | 1721–40 | 1741–60 | 1761–80 |
|---|---|---|---|---|
| Hartford | 1·7 | 1·6 | 1·7 | 3·5 |
| Norwich | 2·6 | 2·0 | 1·3 | 2·6 |
| Fairfield | 3·6 | 4·6 | 4·0 | 4·5 |

The patterns of officeholding for town clerks and treasurers have a strong consistency in all three towns. Men were elected to both offices when young and generally re-elected until their death. When reading the town meeting minutes, one can usually watch a clerk's handwriting age often over more than a thirty-year period. Each of the two positions, clerk and treasurer, were often kept in the same family. A son, grandson or nephew of an incumbent clerk frequently replaced the incumbent at his death. Hartford and Norwich each had only three clerks over the course of the eighty-year period and Fairfield had only five. Fairfield's larger number was not due to any difference in attitude but was due instead to the misfortune of premature death of two of the clerks. A father/son combination in Hartford, Hezekiah and George Wyllys, were town clerks for seventy-five consecutive years. Hartford and Fairfield each had only three treasurers prior to 1780 and Norwich had only two, a father/son combination, Daniel and Samuel Tracy, from 1726 to 1780. However, the three towns did not all elect treasurers at the beginning of the eighteenth century but started doing so as early as 1706.

TABLE III

*Town Clerks, 1701–80*

| *Hartford* | *Fairfield* |
|---|---|
| Richard Lord, 1701–04 | Nathan Gold, 1701–22 |
| Hezekiah Wyllys, 1705–32 | Peter Burr, 1723–24 |
| George Wyllys, 1733–80 | Thaddeus Burr, 1725–54 |
| | David Burr, 1755–58 |
| *Norwich* | Nathan Bulkeley, 1759–80 |
| Richard Bushnell, 1701–25 | |
| Isaac Huntington, 1726–63 | |
| Benjamin Huntington, 1764–80 | |

The election of moderators of town meetings had its own particular pattern, but one that was the same in all three towns and was constant over the entire period of time. Usually, in a twenty-year period, one or two men would dominate the moderator's position by being elected fifteen or twenty separate times, but five or six other men were elected to an occasional single or double term. An extreme example of this kind of oligarchical moderator's elections can be seen in Fairfield in the period 1721–40. The most open of all of the time periods for moderator's elections was in Norwich in 1761–80 when seventeen different men were elected as moderators, but even in this extreme case the average number of terms was 4·4 per man and three men filled the moderator's position over 75 per cent of the time. The other men were generally each elected just once while the three men dominated the office. Most of the moderator's patterns fell between these two extremes but without any correlation to time or town.

The elections of deputies to the General Assembly from the six large towns sampled reveals some clear and consistent patterns that in some cases contrast

TABLE IV

*Fairfield Moderators, 1721–40*

| | | | |
|---|---|---|---|
| Andrew Burr | (1) | Moses Dimon | (1) |
| John Burr | (16) | Joseph Wakeman | (1) |
| Peter Burr | (1) | | |

with and in some cases reinforce trends seen in town meeting elections.[7] First, none of the large towns practised any pattern of rotation in office for the deputies. At least one of the two was usually consistently re-elected. The highest turnover rate in any town in any time period was 62 per cent and the next highest was 55 per cent. In Hartford in 1721–40, the period when the turnover rate for selectmen was 98 per cent, the turnover rate for deputies was 13 per cent. Deaths in office could account for the 13 per cent turnover. At the same time that Hartford was rotating its selectmen it was electing a constant oligarchy of deputies. There seemed to be no relationship between town patterns of electing selectmen and of electing deputies. Fairfield with by far the lowest turnover rate among selectmen had the highest turnover rate among deputies. Deputies, unlike selectmen, frequently served twenty or thirty terms in a lifetime and fifteen or twenty in a row. Isaac Dickerman of New Haven served twenty-four consecutive terms between 1721 and 1740 and fifty-nine terms in his lifetime. The lowest number of average terms per deputy in a twenty-year period was 3·8 and the number usually was between 5 and 7·5.. By any measure, the deputies' officeholding patterns were significantly more oligarchical than the selectmen's.

However, perhaps the most important point to note is that the deputies' patterns, like the selectmen's, were becoming more oligarchical and more closed as the eighteenth century progressed. When one compares the turnover rate of 1701–20 to the rate for 1761–80 this becomes obvious. In four of the six towns the rate declined significantly and in the other two it stayed approximately constant at an already relatively low rate. For the six towns combined the rate dropped from 45 per cent in 1701–20 to 33 per cent in 1761–80. In absolute numbers this means that approximately sixty more men were successfully re-elected in the later period than in the first one, a major increase in the frequency of re-election. There does not seem to be a significant difference in deputy officeholding between the urban large towns and the non-urban ones.

[7] All deputies' elections are from J. Hammond Trumbull and Charles Hoadley (eds.), *The Public Records of the Colony of Connecticut* (15 vols., Hartford, 1850–90). I wish to thank Mrs Brenda Batzel of Winnipeg, Manitoba, for compiling the statistics from the Colony Records.

TABLE V

*Deputies' Turnover Rates*

| | 1701–20 | 1761–80 |
|---|---|---|
| Hartford | 28% | 27% |
| New Haven | 45% | 21% |
| Fairfield | 62% | 33% |
| Farmington | 50% | 42% |
| Wallingford | 55% | 38% |
| Norwich | 40% | 43% |

A graph of the combined turnover rates for deputies from the six large towns for 1741–90 pinpoints more precisely when shifts in officeholding patterns were occurring. The lowest turnover rates for deputies were between 1761 and 1774. These were almost precisely the years in which the pre-Revolutionary debates were carried out in the General Assembly. After the lower turnover rates of the pre-Revolutionary years the rates returned to their previous levels during and after the actual Revolution. The turnover rate for the fourteen years 1761–74 was 27 per cent compared to 40 per cent for 1751–60, the decade immediately preceding the Revolutionary debates; 43 per cent for 1775–82, the actual military years of the Revolution; and 44 per cent for 1783–90, the eight-year period after the cessation of hostilities. The graph of the selectmen's turnover rates reveals that the year 1761 was also the start of a period of greatly lowered selectmen's turnover rates. Unlike the deputies' turnover rates, however, the selectmen's declined to even lower levels during and after the Revolution. The selectmen's rates dropped from 65 per cent in 1751–60 to 41 per cent in 1761–74; 39 per cent in 1775–82; and 35 per cent in 1783–90.

TABLE VI

*Deputies' Turnover Rates*

| 1751–60 | 1761–74 | 1775–82 | 1783–90 |
|---|---|---|---|
| 40% | 27% | 43% | 44% |

*Selectmen's Turnover Rates*

| | | | |
|---|---|---|---|
| 65% | 41% | 39% | 35% |

Besides the factors of differing offices and differing time periods, two other considerations also ought to be mentioned. First, it is the conclusion of virtually everyone who has worked on local officeholding that local officeholders were almost always a significant cut above the average townsperson economically. There was a strong correlation between officeholding and economic success. No one who has studied Connecticut towns disputes this and there is strong evidence that this is more true for the large towns than for the small ones.[8] In Hartford, Norwich and Fairfield, over 75 per cent of the ninety top officeholders were in the top 10 per cent of economic society.[9] Second, the importance of families and family names and connexions for success in officeholding should be stressed. Cook, among others, found that in large towns, one, two or a few families exercised a dominant influence in local politics. In Hartford, Norwich and Fairfield, the Pitkin, Huntington and Burr families respectively played major roles in the officeholding patterns.[10] The Pitkins and Huntingtons in the period 1721–40 held over one quarter of all the town's major offices and the Burrs in the same period held nearly one half. The three families were all increasing their dominance as the century progressed. In Hartford and Norwich the Pitkins and Huntingtons held their largest percentage of offices in the Revolutionary period 1761–80, while the Burrs held their largest percentage in the 1741–60 period. The reason the Burrs did not increase their power in the last twenty years studied probably relates to their weak opposition to the Stamp Act and not to the officeholding pattern in general.[11] Each of these three towns also had two or three other families who were massively important in the officeholding structures: the Talcotts, Wyllyses and Stanleys in Hartford; the Tracys, Lathrops and Backuses in Norwich; and the Sillimans and Wakemans in Fairfield. The family name was most important in the offices of clerk, treasurer, moderator and deputy, and less but still important in the office of selectman.

We have already seen where the clerk's and treasurer's offices were filled by a few individuals and families. Consider the pre-eminence also of these families in the office of moderator. In Hartford, between 1721 and 1780, men with the Pitkin family name served eighty-seven terms as moderator compared to eighty terms served by all other men. In Norwich, three families totalled 157 terms as moderator between 1701 and 1780 and the rest of the town totalled sixty-two terms. In Fairfield, two families served ninety-six terms between 1721 and 1780 while the rest of the town served only sixteen terms. As the statistics for moderator show, and as the overall statistics for the three premier families, the Pitkins, Huntingtons and Burrs, indicate, élite families were either increasing or maintaining their influence in office-

[8] Cook, 'Local Leadership', p. 595.

[9] Daniels, 'Large Town Power Structures', chs. 2, 3 and 4.

[10] I have discussed the role of families in great detail in 'Family Dynasties'.

[11] This is based on several Burrs' close political relationships with Ebenezer Silliman, one of the assistants who incurred disfavour over the Stamp Act and was purged of his office in 1766. See Oscar Zeichner, *Connecticut's Years of Controversy* (Williamsburg, 1949), ch. 3.

Table VII

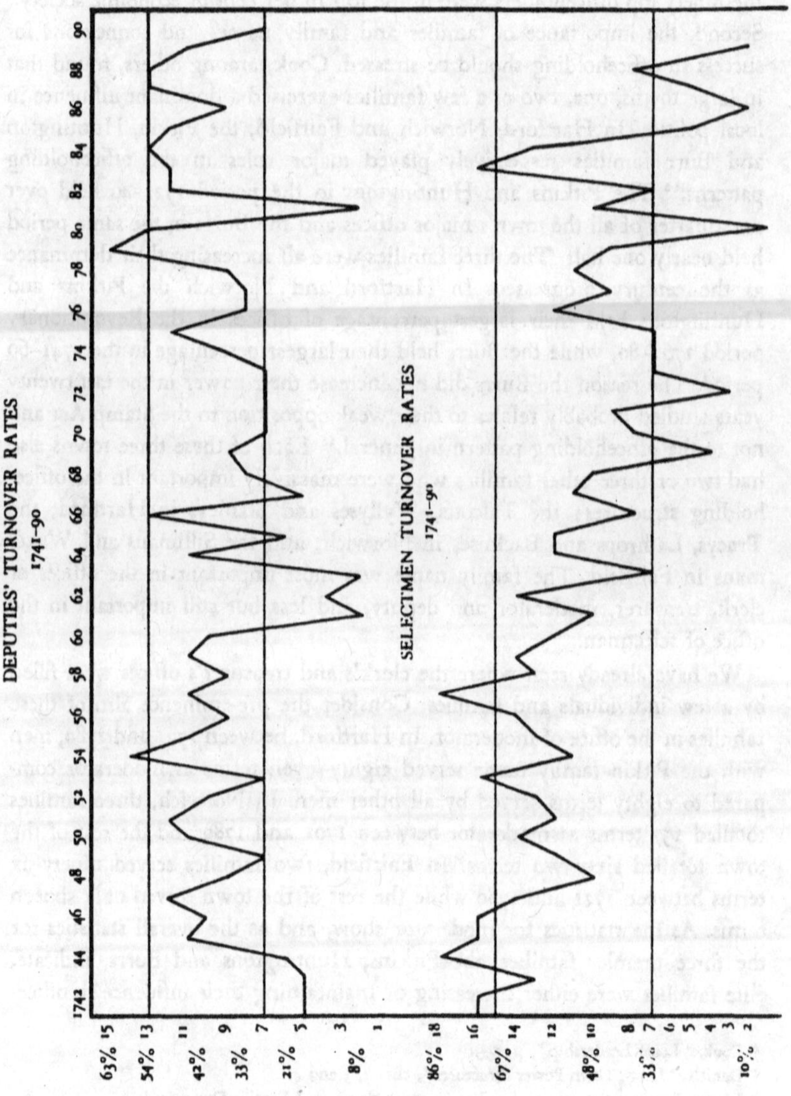
DEPUTIES' TURNOVER RATES
1741–90
SELECTMEN TURNOVER RATES
1741–90
1742 44 46 48 50 52 54 56 58 60 62 64 66 68 70 72 74 76 78 80 82 84 86 88 90
63% 15
54% 13
11
42%
9
33% 7
21% 5
3
8%
1
86% 18
16
67% 14
12
48% 10
8
33% 7
6
5
4
3
10% 2

holding as the century progressed. In the one instance where an élite family declined in overall influence slightly, the Burr family from 1741–60 to 1761–80, the slack in the officeholding pattern was more than assumed by the second most influential family in the town, the Sillimans.

TABLE VIII

*Moderator Terms*

| | *Hartford* | | *Norwich* | | | | *Fairfield* | | |
|---|---|---|---|---|---|---|---|---|---|
| | Pitkin | Rest | Backus | Huntington | Tracy | Rest | Burr | Silliman | Rest |
| 1701–20 | N.A. | N.A. | 28 | 2 | 1 | 4 | N.A. | N.A. | |
| 1721–40 | 10 | 33 | 15 | 7 | 7 | 10 | 20 | 0 | 2 |
| 1741–60 | 27 | 17 | 2 | 29 | 3 | 8 | 14 | 15 | 4 |
| 1761–80 | 50 | 30 | 2 | 30 | 31 | 40 | 8 | 39 | 10 |

## III

Clearly, we must now add to Cook's conclusion that the degree of oligarchy or democracy depends upon the type of town, the additional conclusions that it also depends on the office and time period. The offices of clerk, treasurer and moderator would support extremely oligarchical findings, the office of deputy would support less extreme but still oligarchical findings and the office of selectman would in some instances support extremely democratic findings. This conclusion should not be startling because the different offices had different powers and duties and required different skills. It is not surprising then that voters treated them differently. However, most importantly, in large towns, in all areas where there was reasonable room to become more oligarchical the towns did so during the years 1761–74. In every measurable area in that period, deputy and selectman officeholding became more concentrated in a smaller number of men. The deputy officeholding patterns reverted after 1774 to pre-1760 concentrations but the selectman officeholding patterns continued to increase the concentration. This increased tendency towards oligarchy was occurring concomitantly with another trend historians have established in eighteenth-century New England society, the widening gap between upper and lower economic classes and the increase in concentration of wealth in the upper elements of society.[12] Probably these two trends

12 See Daniels, 'Long Range Trends of Wealth Distribution in Eighteenth Century New England', *Explorations in Economic History*, 11 (Winter, 1973–4), 123–36; Alice Hanson Jones, 'Wealth Estimates for the New England Colonies About 1770', *Journal of Econo-*

dovetailed and neatly reinforced each other. The upper elements of society were gaining relatively more of society's wealth and also gaining absolutely more of its political power. Perhaps another specific aid to the growth of political concentration in the period 1761–90 was the Revolutionary struggle itself. Unless some leaders were tainted by insufficient opposition to England, as perhaps a small number were, it may have made much sense to continue tried and trusted men and families in local offices to deal with the newly created emergencies. It has often been asserted that the Revolutionary experience encouraged more people to participate in politics. This may or may not be true for participation in elections and debates, but it was not true for actual officeholding in large towns. The whole Revolutionary period 1761–90 saw a more oligarchical pattern of officeholding than in the previous sixty years of the eighteenth century. The acrimonious pre-Revolutionary years 1761–74, when the deputies were involved in more soul-searching and politicizing debates than ever before or after in the eighteenth century, saw the most oligarchical pattern of officeholding for deputies between 1701 and 1790. If there was a long-range democratizing trend in eighteenth-century politics the officeholding structure did not reflect it, and if the Revolution added to this trend, the officeholding structure did not reflect it either. The widening gap between economic classes, the increasing prestige and power of select families and the Revolutionary emergency all coalesced to form a more oligarchical pattern of local officeholding.[13]

---

*mic History*, 32 (March, 1972), 98–127; James Henretta, 'Economic Development and Social Structure in Colonial Boston', *William and Mary Quarterly*, 22 (January, 1965) 93–105; Jackson Turner Main, *The Social Structure of Revolutionary America* (Princeton, 1965), pp. 7–43.

[13] The author wishes to thank the Canada Council for its support for this project.

# 33

# The Rise of Representation: Electing County Officeholders in Colonial Pennsylvania

*Clair W. Keller*

**Tracing the development** of the county commission system provides a unique opportunity for examining the nature of participatory government in colonial America. Yet, despite the prominence of the county commission system today, studies of the county commission system and, in fact, all county government have been few (Bromage, 1933: 15-35). Colonial historians have preferred to investigate the New England town and the provincial legislature. Most of these studies (Grant, 1961: 106, 120-127, 150-153; Bushman, 1967: 268-270; Syndor, 1965: 42, 6-73; Gross, 1976: 38-39, 179-181; Pole, 1962: 626-646; Greene, 1959: 485-506; Greene, 1963: 25-47; Cook, 1971: 586-608; Zemsky, 1971: 28-38; Lockeridge, 1970: 47-49, 119-138, 94; Cook, 1976: 9, 10, 19-22, 80-94, 115-118) have concluded that although the franchise was exercised by most adult male property owners, town councils and colonial legislatures tended to be dominated by a social and economic elite continually returned by the electorate to positions of power. In other words, exercising the vote did not seem to make much practical difference.[1] An analysis of county officeholding in colonial Pennsylvania, however, challenges the belief in the universality of such voter behavior. For when male adult property owners gained the opportunity to elect county officials who levied, collected, and disbursed

---

**Author's Note:** *This study was funded by a National Science Grant GU-3373, the Penrose Fund of the American Philosophical Society, and computer funds from the Science and Humanities Research Institute. The author is also grateful for criticism received from Prof. Andrejs Plakans, Prof. John Dobson, Prof. Hamilton Cravens, and Marilyn F. Keller.*

the only direct tax in colonial Pennsylvania, they chose people more like themselves than like the appointed officials who previously controlled county government.

Establishing the county commission system began modestly in 1711 when the Pennsylvania Assembly appointed provincial tax collectors to levy and collect taxes at the county level. These new officials replaced the justices of the peace who presided at the Courts of Quarter Session and had, along with the assistance of elected county assessors, previously levied those taxes (Keller, 1969: 372-373). In 1718 the duties of these tax collectors were augmented to give them power to determine the amount of tax to be levied and how it should be spent (Mitchell, 1896: 176). Prior to 1718 the Assembly not only appointed the tax collectors yearly but set the size of each year's tax. In 1721 a petition to the Assembly from the inhabitants of Chester County urged that commissioners be elected yearly (Hazard, 1931: 1934). Despite opposition from the governor and Provincial Council, the Assembly established three elected commissioners for each county. In 1725, a law clarified the election procedure, and one commissioner was elected yearly for a three-year term. This change also instituted the principle of rotation in office by prohibiting any commissioner from being reelected for a second term within three years of leaving office (Hazard, 1931: 1716, 1726). The task of establishing a county government which could be responsive to the people was now completed.[2]

During the next few years county commissioners vied with justices for domination of county affairs. Disputes continually arose because the law delineating specific functions and jurisdictions between them was vague and because the county commissioners were willing to use the power of the purse to expand their influence over local affairs. When disputes between justices and commissioners arose over such duties as building bridges or caring for the poor, the commissioners prevailed, even when legislation existed to the contrary (Keller, 1969: 377-380). Their success stemmed from control over local spending. This sporadic and long-term conflict resulted in triumph by the county commissioners who gradually increased their powers at the expense of the justices.

By comparing the types of people who held the office of county commissioner and justice of the peace, it is possible to examine the effect that increased voter participation had on the type of person achieving office. The analysis is further strengthened by the fact that the creation of representative government at the county level came about after inhabitants demanded control over taxation. Furthermore, the duties assumed by these new officeholders had been exercised by appointees of the governor. Thus the distinction between participatory government and appointive government becomes clearer.

A comparison of these two groups of officeholders shows that commissioners held less wealth, more varied occupations, and more elected positions than did justices.[3] Electing rather than appointing officeholders, therefore, resulted in a more representative county government than that which existed under the system of appointed officeholders, a change which also sharply curtailed the governor's authority to influence local affairs. Voting was not meaningless.

Data were gathered for 182 persons who held either one or both of these positions between 1722 and 1745. For the purposes of this study, officeholders were categorized as justices (123); county commissioners (33); those first elected county commissioners and then appointed justices, designated CC/JP (10); and those first appointed justices and then elected county commissioners, designated JP/CC (16). When the term "primary subject groups" is used, the reference is to justices and commissioners only; when the term "subject groups" is used, the reference is to all four categories.

## ECONOMIC DIFFERENCES

A comparison of the inventoried estates and tax assessments of the county commissioners with those for justices of the peace shows that the economic status of county commissioners as measured by these variables was lower than that of justices and that the economic status of county commissioners came closer to the average wealth of the total population than did the economic status of the justices.

Estimates of the average wealth of each subject group for whom estate inventories were found were made and compared.[4] Differences among the four subject groups are indicated in Table 1. Estate inventories for justices averaged almost twice those of county

*Table 1* Value of Inventories for Each Subject Group

| Subject Groups | Number | Average Value in £[a] |
|---|---|---|
| JP | 70 | 1668 |
| CC | 24 | 870 |
| CC/JP | 7 | 746 |
| JP/CC | 12 | 1809 |
| Total | 113 | 1456 |

a. Standardized by Cost of Living Index based on the wholesale price index for five year periods for Philadelphia 1720-1780. The following figures were used: For the years, 1720-1724, 88; 1725-1729, 1.07; 1730-1734, .95; 1735-1739, .94; 1740-1744, .98; 1745-1749, 1.08; 1750-1754, 1.20; 1755-1759, 1.16; 1760-1764, 1.31; 1765-1769, 1.29; 1770-1774, 1.37; 1775 to highest, 1.45.
Source: Arthur H. Cole, *Wholesale Commodity Prices in the United States, 1700-1861* (Cambridge, 1938), 138-139.

commissioners, showing a disparity ratio of 1.92.[5] The standard deviation (a measurement of the dispersion of averages about the mean) of wealth estimates for justices was almost four times that of commissioners, 6020 to 1577. This indicates that greater extremes of wealth existed among justices than among commissioners. The table also shows that those persons who became county commissioners, and later became justices, had inventories considerably smaller than those who became justices first, a pattern consistent with the overall assertion that county commissioners had less wealth than did justices.

A comparison of subject groups in each county indicates that differences in values of inventories between justices and commissioners living in Chester County was 4.45 times larger, which was greater than that for any other county. This large difference undoubtedly reflects both the increasing prosperity of Chester County residents and the widening gap between average and well-to-do landowners (Lemon and Nash, 1970: 178-186). On the other hand, the disparity ratio for poorer Bucks County was only 1.36. The latter figure might explain the cohesiveness of Bucks County officeholders. The proprietary leaders, for example, relied on Bucks County to elect members of the Assembly who supported their views. James Logan, leader of the proprietary party, commented to John Penn in 1734 that Jeremiah Langhorne, a powerful Bucks County leader, along with "some few of his friends has interest enough in his county to carry the election there and to furnish our Assemblies with eight members yearly who with two or three

*Table 2* Value of Inventories for Subject Groups by County

| | Subject Groups | N | Average Value in £[a] |
|---|---|---|---|
| Phila Co. | TOTAL | 39 | 2171 |
| | JP | 26 | 2590 |
| | CC | 11 | 1416 |
| | CC/JP | 1 | 371 |
| | JP/CC[b] | 1 | 1394 |
| Chester Co. | TOTAL | 29 | 1868 |
| | JP | 16 | 1979 |
| | CC | 8 | 445 |
| | CC/JP | 2 | 2118 |
| | JP/CC | 3 | 4906 |
| Bucks Co. | TOTAL | 29 | 645 |
| | JP | 19 | 720 |
| | CC | 3 | 529 |
| | CC/JP | 3 | 177 |
| | JP/CC | 4 | 726 |
| Lancaster Co. | TOTAL | 16 | 436 |
| | JP | 9 | 448 |
| | CC | 2 | 83 |
| | CC/JP | 1 | 82 |
| | JP/CC | 4 | 672 |

a. Standardized by Cost of Living Index, see Table 1.
b. Not same officer holder listed in Table 3 under City/Town.

more as they could from time to time be found amongst those of other Counties" could protect the proprietor's interests (Logan, 1734: 335). Political conflicts were much greater in Chester County and in Philadelphia where economic disparities were much greater. James Logan referred to these conflicts when he lamented to John Wright, a justice in Chester County, that opponents to the proprietary faction had "resolved amongst them to throw out every person who gives the least suspecion of moderation . . . to take in ye most completely factious in their place" (Logan, 1726: 89; Wendel, 1968; Keller, 1967).

The pattern of lesser wealth for county commissioners persists when the subject groups are categorized by urban and rural residencies. When those subject groups living in Philadelphia were compared, the difference in actual inventoried wealth of justices and county commissioners was more than for any other comparison,

*Table 3* Value of Inventories for Subject Groups by Rural and City/Town

| | Subject Groups | N | Average Value in £[a] |
|---|---|---|---|
| City/Town[b] | All | 33 | 2823 |
| | JP | 21 | 3667 |
| | CC | 10 | 1555 |
| | CC/JP | 1 | 371 |
| | JP/CC | 1 | 243 |
| Rural | All | 80 | 892 |
| | JP | 49 | 810 |
| | CC | 14 | 381 |
| | CC/JP | 6 | 808 |
| | JP/CC | 11 | 1951 |

a. Standardized by Cost of Living Index, see Table 1.
b. Includes City of Philadelphia and boroughs of Lancaster, Bristol, and Chester.

£4142 for justices to £1657 for commissioners. The differences for rural subjects was much less, whether or not once includes the boroughs of Chester, Lancaster, and Bristol. County commissioners living in Philadelphia had twice as much personal wealth as did rural justices.

Again it should be noted that in every instance but one the inventories for CC/JP averaged substantially less than those of JP/CC and in most cases the inventories of JP/CC were greater than those of county commissioners. These data give additional support to the assertion that those persons appointed justices had more wealth than did those elected county commissioners.

Since inventoried wealth did not include landed wealth, one could justifiably suppose that apparent differences in wealth among the subject groups resulted from the different types of wealth held by the subject groups. If justices, for instance, had a greater portion than did the commisioners of their wealth in personal property, this wealth would be more easily identifiable in inventories than a different kind of wealth not listed in inventories. Hence, wealth of county commissioners would be underestimated. Inventories, however, do help narrow this gap by indicating some other kinds of wealth. Investments in capital assets such as mills and iron works are listed. The amount of the inventories wealth held in bonds and mortgages by each subject group can also be identified and compared, as shown by Table 4.

*Table 4* Amount and Percentage of Inventoried Wealth Held in Bonds and Mortgages by Each Subject Group

| | Number | Value in £[a] | % of Total Inventory Held in Bonds and Mortgages |
|---|---|---|---|
| All | 75 | 859 | .43 |
| JP | 47 | 1015 | .46 |
| CC | 17 | 478 | .40 |
| CC/JP | 5 | 470 | .35 |
| JP/CC | 6 | 955 | .33 |

a. Standardized by Cost of Living Index, see Table 1.

Justices, then, had both a greater amount and a higher percentage of personal wealth in bonds and mortgages. In Philadelphia the difference between primary subject groups in amount and percentage of bonds and mortgages was greater than in rural areas (see Table 5).

The disparity ratio for total inventories wealth and bonds and mortgages between the primary subjects groups is slightly higher for bonded wealth (1.91 to 2.12). Both subject groups then invested in bonds and mortgages, but at this point it is impossible to conclude whether justices had greater wealth in personal property than did commissioners.

Tax records tend to reflect wealth in real property rather than in personal wealth. Excellent tax records do exist for Chester County. By examining them one can determine if tax assessments indicate that county commissioners had a greater amount of their wealth in real property than did justices, which is not reflected by inventories. Table 6 compares the average assessment for justices and county commissioners and shows that county commissioners paid somewhat smaller taxes than did the justices. It should also be noted that the disparity ratio increased in later years, from 1.13 and 1.12 in 1725 and 1730 to 1.72 and 1.71 in 1740 and 1747. The disparity ratio of inventoried wealth and bonds and mortgages between Chester County justices and commissioners stands at 4.45 and 5.51. Since the disparity ratios between primary subject groups were much greater for inventoried wealth than for tax assessments one can conclude that bonds and mortgages accounted for much of the difference in inventoried wealth between justices and commissioners. It is also safe to say that county commissioners

*Table 5* Amount and Percentage of Inventoried Wealth of Primary Subject Groups Held in Bonds and Mortgages for City of Philadelphia and Non-Philadelphia Residence

| | | Number | Value in £[a] | % of Total Inventory in Bonds and Mortgages |
|---|---|---|---|---|
| Philadelphia | All | 17 | 1608 | .43 |
| | JP | 10 | 2162 | .48 |
| | CC | 7 | 815 | .35 |
| Non-Philadelphia | All | 47 | 607 | .45 |
| | JP | 37 | 706 | .45 |
| | CC | 10 | 242 | .44 |

a. Adjusted for Cost of Living, see Table 1.

did not have large assets in real property which was not listed in the inventories.

Having established that justices and commissioners differed economically, we can now turn to the question of whether the commissioners were more representative of the total population than the justices. The answer is yes. Table 6, for example, shows that although both groups came from those taxpayers who paid more than the average tax, the disparity ratio between comissioners and the average tax was less than for the justices, and in 1740 and 1747 much less. Perhaps this reflected a growing tendency of the people to elect commissioners more like themselves.

When one compares inventoried estates of subject groups with those of the general population the same pattern emerges. Sample inventories for Chester County for the years 1730-1731 and 1761, after correction for price levels, average out at £265 and £299, respectively (Lemon, 1972: 88). Table 2 shows commissioners' inventories in Chester County averaged £445 ad compared to £1979 for justices. In Lancaster County, the sample of inventories for the general population 1729-1737 was £110, for 1750, £127 and for 1760, £158 (Lemon, 1972: 88), an average somewhat greater than that of the commissioners. When the mean inventories of personal wealth of commissioners and justices residing in Philadelphia are compared to the mean inventoried wealth for Philadelphians, the commissioners resemble the general population, £690 sterling for the commissioners to an average range of £400-500 sterling for the general population (Nash 1976b: 571).[6]

*Table 6* Average Tax Assessments in Shillings and Pence for Chester County Justices and Commissioners, 1725-1747

| Subject Groups | 1725[a] Sh/d | 1730[a] Sh/d | 1735[b] Sh/d | 1740[b] Sh/d | 1747[b] Sh/d |
|---|---|---|---|---|---|
| Justices | 12/10 | 12/11.7 | 7/9.2 | 8/11.4 | 8/6.8 |
| CC | 11/4 | 11/6.8 | 6/0.8 | 5/2.4 | 5/1.2 |
| All Taxpayers | 5/1.4 | 5/6 | 2/9.5 | 3/5.2 | 2/6.6 |

a. Assessed at 3d for each L of assessed valuation.
b. Assessed at 2d for each L of assessed valuation.
Source: MSS Tax Assessments, Chester County Historical Society, 1725, 1730, 1735, 1740, 1747.

When given an opportunity to elect persons to levy taxes and and spend revenue at the county level, voters chose people whose economic status resembled their own.

## OCCUPATIONS

Not only did the economic status differ between justices and commissioners, but the way in which they had achieved that status also varied considerably.[7] A higher ratio of county commissioners engaged in nonfarm occupations than did justices. Of these commissioners, 13 (45%) were skilled workers. Sixty percent of justices having nonfarm occupations were merchants. Figure 1 compares the occupations of justices and commissioners.

When those subjects living in Philadelphia are compared, the differences between justices and commissioners show a strong tendency for commissioners to come from the skilled crafts and for justices to come from merchants (see Figure 2).[8] Two justices (7.4%) were skilled craftsmen, and 8 out of 12 (67%) of the county commissioners were skilled craftsmen. Seventy-eight percent of the justices where merchants, while only 25% of the county commissioners were so identified. Inventories of merchants who were justices averaged £5623 while some of the commissioners averaged £3328, indicating justices who were merchants carried on a much larger operation. In the City of Philadelphia, then, county commissioners tended to represent the urban middle class of skilled craftsmen and processors; justices were merchants. Figure 2 shows the similarity between the

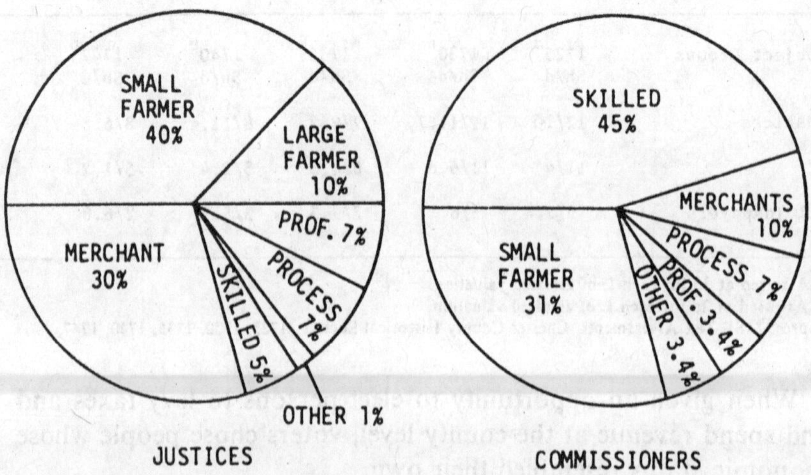


*Figure 1* Occupations of Justice and Commissioners

occupations of commissioners in Philadelphia and the general population.

These occupational differences were reflected in political factions during the period. The antiproprietary party tended to come from the artisan class. In the 1720s William Keith, governor until 1726, allied himself with the antiproprietor leader, David Lloyd, creating a political coalition that dominated politics in Pennsylvania for almost a decade (Wendel, 1968: 294-305; Lokken, 1959: 228-229). The power base of Keith's group came from the "middling" classes of Philadelphia. This division between artisans and merchants was certainly recognized by those engaged in politics duirng the period. Issac Norris, a proprietary stalwart, described the opposition to the proprietary party as a "mobbish" lot composed of "journeymen and such like in opposition" (Norris, 1716: 338).

The occupations of commissioners and justices outside Philadelphia also differed. Most of those subjects in both groups were small farmers. But like those in Philadelphia, 29% of the commissioners held skilled occupations while only 3% of the justices did. Not one commissioner could be identified as a large farmer or merchant, but 23% of the justices could.

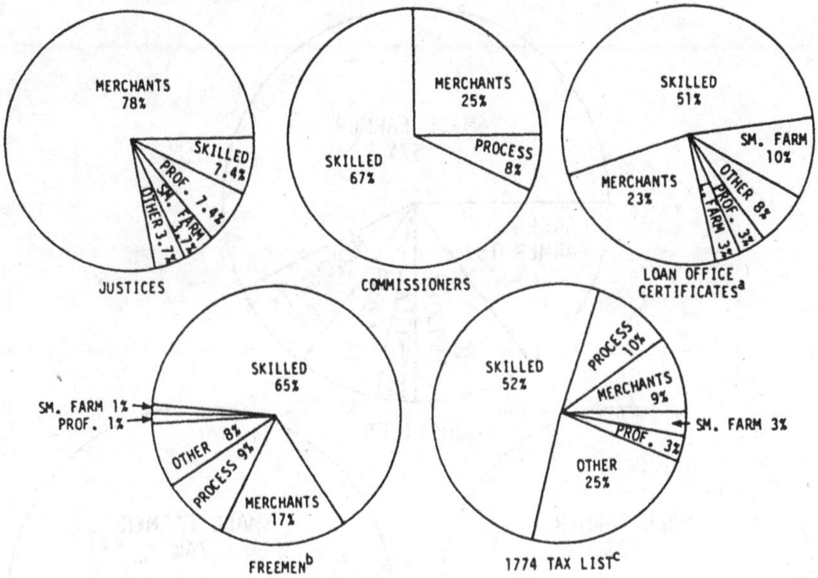


a. Source: Loan Office Certificates, 1739-1741, 3 vols., Philadelphia City Archives
b. Source: "List of Freeman admitted to Philadelphia Corporation, 1717," J. Thomas Scharf & Thompson Westcott, I (Philadelphia: L. H. Everts & Co., 1884), 193-194.
c. Source: Based on information found in Jacob M. Price, "Economic Function and the Growth of American Port Towns in the Eighteenth Century," Perspectives in American History, 8, 1974, 177-183. The categories used by Price have been rearranged to be consistent with this table.

*Figure 2* Comparison of Occupations of Justices, Commissioners, and Residents of Philadelphia City

The occupations of the commissioners appear similar to those of the general population. Determining the occupations of the inhabitants during this period is difficult because the data are so fragmented. Nevertheless, some estimates of occupations have been made. One study of Chester and Lancaster Counties (Lemon, 1972: 7-8) suggests that the proportion of nonfarm occupations in rural areas was larger than previously believed. His data came from the 1760 tax lists, and his contention is further supported by a study of over 500 Pennsylvania Loan Office certificates for 1739-1740. These certificates, which list the borrowers' occupations and provide a useful guide to the occupations of the general population, indicate that 26% of those who borrowed from the loan office and who lived outside of Philadelphia identified themselves as having nonfarm occupations (see Figure 3).

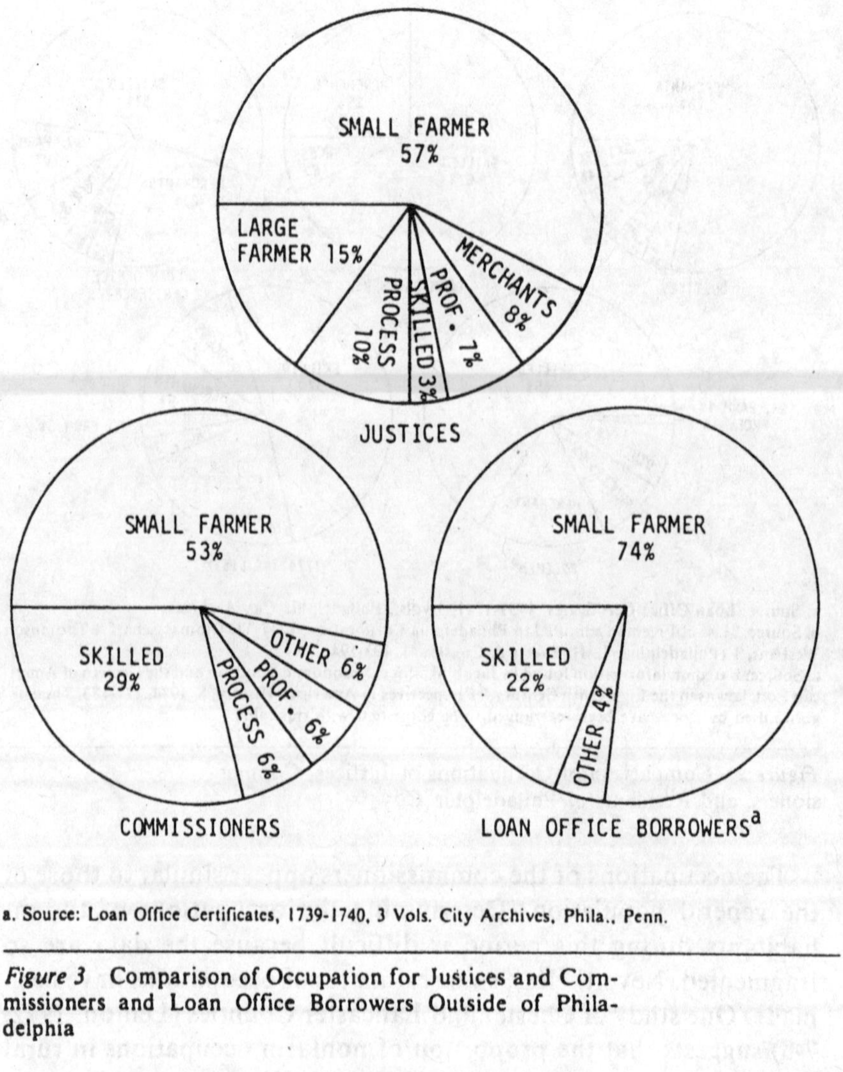


a. Source: Loan Office Certificates, 1739-1740, 3 Vols. City Archives, Phila., Penn.

*Figure 3* Comparison of Occupation for Justices and Commissioners and Loan Office Borrowers Outside of Philadelphia

No distinction can be made between large and small farmers listed in loan office certificates. Commissioners did, however, tend to reflect occupations of the total loan certificates in the number of people listed as skilled workers (see Figure 4).

More data exist for Philadelphia. Figure 2 compares the occupations of justices and commissioners in Philadelphia with the occupations of the total population as derived from three different sources.

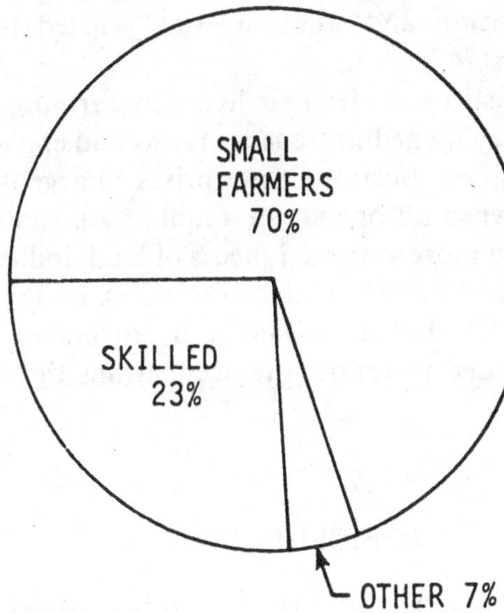


Source: Loan Office Certificates, 1739-1740 City Archives, Philadelphia City Hall, Phila. Penn.

*Figure 4* Occupations of Loan Office Borrowers for All Areas

In each instance, the occupations of the commissioners come closer to resembling those of the total population than do those of the justices.

Wealth and occupation often translate into social status. In the colonial period, persons tended to list their status in such legal documents as wills, deeds, contracts, and loan certificates. The designation of esquire, gentleman, or squire indicated high status. Thirty-four justices were so designated, either by themselves in wills, deeds, or loan office certificates or by others on tax lists. Only one commissioner was so listed. This title was not used frequently. In the tax lists for Chester County for the year 1747, only 13 out of more than 3,000 persons listed such titles. The tax lists also support the correlation between wealth and status. The average tax for those designated esquire was 9s.3d., for others 2s.6.6d. In addition, those with esquire after their names almost always paid the highest tax in each township and were invariably listed first (Chester County Tax List, 1747).

In summary, justices made their living by farming as did commissioners, but they owned more large farms and engaged in larger and more diversified business enterprises. Large farmers, for example, often owned all or part of a mill or an iron works. They also held other and more scattered pieces of land, indicative of land speculation. Larger numbers of commissioners, on the other hand, made their living as skilled workers and processors. In this way commissioners tended to follow the occupations the total population pursued.

## OFFICEHOLDING

Patterns in the numbers and types of other offices held during a political carrier by each primary subject group support the view that a close "voter-officeholder relationship" existed between the electorate and county commissioners. This relation continued throughout the political careers of the county commissioners. Justices, on the other hand, tended to hold appointive rather than elective office.

The electorate selected as county commissioners those persons whom they had previously elected to other offices. Table 7, which compares the first office held by each subject group, shows that no county commissioner (CC category) had held an appointive office prior to being elected a county commissioner. Almost half of those commissioners began as county or city assessor, an office which enabled them to become familiar with the duties and constituencies that county commissioners served.

On the other hand, less than a third of the justices began their political careers in elective office. Voters viewed magistrates as allies of the governor and the proprietor. Certainly the Governor appointed justices with that idea in mind (Logan, 1734: 157). Politicians seeking to enhance their political status through elective office considered the office of justice a political liability (Rother-

*Table 7* Comparison of Subject Groups on First Office Achieved During Political Careers

| Elected | JP | | CC | | CC/JP | | JP/CC | |
|---|---|---|---|---|---|---|---|---|
| | % | N | % | N | % | N | % | N |
| County Assessor | 6 | ( 7) | 36 | (12) | 60 | ( 6) | 19 | ( 3) |
| County Comm. | -- | -- | 33 | (11) | 10 | ( 1) | -- | -- |
| Coroner | 2.4 | ( 3) | 3 | ( 1) | -- | -- | -- | -- |
| Sheriff | 2.4 | ( 3) | -- | -- | -- | -- | -- | -- |
| City Assessor | -- | -- | 12 | ( 4) | -- | -- | -- | -- |
| Burgess | -- | -- | 3 | ( 1) | -- | -- | -- | -- |
| Assembly | 20 | (25) | 9 | ( 3) | 20 | ( 2) | 31 | ( 5) |
| Total | 31 | (38) | 97 | (32) | 90 | ( 9) | 50 | ( 8) |
| **Appointed** | **JP** | | **CC** | | **CC/JP** | | **JP/CC** | |
| | % | N | % | N | % | N | % | N |
| Justices | 52 | (64) | -- | -- | -- | -- | 38 | ( 6) |
| County Appointed | 1 | ( 1) | -- | -- | -- | -- | 6 | ( 1) |
| City Appointed | -- | -- | -- | -- | 10 | ( 1) | | |
| Provincial Council | 2.4 | ( 3) | -- | -- | -- | -- | -- | -- |
| Provincial Other | 2.4 | ( 3) | -- | -- | -- | -- | -- | -- |
| Total | 58 | (71) | 0 | 0 | 10 | ( 1) | 44 | ( 7) |
| **Chosen[a]** | **JP** | | **CC** | | **CC/JP** | | **JP/CC** | |
| | % | N | % | N | % | N | % | N |
| Common Council | 11 | (13) | 3 | ( 1) | -- | -- | 6 | ( 1) |
| Alderman | 1 | ( 1) | -- | -- | -- | -- | -- | -- |
| Total | 12 | (14) | 3 | ( 1) | 0 | 0 | 6 | ( 1) |

a. Officials chosen by the members (non-elected) of the Corporation of Philadelphia.

mund, 1961: 86; Hanna, 1964: 49). This is further illustrated by the fact that of the 53 subjects who held both the office of justice and of assemblyman, only 20 became justices before their election to the Assembly (see Figure 6). It should also be noted that the CC/JP and JP/CC subject groups follow a pattern consistent with the first office held by CC and JPs (see Table 7).

When the numbers and types of offices held by each subject group throughout their political careers are compared, the pattern of a close relation between county commissioners-elective office and justices-appointive office continues. Table 8, which shows the percentage of the subject groups holding various offices during their political careers, indicates that almost 70% of the county

*Table 8* Number and Percentage of Justices and Commissioners Holding County, City, and Provincial Offices During Their Political Careers

| | County | | | |
|---|---|---|---|---|
| Types of Office | JP | | CC | |
| | % | N | % | N |
| Assessor[a] | 9.8 | (12) | 54.5 | (18) |
| Coroner[a] | 4.1 | ( 5) | -- | -- |
| Sheriff[a] | 4.1 | ( 5) | 3.0 | ( 1) |
| County Appointed[c] | 11.4 | (14) | 9.0 | ( 3) |
| | City | | | |
| | JP | | CC | |
| | % | N | % | N |
| Phila. City Council[b] | 17.1 | (21) | 6.0 | ( 2) |
| Phila. Alderman | 15.4 | (19) | -- | ( 0) |
| Phila. Assessor | .8 | ( 1) | 15.0 | ( 5) |
| Mayor[b] | 11.4 | (14) | -- | ( 0) |
| Phila. Appointed | 2.4 | ( 3) | -- | ( 0) |
| | Provincial | | | |
| | JP | | CC | |
| | % | N | % | N |
| Assembly[a] | 43.1 | (53) | 30.3 | (10) |
| Speaker[a] | 4.9 | ( 6) | -- | ( 0) |
| Provincial Council[c] | 15.4 | (19) | -- | ( 0) |
| Supreme Court[c] | 7.3 | ( 9) | 3.0 | ( 1) |
| Provincial Appointed[c] | 17.1 | (21) | 3.0 | ( 1) |

a. Elected
b. Chosen
c. Appointed

commissioners were also county and city assessors, an office to which six persons were elected yearly for the City of Philadelphia and for each county. Degrees of association (contingency coefficient) between the subject groups and the office of assessor were greater than for any other office (.44). On the other hand, few county commissioners held either a provincial office or a City of Philadelphia office other than that of assemblyman (see Table 8).

*Table 9* Number and Percentage of Justices and Commissioners Holding Other Elected, Appointed, and Chosen Offices During Their Political Careers

| Method of Achieving | JP | | CC | |
|---|---|---|---|---|
| Elected | % | N | % | N |
| None | 51.2 | (63) | 27.3 | ( 9) |
| Only One | 31.7 | (39) | 48.5 | (16) |
| Only Two | 16.3 | (20) | 18.2 | ( 6) |
| Only Three | .8 | ( 1) | 6.1 | ( 2) |
| Appointed | % | N | % | N |
| None | 71.5 | (88) | 84.8 | (28) |
| Only One | 13 | (16) | 15.2 | ( 5) |
| Only Two | 8.9 | (11) | 0.0 | ( 0) |
| Only Three | 3.3 | ( 4) | 0.0 | ( 0) |
| Only Four | 3.3 | ( 4) | 0.0 | ( 0) |
| Only Five | 0.0 | ( 0) | 0.0 | ( 0) |
| Chosen | % | N | % | N |
| None | 78.0 | (96) | 93.9 | (31) |
| Only One | 7.3 | ( 9) | 6.1 | ( 2) |
| Only Two | 7.3 | ( 9) | -- | -- |
| Only Three | 7.3 | ( 9) | -- | -- |

Table 9 compares the percentage of elective offices (county and city assessors, burgess, asemblymen, speaker, coroner, sheriff), chosen offices (those chosen by members of the Philadelphia corporation, common councilmen, alderman, and mayor), and appointive offices held by each subject group. Seventy-three percent of the county commissioners held other elective offices, compared to 49% of the justices. Since county commissioners were elected by the same constituency as assemblymen and assessors, they were likely to be more familiar to the voters than the appointed justices. This might also reflect the fact, as mentioned earlier, that service as a magistrate was not always popular with the voters.

While the difference in percentage between primary subject groups who held at least one appointive office was not large, justices did hold more appointive offices (see Table 9). No county commissioner held more than a single appointive office.

Other offices held during political careers by the subject groups can also be categorized according to city, county, and provincial offices. Fifty-six percent of the county commissioners held at least one other county office while only 28% of the justices did, a fact undoubtedly related to the close association between assessors and county commissioners. On the other hand, justices held more provincial offices than county commissioners, 54% compared to 35%. Also significant is the fact that only 3% of the county commissioners held more than one provincial office during their political careers. Eighty percent of the justices held at least one city office while only 58% of the commissioners did. The difference in type of city office is also significant, since 5 of the 7 commissioners holding other city offices held the elected office of city assessor (see Table 8). The Mayor, aldermen, and councilmen were elected by a self perpetuating body which tended to follow merchant class interests; assessors, on the other hand, were elected under a broader franchise. Those persons who were both justices and commissioners followed officeholding patterns according to the first office achieved.

Philadelphia provided its residents with a more diverse social and economic environment than that found outside the city. A look at officeholding variables for primary subject groups inside and outside Philadelphia shows that differences between primary subject groups inside Philadelphia were greater than in rural areas.

When subject groups inside and outside of Philadelphia are compared on elected, appointed, and chosen offices held during their political careers, a higher percentage of county commissioners held elective office in Philadelphia than outside of it. More justices (67%) than commissioners (8%) who lived in Philadelphia held appointive office. Outside of Philadelphia, however, there was little difference in the number of appointive offices held by justices and county commissioners. This same pattern is found when considering the number of provincial offices held. In Philadelphia, 83% of the justices held some other provincial office, while in the townships outside of Philadelphia the percentage was 56, slightly higher than the 33% for county commissioners. In almost every category of officeholdings, differences between justices and commissioners were greater for those subjects residing in Philadelphia than for those subjects residing in the rural areas.

The social and economic differences present in the population of Philadelphia, then, were reflected in officeholding among the subject groups. Population of rural areas was more homogeneous, or at least those who became justices and county commissioners were more alike.

In addition to the differences in the number and type of other offices held, the career patterns of primary subject groups also differed. The character of career patterns followed by the county commissioners is consistent with the concept of a close voter-officeholder relationship.

Figure 5 traces the political careers of county commissioners through the first four offices held. Every one of the commissioners began his political career in elective office as has been previously noted. When career patterns are followed through the first four offices achieved by commissioners, only 5 out of 75 offices held were appointive, while 69 (or 90%) were elective. Nineteen out of 33 commissioners served as assessors before being elected commissioner. Only 2 held appointive offices first. The predominance of the county or city assessor as a prior office to election as county commissioner illustrates the close relation between voter and county commissioner. Voters evidently felt inclined to choose those persons responsible for raising taxes and approving expenditures in whom they already had developed confidence as assessors.

Career patterns for justices differed significantly from those of county commissioners. Most justices began their political careers in appointive offices, mostly as justices, and continued to hold appointive offices throughout their political careers (see Figure 6). Only 31% started in elective offices. When all offices held during political careers are included, (over 21% of the justices held more than four appointive offices, no commissioner did), the percentage of appointed offices held rose to 71%.

In addition to the number of offices, justices held more offices which carried high prestige (Mayor, Supreme Court Justices, Speaker of the Assembly, Provincial Council) during their careers. Table 10 shows that only a single commissioner achieved an office having high prestige, while 26 justices did. Since most high prestige offices were appointed by the governor or chosen by an unrepresentative group such as the self perpetuating common council, the relation between the proprietary interests and the justices are tied closer.

Officeholding seemed to be habit forming. Those who held both positions of justice and county commissioner averaged a much

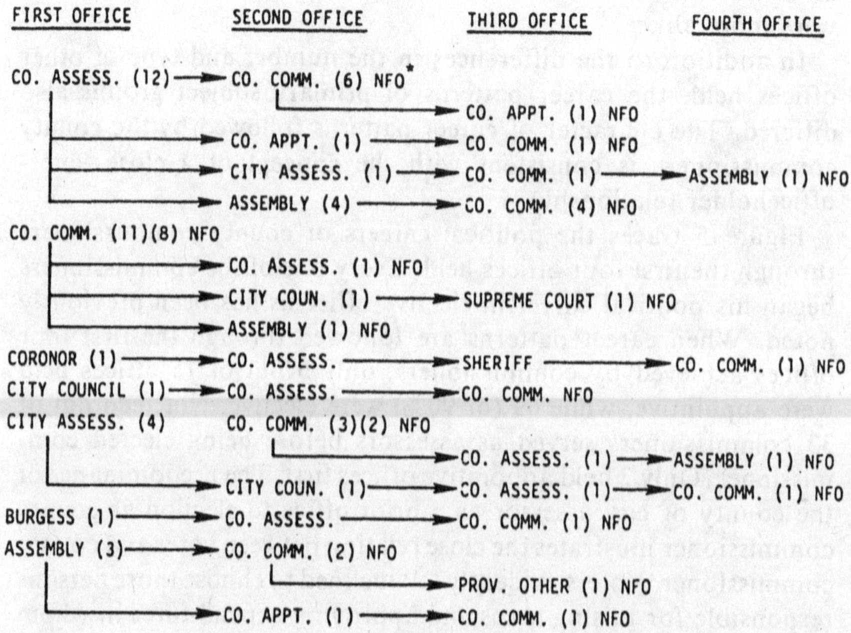


SUMMARY

| | | | | | TOTAL # | % |
|---|---|---|---|---|---|---|
| TOTAL | 33 | 25 | 15 | 4 | 77 | |
| ELECTED | 32 | 21 | 12 | 4* | 69 | 0.90 |
| CHOSEN | 1 | 2 | -- | -- | 3 | 0.038 |
| APPT. | 0 | 2 | 3 | -- | 5 | 0.064 |

*No further office.

*Figure 5* Political Career Pattern of Commissioners Categorized by Office

larger number of total offices during their political careers, 4.4 and 4.6 for CC/JP and JP/CC respectively, 2.3 for commissioners, and 2.7 for justices. The total for offices held for all subjects was 2.9. Even if the office of justice and commissioner are excluded from the analysis, the average number other offices held is 1.3 for commissioners and 1.7 for justices, 2.3 for CC/JP and 2.6 for

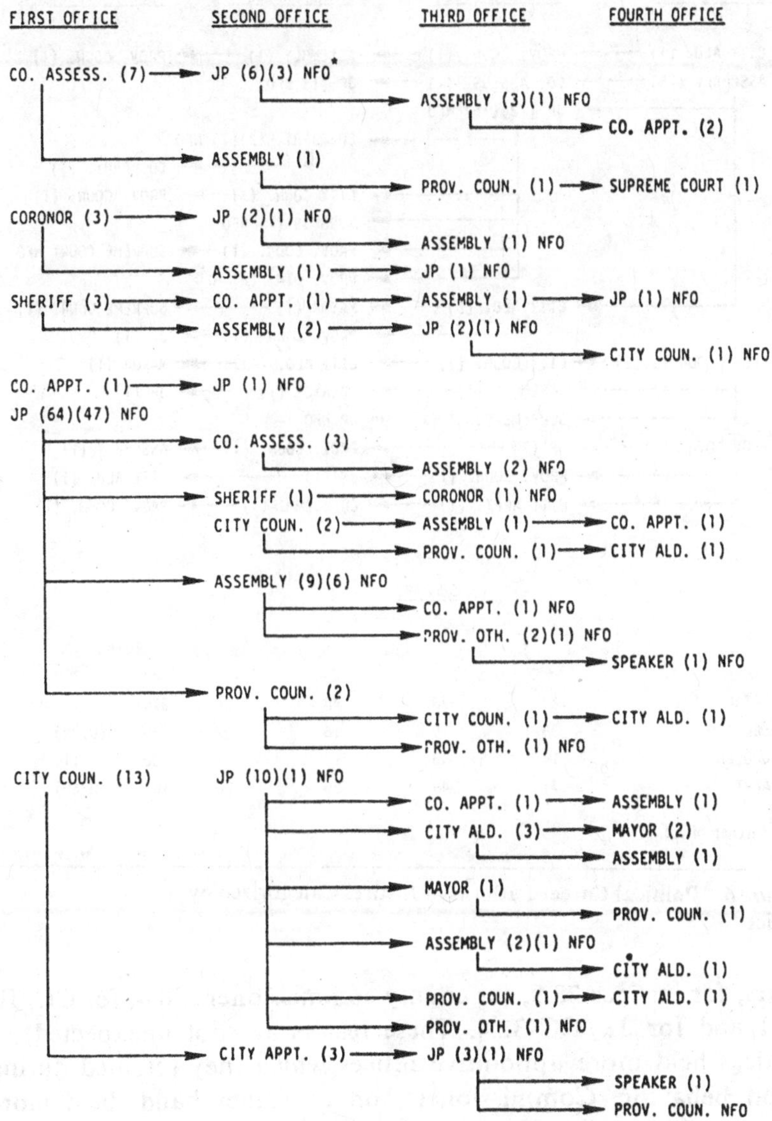


JP/CC. Similar results to those of the number of offices held are found when the number of years served in all offices (achieved by adding total years for elective and appointive offices) are compared among the subject groups. The average for all subjects was 26.3

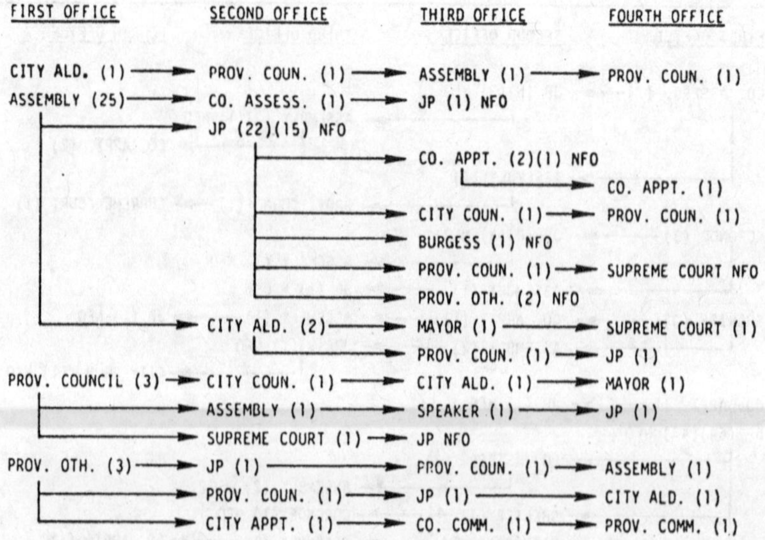


SUMMARY

| | | | | | TOTAL | |
|---|---|---|---|---|---|---|
| | | | | | # | % |
| TOTAL | 123 | 76 | 48 | 28 | 275 | |
| ELECTED | 38 | 19 | 16 | 7 | 80 | (0.29) |
| CHOSEN | 14 | 8 | 7 | 1 | 30 | (0.11) |
| APPT. | 71 | 49 | 25 | 20 | 165 | (0.60) |

*No further office.

*Figure 6* Political Career Patterns of Justices Categorized by Office

years, for justices 28.9, for county commissioners 10.4, for CC/JP 37.1 and for JP/CC 32.4. These results are not unexpected, as justices held more appointive offices which they retained during good behavior. Commissioners, on the other hand, held more elective offices where rotation resulted from voter dissatisfaction or was mandated by law.

In summary, justices held more offices and served longer than county commissioners. While justices held more appointive and provincial-level offices, commissioners held more elective and county-level offices. Commissioner ties with the voters were closer.

*Table 10* Percentage and Number of High Prestige Offices Held by Justices and Commissioners During Political Careers

| # Prestige Offices | JP | | CC | |
|---|---|---|---|---|
| | % | N | % | N |
| None | 78.9 | (97) | 97 | (32) |
| Only One | 8.1 | (10) | 3 | ( 1) |
| Only Two | 8.9 | (11) | | |
| Only Three | 3.3 | ( 4) | | |
| Only Four | .8 | ( 1) | | |

## POLITICAL IMPLICATIONS

When voters began electing county officials rather than being served by those appointed by the governor, the electorate increased their control and participation in political affairs. By choosing persons whose economic status resembled their own and in whom they had developed confidence, the voters chose persons likely to understand and exercise governmental affairs in their interests. This could not be said of appointed officials who were viewed by both voters and those who appointed them as representing proprietary interests. Political disputes in early Pennsylvania also reflected the division between the less affluent supporters of the Assembly and the more wealthy supporters of the proprietary (Nash, 1976a: 13). It should not be surprising then, when the proprietary faction controlled the Assembly, the number of justices in the Assembly increased substantially.[9]

By instituting the practice of rotation in office, the Assembly assured that new persons would be elected commissioners each year. In fact, only 15% of the commissioners ever held a second term when they became eligible to serve again after three years. Rotation in office kept a political elite from controlling county government. This contrasted with justices who continued in office as long as their loyalty to the governor did and was seen by the governor as an extension of central authority.[10] By establishing the county commission system, the Assembly blunted some of the governor's control over local matters.

Because justices provided the governor with a degree of local control, political considerations were often the basis for their appointment or removal. When a petition complaining of the actions of one of the justices was received by the Provincial Council, which assisted the governor in making these appointments, James Logan, who was secretary to the proprietor and the leading political strategist for the Penn family, cautioned the council against allowing the inhabitants to influence appointments. He wrote to Thomas Penn that

> from a long experience, I have observed it necessary to guard carefully agst suffering the lower sort (at least) of people, to imagine it is in their power to induce ye authority, either to put in, or to turn out any in office at their pleasure . . . .The authority, I say, of Magistrates here, and the respect paid them, I am sure, is small enough, but to show the least Countenance to things of this kind, is the ready method to render not only them, but even the Government, contemptable [Logan, 1734: 157].

When the Assembly sent a complaint to the council regarding the behavior of some justices in Bucks County and calling for their removal, the governor suggested to the council that their complaints "seem'd rather to arise from prejudice, grounded on other causes," and promised his protection to the justices in question (Hazard, 1852a: 559-560).

When the Provincial Council was not acquainted with the inhabitants of a particular area, members asked their friends for names of those persons best suited to become justices. Thus, the Provincial Council resolved in 1737 that the President (James Logan was acting governor at the time, Governor Gordon having died in office) "should inquire as to whom may be fittest to be commissioned in those parts, & report the same to the Board" (Hazard, 1852b: 152). James Logan directed one such inquiry to a friend in Chester County:

> My Frd: The time of yor County Court approaching, a new Commission must be prepared. Thou art desired, therefore, to gett from Jos Parker, & to send up by ye Bearer, the names that made us your two or three last setts. Will thy thoughts whether any changes will be necessary, but those ought to be made with caution, &, tho some are dissatisfied with Geor Ashton, yet, on acct of Elections & some other Confidention, it may, phaps, by more adviseable to continue him [Logan, 1726: 88-89].

Limiting the power of the justices over the operation of county government, then, reduced and weakened control of the executive in colonial Pennsylvania. Commissioners monitored the activities of executive officials when their expenses were to be paid from county funds. By scrutinizing and occasionally criticizing the activities of these officials, and at times refusing to pay requests for reimbursement, county commissioners exercised a measure of control over the affairs of the executive branch of government (Keller, 1969: 381). The change at the local level thus mirrored the change taking place at the provincial level where the Assembly succeeded in gaining autonomy at the expense of the governor and proprietor (Keller, 1967: 93-155).

The successful demand for elected rather than appointive officials to raise taxes, clearly indicates that the idea of "no taxation without representation" prominent in the debate between the Colonies and Great Britain had long been practiced in colonial America. The political experience of Pennsylvania also shows that the concept of representation held by colonists meant government by the people, not for the people. The idea of "actual representation" had a long history and did not arise merely as a convenience to counter the concept of "vitual representation" put forth by defenders of the English system when debate over the nature of representation began before the American Revolution.

When the voters obtained the right to choose rather than having their county officeholders appointed by the governor, they chose persons whose wealth and occupation was more representative of the total population than when county officeholders were appointed by the governor. They also chose individuals whom they had previously elected to office—people in whom they placed their confidence and trust. Getting the vote, therefore, made a difference; the electorate did not acquiesce to a leadership based on wealth and social status. The operation of county government in colonial Pennsylvania counters the view describing all colonial politics as deferential, for getting a chance to vote for county officials did result in the rise of meaningful representation.

## NOTES

1. Steven Thernstrom (1964: 40-41, 52) carried the idea that politics was dominated by elites through the eighteenth century; Bruce M. Wilkenfeld (1971: 271-273) finds the domination of politics by elites truer for the period 1733-1776 than before or after; Michael Zuckerman (1970: 188-219) accepts the view of a widespread franchise but disputes the oligarchic nature of government based on tenure in office and family connection, and does not discuss the socioeconomic status of officeholders. For a recent survey of the dispute of the Massachusetts franchise, see B. Katherine Brown (1976: 212-241).

2. There were three counties at the time, Philadelphia, Chester, and Bucks. Lancaster became a county in 1729.

3. Religious differences between the subject groups did not vary significantly and so religious affiliation provides only tangential support for the thesis of this essay. Differences between justices and county commissioners, however, followed patterns consistent with the thesis of this essay. Quaker county commissioners, for instance, averaged more elected offices and served longer in elected officers than Quaker justices. Anglican justices, on the other hand, held more appointive offices and served longer in office than Anglican commissioners.

4. Inventories for wills and administrations (where no will existed) were found for 63% (113 out of 182) of the cases used in this study. An analysis with a random sample of 63% would be considered extremely reliable, but since this percentage only represents availability, statisticians could be suspicious of the results because of a possible built-in bias.

As a measure of wealth, inventories present some limitatioins. For example, in Pennsylvania they generally did not include real property (land and buildings) and also failed to list liabilities along with assets. The best measure of a person's wealth at death is the final accounting, filed by the executors, listing assets distributed to legatees and heirs. Since few of these accounts were found, they were not used in this study. Even if a final accounting were available, a good assessment of a person's wealth may not be possible because property could have been distributed to heirs during the deceased's lifetime, not an uncommon practice. This practice would more likely take place by persons with greater wealth. One must also consider when it is best to determine a person's wealth during his lifetime, taking into account the ups and downs of his political career.

Values of inventories must also be standardized to reflect the same buying power when they are compared over a long period, as in this study. This can be accomplished by converting the original value of the estate with a multiplier based on the price index. For further discussion of problems associated with the use of probate records see Gloria L. Main (1975: 89-99) and Daniel Scott Smith (1975: 100-110).

5. The disparity ratio is obtained by dividing the higher figure by the lower—in this case, dividing 1668 by 870. The disparity ratio makes it easier to compare relative differences among subject groups.

6. Two inventories because they were so extreme, £24,000 for a justice and £5,500 for a commissioner, were excluded for this analysis only.

7. Occupations were identified for 142 out of the 182 subjects, 87 out of 123 justices, and 29 out of 33 commissioners, 10 of 10 CC/JP and 16 of 16 JP/CC. These were categorized into seven broad areas: large or well-to-do farmer, small farmer, merchant, skilled workers, processors, professionals, and others. Distinguishing between well-to-do and small farmers was difficult and required a careful analysis of inventoried wealth, wills, and tax lists. Unless the researcher could be certain, the subject was classified as small farmer. A well-to-do farmer usually had a much larger inventory, more diversified economic interests, such as part interest in a mill, tannery, or iron works, and had indentured or black servants. The number of cattle or bushels of wheat also helped determine the size of the farm.

8. The measure of association (contingency coefficient) between all subject groups (for whom occupations can be identified) and their occupation is .53; for those living in Philadelphia, it is .67; and for those outside the city, it is .47. Since occupations for all but three subjects residing in Philadelphia are known, the measure of association can be considered quite reliable. Outside the city, occupation of 40 subjects (36 justices and 4 county commissioners) could not be identified.

9. In 1720 when James Logan and the Proprietary group controlled the Assembly there were 14 justices; in 1721 when David Lloyd and the antiproprietary faction controlled the assembly there were seven.

10. The governor appointed justices periodically and could remove a justice from office. Although some individual appointments were made to fill vancancies, the governor usually appointed or reappointed several justices at one time when either the need arose or when a new governor arrived in the colony. (Hazard, 1852: 4: 152, 209, 312-313, 348, 482-483; Hazard et. al., 1880: 9: 675-679, 700-745, 770-771).

## REFERENCES


BROMAGE, A. (1933) American County Government. New York: Holston.

BROWN, B. K. (1976) "The controversy over the franchise in Puritan Massachusetts, 1954-1974." William and Mary Q. 3rd Series. 33 (April): 212-241.

BUSHMAN, R. L. (1967) From Puritan to Yankee New York: Norton.

Chester County Tax Lists (1747) Chester, PA County Historical Society. MSS.

COOK, E. M., Jr. (1976) The Father of the Towns: Leadership and Community Structure in Eighteenth-Century New England. Baltimore: Johns Hopkins Univ. Press.

——— (1971) "Local leadership and typology of New England towns, 1700-1785." Pol. Sci. Q. 86 (December): 586-608.

GRANT, C. S. (1961) Democracy in the Connecticut Frontier Town of Kent. New York: Norton.

GROSS, R. A. (1976) The Minutemen and Their World. New York: Hill & Wang.

GREENE, J. P. (1963) Quest for Power: The Lower Houses of Assembly in the Southern Royal Colonies, 1689-1776. New York: W. W. Norton.

——— (1959) "Foundations of political power in the Virginia House of Burgesses, 1720-1776." William and Mary Q. 3rd series. 16 (October): 485-506.

HANNA, W. S. (1964) Benjamin Franklin and Pennsylvania Politics. Stanford, CA: Stanford Univ. Press.

HAZARD, S. (1931) Philadelphia, PA. Pennsylvania Archives. Notes and Proceedings of the House of Representatives of the Province of Pennsylvania, 8th series. 8 vols., vol. 2.

——— (1852) Harrisburg, PA. Colonial Records: Minutes of the Provincial Council of Pennsylvania. 16 vols., vol. 2, 4.

——— et al. [eds.] (1880) Harrisburg, PA. Pennsylvania Archives, 2nd series. 19 vols. Officers of the Province of Pennsylvania, Vol. 9.

KELLER, C. W. (1969) The Pennsylvania county commission system, 1712-1740." Pennsylvania Magazine of History and Biography 92 (July): 372-382.

——— (1967) "Pennsylvania government 1701-1740: a study of the operation of colonial government." Ph.D. dissertation, University of Washington.

LEMON, J. T. (1972) The Best Poor Man's Country: A Geographical Study of Early Southeastern Pennsylvania. Baltimore: Johns Hopkins Press.

----- and G. NASH (1970) "The distribution of wealth in eighteenth century America: a century of change in Chester County Pennsylvania, 1693-1802," in G. B. Nash (ed.) Class and Society in Early America. Englewood Cliffs, NJ: Prentice Hall.

LOCKRIDGE, K. A. (1970) A New England Town, The First Hundred Years: Dedham, Massachusetts, 1636-1736. New York: W. W. Norton.

LOGAN, J. (1726) ALS to John Wright, 22 Aug., in Pennsylvania Archives, 2nd. series, 19 vols. Papers relating to the Provincial Affairs in Pennsylvania, 7:89. Harrisburg: State Printer.

----- (1734) ALS to John Penn, Oct. Historical Society of Pennsylvania, Logan Letter Books, vol. 3, f. 335.

LOKKEN, R. (1959) David Lloyd. Seattle: Univ. of Washington Press.

MAIN, G. L. (1975) "Probate records as a source of early American history." William and Mary Q., 3rd series 32 (October): 89-99.

MITCHELL, J. T. (1896) Statutes at Large of Pennsylvania from 1682-1801. 17 vols., 2: 176. Harrisburg: State Printer.

NASH, G. B. (1976a) "Social change and growth of prerevolutionary urban radicalism," pp. 5-36 in A. F. Young (ed.) The American Revolution. DeKalb: Northern Illinois Univ. Press.

----- (1976b) "Urban wealth and poverty in pre-revolutionary America." Journal of Interdisciplinary History 6 (Spring): 545-584.

NORRIS, I. (1716) Letter to Maddock, Norris Letter Book, 1716-1730, Historical Society of Pennsylvania, 338.

POLE, J. R. (1962) "Historians and the problem of early American democracy." Amer. Historical Rev. 67 (April): 626-646.

ROTHERMUND, D. (1961) The Laymans Progress. Philadelphia: Univ. of Pennsylvania Press.

SYDNOR, C. (1965) American Revolutionaries in the Making. New York: Free Press.

THERNSTROM, S. (1964) Poverty and Progress. Cambridge, MA: Harvard Univ. Press.

WENDEL, T. (1968) "The Keith-Lloyd alliance: factional and coalition politics in colonial Pennsylvania." Pennsylvania Magazine of History and Biography 92 (July): 289-305.

WILKENFELD, B. M. (1971) "The New York City Common Council, 1689-1800." New York History 52 (July): 271-273.

ZEMSKY, R. (1971) Merchants, Farmers, and River Gods. Boston: Gambit.

ZUCKERMAN, M. (1970) Peaceable Kingdons: New England Towns in the Eighteenth Century. New York: Vintage.

# 34

# The Intendant System and the Cabildos of Peru, 1784–1810

*John Fisher*

**Bourbon administrative reform** in Spain and in her Empire sought to centralize and improve the structure of government, to create more efficient economic and financial machinery, and in general to restore integrity and respect for law at all levels of administration. In the Empire the viceroyalty of Peru presented perhaps the most obvious need for reform, as its standards of administration had notoriously declined. Overhauling the administrative structure of the viceroyalty began in 1776 with the appointment of a visitor-general, José Antonio de Areche. Areche achieved little, partly because of his own ineptitude, but largely because of opposition from conservative forces within the viceroyalty. The outbreak of the Túpac Amaru rebellion in 1780 brought his constructive work to an end and emphasized his failure to improve administration in the provinces.[1] But the visita was energetically revived by Jorge Escobedo, and it reached its peak in 1784 with the establishment of a new system of administration, in which seven intendants replaced the corregidores.[2] It was hoped that the new administrators, with carefully defined powers and duties, would succeed in reviving the decadent viceroyalty.

Before the introduction of the intendant system the cabildos of Peru shared the inertia of other administrative bodies and corporations in the viceroyalty. The conditions of municipal life and government were at least as bad as those which prevailed in the newly formed viceroyalty of the Río de la Plata.[3] After the golden age of municipal activity in the sixteenth century, local government lost its enterprise, imagination, and vitality, as the Crown tightened its con-

[1] Vicente Palacio Atard, *Areche y Guirior. Observaciones sobre el fracaso de una visita al Perú* (Seville, 1946), 25-55.

[2] Archivo General de Indias, Sevilla, Audiencia de Lima (hereafter cited as AGI, Lima), leg. 1117, Jorge Escobedo to José de Gálvez, no. 306, July 16, 1784.

[3] John Lynch, *Spanish Colonial Administration, 1782-1810; the Intendant System in the Viceroyalty of the Río de la Plata* (London, 1958), 201-211.

trol and extended the practice of selling offices.[4] During the seventeenth and eighteenth centuries the decline showed itself in less frequent cabildo meetings, reluctance to purchase municipal office, peculation and maladministration of the inadequate municipal funds, absence of municipal building and expansion, and inability to deal decisively with urgent matters of public administration.[5]

The number of regidores permitted for each cabildo varied according to the status of the settlement. In a *ciudad* such as Lima the maximum was twelve.[6] These posts were normally filled by creoles; indeed, the cabildos were the only important organizations capable of representing exclusively creole interests. There was no prohibition against peninsulares holding cabildo office, but the Crown recognized the need to emphasize creole involvement. In 1781 the Council of the Indies confirmed the viceroy's decision to accept the lower of two bids for the office of alcalde provincial in the town of Cañete. The higher bid came from a man born in Spain, but his offer was rejected on the grounds that he was socially inferior to his rival, the Conde de Monteblanco, descendant of a distinguished family of conquistadores.[7]

In such a case personal rivalry might increase the sums which applicants were prepared to pay, but generally enthusiasm to obtain municipal office was rare. The reason was not the poverty of the Peruvians. It was simply that, by the second half of the eighteenth century, royal officials exercised such close control over cabildo activities that the cabildos no longer possessed their earlier freedom of action. The prospect of office had lost its attractions.

Outside Lima the cabildos were dominated by the corregidores (who presided over their meetings) or occasionally by the ecclesiastical authorities, while in the capital the cabildo, more decayed, was firmly under the control of the viceroy.[8] A special commissioner

[4] John Preston Moore, *The Cabildo in Peru under the Hapsburgs; a Study in the Origins and Powers of the Town Council in the Viceroyalty of Peru, 1530-1700* (Durham, 1954), 265; J. H. Parry, *The Sale of Public Office in the Spanish Indies under the Hapsburgs* (Berkeley, 1953), 70.

[5] Moore, *The Cabildo in Peru under the Hapsburgs*, 265-283. See also J. P. Moore, *The Cabildo in Peru under the Bourbons; a Study in the Decline and Resurgence of Local Government in the Audiencia of Lima, 1700-1824* (Durham, 1966), 82-84.

[6] For a detailed account of the functions and activities of cabildos see Constantino Bayle, S. J., *Los cabildos seculares en la América española* (Madrid, 1952).

[7] AGI, Lima, leg. 598, report of Council of the Indies, October 23, 1781.

[8] The alcaldes ordinarios elected for Huamanga in 1784 had been chosen by the bishop. See AGI, Lima, leg. 599, Teodoro de Croix to Gálvez, no. 306, November 16, 1785.

appointed by Areche in 1781 to reform municipal finances paid particular attention to the elections of alcaldes and other officials in Lima for the following year. He concluded that the process of election was a sham, since the cabildo merely confirmed decisions previously taken by the viceroy.[9] The process preserved the pretense of free choice, but the clerk of the cabildo called it "a mere ceremony." The names of those to be elected were public knowledge several days before January 1, the traditional date of the formal elections, when the capitulars assembled to confirm, by acclamation, the viceroy's choices.[10]

The significance of this viceregal interference went beyond the fact that the cabildo was denied the right to choose its officers freely. As a consequence, the body became a skeleton, stripped of its luster and splendor and unable to fill its vacancies, since citizens were not prepared to pay for membership in a corporation which was publicly known to be dominated by the viceroy. Even those who held titles as regidores were reluctant to attend the regular cabildo meetings throughout the year, and in 1782 the viceroy was forced to request that temporary regidores be appointed to insure that the work of the corporation would continue.[11] Regular members were threatened with fines unless their attendance improved.[12]

The establishment of the intendant system did not bring increased interference in cabildo elections. On the contrary it led to determined efforts on behalf of Escobedo to insure that the cabildos, in particular that of Lima, should regain a freedom of choice which had been denied to them for many years.[13] Each intendant received the power to confirm the election of alcaldes ordinarios and to preside over meetings of the cabildo of his provincial capital. This grant, however, involved merely a transfer of powers previously enjoyed by the viceroy and the corregidor respectively.[14] In any case, this authority was partly restored to the viceroy in 1787 when Article Eight of the Ordinance of Intendants was repealed. Thereafter, the viceroys or presidents

[9] Archivo Nacional, Lima (hereafter cited as AN), Cabildo, leg. 7, cuaderno 13, Benito de la Mata Linares to José Antonio de Areche, January 25, 1782.

[10] Archivo Histórico Municipal, Lima (hereafter cited as AHM), Libro de Cabildo 37, f. 1, Acta Capitular, January 1, 1782.

[11] AN, Cabildo, leg. 7, cuaderno 10, Agustín Jáuregui to Cabildo of Lima, November 6, 1782.

[12] AHM, Libro de Cabildo 37, ff. 32v-33v, Acta Cap., November 11, 1782.

[13] AHM, Libro de Cabildo 38, f. 27v, Acta Cap., January 1, 1785. Includes summary of *oficio* of Escobedo of December 16, 1784.

[14] *Real Ordenanza para el establecimiento é instrucción de intendentes de exército y provincia en el virreinato de Buenos Aires* (Madrid, 1782) (hereafter cited as *Ord. Ints.*), arts. 8, 15.

of the audiencias in major cities held the power to confirm elections.[15] In towns more than fifteen leagues distant from the seat of the viceroy or an audiencia, the intendants retained the right of confirmation, but were warned of the necessity to report promptly to the viceroy. In 1783, while preparing for the new system of administration, Escobedo feared that removing the heavy hands of the corregidores in the provinces might complicate the control of intrigue and faction appearing in some cabildos.[16] Moreover, he was apprehensive lest the cabildo of Lima should use the actual ceremony of installing the intendants for an ostentatious demonstration of its privileges, as the cabildo of Buenos Aires had done.[17]

Anxious to avoid friction over points of protocol, Escobedo saw the establishment of the intendancies as an opportunity to revitalize municipal life and government, and he was determined that this important aim should not be frustrated by petty disputes. Thus for the benefit of both cabildos and intendants he issued an instruction regulating their joint ceremonies and providing a code of behavior.[18] This emphasized the obligation of regidores and intendants to be regular and punctual in their attendance at meetings. To safeguard the authority of the intendants cabildos were forbidden to make secret representations to other tribunals or superiors, unless they had good grounds for complaint.

One of the main tasks which Escobedo faced as intendant of Lima was to revive the cabildo over which he presided. In April 1784, before formally assuming the presidency, he began this process of reform by removing from office the regidor, Antonio Álvarez de Ron, on the grounds that he was notorious for his corruption and intrigues and that he had led the cabildo in opposing Areche's attempts to reform the administration of the propios.[19] The next step was to fill the vacancies among the regidores, since by July 1784 the cabildo had no more than three.[20] It was clear that the cabildo could not fulfil its functions without members, but citizens had been unwilling to purchase the posts. The solution proposed by Escobedo and eagerly ac-

[15] AHM, Libro de Cédulas 29, ff. 61-63, Croix to Cabildo of Lima, May 18, 1788. AGI, Lima, leg. 598, royal order, November 22, 1787.

[16] AGI, Lima, leg. 1117, Escobedo to Gálvez, no. 71, June 16, 1783.

[17] AGI, Lima, leg. 1117, Escobedo to Gálvez, no. 218, February 16, 1784.

[18] AGI, Lima, leg. 1098, "Prevenciones de ceremonias y cortesía recíproca. . . ." Sent to the intendants on November 15, 1784.

[19] AHM, Libro de Cabildo 37, ff. 13-18, Acta Cap., May 4, 1782. Includes correspondence between Cabildo and Areche on the decision to suspend the commission given to Mata.

[20] AGI, Lima, leg. 1117, Escobedo to Croix, July 1, 1784.

cepted by Viceroy Croix was that ten distinguished citizens of Lima should be persuaded to accept the posts, without charge and for life.[21] Those selected, all members of the capital's creole aristocracy, took office on the very day that Escobedo was officially received by the cabildo. In 1785 the Crown formally confirmed their appointment for life.[22] Escobedo's insistence that such a step would make the office of regidor more attractive and insure profitable sales of vacancies was fully borne out in subsequent years. In fact the cabildo complained in 1797 that frequent attempts to purchase *varas* or to revive old titles, together with the viceroy's carelessness in dealing with such attempts, had raised cabildo membership to twenty regidores, eight above the official maximum.[23]

The deficiencies of the Lima cabildo in 1784 mirrored those of other cabildos in the viceroyalty. Most of the new intendants found it necessary to bring them up to strength before they could use them as instruments for improving municipal affairs and public administration. The new intendant of Tarma, Juan María de Gálvez, found his capital without a cabildo.[24] He immediately appointed regidores and arranged for the election of alcaldes and the provision of municipal funds. The new cabildo met twice a week and according to the intendant made speedy progress in the cleaning of the streets, the regulation of food supplies, and the general organization of town life.

The provincial visita by Intendant Gálvez revealed much about the needs and conditions of municipal life outside of his capital. In the city of León de Huánuco the few regidores undertook little work, and the *sala* of the cabildo was opened only once a year, for the election of an alcalde ordinario.[25] The streets were dirty, the roads ill kept, and no attempt was made to undertake public works. Some of the lands intended to provide city funds had been usurped, others were let at very low rents, and the remainder unworked. The first step which Gálvez took to remedy this state of affairs was to encourage the citizens to fill the cabildo vacancies and to restore the practice of twice-weekly meetings. He overhauled municipal finances, appointed a com-

[21] AHM, Libro de Cabildo 38, f. 1, Acta Cap., July 13, 1784. Includes Escobedo to Croix, July 8, 1784. AGI, Lima, leg. 619, Escobedo to Gálvez, no. 321, August 20, 1784.

[22] AHM, Libro de Cédulas 25, ff. 9v-10, royal order, May 21, 1785.

[23] AHM, Libro de Cédulas 26, ff. 269v-270, cabildo to viceroy, November 23, 1797.

[24] AGI, Lima, leg. 646, Juan María de Gálvez to Marqués de Sonora, no. 21, October 17, 1786. See also *Mercurio Peruano* (12 vols., Lima, 1791-1795), VIII, no. 258, June 23, 1793, 126-127.

[25] AGI, Lima 646, Gálvez to Sonora, no. 21, October 17, 1786.

missioner to administer the propios, and was able to increase their annual yield at once from 300 to 600 pesos. By 1793 they were producing 719 pesos.[26] Before Gálvez moved on he provided a public fountain and a tree-lined public walk in the city center.

In Huarás, capital of the partido of Huaylas, Gálvez founded a cabildo with two alcaldes and four regidores.[27] He formed another in the town of Atún Jauja, capital of the partido of Jauja, hoping to use the corporation as an agent to encourage the inhabitants to exploit the area's rich mineral resources.[28] In each case steps were taken to insure a regular supply of municipal funds. In Jauja, for example, the cabildo was to let out the management of bullfights to a contractor. Partly aided by public contributions, the new cabildo cooperated with the intendant in his desire to improve public administration. One of its first steps was to arrange for the construction of an aqueduct to insure an adequate water supply. To illustrate his conclusion that he had succeeded in stimulating the people of Jauja to an interest in public affairs, Gálvez reported that the saleable office of alguacil mayor, previously unwanted because of the corregidor's tight control, was now sought after by applicants eager to participate in useful work. He added that all the streets were regularly cleaned and some paved, and that a number of houses had been repaired and whitewashed.

Clearly an improvement in municipal administration depended in part upon the provision of adequate municipal funds. Throughout the viceroyalty the arrival of the intendants was followed by the inspection and reform of the propios and arbitrios. Sometimes the process began before their arrival. In Trujillo, for example, Escobedo increased the income from the arbitrios of *mojonazgo* and *sisa,* charged on aguardiente and wine, by transferring their collection from a private contractor to the exchequer officials.[29] The contractor had paid the cabildo 1,000 pesos annually; but under the new system the yield in the first five months, July to November 1783, was 1,175 pesos 3 reales. The cabildo, at first resentful of interference, thanked Escobedo for the benefits of the reform at the beginning of 1784.[30] As visitor-general, Escobedo was authorized to regulate the propios

[26] *Mercurio Peruano,* VIII, no. 260, June 30, 1793, 140-142.

[27] Teodoro de Croix, *Memoria de Gobierno,* 176. Published in Manuel Atanasio Fuentes (ed.), *Memorias de los virreyes que han gobernado el Perú durante el tiempo del coloniaje español* (6 vols., Lima, 1859), V, 1-393.

[28] AGI, Lima, leg. 763, Intendant Gálvez to Gálvez, no. 6, April 18, 1785.

[29] AGI, Lima, leg. 1100, Escobedo to Gálvez, no. 180, January 16, 1784.

[30] *Ibid.*

and arbitrios of the whole viceroyalty, but he resolved to leave the control of affairs outside the province of Lima to the individual intendants, acting under the supervision of the junta superior. In this manner he hoped to avoid confusion and clashes of jurisdiction.[31]

The Ordinance of Intendants contained precise instructions on the procedure for establishing the machinery of control over municipal revenue and over the communal funds of the Indian villages.[32] Having obtained information from the cabildos on the collection and expenditure of municipal funds, the intendants were to issue provisional *reglamentos* for their future administration; these were to be submitted for approval to the junta superior in Lima. In each city and town funds were to be controlled by a junta municipal composed of the senior alcalde ordinario, two regidores, and the procurador general, the latter without a vote. It was made clear that the cabildo as a body must not interfere with the work of the junta.[33] Each junta, acting under the supervision of the intendant, was to elect a majordomo, who would be responsible for the security of the existing funds and would prepare the annual accounts for the contaduría general in Lima. Further articles described the procedure for the transfer of surplus funds to the provincial treasuries and for the accounting, to be carried out by exchequer officials.[34] The heavy burden of work on the treasury officials in Lima province convinced Escobedo that here these functions should be performed by the contador general de propios.[35]

In 1782 Areche had vainly attempted to investigate and reform the administration of municipal finances in Lima. He had failed largely because the cabildo proved reluctant to cooperate with the visitor's special commissioner.[36] In 1784, however, Escobedo found that the cabildo was anxious to help secure the good administration of the propios.[37] This new attitude reflected the general enthusiasm resulting from the appointment of new regidores. A report provided by the cabildo, based on statistics for 1783, showed that the annual yield from propios and arbitrios in Lima was 36,379 pesos, while fixed costs, such as salaries, interest on debts, and costs of fiestas, amounted to 20,591 pesos, leaving only 15,786 for extraordinary ex-

[31] AGI, Lima, leg. 1097, Escobedo to Gálvez, no. 350, September 20, 1784.
[32] *Ord. Ints.*, arts. 23-44.
[33] *Ord. Ints.*, art. 30.
[34] *Ord. Ints.*, arts. 39-40. .
[35] AGI, Lima, leg. 1104, Escobedo to Gálvez, no. 486, May 20, 1785.
[36] AHM, Libro de Cabildo 37, ff. 13-16, Acta Cap., May 4, 1782.
[37] AGI, Lima, leg. 1087, Escobedo to Gálvez, no. 387, December 20, 1784.

penses and public works.[38] A reglamento issued by Escobedo in February 1785, initiated the program of reform by reducing fixed costs to 17,387 pesos.[39]

Some intendants found it difficult to obtain the detailed financial information essential for the preparation of the reglamentos.[40] The contador general de propios cited this reason for delay when, in 1787, he provided the general statement of municipal finances for the viceroyalty demanded by article 47 of the Ordinance of Intendants.[41] The statement showed that in the principal towns and cities of Peru the income from propios and arbitrios was 54,491 pesos. After initial regulation by the intendants, fixed expenditure amounted to 31,266 pesos, leaving only 23,326 pesos for public works and administration. It was clear that throughout the viceroyalty there was an urgent need to increase the yield of the propios and to find new arbitrios. Some places had virtually no funds for public works. In Huancavelica, for example, the annual income of 1,199 pesos 6½ reales was barely adequate to pay the salaries of municipal employees. In Arequipa 5,107 pesos 4½ reales were necessary for fixed expenses, leaving a balance of only 535 pesos for public works. This sum was completely inadequate to meet the expenses caused by the earthquake of May 1784, which destroyed many public buildings.[42] One method used by Intendant Antonio Álvarez y Jiménez to increase income was to raise the tax on maize used for making chicha from a half real to one real on each fanega.

In Lima Escobedo was anxious to find a new source of income to pay for public administration without arousing public discontent. He solved the problem by collecting an arbitrio known as bodegaje from shipowners who carried Chilean grain to Callao.[43] It was estimated that at the rate of one real per fanega this would bring in over 28,000 pesos a year, to be devoted to the expenses of cleaning and lighting the streets of Lima. In practice, as a result of complaints from the shipowners, the tax was transferred from them to

[38] AGI, Lima, leg. 1104, Escobedo to Gálvez, no. 487, May 20, 1785.

[39] AHM, Libro de Cédulas 30, ff. 96v-103.

[40] Archivo General del Ministerio de Relaciones Exteriores, Lima, Sección Colonial, Mata to Junta de Propios, Cuzco, September 17, 1786. This letter expresses the intendant's frustration with lack of cooperation.

[41] AGI, Lima, leg. 1112, "Estado general que manifiesta las rentas de propios y arbitrios," June 3, 1787. See Moore, *The Cabildo in Peru under the Bourbons*, 164-165.

[42] AGI, Lima, leg. 1111, Antonio Álvarez to Sonora, no. 31, March 13, 1787. AGI, Lima, leg. 763, Álvarez to Escobedo, May 29, 1786.

[43] AGI, Lima, leg. 1101, Escobedo to Gálvez, no. 514, July 5, 1785.

the merchants who carried the grain from Callao to Lima.[44] Since these latter had been making an excessive profit previously, they were ordered to pay at a rate of one real per fanega, but forbidden to increase the prices charged to the bakers of the capital. Despite initial difficulties in enforcing payment, bodegaje was quickly established as a reliable source of income with an average yield of about 25,000 pesos.[45]

As intendant of Lima Escobedo was responsible for regulating the municipal funds of Ica. Since they totaled only 284 pesos, it was considered essential to find new arbitrios.[46] Observing that the partido produced 20,000 arrobas of chilli each year, the cabildo suggested that a tax of 1½ or 2 reales should be added to the price of 14 reales per arroba. Escobedo and the junta superior accepted the idea, but limited the tax to one real. They also partly offset the gain with their decision that as the subdelegate of Ica lacked office accommodation and received only a small income, the rent of his house, 200 pesos a year, should be paid from the income of the propios. The cabildo was quite agreeable to this detail, but a cédula of 1788 ordered that the subdelegate should meet his own domestic expenses.[47]

Another way to improve the financial condition of the municipalities was to eradicate waste, particularly in ceremonial functions, which often took precedence over administrative activity. This was particularly true in Lima, where the cabildo commonly made a great outlay to receive new viceroys. Despite a rebuke from the Crown for spending 30,000 pesos on the reception of Jáuregui, the cabildo used 46,119 pesos for the ceremonies connected with the coming of Croix in April 1784.[48] On the viceroy's arrival at Callao, all the public dignitaries of the capital visited him at the cabildo's expense. Further costly items included the adornment of the viceregal palace, a public reception in Lima, and a bullfight in the viceroy's honor. Not only did these ceremonies use up financial reserves, but considerable sums had to be borrowed at interest, and it was clear to Escobedo that money could not be wasted in this way if public administration

[44] AHM, Libro de Cédulas 25, ff. 51v-53v, *auto* of Junta Superior, August 9, 1786.

[45] AN, Cabildo, leg. 9, José María de Egaña to Croix, April 30, 1788. Archivo Histórico del Ministerio de Hacienda, Lima, Colección Miscelánea 1394, estado of propios, February 13, 1810.

[46] AGI, Lima, leg. 1113, Escobedo to Sonora, no. 841, February 5, 1787.

[47] AHM, Libro de Cédulas 26, ff. 90v-92, cédula of April 14, 1788.

[48] AGI, Lima, leg. 1104, Escobedo to Gálvez, no. 488, May 20, 1785. See also AGI, Audiencia de Cuzco (hereafter cited as Cuzco), leg. 5, Mata to Gálvez, April 6, 1782.

were to be improved. The cabildo hesitated to accept reform, because some of its members used such occasions to make profits, while others were always anxious to impress a new viceroy. With cooperation from Croix, who shared his desire for a more productive use of resources, however, Escobedo prepared a new ceremonial which ordered that the costs of future receptions should not exceed 12,000 pesos.[49] Although the cabildo frequently sought permission to exceed this sum, the most expensive reception in subsequent years, that of Avilés in 1801, cost only 15,000 pesos.[50]

According to the pattern which emerges in Lima and other cities the establishment of the intendancies was marked by attempts to revive the cabildos and to improve municipal finances, with the aim of making money and energies available for the improvement of public administration. An exception to this general pattern was the case of Cuzco, where the first intendant, Benito de la Mata Linares, was too suspicious of creole plots against the Crown to stimulate the only corporation in the city which was composed largely of creoles. In 1785, for example, he advised removing from office the regidor Buenaventura Guebara, whom he claimed to be part of a closely interwoven net of conspirators.[51] Moreover, there is evidence that the Cuzco cabildo's initiative in matters of public administration was stifled by the creation in 1787 of the audiencia, which dealt with a variety of matters ranging from public order to street cleaning.[52]

Elsewhere the arrival of the intendants was marked by a genuine revival of municipal activity. In 1785 the cabildo of Trujillo expressed its gratitude for the moderation and good management which its intendant, Fernando Saavedra, had shown in public administration.[53] The cabildo of Huancavelica testified in 1788 to the great improvement of the town under the first intendant, Fernando Márquez de la Plata.[54] When he arrived the town had been dirty, with an inadequate water supply and poor roads, but Márquez soon arranged for the repair of an old fountain, the construction of a new one, and the improvement of roads and drainage. In cooperation with the cabildo he built a new bridge to facilitate the supply of food. The cabildo emphasized the intendant's honesty and his "temperate behavior towards the citizens."

[49] AHM, Libro de Cédulas 30, ff. 132-136.
[50] AHM, Libro de Cabildo 40, f. 17v, Acta Cap., October 9, 1801.
[51] AGI, Cuzco, leg. 35, Mata to Gálvez, no. 21, October 15, 1785.
[52] AGI, Cuzco, leg. 6, Carlos de Corral (no addressee), November 30, 1791.
[53] AGI, Lima, leg. 1117, cabildo of Trujillo to Crown, November 27, 1785.
[54] AGI, Lima, leg. 802, cabildo of Huancavelica to Crown, April 11, 1788.

Similar reports came from Arequipa, where in 1787 and 1788 the cabildo reported favorably upon the improvement in public administration brought about by the intendant Álvarez.[55] It was particularly impressed with his work to increase the yield of the propios, to provide schools, to rebuild the prison, hospital, and bridges, and generally to repair the ravages of the earthquake of 1784. Beneath the surface, however, relations between Álvarez and some of the regidores were less harmonious. In 1790 the intendant reported protests to the viceroy from three regidores that since municipal officials such as the schoolteacher, the surgeon, and the assessor of the cabildo received their salaries out of the propios, they should be appointed by the cabildo rather than by the intendant.[56] The latter official derived his power of appointment from the reglamento of propios and arbitrios, which he had drawn up in 1787, and which the cabildo had then approved.[57] The intendant pointed out that in exercizing this authority he was in no way usurping rights previously enjoyed by the cabildo since he himself had created most of the posts. The complaint made against the intendant's authority does not constitute a representation from the cabildo, since it was made by only three regidores. Indeed the incident demonstrates, not the usurpation of cabildo rights, but the improvement of municipal affairs by the intendant, which in turn led members of the cabildo to seek a greater responsibility for the management of their own affairs.

Escobedo hoped that an improvement in conditions at Lima would follow the revitalization of the cabildo and the overhaul of municipal finances. Throughout 1784 and 1785 orders and regulations were issued to deal with public administration, especially with the cleaning and lighting of the streets, regulation of food supplies and prices, control of guilds, and the restoration of the city walls.[58] Yet in December 1785 Escobedo complained strongly to the cabildo that little real progress had been made in the previous eighteen months.[59] He recalled that in August 1784 the cabildo had been allowed to control the cleaning of the streets, dirty and insanitary largely because of the many open drains and sewers. As a result of his pressure, in December 1784 the cabildo divided the city into four cuadras,

[55] AGI, Lima, leg. 763, cabildo of Arequipa to Crown, May 9, 1787, and October 28, 1788.

[56] AGI, Lima, leg. 763, Álvarez to Antonio Porlier, Minister of Grace and Justice, June 20, 1790.

[57] AGI, Lima, leg. 1111, Álvarez to Sonora, no. 31, March 13, 1787.

[58] AGI, Lima, leg. 802, cabildo of Lima to Escobedo, March 31, 1786.

[59] AGI, Lima, leg. 802, Escobedo to cabildo of Lima, December 14, 1785.

each supervised by a regidor, and four months later each cuadra was subdivided into ten barrios, each administered by an alcalde de barrio.

Escobedo was optimistic about the likely results of this scheme, especially after the decision to finance the work with bodegaje. But the alcaldes made little progress, largely because they had no effective means of imposing their authority on the citizens. In June 1785 Escobedo complained that the cabildo lacked interest in the enforcement of its decisions, and he also expressed concern at the failure of some regidores to attend meetings.[60] In December he again pointed out that although the cabildo was prepared to discuss ideas and approve plans, the public administration of the city was in a deplorable state, because the regidores had little interest in achieving positive results.

In its reply the cabildo acknowledged the superintendent's good intentions, but suggested that his impression of progress made was too pessimistic.[61] Although the alcaldes de barrio had been unable to enforce their decisions, the provision of cheap foodstuffs had improved. The failure of regidores to appear at meetings was due sometimes to illness and sometimes to business outside the city, but the cabildo assured Escobedo that enough always attended to deal with necessary business. Despite these assurances, it appears that Escobedo had underestimated the task of stimulating the cabildo to take an active part in the improvement of Lima. The creole elite always assumed posts of honor and privileges more readily than responsibilities.

Escobedo persevered, however, and made considerable progress. After receiving royal approval for the establishment of the alcaldes de barrio, Escobedo drew up a new reglamento for the policing of Lima, which reinforced the alcaldes with constables paid from the profits of the public lottery. In a radical attempt to provide central direction, he appointed one of the most distinguished alcaldes de barrio, José María de Egaña, to a new post of teniente de policía, with the honors of regidor and a salary of 3,000 pesos.[62] Apparently the innovations succeeded, for by April 1787 the streets were free of refuse, and considerable progress had been made with paving and lighting.[63]

Escobedo's relationship with the cabildo in 1787 was mixed. There are signs that it resented the improved efficiency and centralization of authority brought about by the creation of the tenencia de policía. Moreover, the prestige-conscious regidores objected strongly

[60] AHM, Libro de Cédulas 28, ff. 425-426, Escobedo to cabildo, June 15, 1785.
[61] See note 58. Report of March 31, 1786.
[62] AGI, Lima, leg. 1113, Escobedo to Sonora, no. 834, January 20, 1787.
[63] AGI, Lima, leg. 1111, Escobedo to Sonora, no. 918, April 20, 1787.

to having Escobedo's legal adviser, Manuel del Valle, preside over their meetings in his absence.[64] For his part Escobedo saw himself as the protector of the cabildo's freedom to elect its alcaldes ordinarios without interference, although he failed to prevent the viceroy from regaining the right to confirm the elections.[65] He argued that the four alcaldes elected since the establishment of the intendant system were the first in memory to have received their posts by free vote of the regidores, rather than by pressure or bribery.

Evidence from the minute-books of the Lima cabildo bears out this claim; moreover it is clear that even after the confirming power had been restored to the viceroy in 1787, the cabildo continued to elect freely. The records show that between 1787 and 1810 the alcaldes were selected by secret vote on 19 occasions, while in only five years were they appointed by acclamation.[66] On twelve occasions voting was unanimous; on the other twelve a split in voting was recorded. At first sight unanimity and acclamation might suggest the possibility of outside pressure.

The cabildo made such vehement protests on the two occasions when the viceroy did try to interfere with its electoral freedom, however, that it was clearly accustomed after 1784 to elect its alcaldes and other officials without viceregal interference. In 1805, when the viceroy ordered that the procurador general should be reelected, the cabildo resisted and persuaded the viceroy not to dictate elections.[67] At the end of 1809, having elected its alcaldes for the coming year, the cabildo was surprised to learn that Abascal had allowed those chosen to persuade him that they were too busy to serve and had ordered fresh elections.[68] After considerable discussion the regidores accepted the decision, rather than reveal to the public any disagreement with the viceroy. But to uphold "the privileges and rights of the cabildo," they insisted on sending "a respectful but firm representation." In this they informed the viceroy that his right to confirm elections was only a formality and that under no circumstances could he revoke the cabildo's decision or resist its wishes.[69] In reply the viceroy

[64] AHM, Libro de Cédulas 29, f. 184, cédula of March 16, 1788. AGI, Lima, leg. 1113, Escobedo to Sonora, no. 828, January 5, 1787.

[65] AGI, Lima, leg. 1113, Escobedo to Sonora, no. 829, January 5, 1787.

[66] AHM, Libros de Cabildo 38 (ff. 60, 64, 87, 191v, 270, 315v), 39 (ff. 22v, 44v, 73v, 96, 117, 135, 172, 192), 40 (ff. 23v-24, 61v, 115v-116, 184-186), 41 (ff. 31v-32, 84v-85, 135, 181-182, 221-224v).

[67] AHM, Libro de Cabildo 40, ff. 185-186, Acta Cap., January 2, 1805.

[68] AHM, Libro de Cabildo 41, ff. 221-223, Acta Cap., December 19, 1809.

[69] AHM, Libro de Cabildo 41, ff. 223-224v, cabildo to viceroy, December 22, 1809.

promised that in the future he would not allow those elected to renounce their posts without first consulting the cabildo.

One of the many complaints which Croix made against the intendant system in 1789 was that the new administrators oppressed the cabildos and ignored their decisions and rights, with the result that the citizens of the viceroyalty refused to take an active interest in public affairs.[70] The available evidence contradicts this assertion. Before 1784 the cabildos had been inactive and lethargic with little real independence, but they cooperated in the reform and revitalization which followed the arrival of the intendants. Municipal life was far healthier in 1789 than it had been five years earlier. When the cabildos eventually complained about the authority of the intendants, they were responding not to oppression, but to their own increased awareness of the scope and possibilities of local government instilled by the intendants. When cabildos came to demand "the restoration of rights" what they were really seeking was control over what the intendants had created.

This point is illustrated by the attitude of the Lima cabildo toward the tenencia de policía. In the view of Viceroy Croix the cabildo welcomed the practical benefits of the new office, but would have been happier if it had been granted the power to appoint the teniente, perhaps by rotating its choice among the regidores.[71] Apparently the cabildo came to resent the increasing authority and efficiency of the teniente, for it made a number of complaints to the viceroy about his encroachment upon its privileges.[72] These complaints ceased only when the tenencia was abolished in 1802 and its valuable source of income, bodegaje, transferred to the cabildo's direct control.[73]

A similar sensitivity may be found in the attitude of the Lima cabildo toward other local offices. In 1791 it sent to its representative in Madrid a demand for the restoration of its traditional right annually to reelect or dismiss municipal employees such as the assessor, the steward, the archivist, and the porters.[74] Escobedo had made the posts permanent, but the cabildo now sought a declaration that it

[70] AGI, Indiferente General, leg. 1714, Croix to Antonio Valdés, Minister of the Indies, May 16, 1789.

[71] Croix, *Memoria*, 134.

[72] Moore, *The Cabildo in Peru under the Bourbons*, 160-161.

[73] See below.

[74] AGI, Lima, leg. 599, representation of *apoderado*, December 12, 1791. This demand was similar to one made earlier by some members of the cabildo of Arequipa.

could freely appoint and remove the officials. The Council of the Indies rejected the application.[75]

After the first few years of the intendancy in Peru the evidence points to a continuing cooperation between cabildos and intendants, paralleled by a growing desire for more freedom from centralized control, especially in the application of municipal funds. In 1793, for example, the cabildo of Arequipa, supported by the intendant, protested about a cédula of 1789, which ordered that in the intendant's absence from his capital command should devolve upon the senior military officer.[76] The protest bore fruit, for the Council of the Indies decided that the officer's authority should be limited to military affairs, while matters political and financial would be controlled by the teniente asesor, with the aid of the alcaldes.[77]

In 1795, after ten years of distinguished service in Arequipa, Intendant Álvarez was informed of the decision to relieve him.[78] On receipt of the news the cabildo eulogized him, bemoaning the loss of its "declared protector" who had always treated it well.[79] But it soon recovered from its grief and tried to exploit the situation to claim the privileges which some of its members had sought in 1790.

Most important of these privileges was the right freely to appoint to the posts of asesor de juzgados, schoolteacher, Latin master, and surgeon,[80] which Álvarez had reserved to himself in his reglamento de propios and arbitrios. The cabildo pointed out that it had not challenged such an arrangement because of Álvarez's outstanding personal qualities. However, to avoid disputes with the new intendant, who would doubtless wish to continue the same policy, it wanted the "restoration" of the right freely to elect to all posts. Since public employees were paid from the income of the propios, "which is the patrimony of the people," these employees should be satisfactory to the people and to the cabildos which represented them. The cabildo argued further that the existing system offered too much chance for securing employment by "illicit means." Also, those appointed ignored the authority of the cabildo and became partisans of the intendant, to whom they owed their appointment. The cabildo concluded with the assertion that the right to appoint to municipal posts was an integral part of "the economic jurisdiction" which it enjoyed. Al-

[75] AGI, Lima, leg. 599, report of Council of the Indies, April 29, 1793.
[76] AGI, Lima, leg. 599, cabildo of Arequipa to Crown, February 5, 1793.
[77] AGI, Lima, leg. 599, report of Council of the Indies, June 30, 1795.
[78] AGI, Lima, leg. 630, *título* of Salamanca, June 11, 1795.
[79] AGI, Lima, leg. 1120, cabildo of Arequipa to intendant, December 19, 1795.
[80] AGI, Lima, leg. 980, *apoderado* of cabildo to Crown, July 6, 1796.

though it had temporarily renounced this in favor of Álvarez it now wished to have it restored.

The political ideas presented by the cabildo are most important. It sought to justify its claim to control appointments on the grounds that since the people paid taxes they should control their expenditure—an attitude which might have far-reaching consequences. It is clear that the cabildo, stimulated by the efficiency and improvement which Álvarez had brought about in municipal affairs, was seeking powers which it had previously not exercised.

In other areas of provincial affairs the cabildos also played a leading part. During 1784 the cabildo of Trujillo, trying to arrest the economic decline of the province, had sought a ban on the import of Brazilian sugar into the Spanish Empire and requested that measures be taken to arrange for an adequate supply of slaves.[81] In 1796 the government granted its request that the ports of Huanchaco and Pascamayo be opened to trade.[82] The other cabildos of the province paid particular attention to the conduct of the subdelegates. For example, in 1797 the cabildo of Piura complained that the subdelegate of the partido was making the Indians buy licenses for the production of aguardiente. In 1805 the subdelegate of Chachapoyas was dismissed following the receipt of complaints against him from the cabildo, including charges of embezzling royal revenues and oppressing the Indians.[83]

Meanwhile, it had become clear that the cabildo of Lima in particular not only sought more control of affairs within the city, but regarded itself as the mouthpiece for creole grievances throughout the viceroyalty. In January 1793 the cabildo sent José Baquíjano y Carrillo to Madrid as its deputy-general and instructed him to seek increased rights for the cabildo and better creole representation in the consulado of Lima. Baquíjano was also to insist that at least one-third of the oidores in the Peruvian audiencias should be creoles, and that there should be no bar against a creole's serving as oidor in the country of his birth.[84]

In Madrid Baquíjano and his successor, Tadeo Bravo de Rivero,

[81] AGI, Lima, leg. 1100, Escobedo to Gálvez, no. 181, January 16, 1784.

[82] Rubén Vargas Ugarte, *Historia del Perú. Virreinato (siglo XVIII, 1700-1790)* (Lima, 1956), 72.

[83] AGI, Lima, leg. 802, cabildo of Piura to Crown, April 20, 1797. AGI, Lima, leg. 608, cabildo of Chachapoyas to Crown, March 31, 1805.

[84] José de la Riva Agüero, "Don José Baquíjano y Carillo," *Boletín del Museo Bolivariano* (Lima), no. 12, August 1929, 471.

pressed hard for increases in the cabildo's privileges.[85] Finally, in 1802, the cabildo of Lima was granted the same "style, honors, and distinctions" as the cabildo of Mexico enjoyed.[86] Some of the privileges concerned nothing more than protocol, such as the right of regidores to cover their seats with velvet during public ceremonies or to be addressed as "Excellency." Much more important, the Spanish government abolished the contaduría general de propios, established by Escobedo, and restored to the cabildo full responsibility for the collecting, accounting, and spending of the propios and arbitrios. The tenencia de policía was also to be abolished, its employees dismissed, and its functions and income were to be taken over by the cabildo. These decisions swept away two of the most important municipal reforms associated with the creation of the intendant system and brought large sums of money under the direct control of the cabildo. In 1802 the propios were worth 36,827 pesos, while bodegaje and sisa (a tax on the sale of cattle), which had provided funds for the tenencia, were worth 32,529 pesos in addition.[87]

It is not difficult to find the reason for the decision to grant the cabildo's requests. The royal decree of May 23, 1802, which preceded the formal cédula stated that the cabildo could use its funds as it thought fit and freely make donations to the Crown through its representative in Madrid.[88] Eleven days earlier the Madrid representative of the Philippine Company had informed the Minister of Grace and Justice that it had completed arrangements to make available the sum of 100,000 pesos fuertes (132,812 pesos) which the cabildo of Lima wished to donate to the Crown. The cabildo lacked only permission to spend the revenue of the propios and arbitrios as it wished and to borrow money, using them as security, on an occasion "like the present, when it wishes to make a similar demonstration of its loyalty." The decree of May 23 granted these powers, and on May 28 the Treasurer of the Philippine Company paid 100,000 pesos fuertes into the Madrid treasury.[89] As soon as the cabildo received confirmation of these actions, it took steps to raise a loan of 150,000 pesos with which to pay its debt to the Company and meet the expenses of its

[85] AGI, Lima, leg. 600, contains full expediente on requests of cabildo, 1794-1804.

[86] AGI, Lima, leg. 801, cédula of September 15, 1802.

[87] Carlos Alberto Romero (ed.), *Memoria del Virrey del Perú, Marqués de Avilés* (Lima, 1901), 28.

[88] AGI, Lima, leg. 622, royal decree, May 23, 1802. See Moore, *The Cabildo in Peru under the Bourbons*, 183-186.

[89] AHM, Libro de Cédulas 27, f. 88, certificate of chief accountant of Philippine Company, Madrid, May 28, 1802.

own representative.[90] Clearly the whole affair was a straightforward financial arrangement whereby the cabildo paid a handsome sum to the impoverished Crown in return for substantially increased control over municipal affairs.

The formula worked again in 1805, following the conditional offer of another large donation to the Crown.[91] On this occasion the cabildo received full jurisdiction over places of entertainment and guilds, previously exercised by the audiencia, and its two assessors were granted the honors of oidores. The Crown also plugged a loophole in the cabildo's control of municipal finances with the decision that a number of religious organizations should lose their traditional rights to receive fixed annual payments from the income of sisa.[92] Profuse thanks were again offered to the deputy in Madrid. When the cabildo learned that the total bill for the privileges amounted to 149,122 pesos, rather than the 85,000 offered, two regidores voted not to pay it, but the majority decided to borrow another 150,000 pesos at 6 percent interest.[93] When in 1808 the cabildo learned that Bravo had offered the Crown a further 25,000 pesos, this time without authorization, it ordered him to refrain from further expenditure on its behalf, since its funds were virtually exhausted.[94]

The aspirations of other cabildos were less ambitious than those of the corporation at Lima, but on a smaller scale they too sought greater freedom in the management of their affairs. In 1804 the cabildo of Arequipa praised the generosity of the intendant Salamanca, who had arranged for the establishment of a new hospital, as well as a new public fountain and cemetery,[95] but there are hints that all was not well in Arequipa. In 1806, when the representative of the cabildo appealed for permission for the regidores to wear rich uniforms, he argued that the office of regidor must be made more attractive, since only five of the twelve places were filled. He added vaguely that a further way to improve the situation would be for the Crown to insure that the privileges and rights granted to the cabildo were protected.[96] This was an indirect complaint against the authority of the intendant,

[90] AHM, Libro de Cabildo 40, ff. 62v-64v, Acta Cap., December 19, 1802.

[91] AHM, Libro de Cabildo 40, ff. 190v-191, Acta Cap., January 22, 1805. AGI, Lima, leg. 624, "Expediente sobre el donativo de 60,000 p's f's hecho al rey por la ciudad de Lima. . . ."

[92] AHM, Libro de Cabildo 41, f. 56, Acta Cap., June 3, 1806. Includes letter of Bravo of December 17, 1805.

[93] AHM, Libro de Cabildo 41, ff. 77-78v, Acta Cap., October 24, 1806.

[94] AHM, Libro de cabildo 41, f. 141v, Acta Cap., February 2, 1808.

[95] British Museum, Egerton, MS, 1813, ff. 317-319, cabildo of Arequipa to Crown, October 2, 1804.

[96] AGI, Lima, leg. 600, summary of *apoderado* to Crown, June 4, 1806.

and it is clear that throughout the viceroyalty a considerable amount of ill-will existed beneath the apparent admiration of the cabildos for the intendants. Although their assumption was historically inaccurate, many cabildos believed that rights and privileges had been taken from them in 1784. In short, the intendants were easily identifiable scapegoats for any grievances. As long as the absolutist structure of Spanish administration remained intact, the intendants were free from serious pressure, but when cracks appeared, the cabildos began to press their claims.

During the spring and summer of 1808-1809 news arrived in Peru of bewildering events in Spain—the fall of Godoy, the abdications of Charles IV and Ferdinand VII, and the national uprising against the French.[97] The Peruvians reacted with loyalty. In Arequipa, for example, the news that Ferdinand VII had abdicated and that a Central Junta had convened provoked fervent protests from the cabildo,[98] which declared that all considered themselves to be true Spaniards, ready to sacrifice their lives and estates in defense of sovereign and nation. Seven months later the six regidores who had signed this declaration with the intendant appealed for the latter's dismissal. They maintained that for fourteen years they had suffered in silence while Salamanca had eaten away their rights and "turned the city into the black palace of despotism."[99] Afraid to protest earlier, in the belief that Salamanca was a favorite of Godoy, they had finally been forced to act through fear of a public rising against the intendant and even against the cabildo for its failure to protect the citizens. The peninsular authorities took these complaints at their face value, replacing Salamanca with a native of Arequipa.[100]

Even such a highly experienced intendant as Demetrio O'Higgins in Huamanga was almost dismissed during the period of administrative confusion which followed the abdication of Ferdinand VII. In March 1809 three regidores of the Huamanga cabildo complained that O'Higgins was denying it any initiative in matters of public administration, and that he had accused the regidores of sedition merely for insisting on their right to take independent action in

[97] A. Nieto Vélez, "Contribución a la historia del fidelismo en el Perú, 1808-1810," *Boletín del Instituto Riva-Agüero*, IV (Lima, 1958-1960), 14, 23-25.

[98] AGI, Lima, leg. 802, cabildo of Arequipa to Ferdinand VII, January 16, 1809.

[99] AGI, Lima, leg. 627, representation of cabildo, July 24, 1809.

[100] John Robert Fisher (ed.), *Arequipa 1796-1811. La relación del gobierno del intendente Salamanca* (Lima, 1968), xii-xvi.

providing relief after a landslide.[101] They claimed too that O'Higgins had stolen public funds and that he should never have been made intendant, since at the time of his appointment his uncle, the Marqués de Osorno, was viceroy of Peru. On receiving these complaints, the Council of the Indies recommended that O'Higgins be removed from office.[102] The decision was reversed only when the Minister of Finance pointed out to the council that no previous complaints had been made against O'Higgins, and that, in fact, he had been praised for carefully enforcing the Ordinance of Intendants.[103]

The liberals who came to the fore in Spain after the abdication of Ferdinand VII were anxious to eradicate maladministration in America. Their zeal for reform led them to accept somewhat uncritically the complaints of the cabildos, which were eager to exploit Spanish administrative confusion to increase their own strength. Not only in Arequipa and Huamanga but in other towns and cities cabildo intransigence was making itself felt after 1808. In Ica, for example, the alcaldes ordinarios openly defied the authority of the subdelegate during 1810, refusing to accept his nominee to exercise authority in his absence and insisting that administration must be controlled by the cabildo.[104]

In Tarma, where no cabildo had existed before 1786, a complex struggle for authority developed. At the end of 1808, the intendant, Ramón de Urrutia y las Casas, heard rumors that two men whom he regarded as unfitted for municipal office were likely to be elected alcaldes for the coming year. Convoking a special meeting of the cabildo, he ordered that the two should be excluded from the list of candidates and defended his action as a logical extension of the duty conferred by article eight of the Ordinance to confirm elections.[105] After initial protests the cabildo agreed to proceed with elections on the appointed day, excluding the barred individuals. As the alcalde de primer voto for 1808 explained, however, it did so only to avoid being arrested by the intendant.[106] Strongly worded protests were sent to the viceroy, accusing Urrutia of "despotism" and "dictator-

[101] AGI, Lima, leg. 601, report of Council of the Indies, March 30, 1811. Contains summary of representation of regidores of March 16, 1809.

[102] AGI, Lima, leg. 601, report of Council of the Indies, March 30, 1811.

[103] AGI, Lima, leg. 601, Varea to Larrumbide, July 23, 1811.

[104] AN, Superior Gobierno, leg. 33, cuaderno 1094, Pedro Valdelomar to Abascal, July 15, 1810.

[105] AN, Cabildo, leg. 15, Urrutia to Abascal, February 2, 1809.

[106] AN, Cabildo, leg. 15, Ramón Gavas (regidor) to Abascal, February 22, 1809.

ship.''[107] Despite the intendant's insistence that in present circumstances it was essential for the viceroy to support him, Abascal proceeded to censure him for abusing his authority and ordered him to avoid similar excesses in the future.[108]

The election of alcaldes for 1810 took place without the previous intervention of the intendant. Urrutia declared the election null and void, however, since a faction in the cabildo had insured victory for their candidates by moving up the date of the election without informing some regidores and thus depriving them of their votes.[109] Those elected in this fashion were Manuel de la Secada, one of those barred by Urrutia a year earlier, and Antonio Barrena, who was reported to be under the influence of the second man barred by the intendant, Alonso Caviedes. On this occasion Abascal fully supported the intendant's action, in view of widespread complaints from Tarma about unrest caused by the election and by the misrule of the two alcaldes.[110] He ordered that the two be deposed and replaced by the two senior regidores until new elections could be held at the beginning of 1811. The matter did not end there, however, since a group of cabildo members, led by the senior regidor, who was the uncle of Secada, decided to ignore the viceroy's order, on the technical argument that since the alcaldes had appealed to the audiencia, no further action should be taken until the result of the appeal was known. This dangerous attempt ''to obstruct the authority of the Superior Government'' forced Abascal to take ''the steps necessary to enforce the respect and obedience on which the security of the State depends.''[111] Unfortunately the available documentation does not specify what these measures were, but they seem to have been effective, at least for the time being. Abascal declared that the elections for 1811 took place peacefully. Tarma appears to have been peaceful in 1811, but perhaps this owes much to the fact that a new intendant assumed authority in June of that year.[112]

In some parts of the viceroyalty the cabildos remained docile through 1808.[113] But the following year even the most peaceful were

[107] *Ibid.*

[108] AN, Cabildo, leg. 15, decree of Abascal, May 29, 1809.

[109] AN, Cabildo, leg. 15, undated representation of Juan Tomás Benavides, regidor and procurador general of Tarma.

[110] AN, Cabildo, leg. 15, Abascal to regent of audiencia of Lima, March 12, 1811.

[111] Ibid.

[112] AGI, Cuzco, leg. 3, José González de Prada to Abascal, July 24, 1811.

[113] The cabildo of Lima, for example, requested that Abascal be allowed to exceed the normal viceregal term of five years, because of the need for firm gov-

stirred into activity by the decision of the Central Junta that they should assist in the election of a deputy to be sent to Spain.[114] Each cabildo was to elect three men, one of whom, chosen by lot, would have his name sent to the viceroy. From the list of names for the viceroyalty, the viceroy was to select three, and the final choice would again be determined by lot. By October 1809 this process was complete, and José de Silva y Olave, the rector of San Marcos, had been chosen as Peru's deputy to the Central Junta. The cabildo of Lima proceeded to supply him with a set of instructions.[115] An examination of these is essential to any understanding of the Peruvians' attitudes toward Spanish authority on the eve of revolution.

The cabildo began by praising the decision to summon deputies as a recognition that the Spanish possessions were not colonies, but an integral part of the monarchy. Though Silva was instructed to maintain the rights and privileges of the cabildo, following this reference to self-interest attention was turned to "the general interest of the kingdom and of the capital." The instructions which followed give an excellent picture of Peruvian grievances and show that the cabildo of Lima regarded itself as responsible for the interests of the whole viceroyalty. It disapproved of the intendant system, arguing that the intendants were too powerful and that the subdelegates had governed badly. It was maintained that the new system of government had been of no benefit to Peru and that the intendants had oppressed the cabildos. The deputy was to seek the restoration of a purified administration by corregidores and of the repartimiento system, which, it was argued, had been abolished without consideration for the interests of those who had supplied goods to the corregidores. The instructions also attacked many other financial and economic measures introduced as part of the intendant system.

The cabildo demanded an end to all monopolies, since the existing system led to high prices for commodities such as quicksilver, tobacco, playing cards, bitumen, sulphur, and powder. It bitterly attacked the monopoly of stamped paper as a burden on the litigant and declared that the collection of the alcabala in the provincial aduanas was evidence of a heartless desire to increase the revenue of the exchequer at the cost of the "oppression, anger, and tears" of the Peruvians.

ernment in an unstable situation. See AHM, Libro de Cabildo 41, ff. 167v-169, Acta Cap., August 5, 1808.

[114] AHM, Libro de Cabildo 41, ff. 201-203, Acta Cap., June 16, 1809. Includes royal order of January 22, 1809. See Moore, *The Cabildo in Peru under the Bourbons*, 200, 202-204.

[115] AGI, Lima, leg. 802, cabildo of Lima to Silva, October 11, 1809.

Appealing in general for freer trade, it specifically attacked a new tax recently imposed on grain imported from Chile.

A large part of the instructions was devoted to the demand that Americans should be given at least a half share in the government of America. In this, declared the cabildo, they were only requesting what was theirs by right. It went further to complain that a creole seeking office was obliged either to travel to Spain or to act through a representative in Madrid, both procedures being cumbersome and expensive. The laws passed to insure equality of opportunity for creoles and Spaniards were ignored, and the few Peruvians who had succeeded in obtaining high office had been forced to serve in other parts of the Empire. The general consequence of this situation was that the vast majority of Peruvians, despite their fitness for office, were limited to being only "farmers, clerics, or lawyers."

The attitude of the Lima cabildo to Spanish administration in Peru is clear. It was highly critical and looked for changes. The wealthy class which it represented would have been satisfied with a greater degree of self-government, a prospect which seemed possible during the liberal ascendancy in the peninsula between 1811 and 1814.[116] The interior provinces of the viceroyalty had less respect for traditional authority and were more susceptible to propaganda from Buenos Aires. The cabildo of Cuzco was closely involved in the revolutionary activity which came to a head in the city in 1814, and which rapidly spread over half the viceroyalty.[117] The Lima liberals, however, remained aloof. By the time the actions of the restored Ferdinand destroyed their hopes of reform, they had missed their opportunity to overthrow Spanish authority and were incapable of organizing successful resistance to the powerful military forces built up by Abascal. Nevertheless, once it became clear that the demands made by the cabildo of Lima in 1809 could not be met within the framework of Spanish authority, logic inevitably pointed the way to independence.

In the years after 1808 the cabildos of Peru played a prominent part, being incomparably stronger and more self confident than they had been before 1784. The idea that the intendants oppressed them is a myth. The intendants reformed municipal finances and enlisted

[116] In 1811 the cabildo of Lima tried to persuade the cabildo of Buenos Aires to return to allegiance to Spain, because the liberal reforms had launched a new era in the government of America. See AGI, Cuzco, leg. 3, Abascal to Minister of State, no. 76, June 8, 1811.

[117] AGI, Cuzco, leg. 8, Manuel Pardo, regent of the audiencia of Cuzco, to Minister of Grace and Justice, July 13, 1816. Published in Manuel de Odriozola (ed.), *Documentos históricos del Perú* (10 vols., Lima, 1863-1877), III, 31-46.

the support of new or revived cabildos for their programs of municipal improvement, stimulating bodies which had formerly been decadent and completely under the control of the civil and ecclesiastical authorities. An unforeseen result of this encouragement to municipal activity was that the cabildos soon sought to increase their powers, particularly over expenditure of municipal funds and appointment to municipal office. Moreover, as the structure of Spanish authority weakened, the cabildos, led by the intendants to seek wider powers and responsibilities, turned their attention from municipal and provincial affairs to national interests.

# Index

*Please note: Page numbers which appear in italics are references to tables or illustrations.*